시경강설

시경강설

이기동 역해

성균관대학교
출 판 부

| 머 | 리 | 말 |

사서삼경 강설을 쓰기로 작정한 지 이미 10년이 넘어 이제 겨우 『시경강설詩經講說』을 내놓게 되었다. 『시경강설』이 이렇게 늦게 나온 까닭은 바쁜 일정에 쫓긴 탓도 있지만, "시를 읽으면 새와 짐승과 초목의 이름을 많이 알게 된다"고 한 공자의 말씀처럼 조수초목의 이름이 잔뜩 들어 있는 난해성 때문이기도 했다. 그러나 무엇보다도 어려웠던 것은 『시경詩經』의 내용이 시詩이기 때문에 번역문 역시 시가 되지 않으면 안 된다는 사실 때문이었다. 그러므로 『시경』을 번역하기 위해서는 번역자가 먼저 시인이 되지 않으면 안 된다. 그래서 역자는 『시경』을 번역하기에 앞서 시작詩作을 하기도 했고 시집을 내기도 했다. 그러나 『시경』의 내용을 시로 번역하는 것은 여전히 어려운 일이었다. 또 『시경』의 내용을 詩로 번역하다 보니 자구에 따라 직역할 수 없다는 문제점도 있었다. 그러므로 『시경강설』을 이해하기 위해서는 『시경』의 자구를 우리의 시로 받아들이는 독자 여러분의 혜안이 필요하리라 생각된다.

또 우리말의 시적 감각을 기준으로 원문을 배열하다보니 원문이 넉 자로 배열된 곳도 있고 여덟 자로 배열된 곳도 있게 되었다. 원문의 배열이 일정하지 않은 것은 다른 뜻이 있는 것이 아니다. 독자 여러분의 양해를 바란다.

끝으로 『시경』의 번역에 임하여 몇 가지 번역서를 참고했음을 밝힌다. 『시경詩經』(김학주金學主 역, 명문당 간행), 『시경詩經』(이기석李基奭 외 역, 홍신문화사 간행), 『시경 상하詩經 上下』(다까다 마사하루高田眞治 역, 일본 집영사集英社 간행) 등이 그것이다. 기존의 번역문 중에서 훌륭한 번역문으로 생각되는 부분은 그대로 옮기기도 했다. 좋은 번역을 두고 굳이 다른 번역을 할 필요가 없다고 생각했기 때문이다. 그러나 번거로움을 피하기 위해 그 부분을 일일이 밝히지는 않았다. 독자 여러분과 기존 번역자들의 너그러운 양해를 구하는 바이다.

갑신년 봄

오륜동 우거에서 역해자 씀

| 차 | 례 |

아 雅

소아 小雅

대아 大雅

송 頌

주송 周頌

노송 魯頌

상송 商頌

| 해 | 설 |

●『시경詩經』을 읽어야 하는 이유

사람은 정情을 가진 존재다. 정 때문에 웃고 운다. 정 때문에 인생이 복잡해진다. 그러나 정이 없으면 인생 자체가 영위되지 못한다.

정에는 두 가지가 있다. 순수한 느낌에서 나오는 순정과 이기적인 계산에서 나오는 욕정이 그것이다. 순정은 너무나 아름답다. 그러나 욕정은 추하다.

사람들은 본래 순수한 정으로 살아가는 순수한 존재였다. 그러다가 순수한 정을 욕정으로 변질시키면서 많은 문제가 생겨난다. 이러한 문제를 해소하는 방법은 순수한 정이 욕정으로 변질되지 않게 하는 것이다. 시詩는 이러한 마음의 표현이다. 시는 순수한 마음을 그대로 표현한 것이기도 하고, 욕정으로 변질되는 것을 참는 마음의 상태를 표현한 것이기도 하다.

그러므로 시를 읽으면 정이 순화되고 느낌이 순수해진다. 정이 순화되지 않으면 모든 일이 제대로 되지 않는다. 그러므로 사람이 어떤 일을 추진하는 데 있어서 가장 중요한 것은 먼저 정을 순화시키는 것이다. 이러한 의미에서 본다면 시를 읽는 것이 사람이 가장 먼저 해야 할 일임을 알 수 있다. 그래서 공자는 "시에서 일어난다興於詩"고 했고, 그 아들에게 먼저 시를 읽도록 권했다.

시집 중에서 으뜸가는 것이『시경詩經』이다.『시경』읽기의 중요성이 여기에 있다.

●『시경』의 성립

『시경』은 기원전 12세기경부터 시작되는 중국 서주西周에서부터 춘추

초기까지 불렀던 노래 가사의 모음집이다. 내용은 궁중의 향연이나 제례에서 불리던 노래 가사나 민간에서 불리던 민요의 가사로 국풍國風 160편 · 소아小雅 80편 · 대아大雅 31편 · 송頌 40편 합계 311편인데, 이 중에서 소아小雅 6편은 편명만 있고 가사가 없으므로 실제로는 305편이다. 국풍國風은 각국의 민요, 아雅는 조정의 음악, 송頌은 종묘 제사 때 연주하던 음악의 가사다.

『시경』은 원래 '시詩'라고만 불렸던 것이었으나 전국시대 말기부터 '경經'이란 말을 많이 쓰게 되어, 각 경전에 '경經'을 덧붙여 부르는 경향이 생겨났다. 그러나 '시경詩經'이란 말이 일반적으로 쓰이게 된 것은 송대 이후로 보인다.

● 『시경』의 편자

『한서漢書』「예문지藝文志」에 "옛날에는 시를 채집하는 관리가 있었는데, 왕이 그것으로 풍속을 보고 득실을 알며 스스로 고정하였다"는 기록이 있는 것을 보면, 시는 각 지방에서 불리던 노래 가사를 채시지관采詩之官이 채집한 것이다. 그렇기 때문에 각 시의 원작자는 알려지지 않은 것이 많다. 특히 국풍의 경우는 더욱 그러하다. 『사기史記』「공자세가孔子世家」에 의하면, 채시지관采詩之官이 모은 시가 3000여 편이 되었는데, 공자가 그 중에서 잘된 것 300여 편을 골랐다고 되어 있다. 그러나 공자가 3000편을 300편으로 줄였다는 산시설刪詩說에 대해서 많은 사람들이 의심을 품어왔다. 김학주 역의 『시경』의 설명을 소개하면 다음과 같다.

첫째, 정현의 『시보서試譜序』에서 공영달孔穎達은 다음과 같은 소疏를 쓰고 있다. "옛 글에 인용된 시들을 보면 지금 시경에 있는 것들이 대부분이고 없어진 것은 아주 적다. 그러니 공자가 수록할 때 10분의 9를 버렸다고 보기는 어렵다. 사마천이 『사기史記』에서 고시古詩가 3000여 편이 있었다고 쓴 말은 믿을 수가 없다. 『좌전左傳』에 인용된 것을 보면, 현재 『시경』에 보이는 것이 156개, 없는 것이 10개, 『국어國語』에 남아 있는 것이 22개,

없는 것이 1개, 『예기禮記』에는 남아 있는 것이 103개, 없어진 것이 세 개 정도 인용되어 있다." 이렇게 보면 공영달孔穎達의 견해에도 일리가 있다.

둘째, 『좌전左傳』 노양공魯襄公 29년에 계찰季札이 노魯나라에 와서 관악觀樂하는 기사가 있는데, 이때 계찰季札이 본 가무歌舞는 이미 현재의 『시경』 내용과 비슷하다. 그때 공자는 겨우 여덟 살이었으니 산시刪詩를 했을 가능성이 적다.

셋째, 『논어論語』에는 「위정편爲政篇 · 자로편子路篇」 등에 '시삼백詩三百'이란 말이 보인다. 공자가 이처럼 여러 번 '시삼백詩三百'이란 말을 자연스럽게 썼다는 것은 이때 노나라에 통행되던 『시경』이 삼백 편 정도였음을 말해준다.

김학주 역 『시경』에서는 이상의 세 가지를, 공자가 산시刪詩했을 가능성이 적은 이유로 삼고 있다. 그러나 여기에서 열거한 것만으로는 공자가 산시刪詩하지 않은 이유가 되기는 어려운 것으로 보인다. 오늘날 한국에 발표된 대중가요를 보면 수천 곡이 넘지만 그러나 일반인들에게 불리는 노래는 겨우 몇 백 곡에 불과하다. 이와 같은 이유로 생각해보면 당시 만들어진 시가 3000여 편이었다 하더라도 많이 유행하던 시는 대개 300여 편이었고, 공자가 그 300여 편을 주로 시경에 편입한 것으로 이해할 수도 있을 것이다.

어쨌든 300여 편의 시는 공자가 정리하여 학생들을 가르치는 교과서로 삼았기 때문에 오늘날의 『시경』은 공자에 의해 정리된 것임은 분명한 것으로 보인다. 정현鄭玄은 『시보詩譜』에서 당시 주나라에 크게 유행하지 않던 노송魯頌과 상송商頌을 공자가 『시경』에 편입시켰다고 한 것은 『시경』이 공자에 의해 정리된 것임을 확실케 하는 증거가 된다. 노송魯頌은 공자의 조국인 노魯나라의 송頌이고 상송商頌은 "구야丘也는 은인殷人이다(『예기禮記』 「단궁편檀弓篇」)"라고 한 공자의 말에서 보면, 공자의 조상들의 조국인 은殷나라의 송頌이기 때문에, 정현鄭玄의 말은 더욱 설득력을 갖는다.

『시경』의 체제

「모시서毛詩序」나 『주례周禮』「태사직太師職」에는 시의 육의六義에 대한 설명이 있다. 말하자면, 시의 체제와 제작 원리에는 풍風·아雅·송頌·부賦·비比·흥興의 여섯 요소가 있다는 것이다. 이 중에서 풍風·아雅·송頌은 시의 체제와 형식으로 분류한 것이고 부賦·비比·흥興은 시의 제작 원리와 서술 방식을 가지고 분류한 것이다. 육의六義의 내용을 하나하나 설명하면 다음과 같다.

풍風 각 나라에서 불리던 민요에 해당
아雅 조정에서 향연이나 제례를 거행할 때 불리던 노래
송頌 종묘 제사 때 연주되던 음악의 가사
부賦 사실을 그대로 묘사한 것
비比 직접적인 비유로 표현한 것
흥興 먼저 다른 물건을 말하여 읊으려는 내용을 끌어 일으키는 것

『시경』 연구의 역사

삼가시三家詩

한대漢代 초기에 『시경』을 전한 사람으로 신배공申培公, 원고생轅固生, 한영韓嬰 세 사람이 있었는데, 훗날 이들의 『시경』을 '삼가시三家詩'라 부르게 되었다. 삼가시는 모두 금문今文이었다. 한대漢代의 경전에는 『금문경전今文經典』과 『고문경전古文經典』이란 것이 있었는데, 『금문경전今文經典』은 당시에 전해지던 경전으로서 예서로 기록되었고, 『고문경전古文經典』은 공자 고택의 벽에 숨겨져 있다가 발굴되었다고 전해지는 경전으로 과두문자蝌蚪文字로 기록되는 등 기록된 문자도 다르고, 내용이 다른 부분도 많았다.

신배공은 노魯나라 사람이어서 그의 시설詩說을 노시魯詩라 한다. 그는 순자荀子의 제자인 부구박浮丘泊에게 배운 일도 있으며 한문제漢文帝

때에는 한영과 함께 시경 박사가 되었다. 이 노시魯詩는 서진西晉시대에 이미 없어졌다.

원고생은 제齊나라 사람이어서 그의 시설詩說을 제시齊詩라 한다. 그는 한경제漢景帝 때에 『시경』으로 박사가 되었다. 제시齊詩는 위대魏代 때 이미 없어졌으므로 그 상세한 내용은 알 길이 없다.

한영은 연燕나라 사람으로 한문제漢文帝 때 박사가 되었으며, 경제景帝 때에는 상산왕常山王의 태부太傅를 지낸 사람이다. 그의 시설詩說을 한시韓詩라 부른다. 한시韓詩는 당나라 또는 북송 때까지 전해졌던 것으로 알려지고 있다. 지금도 외전外傳 10권이 전해지고 있다.

이 삼가시三家詩는 비록 전해지지 않지만, 후인들이 여러 전적典籍에서 그 유설遺說들을 모아 대체적인 성격을 알 수 있게 되었다. 그 중 청대淸代 진교종陳喬樅의 『삼가시유설고三家詩遺說考』, 왕선겸王先謙의 『시삼가의집소詩三家義集疏』는 유명하다.

모시毛詩

삼가시三家詩가 이미 없어졌으므로 송대 이후로는 고문 경전인 『모시毛詩』만이 세상에 행해지게 되었다. 현재의 『시경』이란 바로 이 『모시』를 말하는 것이다. 『한서漢書』 「예문지藝文志」에서는 삼가시를 서술한 뒤에 "또 모공毛公의 학이 있는데 스스로 자하子夏의 소전所傳이라 했다. 하간헌왕河間獻王이 좋아했지만, 학관學官에 채택되지는 못했다"고 말하고, 『모시』 29권·『모시고훈전毛詩故訓傳』 30권을 저록著錄했는데, 이 중 『모시고훈전』이 바로 오늘날의 『시경』이다.

모공毛公이 어떤 사람인지는 알 수 없다. 『한서漢書』 「유림전儒林傳」에서는 조趙나라 사람으로 소개했으나, 정현鄭玄은 『시보詩譜』에서 "노魯나라 사람 대모공大毛公은 고훈故訓을 지었고 소모공小毛公은 박사가 되었다"고 했다. 또 진晉나라 사람 육기陸璣는 『모시초목조수충어소毛詩草木鳥獸蟲魚疏』에서 "모형毛亨이 고훈전故訓傳을 지어 조趙나라 모장毛萇에게 전했다. 당시의 사람들이 형亨을 대모공大毛公, 장萇을 소모공小毛公이라 불렀다"고 했다. 그러나 이러한 사실만 가지고는 모공毛公이 어떠한 사람인지 구체적으로 알기 어렵다.

정현鄭玄의 『시보詩譜』에 의하면, 『모시毛詩』의 맨 앞에 대서大序가 있어 시의 전체 뜻을 설명하고 있는데, 이는 자하작子夏作이고, 각 시의 첫머리에 소서小序가 있어 각 시의 뜻을 설명하고 있는데, 이는 자하子夏와 모공毛公의 합작이라는 것이다. 그러나 육기陸璣의 『모시초목조수충어소毛詩草木鳥獸蟲魚疏』에서는 "자하子夏는 시 삼백 편의 서序를 썼고, 한대漢代의 위굉衛宏이 모시서毛詩序를 썼다"고 했다. 또 『후한서後漢書』「유림전儒林傳」에는 위굉衛宏이 「모시서毛詩序」를 쓴 것으로 되어 있다. 송대宋代의 왕안석王安石은 "소서小序는 각 시의 작자들이 썼다"고 했고, 정이程頤는 "대서大序는 공자가 썼고 소서小序는 국사國史가 썼다"고 했다. 이 외에도 「모시서毛詩序」에 대해서는 이론異論이 분분하다. 송宋의 구양수歐陽修는 『모시毛詩』의 서序를 비판했고, 왕질王質은 「모시서毛詩序」를 반대했다. 특히 정초鄭樵는 『모시毛詩』의 서序는 '시골 망령된 자의 작'이라 하여 배척했다. 주자도 서序를 무시하고 새로운 해석을 시도했다.

모시정전毛詩鄭傳

후한後漢의 대학자인 정현鄭玄이 『모시』에 대한 주를 달았는데, 이것이 『모시정전毛詩鄭傳』이다. 『모시정전毛詩鄭傳』이 세상에 유행하자, 삼가시三家詩는 점차 위축되었다. 그러다가 제시齊詩는 위魏나라 때 없어지고, 노시魯詩는 서진西晉 때 없어지고 한시韓詩는 당대唐代까지 전한 듯하나 그 역시 없어지고 『한시외전韓詩外傳』만이 오늘날 남아 있다.

시경집전詩經集傳

송나라 때 주자는 당나라 말기에 시작된 새로운 유학의 학풍을 집대성하여 주자학을 만들었다. 그는 사서와 삼경에 대한 새로운 주석을 시도했는데 시경에 대한 그의 주가 이른바 『시경집전詩經集傳』이다. 『시경십전』이 나오자 『모시정전毛詩鄭傳』과 더불어 『시경』 연구서의 양대 산맥을 이루게 되었다.

이 외에도 청대 및 한국과 일본에서 많은 시경의 연구 서적이 쏟아져 나왔으나 일일이 열거하지 않기로 한다.

국풍 國風

모시의 대서에서는
국풍 중 주남과 소남을 정풍
나머지를 변풍으로 분류했다

주남周南

주남周南의 명칭에 대해서는 여러 설들이 있다.
주자는 "주공이 주나라에서 모은 시에 남쪽 나라의 시가 섞여 있어 주남이라 했다"고 했다.
또 근래의 부사년傅斯年은 "주나라 왕실에서 직할하던 남쪽의 나라들을 가리킨다"고 했다.

징경이 우는 뜻은 　關睢(관저)

끼룩끼룩 노래하는 저 징경이는 　關關睢鳩(관관저구)[1,2]
황하 강가 모래톱에 놀고 있네요 　在河之洲(재하지주)[3,4]
그윽하고 아리따운 요조숙녀는 　窈窕淑女(요조숙녀)[5,6]
일편단심 기다리는 이 몸의 배필 　君子好逑(군자호구)[7,8]

들쭉날쭉 돋아 있는 마름 풀들을 　參差荇菜(참치행채)[9,10]
이리저리 헤치면서 찾아가듯이 　左右流之(좌우류지)[11]
그윽하고 아리따운 요조숙녀를 　窈窕淑女(요조숙녀)
자나 깨나 그리워서 찾아봅니다 　寤寐求之(오매구지)

아무리 찾아봐도 찾을 수 없어 　求之不得(구지부득)
자나 깨나 애태우며 생각합니다 　寤寐思服(오매사복)[12]
잠 아니 오는 밤을 길고 긴 밤을 　悠哉悠哉(유재유재)
이리저리 뒤척이며 지새웁니다 　輾轉反側(전전반칙)[13]

들쭉날쭉 돋아 있는 저 마름 풀을 　參差荇菜(참치행채)
이리저리 헤치다가 뜯어오듯이 　左右采之(좌우채지)[14]
이제사 요조숙녀 님을 만나서 　窈窕淑女(요조숙녀)
금과 슬을 뜯으면서 벗이 됩니다 　琴瑟友之(금슬우지)[15]

들쭉날쭉 돋아 있는 저 마름 풀을 　參差荇菜(참치행채)
이리저리 다듬어서 담아두듯이 　左右芼之(좌우모지)[16]

아리따운 요조숙녀 님을 얻어서　　窈窕淑女(요조숙녀)
즐거워서 종을 치고 북을 칩니다　　鍾鼓樂之(종고락지)[17]

1 關關 징경이의 울음소리를 형용한 말 2 雎鳩 징경이. 일명 물수리. 강가나 바닷가에서 물고기를 잡아먹고 산다. 雎鳩에 대해서는 여러 설이 있다. 물수리가 아닌 다른 종류의 새로 암수가 한 번 짝을 맺으면 평생 그 짝하고만 어울리는 특이한 새라는 설도 있다. 3 河 黃河 여기서는 黃河라기보다는 일반적으로 흐르는 강물로 보는 것이 좋을 듯 4 洲 모래톱, 물가 5 窈窕 그윽하고 조용하여 품격이 있는 모양 6 淑女 맑고 정숙한 여자 7 君子 德이 있는 남자를 지칭함 8 逑 짝, 배우자 9 參差 가지런하지 않고 들쭉날쭉한 모양을 형용한 말. 이 때는 음이 '참치'가 된다. 10 荇菜 물가에 자라는 '마름 풀'이란 야채 11 流 물이 흐를 때 물풀이 쏠리는 것처럼, 나물을 뜯을 때 잡풀을 헤치는 것 12 思服 생각하고 그리워하는 것 13 輾轉反側 輾轉은 뒤척이는 것이고, 反은 엎어져 눕는 것, 側은 옆으로 눕는 것 14 采 뜯는 것 15 琴瑟 금과 슬 16 芼 고르다, 다듬다 17 鐘鼓 종과 북

『소학』에 '남녀칠세부동석男女七歲不同席'이라는 말이 있다. 남자와 여자는 일곱 살이 되면 한자리에 앉지 않는다는 말이다. 이는 무엇을 의미하는 말인가?

만물의 삶은 모두 대자연의 법칙에 따른다. 초목이 봄에 싹이 튼 뒤에는 열심히 성장을 한다. 조금도 쉬지 않는다. 이는 사람도 마찬가지다. 사람이 일곱 살 정도 되면 성장을 위해 전력을 투구해야 하는 시기가 된 것이다. 초목이 성장을 하기 전에 꽃을 피우면 그 꽃은 결실을 할 수가 없다. 사람의 삶도 이와 마찬가지다. 채 성장하기도 전에 남녀가 어울려 연애에 빠지면 사람으로서 제대로 성장을 할 수 없다. 이때는 오로지 성장을 위해 총력을 기울여야 한다. '남녀칠세부동석'이란 바로 이를 의미한다.

초목은 성장을 마칠 때쯤 꽃을 피운다. 이때는 또 꽃을 피우기 위해 온 힘을 다 기울인다. 있는 힘을 다해 꽃을 피우고 꿀을 생산해 벌과 나비를 기다린다. 그래야만 결실을 할 수 있기 때문이다. 사람의 삶도 이와 마찬가지다. 성장을 하여 스무 살이 되고 서른 살이 가까워져도 남녀 간의 사랑을 모른다면 그것 또한 바람직하지 못하다. 이때는 또한 사랑에 총력을 기울여야 한다. 이때의 사랑의 마음을 읊은 것이 이 시의 내용이다.

남녀 사이의 사랑은 남자가 여자를, 여자가 남자를 사랑하는 것이지만, 꼭 상대가 있어야만 사랑의 감정이 솟아나는 것은 아니다. 때가 되면 샘물이 솟아나오듯 사랑의 감정이 속에서 저절로 솟아나온다. 사랑의 감정이 속에서 솟아나오기에 상대를 찾게 되는 것이다. 이는 자연의 이치다. 쌍쌍이 놀고 있는 새들이나 짐승들을 보면 이 감정은 불이 붙는다.

마음속에서 그리는 님은 언제나 100점짜리다. 이 시에서 사나이가 그리는 님은 요조숙녀요, 대부분의 여성들이 그리는 님은 백마 타고 오는 초인이다. 마음속에서 그리는 님을 만나지 못해 잠을 이루지 못해야 정상적인 사람이다. 사랑의 감정이 솟아나지 않은 채 쿨쿨 잠만 자고 있다면 그야말로 비정상적이라 할 것이다.

그러다가 꿈에 그리던 님을 만난다면, 그보다 더 좋은 일이 없다. 세상을 다 얻은 것처럼 기쁘다. 그렇다고 해서 둘이 늘 붙어 있으면서 각자 해야 할 일을 하지 못한다면 서로의 삶에 해를 끼치는 잘못된 관계로 전락될 수도 있다.

사람이 사랑을 하는 것은 인간의 본능적인 욕구를 긍정적인 방식으로 충족시키고, 나아가 삶을 한층 고양시키는 삶의 동반자로서 도움을 주고받으며, 원한다면 자녀를 낳아 삶을 이어가게 하기 위한 하늘의 뜻이다. 이는 밥을 먹는 생리적인 현상과도 같다. 사람은 밥을 먹어야 생명을 유지할 수 있다. 그래서 하늘은 사람에게 생명을 이어가게 하기 위해 음식을 먹을 때 맛을 주었다. 그런데 사람이 맛을 준 의미를 모르고 그 맛만을 과도하게 추구하다가 과식하면 맛의 의미를 망각한 것이고 하늘의 뜻을 어긴 것이다. 남녀 간의 사랑도 이와 마찬가지다. 사람에게 사랑의 기쁨을 주는 것도, 성적 결합에 쾌감을 주는 것도 하늘의 뜻이요, 자연현상이다. 그런데 사람이 그 기쁨과 쾌감만을 기억하고 그 의미를 망각한다면 자연현상에서 벗어나 그 기쁨과 쾌감을 과도하게 추구한다. 그래서 음란하게 되고 그 때문에 몸을 상하게 된다.

그러므로 가장 바람직한 순수한 사랑의 감정은 자연현상에서 벗어나지 않는 것이어야 한다. 온 힘을 다해서 사랑을 추구하지만, 사랑이 이루어지지 않는다고 해서 돌이킬 수 없는 상처를 입거나, 사랑이 이루어졌다고 해서 과도하게 쾌락에만 몰두하지 않아야 한다. 기뻐도 기쁨에 빠지지 않고 슬퍼도 슬픔에 빠지지 않는 그런 감정을 유지해야 한다.

이 시는 이러한 인간의 순수한 마음을 그대로 표현하고 있다.

이런 형태의 시를 '흥興'이라고 한다. 『모전毛傳』과 주자는 다 같이 이 시에 대해 문왕과 그의 부인의 덕을 어떤 시인이 노래한 것으로 보았다. 그러나 반드시 그렇게 볼 필요는 없다. 시란 씌어진 순간에는 시인의 감흥이나, 읽히는 순간에는 독자의 감흥에 따르기 때문이다.

칡넝쿨 葛覃(갈담)

칡넝쿨 우거져 골짜기에 가득하고　葛之覃兮(갈지담혜) 施于中谷(이우중곡) 1~4
싱그러운 잎새 위로 꾀꼬리 날더니만　維葉萋萋(유엽처처) 黃鳥于飛(황조우비) 5 6
나무숲에 모여들어 꾀꼴꾀꼴 노래하네　集于灌木(집우관목) 其鳴喈喈(기명개개) 7

칡넝쿨 우거져 골짜기에 가득하니　葛之覃兮(갈지담혜) 施于中谷(이우중곡)
늘어진 잎새 아래 칡넝쿨을 걷어 와서　維葉莫莫(유엽막막) 是刈是濩(시예시확) 8 9
굵고 가는 베를 짜서 옷 해 입고 설레네　爲絺爲綌(위치위격) 服之無斁(복지무역) 10~14

유모에게 일러두고 친정집에 다녀오자　言告師氏(언고사씨) 言告言歸(언고언귀) 15~17
속옷도 빨아 입고 저고리도 빨아 입고　薄汚我私(박오아사) 薄澣我衣(박한아의) 18~22
빨래할 것 다해 놓고 부모 뵈러 친정 가자　害澣害否(할한할부) 歸寧父母(귀녕부모) 23~24

1 葛 칡 2 覃 미치다, 뻗다, 퍼지다 3 兮 어조사 4 施 베푼다는 뜻일 때는 음이 '시'가 되지만, 여기서처럼 뻗는다는 뜻일 때는 음이 '이'이다. 5 萋 풀이 무성한 모양 6 黃鳥 꾀꼬리 7 喈 새 지저귀는 소리 8 莫 잎이 무성하여 늘어진 모양 9 刈 베다, 자르다 10 濩 '삶다', '찌다' 등의 뜻. 널리 퍼진다는 뜻으로 쓰일 때는 음이 '호'가 됨. 칡넝쿨로 베를 짤 때는 칡넝쿨을 쪄낸 다음 껍질을 벗기고 실을 뽑는다. 11 絺 고운 갈포, 가는 칡베 12 綌 굵은 갈포, 굵은 칡베 13 服 옷을 지어 입는 것 14 斁 싫어한다는 뜻, 섞는다는 뜻일 때는 음이 '두'가 된다 15 言 어조사 16 師氏 옛날 대가에서 유모 겸 집안 전체의 살림을 꾸리고 예절을 가르치던 사람 17 歸 친정집에 가는 것 18 薄 어조사 19 汚 더럽다, 더러운 것을 비벼 빨다 20 私 평복, 사복 21 澣 빨다 22 衣 정복, 예복 23 害 '어느', '어찌', '어느 것' 등의 뜻으로 쓰일 때는 음이 '할'이 된다 24 寧 안부를 묻는 것

칡넝쿨이 무성한 늦은 봄날에 꾀꼬리들이 날아올랐다가 다시 나무숲 속에 모여 꾀꼴꾀꼴 노래하는 것을 보니 문득 고향에서 오순도순 모여 살던 어릴 때 생각이 난다. 고향의 부모님은 안녕하신지…

칡넝쿨 걷어와 새 옷을 해 입으니 새 옷 입고 설레던 어릴 때 생각이 더욱 난다. 친정 가서 부모님 만날 생각을 하니 벌써 마음이 설레기 시작한다. 밀린 빨래랑 집안일을 하는 일손이 가볍다.

도꼬마리

卷耳(권이)

도꼬마리 아무리 뜯고 뜯어도
광주리에 채워지지 아니합니다
아아 그리운 나의 님이여
나물은 뜯어서 무엇합니까

采采卷耳(채채권이) [1] [2]
不盈頃筐(불영경광) [3]
嗟我懷人(차아회인) [4]
寘彼周行(치피주행) [5] [6]

님 보일까 높은 곳에 올라가는데
내 말이 힘이 들어 헐떡입니다
님과 마실 금 술잔에 술을 부어서
남몰래 그리움을 달래봅니다

陟彼崔嵬(척피최외) [7] [8]
我馬虺隤(아마회퇴) [9] [10]
我姑酌彼金罍(아고작피금뢰) [11] [12]
維以不永懷(유이불영회)

님 오실까 높은 언덕 올라가는데
내 말이 비틀거려 쓰러집니다
님과 마실 뿔 술잔에 술을 따라서
남몰래 멍든 가슴 달래봅니다

陟彼高岡(척피고강)
我馬玄黃(아마현황) [13]
我姑酌彼兕觥(아고작피시굉) [14]
維以不永傷(유이불영상)

님 그리워 높은 돌산 올라가는데
내 말이 병이 들어 쓰러집니다
내 종도 지쳐서 늘어졌으니
아아 어쩌면 좋아요 어쩌면 좋아

陟彼砠矣(척피저의) [15]
我馬瘏矣(아마도의) [16]
我僕痡矣(아복부의) [17] [18]
云何吁矣(운하우의) [19] [20]

1采 나물을 캐는 것 2卷耳 도꼬마리, 일년생 풀로 봄에 돋아나는 부드러운 잎은 나물로 먹기도 한다. 그 외에 약용으로 쓰기도 한다. 3筐 대로 만든 광주리, 頃筐은 뒤는 높고 앞은 낮게 만든 대로 만든 광주리 4嗟 감탄사, 아아! 5寘 둔다 6周行 큰길, 한길 7崔 산이 우뚝하여 높은 모양 8嵬 산이 뾰족한 모양 9虺 '살무사'란 뜻으로 쓰일 때는 음이 '훼'이나 여기서처럼 '고달프다'는 뜻으로 쓰일 때는 음이 '회'이다 10隤 허물어지다, 피곤하다 11姑 잠깐 12罍 술잔 13玄黃 거무스름하고 누르스름하다 말이 지친 모습을 표현한 말 14觥 뿔로 만든 술잔 15砠 꼭대기가 돌로 된 산 16瘏 앓다 말이 지쳐 나아가지 못하는 것 17僕 종 18痡 앓다. 지쳐서 걷지 못하는 것 19云何 如何와 같다. '어쩌면 좋을까', '어찌할까' 20吁 탄식하는 말, 아아!

나물을 뜯어도 님 생각에 잠겨서 나물이 뜯어지지 않는다. 또 나물을 뜯어도 먹을 님이 없으니 뜯어서 무엇하랴. 광주리를 큰길에 팽개치고 만다. 혹시 님이 보이려나 높은 곳에 올라가도 님은 보이지 않고 말만 헐떡거린다. 님과 함께 마시려고 마련해 둔 금 술잔에 술을 따라 마시면 혹시 그리움이 달래질까? 더 높은 언덕에 올라가면 님의 모습 보이려나 그러나 님은 보이지 않고 말만 비틀거린다. 님과 함께 마시려고 마련해 둔 뿔 술잔을 꺼내들고 멍든 가슴을 달래보지만 상처는 더 깊어만 간다. 님의 모습 보일까 하고 이제는 바위산에 올라가지만 님의 모습은 보이지 않고, 말이 병들고 말았다. 말만 병든 것이 아니라 참고 따라주었던 종마저도 늘어져버렸다. 이제 더 올라갈 수도 없다. 혹시나 하는 기대도 할 수 없게 되었다. 안타까운 이 마음을 어떻게 하나? 몹시 절제되어 있으면서도 간절한 마음이 잘 표현되어 있다.

굽은 나무

규목
樛木

　　　　　　　　　　　　　　　남 유 규 목　갈 류 루 지
저 남쪽의 굽은 나무 칡넝쿨이 감고 있네 南有樛木 葛藟纍之 1–3
　　　　　　　　　　　　　　　락 지 군 자　복 리 수 지
즐거울사 우리 님아 복 넝쿨이 감고 있네 樂只君子 福履綏之 4–6

　　　　　　　　　　　　　　　남 유 규 목　갈 류 황 지
저 남쪽의 굽은 나무 칡넝쿨이 뒤덮었네 南有樛木 葛藟荒之 7
　　　　　　　　　　　　　　　락 지 군 자　복 리 장 지
즐거울사 우리 님아 복 넝쿨이 뒤덮었네 樂只君子 福履將之 8

　　　　　　　　　　　　　　　남 유 규 목　갈 류 영 지
저 남쪽의 굽은 나무 칡넝쿨이 뒤엉켰네 南有樛木 葛藟縈之 9
　　　　　　　　　　　　　　　락 지 군 자　복 리 성 지
즐거울사 우리 님아 복 넝쿨이 뒤엉켰네 樂只君子 福履成之

1 樛 가지가 굽어 늘어진 모양 2 藟 넝쿨, 감기는 것 3 纍 매달리다, 엉키다 4 只 어조사 5 履 원래 '밟는다'는 뜻이지만, 여기서는 祿과 같은 뜻으로 쓰였다 6 綏 수레에 탈 때 붙잡는 인끈. 인끈을 잡으면 편안하기 때문에 여기서는 '편안하다'는 뜻으로 쓰였다. 7 荒 황량하게 뒤덮여 있다 8 將 거느리다 9 縈 얽히다

사랑하는 사람의 행복한 모습을 보면 그것으로 그냥 신이 나는 법이다. 나무에 칡넝쿨이 덮여 있는 모습을 보고 사랑하는 님의 행복한 모습을 연상하는 시인은 절로 신이 난다. 덩실덩실 춤이라도 추고 싶은 심정일 것이다.

메뚜기 떼　螽斯(종사)

들판 가득 메뚜기 날아 날개 소리 요란하네　螽斯羽(종사우) 詵詵兮(선선혜)[1-3]
집안 가득 그대 자손 씩씩하기 그지없네　宜爾子孫(의이자손) 振振兮(진진혜)[4]

들판 가득 메뚜기 날아 퍼덕퍼덕 날개 치네　螽斯羽(종사우) 薨薨兮(횡횡혜)[5]
집안 가득 그대 자손 줄줄이 이어졌네　宜爾子孫(의이자손) 繩繩兮(승승혜)[6]

들판 가득 메뚜기 날아 떼를 지어 모여드네　螽斯羽(종사우) 揖揖兮(집집혜)[7]
집안 가득 그대 자손 그윽하고 화목하네　宜爾子孫(의이자손) 蟄蟄兮(칩칩혜)[8]

1 螽 메뚜기 2 斯 여기서는 어조사 3 詵詵 많은 모양 4 振振 왕성하게 떨쳐 일어나는 모양 5 薨薨 떼를 지어 날 때 나는 왕성한 소리 6 繩繩 끊어지지 않고 왕성하게 이어지는 모양 7 揖 예의를 표할 때 하는 읍. 음은 '읍'이지만, 여기서는 輯과 통용되어 '많이 모인다'는 뜻으로 쓰였다. 음은 '집' 8 蟄 일반적으로 '숨는다'는 뜻으로 쓰이지만, 여기서는 많이 모이는 모습을 나타내는 말로 쓰였다.

메뚜기가 떼를 지어 나는 것을 보고, 좋아하는 사람의 집에 자손이 많은 것을 연상하여 기뻐하는 시인의 마음을 표현한 것이다. 다른 사람이 행복한 것을 보고 배 아파 하면 소인이다. 그것을 기뻐하고 축복하는 것이 바로 시인의 마음이다.

복숭아 가지　　桃夭(도요)

복숭아 가지 뻗어 꽃잎들이 화사하네　桃之夭夭(도지요요) 灼灼其華(작작기화)[1][2]
우리 아씨 시집가네 복 덩어리 굴러가네　之子于歸(지자우귀) 宜其室家(의기실가)[3–8]

복숭아 가지 뻗어 열매들이 토실토실　桃之夭夭(도지요요) 有蕡其實(유분기실)[9]
우리 아씨 시집가네 시집 식구 신나겠네　之子于歸(지자우귀) 宜其家室(의기가실)

복숭아 가지 뻗어 잎새들이 싱싱하네　桃之夭夭(도지요요) 其葉蓁蓁(기엽진진)[10]
우리 아씨 시집가네 시집 식구 복 받았네　之子于歸(지자우귀) 宜其家人(의기가인)[11]

1 夭夭 싱싱한 모습 2 灼灼 꽃들이 화사하게 피어 있는 모양 3 之 '이'라는 뜻을 나타내는 지시대명사 4 子 아이, 아가씨. 之子는 '이 아이', '이 아가씨' 5 于 어조사 6 歸 시집간다 7 宜 마땅하다, 어울리다 8 室家 집안, 시집가는 집, 시댁 9 蕡 열매가 토실토실한 모양 10 蓁蓁 잎이 왕성하게 우거져 있는 모습 11 家人 시댁의 사람들

어떤 명문대가에서 자란 소녀가 시집을 간다. 그 모습을 바라본 시인의 마음은 흐뭇하다. 축복하는 마음이 저절로 우러나온다.

토끼 그물　　兎罝(토저)

가지런한 토끼 그물 치는 소리 들려오네　肅肅兎罝(숙숙토저) 椓之丁丁(탁지정정)[1-4]
씩씩한 저 용사들 공후들의 방패일세　赳赳武夫(규규무부) 公侯干城(공후간성)[5-7]

가지런한 토끼 그물 한길 가에 처져 있네　肅肅兎罝(숙숙토저) 施于中逵(시우중규)[8 9]
씩씩한 저 용사들 공후들의 짝이로다　赳赳武夫(규규무부) 公侯好仇(공후호구)[10]

가지런한 토끼 그물 수풀 속에 처져 있네　肅肅兎罝(숙숙토저) 施于中林(시우중림)
씩씩한 저 용사들 공후들의 심복일세　赳赳武夫(규규무부) 公侯腹心(공후복심)[11]

1 肅肅 가지런한 모양 2 罝 짐승 그물, 토끼 그물 3 椓 치다, 때리다, 박다. 여기서는 말뚝을 박는 소리 4 丁丁 말뚝을 박을 때 나는 소리 5 赳赳 용맹스러운 모습 6 公侯 公과 侯는 제후의 작위이다 7 干城 방패와 성. 군인들은 나라를 지키는 방패와 성 같은 존재라는 의미로 군인들을 일컫는 말 8 施 그물을 치는 것 9 逵 한길 10 仇 짝 11 腹心 심복, 배와 가슴같이 믿을 수 있는 사람

공후들을 참으로 좋아하고 따르는 백성들의 마음으로 볼 때 공후들의 일을 돕기 위해 열심히 일을 하고 있는 장정들마저 늠름하게 씩씩하게 보인다. 진정한 임금은 백성들이 애인을 좋아하듯 좋아하는 그런 사람이어야 할 것이다. 부모를 좋아하는 사람은 부모의 일을 돕는 일꾼들의 모습도 좋게 보이는 법이다.

질경이 芣苢(부이)

질경이를 뜯고 뜯네 질경이만 뜯어야지　采采芣苢 薄言采之(채채부이 박언채지)[1-3]
질경이를 뜯고 뜯네 질경이만 찾아야지　采采芣苢 薄言有之(채채부이 박언유지)

질경이를 뜯고 뜯네 질경이만 주워야지　采采芣苢 薄言掇之(채채부이 박언철지)[4]
질경이를 뜯고 뜯네 질경이만 담아야지　采采芣苢 薄言捋之(채채부이 박언랄지)[5]

질경이를 뜯고 뜯네 옷섶에 넣어야지　采采芣苢 薄言袺之(채채부이 박언결지)[6]
질경이를 뜯고 뜯네 옷자락에 꽂아야지　采采芣苢 薄言襭之(채채부이 박언힐지)[7]

1采 캐다, 뜯다 2芣苢 질경이 3薄言 두 글자 다 발어사 또는 조사 4掇 줍다, 고르다 5捋 줍다, 담다 6袺 옷섶을 잡다, 옷섶에 넣다 7襭 싸다, 담다, 옷자락에 꽂다

아가씨가 봄을 따라 나물 캐러 갔다. 나물을 캐러 갔으면 나물을 많이 캐야 하는데, 마음이 사꾸 님 생각에 빠신다. 나물을 캐는 데 열중해야 한다고 다짐하지만, 자꾸 마음이 다른 데로 가는 것을 어쩔 도리가 없다. 그럴수록 마음을 다지고 다지는 모습이 애처롭기까지 하다. 님 그립다는 말은 한 마디도 하지 않았지만 님 그리운 마음이 너무나 잘 나타나 있다.

저 넓은 한강　　漢廣(한광)

저 남쪽에 있는 거목 그 아래서 못 쉬듯이 南有喬木(남유교목) 不可休息(불가휴식) 1
한강 가에 노니는 님 그리워도 못 찾겠네 漢有游女(한유유녀) 不可求思(불가구사) 2~4
한강이 하도 넓어 헤엄쳐서 못 건너니 漢之廣矣(한지광의) 不可泳思(불가영사)
흐르는 강물 보며 그리움만 쌓여가네 江之永矣(강지영의) 不可方思(불가방사) 5 6

땔나무 숲 속에서 가시나무 베어내네 翹翹錯薪(요요착신) 言刈其楚(언예기초) 7~9
아가씨 시집오면 말도 내가 먹이련만 之子于歸(지자우귀) 言秣其馬(언말기마) 10~12
한강이 저리 넓어 헤엄칠 생각 못 해 漢之廣矣(한지광의) 不可泳思(불가영사)
흐르는 강물 보며 질리도록 애만 타네 江之永矣(강지영의) 不可方思(불가방사)

더부룩한 섶들 중에 갈대만을 골라 베네 翹翹錯薪(요요착신) 言刈其蔞(언예기루) 13
아가씨 시집오면 타고 온 말 먹이련만 之子于歸(지자우귀) 言秣其駒(언말기구) 14
한강이 너무 넓어 헤엄칠 일 꿈도 못 꿔 漢之廣矣(한지광의) 不可泳思(불가영사)
흐르는 강물 보며 속절없이 속만 타네 江之永矣(강지영의) 不可方思(불가방사)

1 喬木 큰 나무 2 漢 양자강의 큰 지류 중의 하나 3 游女 노니는 여자 4 思 어조사 5 江 양자강 6 方 뗏목. 뗏목을 타고 건널 수 없다는 것은 애타는 심정을 이야기한 것이므로 '애만 타네'로 번역했다. 7 翹翹 꼬리의 긴 털을 말할 때는 음이 '교'이지만, 땔나무가 더부룩한 모양을 표현할 때는 음이 '요요'임 8 言 어조사 9 楚 가시 10 之子 그 아가씨, 앞의 游女를 말함 11 歸 시집오는 것 12 秣 말에 먹이를 주는 것 13 蔞 갈대 14 駒 망아지 또는 성숙한 말

님 그리워 설레는 총각의 마음을 그린 시다. 남쪽 저 멀리 큰 나무가 있어도 거기에 가서 쉴 수 있는 처지가 아니다. 그럴 수 있는 귀족의 신분도 아니다. 그렇다고 해서 가서 쉬고 싶은 마음이 없을 수야 있겠는가! 님이 없다 해서 님 그리는 마음이 없을 수가 있겠는가. 님 그리는 마음은 님이 있어야만 생겨나는 것이 아니다. 님이 앞에 없어도 마음속에서 솟아난다. 님 그리는 마음이 자꾸 솟아나지만 눈앞에 님의 모습이 나타나지 않는다. 그러나 시인은 체념할 수 없다. 한강 건너 언덕에서 노닐고 있을 것이라 스스로 위로해 본다. 만나지는 못했지만 어디선가 나를 기다리고 있을 텐데… 그래서 강을 건너 가볼까 생각하기도 한다. 그러나 강이 너무 넓어서 헤엄쳐 건널 수가 없다. 강이 너무 넓다는 것은 강 건너에 님이 반드시 기다리고 있다는 확신이 없기 때문에 핑계 삼아 읊조리는 넋두리이기도 하다.

땔나무 숲에서 가시나무를 골라 베어내다 보니 많은 사람들 중에서 내 님을 찾아낼 법도 하다. 만약 그렇게 된다면 그 님을 위해서 무엇인들 다 해줄 수 있을 것 같다. 우선 님이 타고 온 말을 먹여줄 것이다. 님을 존경하는 마음이 가득할 때는 사랑한다는 말을 선불리 할 수 없다. 그래서 님이 타고 온 말을 먹여 드린다고 우회적으로 표현한다. 이러한 사나이의 마음을 여인들은 왜 몰라주는 걸까? 시인은 체념하지 못하고 강 너머에 님이 있을 것이라 확신해 본다. 그러고는 속절없이 넓은 강만 탓해본다.

여수의 둑을 따라 汝墳(여분)

저 여수의 둑을 따라 나뭇가지 베고 있소 遵彼汝墳(준피여분) 伐其條枚(벌기조매) 1-5
그리운 님 못 뵈니 허기진 듯 허합니다 未見君子(미견군자) 惄如調飢(역여조기) 6-8

저 여수의 둑을 따라 잔가지도 베고 있소 遵彼汝墳(준피여분) 伐其條肄(벌기조이) 9
그리운 님 뵈었으니 날 버리지 마세요 旣見君子(기견군자) 不我遐棄(불아하기) 10

방어 꼬리 붉었으니 왕실이 불탔는가 魴魚赬尾(방어정미) 王室如燬(왕실여훼) 11-13
아무리 불이 타도 부모 봉양하셔야지 雖則如燬(수즉여훼) 父母孔邇(부모공이) 14-15

1 遵 따르다 2 汝 淮水의 한 지류 3 墳 무덤, 둑 4 條 가지 5 枚 줄기 6 君子 시인의 남편 7 惄 굶주리다, 허기지다, 여기서는 마음이 간절한 경우를 말한다. 8 調 여기서는 '아침'이란 뜻으로 쓰였다 9 肄 곁가지 10 遐 어조사 11 魴 방어 12 赬 붉다 13 燬 불타다 14 孔 매우 15 邇 부모가 가까이 계시니 먼 데 있는 왕실의 걱정보다 가까이 계시는 부모부터 먼저 봉양해야 한다는 뜻이다

님 오시는 모습이 보일까 하여, 땔나무 벤다 핑계하고 둑에 나갔다. 조금이라도 더 빨리 보고 싶은 마음 간절하기 그지없다. 긴 둑을 따라서 나뭇가지를 다 베어도 님 모습은 보이지 않는다. 마치 아침을 굶어 허기가 지는 듯 마음이 허전하다. 그러던 어느 날, 잔가지까지 다 베어가던 어느 날, 그리운 님이 나타났다. 이제 나를 두고 다시 떠나지 않도록 붙잡아야겠다. 그러나 또 다시 부역 갈 일이 생기면 어쩌나, 오직 그것만이 걱정이다. 부역 갈 일 없도록 하늘에 빌어보기도 한다. 붉은색만 보아도 가슴이 철렁하고 내려앉는다. 왕실이 빨갛게 불타면 부역가야 하니까. 그러나 그렇더라도 가지 말라고 말하고 싶지만 그것은 욕심이다. 그것은 떼를 쓰는 것이다. 그래서 부모님 봉양해야 한다고 핑계를 댄다. 소박하고 고운 마음씨다.

기린의 발자국 麟之趾(인지지)

기린의 발자국이네 麟之趾(인지지)[1][2]
기다리던 님이 오시나보다 振振公子(진진공자)[3]
아아! 기린이로다 于嗟麟兮(우차린혜)[4]

기린의 이마가 보인다 麟之定(인지정)[5]
듬직한 님들이 오신다 振振公姓(진진공성)[6]
아아! 기린이로다 于嗟麟兮(우차린혜)

기린의 뿔이 보인다 麟之角(인지각)
님의 가족이 오신다 振振公族(진진공족)
아아! 기린이로다 于嗟麟兮(우차린혜)

1 麟 기린. 성인의 출현을 알리기 위해 나타난다는 전설적인 동물. 그래서 고대의 사람들은 성인을 기다리듯이 기린이 나타나기를 기다렸던 것으로 보인다. 2 趾 발, 발자국 3 振振 씩씩하고 늠름한 모습 4 于嗟 감탄사, 아아! 5 定 顁과 통용되어 '이마'라는 뜻이다 6 公姓 공의 성을 가진 공의 일족

기린은 세상에 성인이 나타나는 징조로서, 성인보다 먼저 이 세상에 나타난다는 전설적인 동물이다. 세상을 구해주고 나를 구해줄 성인을 기다리는 간절한 마음이 기린을 기다리는 마음으로 표현되고 있다. 기린의 발이 약간 보이기만 해도 기다리던 님이 오는 것을 알 수 있으니 마음이 설렌다. 기린의 모습에 감개무량한 시인의 마음을 읽을 수 있을 것 같다. 성인은 어린아이에게 부모를 찾아주는 안내자요, 불치병에 걸린 환자에게 치료약을 찾아주는 생명의 은인이다. 그러므로 성인을 기다리는 마음은 불치병으로 죽어가는 환자의 심정이 되어본 사람만이 알 수 있을 것이다.

소남召南

섬서성陝西省에 있는 위수 북쪽에 소召라는 땅이 있었는데,
이곳을 무왕의 친척이며 공이 많은 희석姬奭에게 다스리게 했다. 그가 소공석召公奭이다.
소공의 덕이 높아 그의 교화를 받은 백성들이 이런 시들을 지은 것으로 보인다.

까치 집 鵲巢(작소)

까치가 지은 집에 비둘기가 들어가네 維鵲有巢(유작유소) 維鳩居之(유구거지)[1][2]
우리 아씨 시집가네 백 채 수레 마중하네 之子于歸(지자우귀) 百兩御之(백량아지)[3]

까치가 지은 집에 비둘기가 차지하네 維鵲有巢(유작유소) 維鳩方之(유구방지)[4][5]
우리 아씨 시집가네 백 채 수레 전송하네 之子于歸(지자우귀) 百兩將之(백량장지)[5]

까치가 지은 집에 비둘기가 가득하네 維鵲有巢(유작유소) 維鳩盈之(유구영지)[6]
우리 아씨 시집가네 백 채 수레 따라가네 之子于歸(지자우귀) 百兩成之(백량성지)[7]

1維 발어사 2鳩 비둘기, 이 鳩는 毛傳에 시구鳲鳩 또는 길국秸鞠이라 했는데, 여러 주석가들은 이를 구욕鴝鵒이라고도 한다. 까치는 매년 10월 새끼를 치고 나가는데, 구욕새가 그 까치가 비운 집에 들어와 산다고 한다. 3兩 수레를 세는 단위 4御 보통은 '임금'이란 뜻으로 음이 '어'이지만, 여기서는 '맞이한다'는 뜻으로 음이 '아'이다. 5方 '차지한다'는 뜻 6將 보내다, 배웅하다 7成 '완성된다'는 뜻, 예식이 완성되었다는 뜻

덕이 훌륭한 아가씨가 시집가서 시집의 안방을 차지하는 것을 까치집을 차지하는 비둘기에 비유하여 부른 노래다. 덕이 있는 아가씨를 지켜본 사람들이 그 아가씨를 사모하며 부른 노래로 보인다.

쑥을 뜯어　采蘩(채번)

흰 쑥들을 뜯는다오 연못에서 물가에서　于以采蘩 于沼于沚(우이채번 우소우지) 1-3
아아 이걸 사용하자 공후의 일이로다　于以用之 公侯之事(우이용지 공후지사)

흰 쑥들을 뜯는다오 산골짝 개울에서　于以采蘩 于澗之中(우이채번 우간지중)
아아 이를 사용하자 공후의 궁전에서　于以用之 公侯之宮(우이용지 공후지궁)

울렁울렁 신이 나네 밤낮으로 공실에서　被之僮僮 夙夜在公(피지동동 숙야재공) 4 5
뿌듯한 가슴 안고 느릿느릿 돌아오네　被之祁祁 薄言還歸(피지기기 박언환귀) 6 7

1 蘩 산에서 자생하는 흰 쑥. 누에가 알에서 부화할 때 사용하는 풀이기 때문에 이 흰 쑥을 뜯는다는 것은 누에치기가 시작된다는 것을 암시한다. 2 于以 어조사 3 沚 물가, 모래톱 4 被 잠옷을 입다, 이불을 덮다. 『毛傳』에서는 머리에 장식한 것이라 했다. 머리에 장식한 것이든, 몸에 걸친 것이든 그것이 흔들흔들 움직이는 것은 마음이 기쁨에 들떠 울렁거리며 신이 날 때 나타나는 외형적인 모습으로 보는 것이 좋을 듯하다. 그래서 여기서는 僮僮을 울렁거리는 것으로 보아, '머리 장식이 흔들거린다' 또는 '입은 옷이 흔들거린다'의 뜻으로 이해하고 그것이 마음이 울렁거릴 때 나타나는 모습이므로 '울렁울렁 신이 나서'로 번역했다. 5 僮僮 憧憧과 통용되어, 마음이 울렁거리는 것을 형용한 것으로 봄이 좋겠다. 6 祁祁 왕성한 모양. 몸에 걸친 것이든 머리에 장식한 것이든 그것이 왕성한 모습을 하고 있는 것은 마음이 뿌듯할 때 나타나는 외형적인 모습으로 보아, 여기서는 '뿌듯한 가슴 안고'로 번역했다. 7 薄言 어조사

몸도 연애를 하지만, 마음도 연애를 한다. 몸의 연애는 남녀끼리 하지만, 마음의 연애는 남녀노소가 없고 고금이 없다. 마음으로 하는 연애는 상대방을 존경하게 된다. 연애할 때처럼 가슴이 울렁거리지 않는다면 그것은 존경하는 것이 아니다. 이 시를 쓴 시인은 공후와 마음으로 연애하고 있다. 연애를 할 때는 자기의 것을 희생할수록 기분이 좋아진다. 공후의 일에 종사할 때의 울렁거리는 마음을 시인은 노래한다.

풀벌레 草蟲(초충)

풀벌레가 웁니다 메뚜기도 뛰놉니다
우리 님이 아니 오니 상한 속이 아픕니다
한번 만나 보았으면 보기라도 했으면
이 내 마음 놓일 텐데

喓喓草蟲(요요초충) 趯趯阜螽(적적부종) 1-3
未見君子(미견군자) 憂心忡忡(우심충충) 4
亦既見止(역기견지) 亦既覯止(역기구지) 5-8
我心則降(아심즉항) 9

저 남산 올라가서 고사리를 뜯습니다
님 오시나 보느라고 상한 속이 쓰립니다
한번 만나 보았으면 보기라도 했으면
이 내 마음 기쁠 텐데

陟彼南山(척피남산) 言采其蕨(언채기궐) 10-11
未見君子(미견군자) 憂心惙惙(우심철철) 12
亦既見止(역기견지) 亦既覯止(역기구지)
我心則說(아심즉열)

저 남산 올라가서 고비나물 뜯습니다
님 오시나 기다리다 내 속이 다 탑니다
한번 만나 보았으면 보기라도 했으면
이 내 마음 풀릴 텐데

陟彼南山(척피남산) 言采其薇(언채기미) 13
未見君子(미견군자) 我心傷悲(아심상비)
亦既見止(역기견지) 亦既覯止(역기구지)
我心則夷(아심즉이) 14

1 喓 풀벌레 우는 소리 2 趯 '뛴다'는 뜻 3 阜螽 메뚜기 4 忡忡 근심하는 모습 5 亦 여기서는 어조사로 쓰였다. 6 旣 어조사 7 止 어조사 8 覯 만나다 9 降 내린다. 내린다는 말은 마음이 놓인다는 뜻이다 10 言 어조사 11 蕨 고사리 12 惙惙 근심하는 모양 13 薇 고비 14 夷 仁과 같다. 마음이 느긋함을 뜻한다

풀벌레 울고 메뚜기 뛰는 가을이 오니 돌아오지 않는 님이 더욱 그리워진다. 그래서 님이 오는가 보기 위해 남산 언덕에라도 올라가지 않고는 견디지 못한다. 남산에 올라가서 기다리나 집에서 기다리나 몇 분밖에 차이가 나지 않을 것이지만, 그러나 님을 기다리는 절박한 시인의 마음은 집에 가만히 있을 수가 없다. 그렇다고 님 오시나 보기 위해 남산에 올라간다고 말할 수는 없다. 나물 뜯으러 간다고 할 수밖에. 애절한 사랑이 절제되어 표현되고 있으며, 시인의 아름다운 마음이 배어 나오고 있다.

감추는 매력, 삼현일장의 진리가 넘쳐난다.

개구리밥 뜯어보세　　采蘋(채빈)

개구리밥 뜯어보세 남쪽 시냇가에서　于以采蘋(우이채빈) 南澗之濱(남간지빈) 1-3
마름 풀도 뜯어보세 저 도랑물 고인 데서　于以采藻(우이채조) 于彼行潦(우피행료) 4 5

어서어서 담아보세 이 광주리 저 소쿠리　于以盛之(우이성지) 維筐及筥(유광급거) 7
어서어서 삶아보세 이 가마솥 저 가마솥　于以湘之(우이상지) 維錡及釜(유기급부) 8 9

이 음식 올려놓자 종실 사당 제사상에　于以奠之(우이전지) 宗室牖下(종실유하) 10 11
누가 올려놓을까요 예쁜 우리 아씨지요　誰其尸之(수기시지) 有齊季女(유제계녀) 12 13

1 蘋 개구리밥, 먹을 수 있는 풀이다 2 澗 산골짜기 시냇물 3 濱 물가 4 藻 마름 풀 5 行潦 길바닥에 고인 물 혹은 고여 있는 도랑물 6 筐 모가 난 대광주리 7 筥 둥근 대광주리 8 錡 세 발 달린 솥 9 釜 발이 없는 솥 10 奠 제사상에 올려놓는 것 11 牖下 창 아래, 즉 사당 안의 조상의 위패를 모셔놓은 곳 12 尸 제사를 주관하다. 尸는 원래 시동이란 뜻인데, 시동이 제사의 주인이기 때문에 주관한다는 뜻이 되었다. 13 齊 행동거지가 공손하고 예쁜 모습

조상을 그리워하는 마음은 조상에게 연애하는 마음이다. 집안에 어여쁜 아씨를 사랑하는 마음도 아씨와 연애하는 마음이다. 연애하는 마음이 천지 사이에 충만한 사람만이 참다운 사람이다. 나물 뜯고 밥 지어 조상님께 올리는 것도 일종의 연애하는 과정이다. 집안사람들과 서로 사이좋게 어울리는 것도 연애하는 감정이 충만할 때 가능하다.

팔배나무　甘棠(감당)

우거진 저 팥배나무 가지 치지 마세요	蔽芾甘棠(폐패감당) 勿翦勿伐(물전물벌) [1-5]
우리 님 소백께서 낮잠 자던 곳이에요	召伯所茇(소백소발) [6 7]
우거진 저 팥배나무 가지 찢지 마세요	蔽芾甘棠(폐패감당) 勿翦勿敗(물전물패) [8]
우리 님 소백께서 쉬시던 곳이에요	召伯所憩(소백소게)
우거진 저 팥배나무 가지 꺾지 마세요	蔽芾甘棠(폐패감당) 勿翦勿拜(물전물배) [9]
우리 님 소백께서 머무시던 곳이에요	召伯所說(소백소세) [10]

1 蔽 가리다, 뒤덮다 2 芾 '우거지다'는 뜻일 때는 음이 '불'이고, '나무가 더부룩하다'는 뜻일 때는 음이 '패'이다. 또 '슬갑'이라는 뜻일 때는 음이 '필'이다. 여기서는 '나무가 더부룩하다'는 뜻으로 쓰였다. 3 甘棠 팥배나무 4 翦 가지를 자르는 것 5 伐 줄기를 자르는 것 6 召伯 주나라의 召公이라는 설도 있고, 召穆公 虎라는 설도 있다. 7 茇 풀뿌리, 초가집, 풀밭. 풀밭은 한가하게 쉴 수 있는 곳이므로, 여기서는 '한가하게 쉰다'는 뜻이다. 8 敗 나뭇가지를 함부로 꺾는 것 9 拜 절. 절을 할 때는 허리를 구부리므로 여기서는 가지를 '구부리다'는 뜻이다. 10 說 '머문다'는 뜻

시인은 소백을 단순한 상관으로 모시고 있었던 사람이 아니다. 마음으로 연애를 했던 사람이다. 소백을 사모한 나머지 소백이 쉬던 곳도 예사롭게 보이지 않는다. 거기에 있는 나무 하나에도 소백에 대한 사랑의 감정이 묻어 있다. 사랑이 가득 넘치는 시인의 시심詩心을 읽을 수 있다.

길가의 이슬 　　行露(행로)

촉촉이 내린 길가의 이슬 　　厭浥行露(읍읍행로)[1-3]
어찌 밤과 낮을 가리겠느냐 　　豈不夙夜(기불숙야)
길에 내린 이슬이 많기도 하네 　　謂行多露(위행다로)

뉘라서 말했던가 참새에 뿔 없다고 　　誰謂雀無角(수위작무각)[4]
무엇으로 우리 지붕 뚫었다더냐 　　何以穿我屋(하이천아옥)
뉘라서 말했더냐 그대에게 집 없다고 　　誰謂女無家(수위여무가)
어째서 나를 불러 감옥으로 보내느냐 　　何以速我獄(하이속아옥)
아무리 감옥살이 시킬지라도 　　雖速我獄(수속아옥)
시집갈 생각일랑 추호도 없어 　　室家不足(실가부족)[5]

뉘라서 말했던가 쥐에게 어금니 없다고 　　誰謂鼠無牙(수위서무아)
무엇으로 우리 담장 뚫었다더냐 　　何以穿我墉(하이천아용)[6]
뉘라서 말했더냐 그대에게 집 없다고 　　誰謂女無家(수위여무가)
어째서 나를 불러 재판소로 보내느냐 　　何以速我訟(하이속아송)[7]
아무리 재판하여 꾸짖더라도 　　雖速我訟(수속아송)
그대를 따를 생각 추호도 없어 　　亦不女從(역불여종)

1 厭 젖다 2 浥 젖다 3 行 도로 4 角 뿔. 여기서는 참새의 부리를 말한다. 5 室家 시집. 여기서는 시집가는 것 6 墉 담장 7 速 부르다

변사또에게 불려가는 춘향의 노래와 같다. 새벽 같은 이른 아침에 길을 떠나니 간밤에 내린 이슬이 많기도 하다. 이슬은 무심하게 밤낮으로 내리지만 오늘따라 밟는 이 이슬은 애간장을 녹인다.

참새가 지붕 뚫고 들어오는 것을 보면 참새에게도 뿔이 있는 듯하다. 참새도 지붕 뚫을 능력은 있는 법이다. 그런데 변사또 같은 사람이 어떻게 부인이 없이 지낼 사람인가. '가家'는 집을 지키는 부인을 말한다. 부인이 있음에도 불구하고 어떤 사람이 또 그대에게 새로운 부인감을 맞이하라고 말했는가. 그래서 나를 부인감으로 데려가려 하느냐. 내가 거부한다고 해서 감옥으로 데려가는 것은 또 무슨 영문인가. 내가 집이 초라해도 감옥 같은 큰 집에서 지내고 싶지는 않다. 내가 마음으로 따르고 존경하는 사람은 따로 있다. 아무리 나를 억압해도 마음이야 허락할 수 없다.

"나는 가난하여 변변한 집조차 없습니다. 그러나 돈 많은 사람들이 재물을 가지고 아무리 유혹하고 억압한다 해도 내 사랑 뺏을 수는 없습니다. 사랑은 돈이나 힘으로 하는 것이 아니랍니다."

염소 가죽 羔羊

염소 가죽 갖옷에 흰 실로 다섯 줄 羔羊之皮 素絲五紽 1-3
밥 먹으러 돌아가는 늠름한 걸음걸이 退食自公 委蛇委蛇

염소 가죽 갖옷에 흰 실로 다섯 솔기 羔羊之革 素絲五緎 4
늠름한 걸음으로 밥 먹으러 돌아가네 委蛇委蛇 自公退食

염소 가죽 꿰맨 곳은 흰 실로 다섯 술 羔羊之縫 素絲五總 5
늠름한 걸음으로 돌아가네 밥 먹으러 委蛇委蛇 退食自公

1羔 염소 2素絲 흰 실 紽 실타래 3委蛇 늠름하고 의젓한 모습 4緎 옷 솔기, 실로 꿰맨 줄 5總 실로 만든 술, 장식용으로 사용함

염소 가죽으로 만든 갖옷을 입고 궁중에 나와 종사하는 대부들의 모습에 신바람이 난다. 신바람이 나는 것은 임금과 마음으로 연애할 때 나타나는 현상이다. 집현전 학자들이 신바람 나서 일하는 것과 같다. 이를 보고 있노라면 저절로 흥이 난다.

번개가 칩니다

	은기뢰 殷其雷
번개가 칩니다 저 남산 기슭에서	은기뢰 재남산지양 殷其雷 在南山之陽 1-4
어찌하여 떠났나요 무엇하고 계신가요	하사위사 막감혹황 何斯違斯 莫敢或遑 5-8
그리운 내 님이여 어서 돌아오세요	진진군자 귀재귀재 振振君子 歸哉歸哉 9
번개가 칩니다 저 남산 마루에서	은기뢰 재남산지측 殷其雷 在南山之側
어찌하여 떠났나요 어찌하고 계신가요	하사위사 막감황식 何斯違斯 莫敢遑息
그리운 내 님이여 퍼뜩 돌아오세요	진진군자 귀재귀재 振振君子 歸哉歸哉
번개가 칩니다 저 남산 아래에서	은기뢰 재남산지하 殷其雷 在南山之下
어찌하여 떠났나요 어느 곳에 계신가요	하사위사 막혹황처 何斯違斯 莫或遑處
그리운 내 님이여 빨리 돌아오세요	진진군자 귀재귀재 振振君子 歸哉歸哉

1 殷 천둥소리, 우르릉 쾅쾅 2 其 조음소 3 雷 번개, 천둥 4 陽 산의 陽은 산의 남쪽이고, 물의 陽은 물의 북쪽이다. 5 斯 위에 있는 斯는 '그 사람', '이 사람'을 뜻한다 6 違 떠나다 7 斯 아래의 斯는 '여기'를 뜻한다 8 遑 틈, 겨를. 莫敢或遑은 '돌아올 틈이 없는가'라는 뜻이다. 여기서는 '어찌하고 계신가요'로 번역했다. 9 振振君子 늠름하고 씩씩한 님이란 뜻인데 여기서는 '그리운 님'으로 번역했다.

"번개가 칠 때 두렵고 떨리는 것은 인지상정, 그런 때일수록 님의 품이 그립습니다. 님이 계시면 무섭지 않을 텐데."

무섭고 떨릴 때 님이 더욱 그리워지는 시인의 마음을 솔직히 표현한 시다.

평상시라면 님이 그립다는 말이 너무 직설적이다. 그러나 번개 치는 극한 상황에서는 그렇게 말할 수 있다. 많은 여성들이 귀신이 나오는 무서운 장면에서 남자의 품에 파고드는 것도 같은 이치다.

아마도 시인은 그립다는 말을 하고 싶어서 번개 치는 상황을 설정했을 것이다.

매실을 따고 있네요 摽有梅(표유매)

매실을 따고 있네요	摽有梅(표유매)[1]
일곱 개만 남았네요	其實七兮(기실칠혜)
나를 찾는 님이시여	求我庶士(구아서사)[2]
날 좀 데려가세요	迨其吉兮(태기길혜)[3][4]
매실을 따고 있네요	摽有梅(표유매)
세 개만 남았네요	其實三兮(기실삼혜)
나를 찾는 님이시여	求我庶士(구아서사)
지금 빨리 오세요	迨其今兮(태기금혜)
매실을 다 땄네요	摽有梅(표유매)
광주리에 담고 있네요	頃筐塈之(경광기지)[5][6]
나를 찾는 님이시여	求我庶士(구아서사)
말만이라도 해주세요	迨其謂之(태기위지)

1 摽 떨어지다, 두드리다, 여기서는 매화를 따는 것을 말한다 2 庶士 여러 선비들 3 迨 미친다, 이른다, 놓치지 않는다 4 吉 길일, 장가드는 길일 5 頃筐 뒤가 높고 앞이 낮은 대바구니 6 塈 취하다, 가지다, 담는다

님을 기다리는 안타까운 처녀의 마음을 이렇게 솔직하고 담백하게 표현한 시가 또 있을까?

반짝이는 작은 별 小星(소성)

반짝이는 작은 별이 동쪽 하늘에 나타날 때 嘒彼小星(혜피소성) 三五在東(삼오재동)[1][2]
근엄하게 밤길 떠나 밤낮으로 나라 일을 肅肅宵征(숙숙소정) 夙夜在公(숙야재공)[3][4]
내 도와주련마는 하는 일이 같지 않아 寔命不同(식명부동)[5][6]

반짝이는 작은 별은 삼성과 묘성이라 嘒彼小星(혜피소성) 維參與昴(유삼여묘)
근엄하게 밤길 떠나 이불하고 잠옷 챙겨 肅肅宵征(숙숙소정) 抱衾與裯(포금여주)[7]
내 도와주려 해도 하는 일이 다른 것을 寔命不猶(식명불유)[8]

1 嘒 별이 반짝이는 모습 2 三五 세 개나 다섯 개 정도의 별. 三은 心이라는 별, 五는 噣라는 별로 보는 설도 있다(『毛傳』). 3 肅肅 근엄한 모양 4 公 나랏일을 하는 공관, 공무를 보는 곳 5 寔 실로 6 命 하는 일, 사람마다 나름대로의 가야 할 길 7 裯 속적삼, 속옷 8 猶 같다는 뜻

야근을 하러 밤길을 떠나는 남편을 안쓰럽게 바라보는 아내의 심정이다. 남편 고생 덜어주고 싶고 도와주고 싶어도 하는 일이 전혀 다르니 공연히 마음만 더 아프다.

강물이 갈라지듯 江有汜(강유사)

강물이 갈라지듯 내 님이 떠나가네 江有汜 之子歸(강유사 지자귀)[1,2]
나를 버리고 나를 버려두고 不我以 不我以(불아이 불아이)[3]
얼마 있지 않아서 후회하게 되실 것을 其後也悔(기후야회)

강물이 갈라지듯 내 님이 떠나가네 江有渚 之子歸(강유저 지자귀)[4]
나를 마다하고 나를 싫다 하고 不我與 不我與(불아여 불아여)
얼마 있지 않아서 낙담하게 되실 것을 其後也處(기후야처)[5]

강물이 갈라지듯 내 님이 떠나가네 江有沱 之子歸(강유타 지자귀)
나에게 말도 없이 소리도 없이 不我過 不我過(불아과 불아과)[6]
찢어지는 가슴 안고 슬픈 노래 부를 것을 其嘯也歌(기소야가)[7]

1 汜 물이 갈라지는 것 2 歸 시집간다 3 不我以 부정을 나타내는 말(不), 타동사(以), 목적어(我)로 이어질 때, 타동사와 목적어가 바뀌는 예에 따라 不以我가 不我以로 되었다. 원래 不以我爲歸에서 爲歸가 생략된 것으로 봐야 할 것이다. 즉 '나를 시집올 곳으로 삼지 않고'란 뜻이다. 4 渚 물이 갈라지는 곳에 형성되는 삼각주, 모래톱 5 處 내려앉는다, 마음이 철렁하고 내려앉는다, 낙담한다 6 過 지나다가 들르는 것 7 嘯 울부짖다

도저히 이별할 수 없는 님이 나를 버리고 떠나갔다. 아무리 생각해도 받아들일 수 없는 현실이다. 떠나는 님은 행복을 찾아간 것이 아니다. 보석에 눈이 멀어 갔고, 권력에 눈이 멀어서 떠났다. 그렇게 떠나는 것은 행복이 아니다. 그래서 더욱 안타깝다. 나중에 후회할 것이 너무도 뻔하다. 애원을 해 보았지만 이미 눈이 멀어버린 님은 내 말을 듣지도 않는다. 억지로 붙잡는 것은 나의 욕심일 뿐이다. 그래서 붙잡지도 못한다. 떠나는 님을 타는 속으로 바라만 보고 있는 시인이 애처롭다. 사랑하는 사람이 이 시를 읽으면, 욕심에 눈 멀지 않을 수 있을 것이다.

들에 있는 노루 고기 野有死麕(야유사균)

들에 있는 노루 고기 흰 띠 풀로 고이 싸서 野有死麕(야유사균) 白茅包之(백모포지) 1
봄 그리는 처녀에게 봄 총각이 유혹하네 有女懷春(유여회춘) 吉士誘之(길사유지) 2

숲에는 떡갈나무 들에는 사슴 고기 林有樸樕(임유복속) 野有死鹿(야유사록) 3-5
흰 띠 풀로 고이 싸서 옥 같은 처녀 주네 白茅純束(백모돈속) 有女如玉(유여여옥) 6 7

천천히 하세요 서두르지 마세요 舒而脫脫兮(서이태태혜) 8 9
행주치마에 손 닿을라 조심하세요 無感我帨兮(무감아세혜) 10 11
삽살개가 짖어도 안 되잖아요 無使尨也吠(무사방야폐) 12 13

1 麕 노루 2 吉士 멋있는 선비, 멋쟁이 총각 3 樸 땅갈나무, 이 때는 음이 '복'이 된다. 4 樕 떡갈나무 5 樸樕 땅갈나무, 떡갈나무 등의 땔나무 6 純 묶는다는 뜻 7 束 묶는다 8 舒 천천히 하다 9 脫脫 천천히 한다는 뜻 10 感 손이 닿다, 건드리다 11 帨 허리에 차는 수건, 행주치마와 비슷한 것으로 보면 될 것이다 12 尨 삽살개 13 吠 짖다

사랑을 하는 모습이 잘 묘사되어 있다. 아무래도 남자는 좀 서둘고 있다. 남의 눈을 의식하지 않는 사랑은 사랑이 아니라 소유욕이다. 진정한 사랑은 그와 내가 하나가 되는 것이다. 그와 내가 하나가 되면 모두와도 하나가 된다. 그래서 남이 보건말건 애정 표현을 하는, 그런 천박한 사랑은 하지 않는다.

어찌 저리 고울까 何彼穠矣

하피농의

어찌 저리 고울까 앵두나무 꽃이여　何彼穠矣 唐棣之華[1,2]
어찌 저리 의젓할까 공주의 수레여　曷不肅雝 王姬之車[3-5]

어찌 저리 고울까 복숭아꽃 오얏꽃　何彼穠矣 華如桃李
평왕의 손녀와 제후의 아들이라　平王之孫 齊侯之子

고기를 낚으려면 낚싯줄을 묶어야지　其釣維何 維絲伊緡[6,7]
제후의 아들과 평왕의 손녀로다　齊侯之子 平王之孫

(한자 독음: 하피농의 당체지화 / 갈불숙옹 왕희지거 / 하피농의 화여도리 / 평왕지손 제후지자 / 기조유하 유사이민 / 제후지자 평왕지손)

1 穠 곱다, 예쁘다, 아름답다 2 棣 산이스랏나무, 산앵두나무, 唐棣는 산이스랏나무라고도 하고 산앵두나무라고도 한다. 또는 산매자나무라고도 한다. 3 曷 어찌 4 雝 할미새, 화락하다 5 王姬 공주, 姬는 주나라 천자의 성이다. 공주가 시집가면 성이 이름으로 바뀌므로 王姬는 주나라 왕의 딸을 가리킨다 6 其, 維, 伊 모두 어조사 7 緡 낚싯줄

왕은 백성들의 애인이다. 공주와 왕자가 결혼을 하는 모습은 마치 사랑하는 자녀의 결혼식처럼 뿌듯하고 흐뭇하다.

추우　　騶虞(추우)

저기 뾰족 나온 것은 갈대의 새순　　彼茁者葭(피촬자가)[1,2]
한 번 수레 몰아가면 멧돼지 다섯 마리　　壹發五豝(일발오파)[3,4]
아아 추우시여　　于嗟乎騶虞(우차호추우)[5,6]

저기 뾰족 돋은 것은 쑥들의 새싹　　彼茁者蓬(피촬자봉)[7]
한 번 수레 몰아가면 멧돼지 다섯 마리　　壹發五豵(일발오종)[8]
아아 추우시여　　于嗟乎騶虞(우차호추우)

1 茁 싹이 뾰족뾰족 나오다, 자라다, 싹을 의미할 때는 음이 '절' 2 葭 갈대 3 發 수레를 몰아 출발한다는 뜻이다 4 豝 암퇘지 于嗟乎 감탄사 5 騶 말 먹이는 사람 6 虞 임금 사냥터의 관리, 여기서의 騶虞는 임금의 사냥터에서 짐승을 관리하는 사람을 지칭한다 7 蓬 쑥 8 豵 돼지 새끼

추우의 늠름하고 씩씩한 모습을 보고 감탄하며 노래한 시이다. 아마도 추우를 사모하는 백성들이 부른 노래인 듯하다.

> 하늘에서 내려온 선녀 하나가
> 얼음 위를 한 번 날아 회오리치면
> 황금빛 메달이 목에 걸리네
> 영광의 순간에 흐르는 눈물은 민족의 가슴에 단비 되어 적시네
> 아아! 연아여. 대한의 딸이여.

패풍 邶風

주周의 무왕이 은의 주왕紂王을 쳐서 은을 복속한 뒤, 주왕의 아들인 무경武庚(록부祿父)으로 하여금 은나라의 유민들이 사는 땅에 세워 은나라의 제사를 받들게 했다. 그리고 그 땅을 셋으로 나누어 무왕의 동생인 관숙管叔 · 채숙蔡叔 · 곽숙霍叔으로 하여금 감독케 했다. 이를 삼감三監이라 한다. 지금의 하남성河南省 기현淇縣의 동북쪽에 있는 은허殷墟가 그곳이다. 이곳의 북쪽을 패邶라 하고, 남쪽을 용鄘이라 했으며, 동쪽을 위衛라 했다. 무왕武王이 죽고 성왕成王이 임금이 되었을 때 주공周公이 섭정을 하였는데, 이때 관管 · 채蔡 · 곽霍 삼감三監은 주공을 시기해서 반란을 일으켰다가 죽임을 당하거나 추방을 당했다.

이에 다시 무왕의 동생인 강숙康叔으로 하여금 위衛를 다스리게 했고, 후에 패邶와 용鄘까지 겸하게 했다. 이리하여 후대에 이르러 세 나라의 경계가 흐지부지하게 되어 통틀어 위衛나라가 되고 말았다. 그러므로 패邶 · 용鄘 · 위衛의 세 풍風은 실지로는 위풍衛風인 셈이다.

조각배　　柏舟(백주)

물에 뜬 저 조각배 강물 따라 무심하네　汎彼柏舟(범피백주) 亦汎其流(역범기류) 1–3
남모르는 이 내 시름 밤늦도록 잠 못 들어　耿耿不寐(경경불매) 如有隱憂(여유은우) 4 5
마음 달랠 술 있으니 마실 수도 있으련만　微我無酒(미아무주) 以敖以遊(이오이유) 6 7

내 마음 거울이면 님의 마음 비출 것을　我心匪鑒(아심비감) 不可以茹(불가이여) 8
나에게도 형제 있어 혹시라도 도움 될까　亦有兄弟(역유형제) 不可以據(불가이거)
찾아가 호소하다 야단맞고 돌아왔네　薄言往愬(박언왕소) 逢彼之怒(봉피지노) 9

내 마음 돌 아니라 굴러갈 수 없잖아　我心匪石(아심비석) 不可轉也(불가전야)
내 마음 자리 아니라 말아갈 수 없잖아　我心匪席(아심비석) 不可卷也(불가권야)
내 몰골이 초라하니 어쩔 수가 없잖아　威儀棣棣(위의태태) 不可選也(불가선야) 10 11

내 마음에 서린 시름 뭇 사람의 상처되어　憂心悄悄(우심초초) 慍于群小(온우군소) 12 13
쓰라린 일 당하고도 받은 수모 적지 않아　覯閔既多(구민기다) 受侮不少(수모불소) 14 15
이런저런 생각하니 잠 깬 가슴 두근거려　靜言思之(정언사지) 寤辟有摽(오벽유표) 16–18

해님이여 달님이여 어찌 자꾸 작아지나　日居月諸(일거월저) 胡迭而微(호질이미) 19–22
마음에 서린 시름 빨지 않은 때 옷 같아　心之憂矣(심지우의) 如匪澣衣(여비한의) 23
이리저리 생각지만 날아갈 수도 없고　靜言思之(정언사지) 不能奮飛(불능분비) 24–25

1 汎 둥실둥실 떠 있는 모습 2 柏 측백나무, 잣나무 柏舟 측백나무로 만든 배, 여기서는 조각배로 번역했다 3 汎 떠내려간다, 汎於其流에서 於가 생략된 것으로 볼 수 있다. '흐름에 따라 떠내려간다'는 뜻이다. 4 耿 빛나다, 비추다, 여기서는 잠이 오지 않고 정신이 말똥말똥한 모습을 말함 5 隱憂 숨은 걱정, 남모르는 걱정 6 微 非와 같은 뜻 7 敖 놀다 8 茹 헤아리다, 비쳐보다 9 薄言 어조사 10 棣棣 초라하다 11 選 선택하다, 不可選 선택의 여지가 없다, 어쩔 수 없다 12 悄悄 근심하는 모양 13 慍 화나다, 미움을 받다, 실연을 당해 우울해져 있으면 주위 사람들에게 미움을 받는다 14 覯 만나다, 당하다 15 閔 憫과 통용, 고민 16 言 어조사 17 辟 가슴을 치다 18 摽 가슴을 두드리는 모습 19 居 어조사 20 諸 어조사 21 迭 번갈아 22 微 작아지다, 미약해지다 23 澣 빨래하다 24 奮 떨쳐 일어나는 것 25 飛 날아가다

물에 둥실둥실 정처 없이 떠다니는 조각배를 보니 님에게 버림받아 안정을 찾지 못하고 안절부절못하는 내 신세와도 같다.

님에게 버림받아 해결책을 찾지 못해 이리저리 뛰어다니다가 형제에게도 야단맞아 초라한 신세가 되어 있는 아픈 시인의 마음을 읽을 수 있다. 떠나버린 님에게 마음이 빼앗겨 버린 실연당한 자의 아픈 마음에는 그 밝던 해나 달도 자꾸 빛을 잃어간다.

실연을 당해 견딜 수 없을 때, 이 노래를 읽으면 2500년 전에 마음 아팠던 동지를 만난다. 그래서 마음이 좀 후련해진다.

초록색 저고리

綠衣(녹의)

초록색 저고리에 노란색 안감	綠兮衣兮 綠衣黃裏(녹혜의혜 녹의황리) 1-3
마음에 서린 시름 언제나 그치려나	心之憂矣 曷維其已(심지우의 갈유기이) 4 5
초록색 저고리에 노란색 치마	綠兮衣兮 綠衣黃裳(녹혜의혜 녹의황상)
마음에 서린 시름 언제나 걷히려나	心之憂矣 曷維其亡(심지우의 갈유기망)
초록색 실타래는 그대가 물들인 것	綠兮絲兮 女所治兮(녹혜사혜 여소치혜) 6 7
옛 사람 생각하여 참아야 하는가	我思古人 俾無訧兮(아사고인 비무우혜) 8 9
허름한 옷 사이로 바람이 차갑다	絺兮綌兮 凄其以風(치혜격혜 처기이풍) 10-12
옛 사람 생각하다 내 속이 다 타겠네	我思古人 實獲我心(아사고인 실획아심) 13

1 綠 초록색. 초록색은 파랑과 노랑의 중간색으로 천한 색이다 2 黃 노란색. 노란색은 가운데를 상징하는 색으로 귀한 색이다 3 綠衣黃裏 천한 초록색으로 저고리를 만들고 귀한 노란색으로 안감을 댔다는 것은 귀한 본부인과 천한 첩이 뒤바뀌었음을 의미한다 4 曷 언제나 5 維其 어조사 6 女 너, 그대 7 治 다스리다, 여기서는 '물들이다'의 뜻 8 俾 使와 같은 뜻 9 訧 허물, 잘못, 과실 10 絺 고운 갈포 11 綌 굵은 갈포, 絺綌은 갈포로 만든 허름한 옷을 말한다 12 凄 서늘하다, 차갑다 13 實獲我心 옛 님이 내 마음을 사로잡고 있다. 옛 님에게 마음이 사로잡혀 내 마음을 어찌할 수 없다. 다만 속만 탈 뿐이다. 그래서 '속이 탄다'고 번역했다.

나를 사랑하던 님이 나를 버리고 다른 여자를 사랑한다. 그 여자와 나는 위치가 바뀌고 말았다. 초록색은 천하고 노란색은 귀하다. 그러므로 노란색은 겉에 쓰고 초록색은 안감으로 써야 한다. 또 초록색은 치마에 쓰고 노란 천은 저고리를 만들어야 한다. 그런데 초록색 천으로 겉을 쓰고 노란색 천으로 안감을 쓰며, 초록색 천으로 저고리를 만들고 노란색 천으로 치마를 만들었다. 뒤바뀐 것이다. 나는 본처다. 그런데 님은 나를 버리고 첩을 사랑하게 되었다. 나와 그 여자의 위치가 뒤바뀌었다. 초록색 저고리를 입은 까닭은 그 여자 때문이다. 그래서 초록색 실은 그 여자가 물들인 것이라고 노래했다. 그 여자를 찾아가 머리라도 쥐어뜯고 싶다. 그러나 그 여자는 내 님이 좋아하는 여자. 님 속이 상할 것을 생각하니 그럴 수도 없다. 아아! 속 타는 마음을 언제까지 참아야 한단 말인가!

깊이 사랑을 하면 상대에게 사랑을 받지 못해도 식지 않는다. 그 사랑하는 마음을 어쩌지 못해 가슴 태운다. 이런 노래를 하는 여인은 사랑을 소유로 생각하는 천박한 여인이 아니다. 사랑이 소유라면 이미 남의 소유가 된 사람을 사랑하는 것은 바보다. 그러나 사랑은 소유가 아니라 하나 되는 것. 그런 사랑을 하는 시인은 하늘 같다. 그러한 시인이 영생永生하는 사람이고 행복한 사람이다.

제비　　燕燕(연연)

제비들이 날아가네 날개 치며 날아가네　燕燕于飛(연연우비) 差池其羽(치지기우) 1
누이동생 시집가네 들판에서 전송하네　之子于歸(지자우귀) 遠送于野(원송우야) 2 3
뒷모습을 바라보다 빗물처럼 눈물짓네　瞻望弗及(첨망불급) 泣涕如雨(읍체여우) 4

제비들이 날아가네 물결치며 날아가네　燕燕于飛(연연우비) 頡之頏之(힐지항지) 5 6
누이동생 시집가네 멀리까지 전송하네　之子于歸(지자우귀) 遠于將之(원우장지) 7
뒷모습이 안 보이니 우두커니 눈물짓네　瞻望弗及(첨망불급) 佇立以泣(저립이읍) 8

제비들이 날아가네 울음소리 들려오네　燕燕于飛(연연우비) 下上其音(하상기음) 9
누이동생 시집가네 남쪽으로 전송하네　之子于歸(지자우귀) 遠送于南(원송우남)
뒷모습이 안 보이니 내 마음 고달파라　瞻望弗及(첨망불급) 實勞我心(실로아심)

듬직하던 누이동생 깊고 넓은 그 마음씨　仲氏任只(중씨임지) 其心塞淵(기심색연) 10–14
따뜻하고 너그러워 몸가짐도 조신했지　終溫且惠(종온차혜) 淑愼其身(숙신기신) 15–17
아버님 생각하듯 이 몸을 돌보더니　先君之思(선군지사) 以勗寡人(이욱과인) 18 19

1 差池 參差와 같은 뜻으로 가지런하지 않다는 뜻, 제비가 날개를 치며 날아가는 모양 2 之子 그 아이, 여기서는 누이동생을 가리킨다 3 歸 시집간다 4 瞻望弗及 뒷모습을 바라보다가 차츰 시야에서 사라져 보이지 않게 됨을 말한다. 5 頡 날아오르다 6 頏 아래로 향하여 날다, 頡頏은 새가 오르락내리락하면서 나는 모습을 말한다 7 將 배웅한다. 먼 곳에서 배웅한다는 뜻이므로 將之于遠이 되어야 하는데, 시에서는 음률을 맞추기 위해 순서가 바뀌었다. 8 佇 우두커니 9 下上其音 아래로 위로 소리를 내는 것을 말한다 10 仲氏 시집간 누이동생을 부를 때는 호를 부른다, 여기서는 누이동생의 호로 보아야 한다 11 任 듬직하다 12 只 어조사 13 塞 가득하다, 넓다 14 淵 깊다 15 終…且… '…하고 또 …하다'는 뜻 16 溫 따뜻하다 17 惠 너그럽다 18 先君 아버지 19 勗 돕다

제비들이 남쪽으로 날아가는 쓸쓸한 계절에 누이동생이 시집을 간다. 누이동생은 마음이 너그러워 작은오빠와도 유독 잘 지냈다. 돌아가신 아버님을 생각하며 아버님 대신으로 이 오빠를 잘도 돌보아주던 그 여동생이 남쪽 나라로 시집을 갔다. 제비들의 울음소리가 들려오니 마치 동생의 울음소리를 듣는 듯하다. 한 번 가면 다시 돌아올 날 기약할 수 없는데, 생각할수록 가슴이 미어진다.

해와 달

日月(일월)

해와 달은 오늘도 변함없이 비치는데
해 같고 달 같던 님 가고 아니 계십니다
마음 좀 잡으세요 나를 돌아보세요

日居月諸(일거월저) 照臨下土(조림하토)
乃如之人兮(내여지인혜) 逝不古處(서불고처)[1 2]
胡能有定(호능유정) 寧不我顧(영불아고)[3-5]

해와 달은 오늘도 이 땅에 비치는데
해 같고 달 같던 님 왜 안 비쳐주시나요
마음 좀 잡으세요 한 말씀만 해주세요

日居月諸(일거월저) 下土是冒(하토시모)[6]
乃如之人兮(내여지인혜) 逝不相好(서불상호)
胡能有定(호능유정) 寧不我報(영불아보)

해와 달은 오늘도 동쪽에서 뜨는데
해 같고 달 같던 님 소식도 없습니다
마음 아니 잡으시면 차라리 잊을래요

日居月諸(일거월저) 出自東方(출자동방)
乃如之人兮(내여지인혜) 德音無良(덕음무량)[7]
胡能有定(호능유정) 俾也可忘(비야가망)[8]

해와 달은 오늘도 동쪽에서 나오는데
아버님 어머님 날 좀 잡아주세요
내 님 마음 돌아오면 날 찾아오십니다

日居月諸(일거월저) 東方自出(동방자출)[9]
父兮母兮(부혜모혜) 畜我不卒(휵아부졸)[10 11]
胡能有定(호능유정) 報我不述(보아불술)[12]

1 如之人 그와 같은 사람. 즉, 해와 달 같은 사람 2 不古處 옛 장소에 있지 않다 3 胡能有定 어찌하면 마음을 잡을 수 있을까 4 寧 어찌 5 寧不我顧 어찌 나를 돌아보지 않나요 6 冒 덮다, 덮어 비추다 7 德音 좋은 말, 님의 말 8 俾也可忘 잊게 해달라는 뜻 9 東方自出은 自東方出이 순서가 바뀐 것이다 10 畜 붙들다, 부축하다 11 卒 졸도하다, 쓰러지다 畜我不卒은 쓰러지지 않게 나를 부축해 달라는 것 12 述 잇다, 계속하다. 不述은 고통이 계속되지 않는 것. 報我不述은 고통이 계속되지 않도록 나에게 보답한다는 뜻

처음으로 사랑을 느끼게 하는 상대를 만나면 그는 태양 같은 존재로 다가온다. 님은 태양 같고 달 같은 존재다. 그래서 태양을 보거나 달을 보면 님 생각이 난다. 그러나 태양이나 달은 다시 떠오르는데, 한 번 떠난 내 님은 돌아올 기약이 없다. 돌아오지 않는 님을 기다리다 지친 시인은 이제 잊어버리겠다고 다짐을 한다. 그러나 잊으려고 하면 할수록 새록새록 되살아나는 것이 사랑의 감정이다. 사랑에 지친 나머지 몸을 가눌 힘조차 잃었다. 다급하면 부모를 찾는 것이 사람의 상정이다. 그래서 시인은 '아버지 어머니 나를 부축해 달라'고 당부한다. 시인은 쓰러지지 않고 버티고 있다. 쓰러지면 님이 돌아와도 만날 수 없을 테니까.

잊으려 해도 잊지 못하는 시인은 님이 돌아온다고 믿는 길 밖에는 방법이 없다. 신앙에 가까운 믿음으로 기약 없이 기다리는 것이 사랑하는 사람의 마음인가 보다.

산들바람　　　終風(종풍)

산들바람 폭풍우 되네 날 보고 비웃는 님　終風且暴(종풍차포) 顧我則笑(고아즉소) 1–3
놀리고 약 올리니 내 속이 떨립니다　謔浪笑敖(학랑소오) 中心是悼(중심시도) 4–8

산들바람 흙비 되네 한번쯤은 와주련만　終風且霾(종풍차매) 惠然肯來(혜연긍래) 9 10
가고 오고 않으시니 끝없어라 나의 시름　莫往莫來(막왕막래) 悠悠我思(유유아사) 11

바람 불고 음산하네 맑은 날 오련마는　終風且曀(종풍차에) 不日有曀(불일유에) 12 13
잠 아니 오는 밤에 무너지는 나의 가슴　寤言不寐(오언불매) 願言則嚏(원언즉체) 14–16

먹구름이 하늘 덮고 천둥 소리 요란한데　曀曀其陰(에에기음) 虺虺其雷(훼훼기뢰) 17
잠 아니 오는 밤에 찢어지는 나의 가슴　寤言不寐(오언불매) 願言則懷(원언즉회) 18

1 終…且… '…하고 또…'의 뜻 2 暴 사납다 3 笑 비웃는 것 4 謔 희롱하다, 놀리다 5 浪 방자하다, 함부로 굴다 6 笑 비웃다 7 敖 놀리다 8 悼 슬퍼하다 9 霾 흙비가 오다, 흙비 10 惠 은혜를 베풀어주다 11 悠悠 계속 이어지는 모양 12 曀 음산하다, 구름이 끼다 13 不日有曀 며칠도 안 되어서 날씨 흐리다 14 願 희망하다, 님 오기를 기다리다, 님 오기를 희망하다 15 言 어조사 16 嚏 가슴이 막히다, 재채기하다 17 虺虺 천둥 치는 소리, 우르릉 쾅쾅 18 懷 그리워서 몸부림친다, 그리워서 가슴이 찢어진다

사랑을 하고 있는데 님은 아랑곳하지 않는다. 오히려 왜 그러느냐고 비웃는다. 사랑은 이렇게 일방적인가 보다. 그렇다고 해서 사랑이 없어지는 것이 아니다. 사랑의 감정은 참으로 못 말리는 감정이다. 샘물이 솟아나듯 자꾸 그렇게 솟아나오니 야속하기만 하다. 이룰 수 없는 일방적인 사랑인 짝사랑의 주인공은 혼자서 속을 태우고 있다. 속 태우며 참고 있는 그 마음이야말로 지극히 아름답다.

찾아가 행패라도 부린다면 그것은 이미 사랑이 아니다. 그것은 욕심으로 변해버린 천박한 마음이다.

북소리 날 때 擊鼓(격고)

북소리 둥둥 날 때 뛰고 달리며 칼을 쓴다 擊鼓其鏜(격고기당) 踊躍用兵(용약용병) 1 2
남들은 성을 쌓고 나는 홀로 남쪽 전장 土國城漕(토국성조) 我獨南行(아독남행) 3 4

손자중을 따라가서 진과 송을 평정해도 從孫子仲(종손자중) 平陳與宋(평진여송) 5
돌아갈 기약 없어 마음 시름 깊어가네 不我以歸(불아이귀) 憂心有忡(우심유충) 6 7

여기저기 흩어지며 타던 말도 잊어버려 爰居爰處(원거원처) 爰喪其馬(원상기마) 8
이리저리 헤매다가 숲 속에서 찾기도 해 于以求之(우이구지) 于林之下(우림지하) 9 10

생사를 함께 하자 그대와 다짐했었지 死生契闊(사생결활) 與子成說(여자성설) 11
그대의 손을 잡고 백년해로 약속했지 執子之手(집자지수) 與子偕老(여자해로)

천리만리 전쟁터라 살아서 못 돌아가 于嗟闊兮(우차활혜) 不我活兮(불아활혜) 12–14
눈물만을 삼킵니다 나를 믿지 마세요 于嗟洵兮(우차순혜) 不我信兮(불아신혜) 15

1 鏜 종소리, 북소리, 둥둥, 땅땅 2 用兵 칼을 쓰다, 무기를 쓰다, 兵은 무기이다 3 土國 土는 흙일을 하는 것, 성을 쌓는 것, 國은 서울, 따라서 土國은 서울에서 흙일을 하는 것 4 城漕 城은 성을 쌓는 것, 漕는 위나라의 수도. 따라서 城漕는 조에 성을 쌓는 것 5 孫子仲 公孫文仲으로 위나라의 장군 6 不我以歸 不使我以歸에서 使가 생략된 것으로 보아야 한다. 나를 돌아가게 하지 않는다는 뜻 7 忡 근심하다 8 爰 이에, 여기서, 저기서 9 于以 이에, 그래서 10 林之下 숲 속 11 契闊 함께 하는 것, 契는 '合한다'는 뜻이고, 闊은 '트이다', '통하다'는 뜻이다. 그러므로 契闊은 서로 통하여 함께 하는 것 12 于嗟 아아! 감탄사 13 闊 멀리 떨어져 있는 것 14 不我活兮 不活我兮에서 活我의 순서가 바뀐 것으로 보아야 한다 15 洵 눈물을 흘리다

전쟁터에 나가 싸우는 전사가 두고 온 님 생각에 젖어서 부르는 슬픈 노래다. 백년해로하자고 굳게 맹세했건만 살아서 돌아갈 기약이 없으니 어찌하면 좋을까. 언약을 믿고 기다릴 님을 생각하니 더욱 가슴이 미어진다. 차라리 나를 잊어달라고 부탁이라도 해보고 싶은 심정이다.

선선한 바람 凱風(개풍)

선선하게 부는 남풍 대추나무 어루만져 凱風自南(개풍자남) 吹彼棘心(취피극심) 1 2
대추나무 싹이 어려 우리 엄마 애태웠네 棘心夭夭(극심요요) 母氏劬勞(모씨구로) 3 4

선선하게 부는 남풍 대추나무 싹을 감싸 凱風自南(개풍자남) 吹彼棘薪(취피극신)
거룩하신 우리 엄마 자식들이 괴롭혔네 母氏聖善(모씨성선) 我無令人(아무영인) 5

한천이란 샘이 있어 준읍에서 솟아나네 爰有寒泉(원유한천) 在浚之下(재준지하) 6
일곱이나 자식 두고 고생하신 우리 엄마 有子七人(유자칠인) 母氏勞苦(모씨노고)

아름다운 노랑 새여 우는 소리 듣기 좋아 睍睆黃鳥(현환황조) 載好其音(재호기음) 7–9
일곱이나 되는 자식 엄마 위로 못했으니 有子七人(유자칠인) 莫慰母心(막위모심)

1 凱 부드러운 모양, 산들산들, 凱風은 산들바람, 즉 남풍을 말한다 棘 메대추나무 2 心 여기서는 대추나무의 어린 싹을 가리킨다 3 夭夭 야들야들하다 4 劬勞 수고하다 5 我無令人 우리들에게 좋은 사람이 없다 6 浚 위나라의 고을 이름, 한천에서 흘러나오는 물이 浚읍으로 흘러 浚읍 사람들은 모두 이 물을 먹고 산다. 자녀들도 이와 마찬가지로 어머니의 젖을 먹고 어머니의 사랑을 먹고 산다 7 睍 아름답다 8 睆 아름답다, 곱다 9 載 어조사

거센 바람이 불면 대추나무의 어린 싹이 떨어져 버린다. 그래서 봄바람은 대추나무의 어린 싹을 다칠세라 산들산들 조심스럽게 어루만진다. 우리 어머니도 이와 마찬가지로 어린 우리들을 길러주시느라 온갖 정성을 다 쏟으시고 온갖 고생을 다하셨다. 한천의 샘물을 준읍 사람이 모두 마시고 산다. 샘물은 언제나 솟아나니 그저 고마운 줄 모르고 마셔왔는데, 우리 자식들도 어머니에게서 솟아나는 사랑의 샘물을 고마운 줄 모르고 받아 마시기만 했다. 아름다운 노랑새는 고운 노랫소리로 사람들을 기쁘게 하건마는 우리 자식들은 어머니를 기쁘게 해드리지도 못했다.

장끼

雄雉(웅치)

번역	원문	독음	주
장끼가 날아가네 날개를 퍼덕이며	雄雉于飛 泄泄其羽	웅치우비 예예기우	1
사무치는 이 그리움 내가 사서 하는 고통	我之懷矣 自詒伊阻	아지회의 자이이조	2–4
장끼가 날아가네 끼룩끼룩 날아가네	雄雉于飛 下上其音	웅치우비 하상기음	
나를 두고 가시는 님 내 속을 다 태우네	展矣君子 實勞我心	전의군자 실로아심	5
해와 달을 바라보며 님 생각 그지없네	瞻彼日月 悠悠我思	첨피일월 유유아사	
천리만리 길이 멀어 우리 님 언제 오나	道之云遠 曷云能來	도지운원 갈운능래	6
세상의 남자들아 덕행을 모르는가	百爾君子 不知德行	백이군자 부지덕행	
욕심내지 않는다면 어찌 아니 좋으리오	不忮不求 何用不臧	불기불구 하용부장	7–10

1 泄泄 꿩이 나는 소리, 푸덕푸덕 2 詒 준다, 끼친다 3 伊 이, 그 4 阻 걱정, 고통 5 展 참으로, 실로 6 云 어조사 7 忮 해치다, 거역하다, 거스르다 8 求 탐내다, 구하다 9 用 以와 통용 10 臧 착하다, 좋다, 善과 같은 뜻

까투리를 놓아두고 푸덕푸덕 날아가는 장끼를 보면 나를 버려두고 가버린 님 생각이 난다. 님은 그저 별 생각 없이 훌쩍 떠났지만, 남아 있는 나는 그리움에 사무쳐서 견디지 못한다. 생각해보면 그리움에 몸부림치는 것은 내가 사서 하는 것이다. 그리 집착할 것도 아닌데 왜 이리 못 잊어 하는지… 내가 야속하다. 스스로를 원망해 보기도 한다.

해와 달을 바라보니 예나 지금이나 변함이 없는데 어찌해서 내 님은 떠나버리고 지금은 없는 것인가. 생각해보면 내 님뿐만이 그런 것이 아니라 남자들이란 모두 다 그런 건가. 그것이 남자들의 속성인가. 남자들은 어찌해서 여자들을 그렇게 울리는가. 생각이 여기에 미치자 그저 하릴없이 남자들을 탓해본다.

세상의 남자들아, 부디 욕심내지 말고 첫사랑을 울리지 마세요.

박에는 쓴 잎 있고　　匏有苦葉(포유고엽)

박에는 쓴 잎 있고 나루엔 깊은 곳 있네　匏有苦葉(포유고엽) 濟有深涉(제유심섭)[1,2]
깊으면 벗고 건너고 얕으면 걷고 건너네　深則厲(심즉려) 淺則揭(천즉게)[3,4]

나루에는 물결 일고 까투리는 울음 울어　有瀰濟盈(유미제영) 有鷕雉鳴(유요치명)[5–7]
수레는 물 안 젖고 까투리는 장끼 찾네　濟盈不濡軌(제영불유궤)[8,9]
雉鳴求其牡(치명구기모)

하늘엔 기러기 울고 동산엔 해가 돋아　雝雝鳴雁(옹옹명안) 旭日始旦(욱일시단)[10,11]
총각들아 장가가자 얼음이 녹기 전에　士如歸妻(사여귀처) 迨冰未泮(태빙미반)[12,13]

나를 찾는 뱃사공아 남 건너도 나는 아니　招招舟子(초초주자) 人涉卬否(인섭앙부)[14,15]
남 건너도 나는 오직 내 벗만을 기다리네　人涉卬否(인섭앙부) 卬須我友(앙수아우)[16]

1 濟 제수, 나루터 2 涉 건너는 곳 3 厲 걷다, 옷을 띠 있는 곳까지 걷어 올림, 거의 아래를 벗는 상태 4 揭 옷을 입은 채로 다리 부분을 약간 걷어 올림 5 瀰 물결이 출렁거리다 6 濟盈 나루터에 물이 가득한 모습 7 鷕 까투리 우는 소리 8 濡 젖다 9 軌 수레바퀴를 연결하는 굴대, 不濡軌는 수레의 굴대를 적시지 않는다는 말이다, 그만큼 물 건너기가 쉽다는 뜻이다 10 雝雝 기러기 우는 소리 11 旭 햇살이 비치다 12 歸妻 처를 시집오게 하는 것, 즉 장가드는 것 13 泮 녹다 招 부르다, 손짓하다 14 舟子 뱃사공 15 卬 나 16 友 벗할 수 있는 요조숙녀. 단순히 여자이기만 하면 장가들 것이 아니라 서로 벗이 될 수 있는 수준의 상대를 기다리는 시인의 마음을 표현한 것이다.

세상살이에는 어려움이 있다. 연애하는 데는 더욱 그렇다. 그래서 박에는 쓴 잎이 있고 나루터에도 깊은 곳이 있다고 했다. 그러나 사람들은 잘도 연애를 한다. 깊은 강물은 옷을 반쯤 벗고 건너고 얕은 강물은 옷을 걷고 건너듯이 사람들은 대충 맞추어서 잘도 사랑을 하고 잘도 결혼을 한다.

나루터에 물결이 출렁출렁 일렁이는 것은 자연현상이고 까투리가 장끼를 찾아 끼룩끼룩 우는 것도 자연현상이다. 사랑도 자연에 맡기면 어려울 것이 없다. 수레를 타고 나루를 건너도 수레바퀴 윗부분에 있는 굴대는 젖지 않는다. 이처럼 쉽게 물을 건너듯이, 나를 찾는 여인에게 장가를 들면 어려울 것이 없다. 이 또한 자연의 이치련만. 하늘에 기러기 울어 예고 태양이 아침에 솟아오르는 것도 모두 자연이다. 그러니 남자가 여자에게 장가가는 것도 자연스러운 일이다. 물 흐르듯 그냥 결혼을 하면 될 것이다. 망설이거나 상대를 가리거나 할 것이 없다. 장가들 사내들이 있다면 망설이지 말고 이 겨울이 다 가기 전에 결혼해야지, 가리면서 망설이는 것은 자연의 이치에 어긋난다.

막상 남들에게는 이렇게 말하지만 그러나 정작 자신은 쉽게 결정을 못한다. 남들은 다 잘하는 것을 어찌 나 혼자만은 쉽게 결정하지 못하고, 요조숙녀를 만날 때까지 기다리고 있나. 이는 욕심일까?

산골바람　谷風(곡풍)

산골바람 산들산들 불어오더니　習習谷風(습습곡풍)[1]
어느덧 구름 끼고 비가 내린다　以陰以雨(이음이우)[2]
어려울 땐 마음 합쳐 애써왔는데　黽勉同心(민면동심)[3]
이제 와서 화를 내면 어찌합니까　不宜有怒(불의유노)
순무 뽑고 무 뽑아 먹을 때에는　采葑采菲(채봉채비)[4][5]
맛없는 아랫부분 탓하지 마오　無以下體(무이하체)
그때 맺은 그 언약을 어기지 말고　德音莫違(덕음막위)[6]
죽는 날까지 우리 사랑 변하지 말자　及爾同死(급이동사)[7]

집 나와 가는 길이 이리 더딘가　行道遲遲(행도지지)
후련하게 못 떠나는 질긴 이 인연　中心有違(중심유위)[8]
멀리까지 배웅도 아니 해주고　不遠伊邇(불원이이)[9]
박정하게 집 안에서 나를 보내네　薄送我畿(박송아기)[10][11]
그 누가 씀바귀가 쓰다고 했나　誰謂荼苦(수위도고)[12]
나에게는 냉이처럼 달콤한 것을　其甘如薺(기감여제)[13]
그이는 새살림에 마음이 빠져　宴爾新昏(연이신혼)[14]
형제처럼 오순도순 지내고 있네　如兄如弟(여형여제)

경수가 위수 만나 더욱 흐려도　涇以渭濁(경이위탁)[15][16]
가 쪽엔 맑은 곳도 없지는 않아　湜湜其沚(식식기지)[17][18]
그이는 새살림에 마음이 빠져　宴爾新昏(연이신혼)
이제 나를 달갑게 아니 여기네　不我屑以(불아설이)[19]

내가 만든 어살에는 가까이 가지 마오　毋逝我梁(무서아량)[20]
내가 쳐놓은 그 통발은 들추면 안 돼　毋發我笱(무발아구)[21]
하기야 집에서 쫓겨난 이 몸　我躬不閱(아궁불열)[22]
뒷일을 걱정해서 무엇하리오　遑恤我後(황휼아후)[23]

깊은 물에 다가가 건널 때에는　就其深矣(취기심의)
뗏목 타고 배를 타고 건넜었지요　方之舟之(방지주지)[24]
얕은 물에 다가가 건널 때에는　就其淺矣(취기천의)
옷을 벗고 헤엄쳐서 건넜었지요　泳之游之(영지유지)
있는 것 없는 것 아니 가리고　何有何亡(하유하망)
온갖 궂은일을 도맡았지요　黽勉求之(민면구지)
이웃에 어려운 일 있을 때에는　凡民有喪(범민유상)
있는 힘 안 아끼고 도왔었지요　匍匐救之(포복구지)[25]

따뜻한 위로 한번 해주지 않고　不我能慉(불아능휵)[26]
도리어 원수 보듯 나를 대하네　反以我爲讎(반이아위수)
헌신짝 버리듯이 나를 버리니　旣阻我德(기조아덕)[27]
다른 사람들까지 나를 무시해　賈用不售(고용불수)[28-31]
옛날에 없는 살림 헤쳐나갈 땐　昔育恐育鞫(석육공육국)[32][33]
힘을 합쳐 모진 고생 다했었건만　及爾顚覆(급이전복)[34]
이제 겨우 살림살이 넉넉해지자　旣生旣育(기생기육)[35][36]
독벌레 바라보듯 나를 대하네　比予于毒(비여우독)

맛있는 김장 김치 담가 놓아도	我有旨蓄(아유지축) [37]
겨울 한철 나고 말면 그만인 것을	亦以御冬(역이어동)
그이는 새살림에 마음이 빠져	宴爾新昏(연이신혼)
어렵고 힘든 일만 나에게 시켜	以我御窮(이아어궁)
사납고 무서워진 그대 모습은	有洸有潰(유광유궤) [38 39]
이다지도 나에게 모질어졌네	既詒我肄(기이아이) [40]
옛날에 시집올 때 나를 감싸던	不念昔者(불념석자)
그 사랑 어이하고 나를 버리나	伊余來塈(이여내게) [41–43]

1 習習 산들바람이 부는 소리, 산들산들 2 陰 구름 끼다, 음산하다 3 黽 힘쓰다, 애쓰다 4 葑 순무 5 菲 순무 6 德音 사랑을 맹세한 언약 7 及 與와 같은 뜻 8 違 내키지 않는 것 9 伊 어조사, '이렇게'란 뜻으로 보고, 不遠伊邇를 '멀리도 안 나오고 이렇게 가까이서'란 뜻으로 이해하면 된다 10 薄 어조사 11 畿 문안 12 荼 씀바귀 13 薺 냉이 14 昏 婚과 통용 15 涇 중국 섬서성에서 渭水와 합류하는데, 涇水는 흐리다 16 渭 섬서성에서 涇水와 합류하는데, 경수는 흐리고 위수는 맑아 두 물이 합류한 뒤 한동안 흐리고 맑은 경계가 분명히 나뉘어져 흐른다. 그래서 '경위가 분명하다'는 말이 생겼다. 17 湜 물이 맑다 18 沚 물가 19 屑 달갑게 여기다. 不我屑以는 不以屑我이어야 할 것이나 순서가 바뀌었다 20 梁 냇물에 돌로 쌓아 물을 한 쪽으로 유도하여 그 끝에 발을 대어 물고기를 잡는데, 돌로 쌓아 놓은 그 안쪽에서 발에 이르는 부분을 梁이라 한다. 여기서는 다른 참고서를 참고하여 '어살'이라 번역했다. 어살에 자주 가면 물고기가 도망가므로 궁금하더라도 참고 가지 않아야 한다. 21 笱 통발, 통발도 자꾸 들추어 보면 물고기가 들어가지 않는다 22 閱 용납하다 23 遑 겨를 24 方 뗏목 25 匍匐 기다, 기를 쓰다 26 慉 위로해주다 27 阻 사이가 멀다, 물리치다 28 賈 팔다 29 用 而와 통용 30 售 팔다 31 賈用不售 팔려고 해도 안 팔리는 것 32 昔育 옛날 살림살이할 때 33 育鞫 살림이 곤궁한 것 鞫은 곤궁한 것 34 顚覆 넘어지고 엎어지는 것. 모진 고생을 하다. 35 生 살게 되다 36 育 살림이 불어나다 37 蓄 겨울에 대비하여 쌓아서 저장해 놓은 나물, 여기서는 김장 김치로 이해하는 것이 우리의 정서에 더 잘 이해될 것이다 38 洸 사납다, 성내다 39 潰 성내다, 어지럽다 40 肄 수고하다, 노력하다 41 伊 어조사 42 塈 쉬다 43 不念昔者伊余來塈 '옛날에 나에게 와서 쉬던 때를 생각도 않네'. 즉, 나를 좋아하여 나에게 와서 푸근하게 쉬던 그때를 그리워하는 것이다.

살림이 어려울 때일수록 부부는 일심동체가 되어 열심히 노력을 한다. 그러다가 살림이 모이고 여유가 있어지면 딴 생각을 하는 것이 남자들의 습성인가? 어려울 때 산들바람처럼 부드럽던 남편은 살림이 넉넉해진 뒤에 젊은 여인을 가까이한 뒤 구름 낀 날씨처럼 변해버린다.

무의 윗부분은 달콤하고 맛이 있지만 아랫부분 없는 윗부분은 없는 것이므로 아랫부분을 맛없다고 탓하면 안 된다. 시인이 무의 아랫부분처럼 시원찮아도 한때는 무의 윗부분처럼 맛있을 때도 있었다.

경수는 흐리고 위수는 맑다. 이 두 물이 하나로 합쳐지니 맑은 부분과 흐린 부분이 선명하게 구별된다. 늙은 내 몰골과 새색시의 얼굴을 비교하니 나의 늙은 몰골이 더욱 늙어 보인다. 그러나 나에게도 아직 볼 만한 구석이 있을 텐데.

어살에 가까이 가면 고기가 달아나 버리기 때문에 고기를 못 잡는다. 물에 쳐 놓은 통발은 가만히 두어야지 들추어보면 고기가 들어오지 않는다. 내가 해왔던 집안 살림은 내가 아니면 제대로 하기가 어려운데 생각해보면 걱정이 한두 가지가 아니다. 그러나 나는 거기서 쫓겨난 신세. 이제 와서 걱정한들 무엇하리오. 그러면서도 쓸데없는 걱정을 하는 것이 여자의 마음인가?

김장 김치가 아무리 맛이 있어도 겨울 한철 나기 위한 반찬일 뿐 봄이 오면 새 나물을 뜯어먹듯이 어려울 때만 나를 써먹고 살림살이 좋아지니 나를 버린다. 고생 끝에 살림이 넉넉해지자 소박을 맞게 된 여인의 슬픈 노래다. 삶의 근본 목적은 인仁을 얻는 것이어야 한다. 이를 모르고 오직 살림살이에만 전념하면 끝에 낭패를 볼 수 있다. 삶의 근본 목표를 이해해야 함을 이 시는 깨우쳐주고 있다. 또 많은 남자들이 이 시를 읽으면 시에 나오는 남자처럼 살지 않아야 한다는 각오를 할 것이다.

이렇게 힘이 드는데　式微(식미)

이렇게 야위고 힘이 드는데　式微式微(식미식미)[1,2]
어이 돌아가지 아니하는가　胡不歸(호불귀)
그대 때문 아니라면　微君之故(미군지고)
어이해서 이슬을 맞고 있을까　胡爲乎中露(호위호중로)

이렇게 야위고 힘이 드는데　式微式微(식미식미)
어이 돌아가지 아니하는가　胡不歸(호불귀)
그대 때문 아니라면　微君之躬(미군지궁)
어이해서 진흙탕에 빠져 있을까　胡爲乎泥中(호위호니중)

1 式 발어사 2 微 쇠미해지다

사랑 때문에, 사랑에 얽매여 떠나지 못하고 있는 시인의 마음을 노래한 것이다. 하룻밤의 사랑 때문에 만리장성을 쌓으러 가는 사내도 있다. 그 하룻밤 사랑 때문에……. 사람들이 타향에서 욕심을 가지고 살면 본래 모습을 잃어버리게 되는데도 본래 모습을 찾으려 하지 않고 점점 더 멀어져간다. 무슨 미련이 있기에……. 우물쭈물할 시간이 없다. 서둘러 진리의 고향으로 가야 한다. 그런데도 사람들은 왜 망설이고 있는 것일까? 무슨 사연 있을까? 무슨 까닭 있을까? 돌아가지 않는 길 잃은 철새.

언덕

언덕 위의 저 칡넝쿨 마디마디 길어졌네
내 형제들 아니 오고 세월만 자꾸 가네

어느 곳에 계신가요 아마 함께 계시겠지
왜 아니 오시나요 무슨 까닭 있는가요

입던 외투 낡아가네 수레들도 오가는데
내 형제들 아니 오니 만날 수가 없어라

초라하기 짝이 없는 떠도는 사람이여
그리운 내 형제들 부디 내 말 들어주오

모 구
旄丘

모 구 지 갈 혜　하 탄 지 절 혜
旄丘之葛兮 何誕之節兮[1,2]
숙 혜 백 혜　하 다 일 야
叔兮伯兮 何多日也[3,4]

하 기 처 야　필 유 여 야
何其處也 必有與也
하 기 구 야　필 유 이 야
何其久也 必有以也[5]

호 구 몽 융　비 거 부 동
狐裘蒙戎 匪車不東[6-9]

숙 혜 백 혜　미 소 여 동
叔兮伯兮 靡所與同[10]

쇄 혜 미 혜　유 리 지 자
瑣兮尾兮 流離之子[11–13]
숙 혜 백 혜　유 여 충 이
叔兮伯兮 褎如充耳[14 15]

1 旄 언덕, 앞이 높고 뒤가 낮은 언덕의 모양 2 誕 넓다 3 叔 셋째 4 伯 첫째. 형제가 여럿 있을 경우 첫째를 伯, 둘째를 仲, 셋째를 叔, 막내를 季라고 한다. 5 以 까닭, 이유, 원인 6 狐裘 여우 가죽으로 만든 갖옷, 외투 7 蒙戎 남루하다, 너덜너덜하다 8 匪 彼와 통용 9 不東 동쪽으로 오지 않는다 10 靡 非와 통용 11 瑣 자질구레하다, 초라하다 12 尾 꼬리, 역시 자질구레하다, 초라하다는 뜻을 내포함 13 流離 떨어져 흘러 다니다, 떠돌아다니다 14 褎 우거지다, 옷을 잘 입다, 褎如 褎然과 같다 15充耳 귀막이, 귀머거리, 褎如充耳는 '가득하게 귀를 막았나'라는 뜻이다

세상 사람들은 모두 내 형제다. 그런데 길을 잃고 떠돌고 있다. 길을 잃었으면 빨리 길로 돌아와야 한다. 집 나가 돌아오지 않는 자녀들을 기다리는 부모의 심정이기도 하고, 에덴의 동산을 벗어나 고통 속에 헤매는 사람들에게 돌아오라고 호소하는 하느님의 심정이기도 하다.

씩씩한 저 무사 簡兮(간혜)

씩씩한 저 무사가 춤을 추기 시작하네 簡兮簡兮(간혜간혜) 方將萬舞(방장만무) [1-4]
해가 떠서 중천인데 맨 앞줄에 서서 추네 日之方中(일지방중) 在前上處(재전상처) [5]

늠름한 저 대장부 궁정에서 춤을 추네 碩人俁俁(석인우우) 公庭萬舞(공정만무) [6,7]
범같이 힘찬 몸에 실을 잡듯 고삐 잡아 有力如虎(유력여호) 執轡如組(집비여조) [8,9]

왼손에는 피리 잡고 오른손엔 꿩의 깃털 左手執籥(좌수집약) 右手秉翟(우수병적)
타는 듯 붉은 얼굴 어사주를 내리셨네 赫如渥赭(혁여악자) 公言錫爵(공언석작) [10-16]

산에는 개암나무 늪에는 감초 풀 山有榛(산유진) 隰有苓(습유령) [17,18]
꿈에도 못 잊었던 서쪽 나라 미인 얼굴 云誰之思(운수지사) 西方美人(서방미인) [19,20]
바로 저 미인일세 서쪽 나라 사람일세 彼美人兮(피미인혜) 西方之人兮(서방지인혜)

1 簡 대쪽, 대쪽 같은 기상, 씩씩한 2 方 바야흐로 3 將 장차, 앞으로 4 萬舞 모든 춤. 文舞와 武舞를 통틀어서 일컫는 말 5 前上處 앞줄 위쪽에 자리를 잡고 있다. 6 碩人 큰 사람, 대인 7 俁 얼굴이 큰 모양 8 組 노끈, 실 9 翟 꿩의 깃 10 渥 물들다 11 赭 붉은 흙 12 渥赭 붉은 흙처럼 물들어 얼굴이 붉게 된 것을 말한다. 13 公 제후 14 言 어조사 15 錫 준다 16 爵 술잔 17 榛 개암나무 18 苓 풍냉이, 복령, 감초 19 云 어조사 20 誰之思 之가 도치를 나타내므로, 이 문장은 思誰로 해석하면 될 것이다. '누구를 사모하는가'란 뜻이다.

춤추는 사람이 춤을 추는 모습을 보고 감흥을 일어난 시인이 노래를 불렀다. 춤은 인간이 태초부터 표현해왔던 몸놀림이다. 그러므로 춤이라는 예술은 태초를 향한 인간의 그리움을 대변한다. 또한 고향을 향한 인간의 그리움을 표현하기도 한다. 고향 사람을 만나면 잃었던 자신의 본래 모습을 되찾은 것처럼 반갑다. 마찬가지로 춤은 자신의 태초의 모습을 연상케 해주는 효과가 있다.

산에는 개암나무가 있고 들에는 감초가 있다. 이는 자연현상이다. 인간도 원래는 자연이었다. 그러다가 자연에서 벗어나 인간이 되고 그 중에서 '나'란 주체를 만들어 '나'의 삶을 살면서부터 인간은 남을 의식하고, 남과 경쟁하게 되었고, 늙고 병들어 죽어야 하는 고통을 짊어지게 되었다. 인간이 자연 상태로 머물러만 있었다면 '나'도 자연이고 '너'도 자연이고 늙는 것도 자연이고 죽는 것도 자연이다. 그러므로 인간은 고통이 클수록 자연에 머물러 있었을 때의 자신이 그리워지는 법이다.

주나라는 서방에서 발원한 나라이다. 그러므로 주나라 사람들의 고향은 서방인 셈이다. 그들에게는 서방이 이상 세계이다. 그래서 주나라의 시인은 서방 사람을 그리워한다.

태초의 몸놀림으로 춤을 추고 있는 사람을 보니, 꿈에도 못 잊던 이상형의 서방 미인을 본 듯하다. 너무나 인자한 사람을 만나면 어머님의 얼굴을 떠올리는 것과도 같은 것이다. 그래서 시인은 노래 불렀다.

샘물　　泉水(천수)

샘물이 졸졸 솟아 기수로 흘러드네　毖彼泉水(비피천수) 亦流于淇(역류우기) 1 2
그리운 고국 땅을 하루도 잊을손가　有懷于衛(유회우위) 靡日不思(미일불사)
날 돕는 사람들과 고국 갈 일 의논하자　孌彼諸姬(연피제희) 聊與之謀(요여지모) 3–5

제수에서 잠을 자고 녜에서 작별했지　出宿于泲(출숙우제) 飮餞于禰(음선우녜) 6–8
여자 한 번 시집가면 부모형제 멀어지네　女子有行(여자유행) 遠父母兄弟(원부모형제)
친정 동네 사람들의 안부라도 묻고 싶네　問我諸姑(문아제고) 遂及伯姊(수급백자) 9 10

간에서 잠을 자고 언에서 작별하고　出宿于干(출숙우간) 飮餞于言(음선우언) 11 12
기름 치고 굴대하고 수레 돌려 나서면　載脂載舝(재지재할) 還車言邁(선거언매) 13–15
단숨에 고국인데 혹시라도 잘못될까　遄臻于衛(천진우위) 不瑕有害(불하유해) 16 17

비천 일을 생각하니 한숨소리 절로 나고　我思肥泉(아사비천) 茲之永歎(자지영탄) 18
수와 조를 생각하니 내 시름 그지없어　思須與漕(사수여조) 我心悠悠(아심유유)
수레 타고 놀이 나가 슬픈 마음 달래보자　駕言出遊(가언출유) 以寫我憂(이사아우) 19 20

1 毖 졸졸 샘물이 솟아나는 모양 2 淇 강 이름, 지금의 湯陰縣 淇縣을 거쳐 시인의 고향인 衛河로 흘러든다 3 孌 예쁘다, 곱다 4 諸姬 시인이 시집올 때 몸종으로 데리고 온 여러 여인들 5 聊 일을 하려고 추진하는 것 6 泲 땅 이름 7 餞 이별 飮餞 이별주를 마시다 8 禰 강 이름 9 姑 여기서는 친정에 있는 숙모 백모 등을 총칭하는 것으로 보아야 할 것이다 10 姊 여기서는 올케를 의미한다 11 干 지명, 위나라로 가는 길목에 있다 12 言 지명, 위나라로 가는 길목에 있다 13 載 어조사 14 舝 굴대의 빗장을 풀다 15 邁 떠나다, 멀리 가다 遄 빠르다 16 臻 이르다 17 瑕 옥의 티, 허물, 잘못, 不瑕有害는 '허물이 되어 해롭지나 않을까'이다 18 肥泉 위나라에 있었던 지명으로 시집올 때 거쳤던 곳, 須와 漕 둘 다 위나라에 있었던 지명으로 시인이 시집올 때 거쳤던 지명 19 言 어조사 20 寫 瀉와 통용, 쏟아버리다, 쓸어내다

친정을 그리워하는 여인의 노래다. 옛 사람들은 요즈음처럼 친정집에 드나들 수 있는 상황이 아니었다. 평생 동안 친정집에 가지 못하는 경우도 있었다. 콸콸 솟아나는 저 샘물은 잘도 솟아 기수로 흘러간다. 그러나 한 번 시집간 여인은 어찌해서 친정에 갈 수 없을까?

위나라에 있는 그 친정을 하루도 그리지 않은 적이 없다. 그래서 오늘도 시집오던 때를 떠올린다. 제수 가에서 하루 묵고 예수 가에서 작별을 했었지. 부모형제는 무탈하신지? 숙모님 백모님 올케들도 잘 있는지? 모두가 궁금하다. 안부라도 여쭐 수 있으면 좋으련만.

가려고 마음먹으면 못 가는 것도 아니다. 간에 가서 하루 쉬고 언 땅에서 작별 인사하고 수레를 손질하고 달려가면 바로 고국인 위나라다.

그러나 여기 일이 간단치 않다. 내가 없으면 여러 가지 문제가 생긴다. 이 걱정거리 저 걱정거리를 생각하면 도저히 발이 떨어지지 않는다. 결국 용기를 내지 못하고 수레를 타고 소풍이나 하며 또 하루 시름을 달래본다.

북쪽에 있는 문

북문을 나서니 근심 걱정 그득하네
초라하고 가난한 꼴 내 사정 누가 알까
차라리 생각 말자 하늘이 하는 것을
어찌할 수 없잖아

왕의 일에 시달리고 정사에 바쁘다가
돌아오면 집 사람들 앞 다투어 나를 욕해
차라리 생각 말자 하늘이 하는 것을
어찌할 수 없잖아

왕의 일에 시달리고 정사에 바쁘다가
돌아오면 집 사람들 앞 다투어 나를 탓해
차라리 생각 말자 하늘이 하는 것을
어찌할 수 없잖아

북문
北門

출자북문 우심은은
出自北門 憂心殷殷[1][2]
종구차빈 막지아간
終窶且貧 莫知我艱[3][4]
이언재 천실위지
已焉哉 天實爲之
위지하재
謂之何哉

왕 사 적 아　정 사 일 비 익 아
王事適我 政事一埤益我 5-8
아 입 자 외　실 인 교 편 적 아
我入自外 室人交徧讁我 9-11
이 언 재　천 실 위 지
已焉哉 天實爲之
위 지 하 재
謂之何哉

왕 사 퇴 아　정 사 일 비 유 아
王事敦我 政事一埤遺我 12
아 입 자 외　실 인 교 편 최 아
我入自外 室人交徧摧我 13
이 언 재　천 실 위 지
已焉哉 天實爲之
위 지 하 재
謂之何哉

1 北門 성의 북쪽에 있는 문. 아마도 성의 북쪽에 빈민촌이 있었던 듯하다 2 殷殷 근심이 많은 모양 3 窶 가난하다 4 艱 어려움 5 王事 왕의 일, 나랏일, 공무 6 適 밀어닥친다 7 一 한층 8 埤 더하다 埤益 더하다, 더 많아지다 9 室人 집안 사람들 10 徧 모두 11 讁 꾸짖다 12 敦 '돌아오다', '밀려오다' 등의 뜻 13 摧 꺾는다

가난한 공무원의 노래다. 공무에 시달리느라 정신없이 바쁘지만, 월급은 얼마 되지 않아 집에서도 불만이 많다. 이를 어떻게 해야 할까. 나의 삶은 하늘의 뜻이다. 나는 하늘의 뜻을 따라서 사는 것이다. 그렇게 사는 것이 떳떳하다. 그렇게 사는 것이 행복이다. 공무원으로서의 자부심을 느낀다. 가난한 공무원의 마음을 가족들도 알아주면 좋으련만.

북풍

북풍이 차갑고 진눈깨비 날립니다
날 좀 도와주세요 손잡고 함께 가요
우물쭈물하지 말고 어서 함께 가세요

북풍이 차갑고 진눈깨비 몰아칩니다
날 사랑해 주세요 손잡고 같이 가요
머뭇머뭇하지 말고 빨리 함께 가세요

붉은 것은 여우요 검은 것은 까마귀라
날 좀 구해 주세요 손잡고 함께 타요
주저주저 하지 말고 얼른 함께 가세요

북풍
北風

북풍기량 우설기방
北風其涼 雨雪其雱 1 2
혜이호아 휴수동행
惠而好我 攜手同行 3
기허기서 기극지저
其虛其邪 旣亟只且 4

북풍기개 우설기비
北風其喈 雨雪其霏 5
혜이호아 휴수동귀
惠而好我 攜手同歸
기어기서 기극지저
其虛其邪 旣亟只且 6-8

막적비호 막흑비오
莫赤匪狐 莫黑匪烏 10
혜이호아 휴수동거
惠而好我 攜手同車
기어기서 기극지저
其虛其邪 旣亟只且

1 雨雪 진눈깨비, 눈과 비가 섞여 오는 것 2 雱 눈이 펑펑 쏟아지다, 비가 세차게 오다 3 惠而好我 은혜로우셔서 나를 좋아해 주세요 4 虛 舒의 차자, 邪는 徐의 차자로 보아 '느릿느릿할 것인가요'란 뜻으로 보는 설이 일반적이다. 그러나 글자 그대로 虛는 '마음이 없어진 것', 邪는 '마음이 토라진 것'으로 볼 수도 있을 것이다. 어느 경우든 우물쭈물 머뭇거리는 것이므로 여기서는 '우물쭈물하는 것'으로 번역했다. 5 喈 매우 심한 상태를 형용하는 말 6 旣 어조사 7 亟 급하다, 서둘다 8 只且 어조사 9 霏 눈이 펄펄 내리다 10 匪 非와 통용

북풍이 차갑고 진눈깨비가 휘몰아친다. 보기 싫은 여우들이 온통 천지에 그득하여 붉게 물들이고 검은 까마귀가 들판에 그득하여 흉흉하다. 이 험악한 곳에서 살아갈 엄두가 나지 않는다. 그럴수록 님 생각이 나는 법이다. 그럴수록 님과 함께 이곳을 떠나서 이상향으로 가서 살고 싶어진다. 고달픈 환경에 처했을 때 느껴지는 시인의 마음은 옛날이나 지금이나 변함이 없나보다.

고요한 아가씨　　靜女(정녀)

고요한 아가씨 예쁘기도 하여라	靜女其姝(정녀기주) [1]
돌담길에서 나를 기다린다 했는데	俟我於城隅(사아어성우) [2,3]
사랑하는 사람 보이지 않네	愛而不見(애이불견)
머리를 긁적이며 서성거리네	搔首踟躕(소수지주) [4]
고요한 아가씨 예쁘기도 하여라	靜女其孌(정녀기련)
나에게 선사했네 빨간 피리를	貽我彤管(이아동관) [5,6]
빨간 피리 반짝반짝 곱기도 해라	彤管有煒(동관유위) [7]
빨간 피리 쳐다보며 나는 반했네	說懌女美(열역녀미) [8]
들에서 뜯은 띠 싹 내게 주었네	自牧歸荑(자목귀제) [9-11]
참으로 아름답고 기이하여라	洵美且異(순미차이) [12]
띠 싹이 아름다운 게 아니야	匪女之爲美(비녀지위미) [13]
아름다운 님께서 주셨기 때문	美人之貽(미인지이) [14]

1 姝 예쁘다 2 城隅 성 모퉁이, 여기서는 시적인 분위기를 살려 '돌담길'로 번역했다 3 踟 머뭇거리다 4 蹰 머뭇거리다 5 彤 붉은 칠을 한 것 6 管 대로 만든 통, 여기서는 '피리'라 번역했다 7 煒 빛나다, 반짝이다 8 說懌女美 說懌은 기뻐하는 것이고, 女는 피리를 지칭함. 피리의 아름다움을 좋아하고 기뻐한다는 뜻이다. 이는 피리를 준 여인을 좋아하기 때문이다. 9 牧 들 10 歸 선물로 보내주다 11 荑 띠풀의 어린 싹, 삘기 12 洵 참으로 13 女 너, 여기서는 띠 싹을 가리킨다 14 貽 주다

아리따운 아가씨를 만났다. 성을 쌓은 돌담에서 만나기로 약속도 했다. 울렁거리는 가슴으로 나가보지만 님의 모습이 보이지 않는다. 안타까워 서성거리며 이리저리 상념에 잠긴다. 아가씨에게 빨간 피리를 선물받기도 했다. 그 피리는 너무 예뻐서 보기만 해도 반할 지경이다. 들에서 따온 띠의 싹을 선물받기도 했다. 그러나 그런 것이 아름다운 것은 결국 예쁜 님이 주었기 때문이로다. 그렇게 나에게 선물까지 주었는데, 그래서 나는 반했었는데, 어찌해서 님께서는 약속 장소에 안 나타나는 걸까? 기다리는 시인의 마음은 한없이 안타깝기만 하다.

님은 가벼운 마음일지 모른다. 건성으로 대답하고 잊어버렸는지도 모른다. 그러나 사랑하는 사람의 마음은 그렇지 않다. 사랑은 세상과도 바꿀 수 없는 숭고하고 고귀한 것이다.

이 시를 읽으면 사랑을 건성으로 대하는 사람들이 진지해질 것이다.

새 누대　新臺

새 누대는 산뜻하고 황하 물은 출렁출렁　新臺有泚 河水瀰瀰 1–3
고운 님 구했는데 이 못난이 웬 말인가　燕婉之求 籧篨不鮮 4–9

새 누대는 높이 솟고 황하 물은 질펀하다　新臺有洒 河水浼浼 10 11
고운 님 구했는데 이 못난이 아니 죽네　燕婉之求 籧篨不殄 12

고기 그물 쳤더니만 큰기러기 걸려들고　魚網之設 鴻則離之 13 14
고운 님 구했더니 이 못난이 만나다니　燕婉之求 得此戚施 15

1 臺 누대, 전망대 2 泚 선명한 모양 3 瀰 물이 가득한 모양 4 燕 嬿과 통용, 아름답다 5 婉 예쁘다 6 籧 대자리, 새가슴 7 篨 대자리, 새가슴 8 籧篨 새가슴, 새가슴을 한 못난이 9 鮮 곱다 10 洒 높다 11 浼 출렁출렁 흐르다 12 殄 죽다 13 設 그물을 치다. 設魚網이어야 하는데 도치가 된 문장이다. 도치가 될 때 그 사이에 之가 들어간다. 14 離 걸리다 15 戚施 꼽추, 추한 사람, 못난이

사춘기 시절에 그리던 님은 언제나 환상적이다. 소녀는 늘 백마 타고 나타나는 왕자를 그린다. 그러나 님을 만나 결혼해서 살다가 보면 언제나 실망을 한다. 사실은 전혀 그렇지 않기 때문이다. 그렇지만 환상적인 사람에 대한 미련은 여전히 남아 있다. 이 허탈한 심사를 시인은 노래한다.

노래란 현실의 고달픔을 해학으로 날려버리는 기능이 있다. 어려운 현실을 노래함으로써 웃음으로 넘기는 해학이 바로 민요의 특징이기도 하다.

정선아라리에도 이런 정서가 있다.

"왕모래 자락에 비오나 마나, 어린 가장 품 안에 잠자나 마나, 앞 남산 딱따구리는 참나무 구멍도 뚫는데, 우리 집 저 멍텅구리는 뚫린 구멍도 못 뚫네, 아리랑 아리랑 아라리요, 아리랑 고개 고개로 나를 넘겨주게."

떠나는 두 아들 二子乘舟(이자승주)

두 아들이 배를 타고 두둥실 멀리 가네 二子乘舟(이자승주) 汎汎其景(범범기경)[1,2]
아들 생각할 때마다 안절부절 속이 타네 願言思子(원언사자) 中心養養(중심양양)[3-5]

두 아들이 배를 타고 두둥실 떠나가네 二子乘舟(이자승주) 汎汎其逝(범범기서)
자나 깨나 아들 생각 다칠세라 아플세라 願言思子(원언사자) 不瑕有害(불하유해)[6]

1 汎 두둥실 배가 떠가는 모양 2 景 憬과 통용, 멀리 가는 모양 3 願 每와 같은 뜻, '~때마다' 4 言 어조사 5 養養 안절부절못하는 모양 6 不瑕有害 탈이 나서 해롭지나 않을까

두 아들이 배를 타고 먼 길을 떠났다. 돌아올 기약도 없다. 안절부절 속이 탄다. 두 아들을 동시에 떠나보낸 어머니가 아니면 어떻게 이 심정을 헤아릴 수 있을까. 그러나 어머니는 자기 속이 다 타도 괜찮다. 오직 무고하게 있어 주기만을 빌 뿐이다.

6·25전쟁이 나서 어려운 시절에 자녀를 외국에 입양 보낸 한국 어머니의 마음도 이와 같았을 것이다. 자녀를 보고 싶은 어머니의 마음은 참을 수 있다. 부디 자녀가 잘 살 수만 있다면.

이 시는 위나라 선왕의 두 아들 급伋과 수壽를 두고 백성들이 부른 노래라고 한다. 그 내용을 여기에 소개하기로 한다.

위나라의 임금 선공宣公은 서모인 이강夷姜과 통하여 급伋이라는 아들을 낳았다. 그런데 선공宣公은 급伋의 부인으로 맞아오던 선강宣姜을 차지하여 수壽와 삭朔, 두 아들을 낳았다. 사랑을 빼앗긴 이강夷姜은 목을 매어 죽었다. 이때 선강宣姜은 삭朔과 함께 급伋을 죽일 계획을 세웠다. 그리하여 선공宣公은 급伋을 제나라에 사신으로 보내고, 중간에 도적들로 하여금 급伋을 죽이도록 했다. 이 계획을 수壽가 알고 먼 곳으로 피할 것을 권했으나 급伋은 "아버지의 명을 저버릴 수 없다"고 하며 듣지 않았다. 하는 수 없이 수壽는 급伋을 보내는 송별연에서 급伋을 취하게 만든 뒤, 급伋이 사신의 표지로 들고 갈 깃발을 대신 들고 제나라로 가다가 대신 도적의 손에 죽었다. 뒤에 이를 안 급伋도 뒤쫓아가 도적들에게 "너희들은 수壽를 나로 오인하고 죽였으니 나를 죽여 달라"고 하고 도적들의 손에 죽었다.

용풍鄘風

앞의 패풍邶風과 함께 위풍衛風으로 편입되었어야 할 시들이다.

잣나무 배 　　백주
柏舟

두둥실 잣나무 배 황하 속에 떠 있네	범피백주 재피중하 汎彼柏舟 在彼中河
더벅머리 그 총각이 실로 나의 배필이라	담피양모 실유아의 髧彼兩髦 實維我儀 [1-5]
죽어도 다른 곳엔 시집 안 가요	지사시미타 之死矢靡它 [6-8]
하늘 같은 우리 엄마 내 맘 모르시나요	모야천지 불량인지 母也天只 不諒人只 [9] [10]
두둥실 잣나무 배 황하 가에 떠 있네	범피백주 재피하측 汎彼柏舟 在彼河側 [11]
더벅머리 그 총각이 실로 나의 사나이라	담피양모 실유아특 髧彼兩髦 實維我特 [12]
죽어도 허튼 마음 안 먹을래요	지사시미특 之死矢靡慝
하늘 같은 우리 엄마 내 맘 좀 알아주오	모야천지 불량인지 母也天只 不諒人只

1 髧 머리털이 늘어지다 2 髦 다팔머리 3 부모가 계시는 총각은 이마 양쪽에 두 개의 다팔머리를 하여 묶어 늘어뜨렸다 4 維 어조사 5 儀 짝, 배필 6 之 至와 통용 7 矢 맹세하다 8 它 他와 통용 9 只 어조사 10 諒 믿다, 신뢰하다 11 特 배우자, 수컷 12 慝 간특하다, 여기서는 다른 마음을 먹는 것, 즉 시집가는 것을 말한다

소녀에게는 마음을 정한 사랑하는 남자가 있다. 그러나 그 남자는 부자도 아니고 귀하지도 않다. 그래서 소녀의 어머니는 그 남자를 버리고 부귀한 집 남자에게 시집가길 권한다. 그러나 사랑은 그런 것이 아니다. 사랑에는 조건이 없다. 그러나 어머니는 왜 그렇게 조건을 따지는 건지…

소녀에게 어머니는 언제나 하늘 같았다. 그러나 이때만큼은 야속하다. 어머니에게 순수한 자기의 사랑을 지키기 위해 안간힘을 쓰는 소녀의 마음이 애처롭다.

담장의 찔레나무　牆有茨(장유자)

담장의 찔레나무 쓸어낼 수 없는 것을　牆有茨(장유자) 不可埽也(불가소야)[1][2]
방 안에서 하던 얘기 밖에서는 안 해야지　中冓之言(중구지언) 不可道也(불가도야)[3][4]
말할 수 있다 해도 말을 하면 추해져요　所可道也(소가도야) 言之醜也(언지추야)

담장의 찔레나무 없앨 수가 없는 것을　牆有茨(장유자) 不可襄也(불가양야)[5]
방 안에서 하던 얘기 자세히는 말을 못해　中冓之言(중구지언) 不可詳也(불가상야)
자세히 말하자면 말이 너무 길어져요　所可詳也(소가상야) 言之長也(언지장야)

담장의 찔레나무 묶어낼 수 없는 것을　牆有茨(장유자) 不可束也(불가속야)[6]
방 안에서 하던 얘기 읊어서는 아니 돼요　中冓之言(중구지언) 不可讀也(불가독야)[7]
읊어도 된다지만 말을 하면 남세스러워　所可讀也(소가독야) 言之辱也(언지욕야)

1牆 담 2埽 쓸다 3冓 방, 짜다 4道 말하다 5襄 攘과 통용, 제거하다 6束 묶어다 버리는 것 7讀 말로 읊어대는 것

담장에 얽혀 있는 찔레는 아무리 제거하려 해도 제거되지 않는다. 이처럼 사람들의 문제 중에 가장 제거되지 않는 것이 바로 남녀 간의 문제다. 그러므로 그 남녀 간의 사랑의 문제가 사회 문제가 되지 않도록 깨끗하게 정리하려 하면 오히려 더 문제가 된다. 유사 이래로 남녀 문제가 깨끗했던 시대는 없다. 그러므로 밤에 일어났던 일은 대충 덮어두는 것이 상책이다.

인간이 만든 제도 중에 가장 훌륭한 제도가 결혼 제도이고 가장 나쁜 제도 역시 결혼 제도다.

태초에 사람이 소유욕이 없었을 때는 결혼 제도가 없었다. 그저 자연스럽게 남녀가 어울리고 살았을 것이다. 자녀를 낳아도 누구의 자녀인지 그게 그다지 문제가 되지 않았을 것이다. 그냥 자연스럽게 기르며 살았을 것이다.

그러나 인간에게 소유욕이 생기고 난 뒤에는 문제가 복잡해지기 시작했다. 한 여자를 서로 차지하기 위해서 남자들이 처절한 싸움을 하고, 한 남자를 서로 차지하기 위해서 여자들이 처절한 싸움을 한다. 또 여러 여자를 소유하는 남자나 여러 남자를 소유하는 여자가 생기고 반대로 하나도 차지하지 못해 혼자서 지내는 자도 있게 되어 사회가 극도로 혼란해진 것이다. 이를 해결하는 최선의 방법이 결혼 제도다. 결혼이란 한 남자와 한 여자를 묶는 역할을 한다. 결혼을 한 사람은 결혼한 상대 외에 다른 사람과 정을 통해서는 안 되는 것이다. 그래서 결혼이란 사회를 안정시키는 최선의 제도다.

그러나 남녀가 서로 사랑하는 것은 자연의 이치요, 하늘의 뜻이다. 이 자연스런 사랑의 감정을 결혼이란 인위적 제도로서 다 억누를 수는 없다. 그래서 사람들은 이 자연스런 사랑의 감정과 인위적 제도 속에서 갈등한다. 그리고 자연스런 감정을 억누르기 위해 노력한다. 그러나 자연의 감정은 자꾸 솟아나는 것이기 때문에 완전히 사라지는 것이 아니다. 그러므로 끊임없이 나타나는 것이 남녀 간의 문제다. 이러한 구조를 안다면 남녀 간에 일어날 수 있는 불상사는 적당히 덮어두는 것이 현명하다. 그것을 끝까지 밝히려 하면 추해지는 법이다.

「모시서毛詩序」에서는 이 시를 위나라 선공宣公의 부인 선강宣姜이 선강宣姜의 서자 완頑과 통정한 사건을 노래한 것이라 했다.

님과 함께 해로하자　君子偕老(군자해로)

님과 함께 해로하자 비녀 꽂고 구슬 달아　君子偕老 副笄六珈(군자해로 부계육가)[1–5]
점잖고 의젓한 품이 산과 같고 강과 같다　委委佗佗 如山如河(위위타타 여산여하)[6]
차려입은 그 복장은 격에 맞게 어울려도　象服是宜(상복시의)[7]
그대 행실 안 맑으니 이 어찌된 일이오　子之不淑 云如之何(자지불숙 운여지하)

곱고도 환하도다 꿩의 깃털 빛나도다　玼兮玼兮 其之翟也(차혜차혜 기지적야)[8 9]
뭉게구름 검은 머리 가발 얹을 필요 없네　鬒髮如雲 不屑髢也(진발여운 불설체야)[10 11]
옥구슬 귀걸이에 상아 비녀 꽂았으니　玉之瑱也 象之揥也(옥지진야 상지체야)[12 13]
널찍한 그 이마도 아름답고 깔끔하네　揚且之晳也(양저지석야)[14–16]
어찌 그리 하늘 같고 어찌 그리 임금 같애　胡然而天也(호연이천야)
胡然而帝也(호연이제야)

곱고도 환하도다 그의 예복 빛나도다　瑳兮瑳兮 其之展也(차혜차혜 기지전야)[17 18]
고운 모시 걸쳤구나 여름의 속적삼을　蒙彼縐絺 是紲袢也(몽피추치 시설반야)[19–24]
초롱한 눈망울에 넓은 이마 고운 얼굴　子之清揚 揚且之顏也(자지청양 양저지안야)[25]
바로 이런 사람일세 나라의 미인이란　展如之人兮 邦之媛也(전여지인혜 방지원야)[26 27]

1 君子 남편 2 偕 함께, 偕老는 함께 늙는 것 3 副 머리털을 짜서 장식하다, 쪽을 찌다 4 笄 비녀 5 珈 머리를 꾸미는 옥으로 된 장식 6 委委佗佗 점잖고 의젓하다 委는 직접 나서지 않고 남에게 맡기는 것이니 점잖은 것이고, 佗는 의젓한 것이다 7 象 모양, 그림, 象服 무늬가 있는 옷 8 玼 훌륭하다, 환하다 9 翟 꿩의 깃, 여기서는 예복에 그려진 꿩 깃무늬 10 鬒 숱이 많음, 머릿결이 검고 윤기가 남 11 髢 가발 12 瑱 귀막이로 쓰는 옥 13 揥 빗치개, 부인의 머리에 꽂는 상아로 만든 장식 14 揚 눈썹 위 이마가 넓은 것 15 且 어조사 16 晳 밝다, 희다 17 瑳 깨끗하다 18 展 왕후나 귀부인의 예복 19 蒙 덮어쓰다, 입다, 걸치다 縐 가는 갈포 20 絺 가는 갈포 21 紲 매다 22 袢 말을 옭아매는 것, 고삐 23 絆 袢과 통용, 속옷 24 紲袢 꼭꼭 묶다, 여름에 입는 속적삼 25 淸揚 눈망울이 청명한 것, 초롱초롱 빛나는 것 26 展 진실로 27 媛 예쁜 여인

미인을 얻어 결혼을 했는데, 그런데 행실이 나빠 부정을 저질렀다. 그런 아내를 쫓아내자니 여전히 예쁘고 사랑스럽다. 사랑스런 부인을 차마 쫓아내지 못하고 갈등하는 남자의 마음을 읊은 시로 생각된다.

「모시서毛詩序」에서는 이 시 역시 위나라의 선강宣姜을 풍자한 것이라 했다.

상중

새삼을 캐러 가자 매라는 마을까지
그 누구를 좋아할까 강씨 집 맏딸이지
상중에서 기약하고 상궁으로 맞아주네
기수의 강가에서 배웅까지 해준다네

보리를 뜯으러 간다 매 마을 북쪽까지
그 누구를 사랑할까 익씨네 맏딸이지
상중에서 기약하고 상궁으로 맞아주네
기수의 강가에서 배웅까지 해준다네

순무를 뽑으러 간다 매 마을 동쪽까지
그 누구를 사모할까 용씨네 맏딸이지
상중에서 기약하고 상궁으로 맞아주네
기수의 강가에서 배웅까지 해준다네

桑中(상중)

爰采唐矣(원채당의) 沬之鄕矣(매지향의) [1–3]
云誰之思(운수지사) 美孟姜矣(미맹강의) [4 5]
期我乎桑中(기아호상중) 要我乎上宮(요아호상궁) [6–8]
送我乎淇之上矣(송아호기지상의) [9]

원채맥의 매지북의
爰采麥矣 沬之北矣
운수지사 미맹익의
云誰之思 美孟弋矣[10]
기아호상중 요아호상궁
期我乎桑中 要我乎上宮
송아호기지상의
送我乎淇之上矣

원채봉의 매지동의
爰采葑矣 沬之東矣[11]
운수지사 미맹용의
云誰之思 美孟庸矣
기아호상중 요아호상궁
期我乎桑中 要我乎上宮[12]
송아호기지상의
送我乎淇之上矣

1 爰 이에 2 唐 새삼 3 沬 땅이름 4 云 어조사 5 孟姜 姜氏 집의 맏딸, 孟은 맏이이고, 姜은 姜氏 집의 딸이다 6 期 기약하다, 약속하다 7 桑中 매라는 곳에 있는 지명으로 봐야 할 듯 8 上宮 집, 아마도 부인들이 기거하는 안채를 뜻하는 듯 9 淇 기수 10 弋 여기서는 성씨 11 葑 순무 12 庸 성씨

건너 마을의 최진사 댁 딸을 만나 사랑을 성취하고픈 남자의 막연한 희망을 노래한 것과 같다. 최진사 댁처럼 강씨・익씨・용씨는 그 당시 규수감으로 평판이 좋던 집안으로 생각된다.

총각이 가상 선망의 대상으로 삼는 장소가 뽕밭・안방・기수의 강가 등이다. 처녀는 백마 타고 오는 초인을 남편으로 그리는 낭만적인 사랑을 꿈꾸지만, 총각은 안방에서 맞아주는 육욕적인 사랑을 추구하는 경우가 많다.

이 시는 실제로 있었던 일을 노래한 것이 아니라 사춘기에 든 총각의 희망사항을 상상으로 읊은 것으로 보아야 할 것이다.

메추리는 푸덕푸덕 鶉之奔奔(순지분분)

메추리는 푸덕푸덕 까치는 까악까악	鶉之奔奔(순지분분) 鵲之彊彊(작지강강)[1–4]
시원찮은 그 사람을 형이라 나는 불러	人之無良(인지무량) 我以爲兄(아이위형)
까치는 까악까악 메추리는 푸덕푸덕	鵲之彊彊(작지강강) 鶉之奔奔(순지분분)
시원찮은 그 사람을 소군이라 나는 불러	人之無良(인지무량) 我以爲君(아이위군)[5]

1 鶉 메추라기 2 奔奔 푸덕푸덕 나는 모양 3 鵲 까치 4 彊彊 까악까악 지저귀는 소리 5 君 아버지, 만약 이 시가 宣姜과 頑의 情事를 풍자한 것이라면 君은 君의 부인을 지칭하는 小君이 된다

까치가 까악까악 울어대고 메추리가 푸덕푸덕 날고 있다. 도무지 주위가 어수선하다. 어수선한 집안의 문제를 일으키는 주범은 아버지와 형이다. 이를 안타까워하는 시인의 심정을 노래한 것이다.

「모시서毛詩序」에서는 이 시를 위나라 선강宣姜과 공자 완頑의 정사情事에 관해 풍자한 노래라고 전한다. 그렇다면 여기서 말한 형은 완頑이고 군君은 소군小君 즉, 선강宣姜을 지칭한다. 그리고 시인은 당시의 임금인 혜공惠公의 입장을 대변해서 부른 것이다.

정성이 정남에 올 때 定之方中(정지방중)

정성이 정남에 올 때 초궁을 만드시고 定之方中(정지방중) 作于楚宮(작우초궁) [1,2]
해로써 방향 살펴 초실도 만드셨네 揆之以日(규지이일) 作于楚室(작우초실) [3]
개암과 밤나무 산유자 오동 가래 옻 심어 樹之榛栗(수지진률) 椅桐梓漆(의동재칠) [4]
자란 뒤에 잘라다가 금과 슬을 만드시네 爰伐琴瑟(원벌금슬)

저 언덕에 올라가서 초를 바라보시고 升彼虛矣(승피허의) 以望楚矣(이망초의) [5]
초와 당 큰 산 언덕 둘러보시네 望楚與堂(망초여당) 景山與京(경산여경) [6-8]
내려와 뽕밭 본 뒤 점을 치니 길한지라 降觀于桑(강관우상) 卜云其吉(복운기길)
마침내 터 잡으니 참으로 좋은지고 終焉允臧(종언윤장) [9-11]

단비가 내릴 제 관인에게 이르시네 靈雨旣零(영우기령) 命彼倌人(명피관인) [12-14]
별 보이면 수레 내라 뽕밭 가서 감독하리 星言夙駕(성언숙가) 說于桑田(세우상전) [15-17]
예사 어른 아니시라 마음가짐 넓고 깊어 匪直也人(비직야인) 秉心塞淵(병심색연) [18]
수말 암말 모두 합해 삼천이나 되는지고 騋牝三千(내빈삼천) [19,20]

1 定 별 이름. 이 별이 정남쪽 하늘 위에 나타날 때는 농사철이 끝날 때이므로 궁실을 지을 수 있는 시기다. 그래서 이 별을 營室星이라고도 한다. 2 楚宮 楚丘라는 곳에 세운 궁실 3 揆 헤아리다 4 椅 산유자, 의나무 5 虛 墟와 통용, 큰 언덕 6 堂 초구 근방에 있는 堂邑 7 景山 큰 산 8 京 높은 언덕 9 終焉 끝내 10 允 참으로. 信과 같은 뜻 11 臧 좋다 善과 같은 뜻 12 靈雨 단비 13 零 비 뚝뚝 떨어지다 14 倌 수레 모는 사람 15 星 별이 나타나다. 별이 나타난다는 것은 날이 갠 것을 말한다. 16 言 어조사 17 說 달래다, 감독하다 18 塞 널다 19 騋 키가 큰 수말 20 牝 암컷, 여기서는 암말

이 시는 「모시서毛詩序」에서 위나라 문공文公을 기린 것이라 했다. 위나라가 오랑캐의 침공을 받아 황하를 건너 동쪽으로 이주하다가 조읍漕邑이란 곳에 잠시 거처했는데, 제환공齊桓公이 오랑캐를 무찌르고 그 땅에 문공文公을 봉했다. 이에 문공文公이 초구楚丘로 옮겨서 도시를 만들고 궁궐을 지었다. 그 뒤 풍족해졌고 백성들이 기뻐했다고 한다.

동쪽 하늘 무지개 蝃蝀(체동)

동쪽 하늘 무지개 떠도 손가락질하지 마오 蝃蝀在東(체동재동) 莫之敢指(막지감지)[1,2]
여자 한 번 시집가면 다시 못 볼 부모형제 女子有行(여자유행) 遠父母兄弟(원부모형제)

아침에 뜬 서쪽 무지개 잠깐의 궂은비 탓 朝隮于西(조제우서) 崇朝其雨(숭조기우)[3,4]
여자 한 번 시집가면 다시 못 볼 형제부모 女子有行(여자유행) 遠兄弟父母(원형제부모)

그런 행동한 걸 보면 혼인하고 싶은 게지 乃如之人也(내여지인야) 懷昏姻也(회혼인야)
믿었던 게 탈이야 사람 운은 알 수 없어 大無信也(태무신야) 不知命也(부지명야)[5]

1 蝃 무지개 2 蝀 무지개 3 隮 무지개 4 崇朝 終朝 해 뜰 때부터 식전까지 5 大無信 너무 믿지 말았어야 한다, 大는 太와 통용되어 '너무'라는 뜻이다

딸이 스캔들을 일으켰다. 그래서 "무지개가 떴대요"라고 소문이 났다. 그러나 너무 손가락질하고 야단치지 말아야 한다. 한 번 떠나면 부모형제와 멀리 떨어지게 되는데… 잠시 내린 궂은비 때문에, 잠시 동안 운수 사나운 것으로 생각해야 한다. 그러나 그 아이가 그런 행동을 한 것을 보면 시집가고 싶어서 그런 것이지, 내 딸이 완벽해야 된다고 너무 확신하거나 믿지는 말아야 한다. 사람은 다 그런 것이다. 동물들을 보더라도 암컷은 배란기가 되었을 때 수컷을 적극적으로 찾는다. 그러니 내 딸인들 어찌 탓할 것인가. 그렇다고 해서 너무 낙담하지도 말라. 그 아이가 더 잘 살지도 모르기 때문이다. 사람 운은 알 수 없는 것이다. 그러니 모든 것을 너그럽게 생각해야 할 것이다.

쥐를 보니　　相鼠(상서)

쥐를 보니 살갗 있어 사람인데 예의 없네　相鼠有皮(상서유피) 人而無儀(인이무의) [1]
사람인데 예의 없으면 죽지 않고 뭐할 건가　人而無儀(인이무의) 不死何爲(불사하위)

쥐를 보니 이가 있어 사람인데 체신 없네　相鼠有齒(상서유치) 人而無止(인이무지) [2]
사람인데 체신 없으면 죽지 않고 뭘 기다려　人而無止(인이무지) 不死何俟(불사하사)

쥐를 보니 네 발 있어 사람인데 예절 없네　相鼠有體(상서유체) 人而無禮(인이무례) [3]
사람인데 예절 없으면 어찌 바로 죽지 않나　人而無禮(인이무례) 胡不遄死(호불천사) [4]

1 相 본다 2 止 행실 行動擧止 3 體 사지 4 遄 빨리, 급히

하찮게 보이는 쥐도 사지가 있고 피부가 있고 이가 있어 자연의 이치대로 살아간다. 그런데 하물며 사람이 자연의 이치를 상실하면 쥐보다 못하다. 자연의 이치를 상실한 사람은 거짓된 삶을 사는 것. 자기 자신도 가치 없는 삶을 살고 남에게도 해를 끼친다. 살아 있을 가치가 없다.

펄럭이는 깃발　干旄(간모)

펄럭이는 쇠꼬리 기 준읍 밖에 나부끼고　孑孑干旄(혈혈간모) 在浚之郊(재준지교) 1-4
흰 실로 가선 둘러 네 필 말이 끌고 있네　素絲紕之(소사비지) 良馬四之(양마사지) 5 6
어여쁜 저 사람은 무엇으로 도울 건가　彼姝者子(피주자자) 何以畀之(하이비지) 7

펄럭이는 새매 깃발 준읍 안에 나부끼고　孑孑干旟(혈혈간여) 在浚之都(재준지도) 8
흰 실로 깃대 묶어 다섯 말이 끌고 가네　素絲組之(소사조지) 良馬五之(양마오지) 9
아름다운 저 현자는 무엇으로 보답할까　彼姝者子(피주자자) 何以予之(하이여지)

펄럭이는 새 깃 깃발 준읍성에 나부끼고　孑孑干旌(혈혈간정) 在浚之城(재준지성) 10
흰 실로 깃대 꾸며 여섯 말이 끌고 가네　素絲祝之(소사축지) 良馬六之(양마육지) 11
어여쁜 저 현인은 무슨 말로 알려줄까　彼姝者子(피주자자) 何以告之(하이고지)

1 孑孑 깃발이 나부끼는 모양 2 干 竿과 통용, 깃대 3 旄 깃대 장식, 긴 털을 가진 소, 이 소의 꼬리로 장식을 만들어 깃대 위에 꽂은 기, 이 기는 대부들의 기이므로 수레의 주인공을 임금의 사신으로 본다 4 浚 위나라 고을 이름 5 絲 비단실 6 紕 가선을 두르다 7 畀 주다 8 旟 붉은 비단에 송골매를 그려 넣은 기 9 組 수실을 짜다, 수실을 달다 10 旌 천자가 사기를 고무할 때 쓰던 기. 오채의 꿩 깃을 모아 깃대 끝에 꽂은 것, 여기서 보면 현자를 찾아가는 사람이 임금일 수도 있다 11 祝 屬과 통용, 잇는다, 매단다, 장식으로 흰 비단실을 꼬아 매다는 것

제갈공명에게 유비가 삼고초려 하듯 당시의 임금의 신하가 현명한 사람을 찾아간다. 그 광경을 지켜본 시인이 시를 읊었다. 현자에게 찾아가는 신하의 모습이 보기에 좋다. 신하가 아니고 임금 자신이 찾아가는 것일 수도 있다. 그러니 이를 본 시인은 현자가 그와 임금을 도와주도록 기대한다. 무엇으로 도와줄까 궁금하기도 하다.

수레를 달려　載馳(재치)

수레를 달리고 또 달리어　載馳載驅(재치재구) [1]
위후를 조문하러 돌아가리라　歸唁衛侯(귀언위후) [2,3]
내 말은 느릿느릿 세월 없으니　驅馬悠悠(구마유유)
언제나 조 땅에 이를 것인가　言至於漕(언지어조) [4,5]
대부들은 먼저 가고 보이지 않아　大夫跋涉(대부발섭) [6,7]
내 마음의 근심 걱정 걷힐 날 없네　我心則憂(아심즉우)

나를 아니 좋게 여기시나니　旣不我嘉(기불아가) [8]
그렇다고 발걸음을 어찌 돌리랴　不能旋反(불능선반) [9]
그대의 야윈 모습 보고 있자니　視爾不臧(시이부장) [10]
내 마음 멀어지지 아니하누나　我思不遠(아사불원)

나를 아니 좋게 여기시나니　旣不我嘉(기불아가)
그렇다고 어찌 돌아올 건가　不能旋濟(불능선제)
그대의 야윈 모습 보고 있자니　視爾不臧(시이부장)
내 마음에 서린 시름 아니 걷히네　我思不閟(아사불비) [11]

저기 저 언덕 위에 올라나 가서　陟彼阿丘(척피아구)
패모가 있거들랑 캐어나 보세　言采其蝱(언채기맹) [12]
여자들 마음은 잘도 설레지　女子善懷(여자선회)
그래서 각각 시집을 가지　亦各有行(역각유행)
허나라 사람들은 나무라지만　許人尤之(허인우지)

모두가 어리석고 미치광이야	중치차광 衆穉且狂
내가 가는 들녘에는 그 언제나	아행기야 我行其野
무성하게 자라나는 보리 이삭들	봉봉기맥 芃芃其麥[13]
큰 나라에 한번 가서 구원해볼까	공우대방 控于大邦[14]
누구에게 찾아가서 부탁을 할까	수인수극 誰因誰極[15]
세상의 대부들아 군자들이여	대부군자 大夫君子[16 17]
나에게 허물 있다 탓하지 마오	무아유우 無我有尤
여러분들 아무리 걱정을 해도	백이소사 百爾所思[18]
내 마음 근심보다 더할라구요	불여아소지 不如我所之[19]

1 載 어조사 2 唁 위문하다 3 衛侯 위나라의 임금, 위나라는 狄人들의 공격을 받아 멸망했다. 그러므로 위후는 망국의 임금이다. 鄭箋에서는 戴公이라 한다. 4 言 焉과 통용, 언제나 5 漕 위나라에 있는 땅 이름 6 大夫 위나라를 위문하러 가는 대부들, 여기서는 위나라에서 許나라로 시집간 목공 부인이 보낸 大夫라 한다. 7 跋涉 산을 넘어가고 물을 건너감 8 既不我嘉 나를 좋게 여기지 않는다. 허나라 목 부인이 친정 일에 지나치게 관심 쓰는 것 같아서 허나라 사람들은 좋게 보지 않는다는 말 9 旋反 돌아가는 것 10 臧 善과 같은 의미, 不臧은 좋지 않은 것, 야윈 것 11 閟 멎다, 그치다 12 蝱 등에, 여기서는 패모, 속이 답답한 것을 치료하는 한약재 13 芃 풀이 무성하다 14 控 고하다, 아뢰다, 호소하다 15 誰因誰極 누구에게 의지하고 누구에게 모든 것을 다 부탁하다 16 大夫 허나라의 대부들 17 君子 허나라의 군자들 18 百爾 여러분들 19 之 그렇게 하는 것, 여기서는 생각하는 것, 걱정하는 것

나라는 망했다. 국내에 남아 있는 세력 있는 사람의 마음은 늘 임시 정부가 있는 곳에 가 있다. 그래서 한 번 찾아가서 위로를 해보고 싶다. 느릿느릿 찾아가는 심경에는 시름이 가득하다. 그러나 막상 찾아가도 이 시 속의 화자인 나는 독립투사가 아니다. 내가 할 수 있는 역할이 많지도 않다. 그래서 환영받지도 못한다. 그러나 내 마음속에는 언제나 그곳을 그리워한다. 그들의 여윈 모습을 보고 돌아서 올 수가 없다.

나라가 없다고 해서 다 죽을 수는 없는 노릇, 그래도 먹고살아야 한다. 그래서 패모를 뜯으러 간다. 패모는 답답한 마음을 달래는 데 특효가 있다고 하니까 말이다. 나라가 있든지 없든지 여인들은 사춘기가 되면 남자를 그린다. 나라가 없어도 연극도 하고 영화도 만든다. 이를 이웃 나라 사람들이 비웃으면 안 된다. 시 속의 화자인 나는 늘 능력이 있었다. 내가 들에 가면 보리도 무럭무럭 자라곤 했다. 그래서 자신감이 있는 나인지라 큰 나라에 가서 구원을 청해보면 성공할 수도 있을 것 같기도 했다. 그러나 그것은 자신감일 뿐 현실적으로 어떻게 해야 할지 방법이 없다. 그래서 우물쭈물하고 있다. 그렇다고 독립을

포기한 나약한 사람은 아니다. “그러니 세상의 군자들아, 나를 그렇게 안이한 사람으로 보지는 말아주시오. 나는 이렇게 살고 있어도 그 깊은 시름을 어떻게 당신들이 다 이해할 수 있을 것인가.”

이 시는 허나라에 시집간 목공 부인이 고국인 위나라의 멸망을 가슴 아파하며 읊은 시라고 「모시서毛詩序」에서는 말한다.

위풍衛風

삼감三監이 패邶·용鄘·위衛를 다스렸을 때의 노래와
그 뒤 위衛나라로 통합되었을 때의 노래를 모아놓은 것이다.

기수의 물굽이 淇奧(기욱)

기수 가를 바라보니 푸른 대 무성하다 瞻彼淇奧(첨피기욱) 綠竹猗猗(녹죽의의) [1–5]
저 대처럼 무성한 우리 님이여 有匪君子(유비군자) [6]
자르는 듯 미는 듯 쪼는 듯 가는 듯 如切如磋(여절여차) 如琢如磨(여탁여마) [7–11]
위엄 있고 너그러우며 빛나고도 뚜렷하다 瑟兮僩兮(슬혜한혜) 赫兮咺兮(혁혜훤혜) [12–15]
문채 나는 님이여 끝내 잊지 못하네 有匪君子(유비군자) 終不可諼兮(종불가훤혜) [16]

기수 가를 바라보니 푸른 대 싱싱하다 瞻彼淇奧(첨피기욱) 綠竹青青(녹죽청청)
저 대처럼 싱싱한 우리 님이여 有匪君子(유비군자)
귀걸이가 화려하고 가죽 갓이 반짝인다 充耳琇瑩(충이수영) 會弁如星(회변여성) [17–21]
위엄 있고 너그러우며 빛나고도 뚜렷하다 瑟兮僩兮(슬혜한혜) 赫兮咺兮(혁혜훤혜)
문채 나는 님이여 영영 잊지 못하네 有匪君子(유비군자) 終不可諼兮(종불가훤혜)

기수 가를 바라보니 푸른 대 꿋꿋하다 瞻彼淇奧(첨피기욱) 綠竹如簀(녹죽여책) [22]
저 대처럼 꿋꿋한 우리 님이여 有匪君子(유비군자)
금이고 주석이며 규옥이고 벽옥이라 如金如錫(여금여석) 如圭如璧(여규여벽) [23 24]
너그럽고 의젓하게 수렛대에 기대 섰네 寬兮綽兮(관혜작혜) 猗重較兮(의중각혜) [25–27]
재미도 있으시네 거칠지도 않으시네 善戲謔兮(선희학혜) 不爲虐兮(불위학혜) [28 29]

1瞻 바라본다, 우러러본다 2淇 강 이름, 지금의 하남성에 있다 3奥 澳 물굽이, 물굽이 친 그 안쪽 4綠竹 푸른 대, 綠은 왕골, 竹은 萹竹으로서 마디풀이라 한다. 그러나 푸른 대로 해석하는 것이 시상에는 맞을 듯. 주자는 푸른 대라 했다. 5猗猗 무성한 모양 6匪 斐와 통용, 문채 나는 모양 7切 뼈나 뿔을 자르는 것 8磋 뼈나 뿔을 미는 것 9琢 옥을 쪼아내는 것 10磨 옥을 가는 것 11切磋琢磨는 뼈나 뿔을 다듬고 갈듯이 정성스럽게 학문을 연마하는 것 12瑟 당당한 모양 13僩 위엄 있는 모양 14赫 사람이 훤해 보이는 모양 15咺 의젓하다 16諼 잊다 17充耳 귀를 덮는 장식 18琇 옥돌 19瑩 밝다, 환하다 20會 꿰맨 솔기 21弁 가죽으로 만든 모자 22簀 쌓이다, 무성하다 23圭 옥으로 만든 홀 24璧 옥, 구슬 25綽 너그럽다 26猗 倚와 통용, 의지하다 27較 수레 귀, 수레 양쪽 가에 세워 놓은 나무 28謔 우스갯소리를 하는 것 29虐 지나치다, 모질다

위에 있는 사람이 훌륭하면 국민들이 그 덕을 잊지 못한다. 위에 있는 사람이 국민을 자기 몸처럼 사랑하면 국민들은 위에 있는 사람을 부모를 따르듯이 따른다. 그래서 잊지 못하고 길이 기억한다. 이 시는 「모시서毛詩序」에서 위나라 무공武公을 기리는 시라고 했다.

오막살이 考槃(고반)

산 너머 개울가에 작은 움막집	考槃在澗(고반재간)[1,2]
어진 이의 넉넉한 보금자리라	碩人之寬(석인지관)[3]
홀로 자고 홀로 깨며 혼자 말하네	獨寐寤言(독매오언)
이 즐거움 영원토록 잊지를 말자	永矢弗諼(영시불원)[4]
언덕 너머 자리 잡은 작은 토담집	考槃在阿(고반재아)
어진 이의 넉넉한 안식처라오	碩人之薖(석인지과)[5]
홀로 자고 홀로 깨며 노래를 하네	獨寐寤歌(독매오가)
이 즐거움 영원토록 놓지를 말자	永矢弗過(영시불과)[6]
산기슭에 자리 잡은 작은 오두막	考槃在陸(고반재륙)[7]
어진 이의 편안한 터전이라오	碩人之軸(석인지축)[8]
홀로 자다 잠이 깨어 누워서 있네	獨寐寤宿(독매오숙)[9]
이 즐거움 남에게 얘기를 말자	永矢弗告(영시불고)

1 考 상고하다, 고찰하다 2 槃 쟁반. 尹繼美는 『詩地理攻略』에서 考槃을 '나무를 걸쳐서 집을 짓는 것'이라 했다. 즉 '움막'을 만드는 것이다. 3 碩人 여기서는 '은거하는 어진 자'를 의미한다 4 矢 맹세하다, 옛날에 맹세할 때 화살을 입에 대고 한 것에서 유래한다 5 薖 관대한 모양 6 弗過 지나치지 않는다, 분수를 넘지 않는다 7 陸 산기슭, 물가에 있는 산기슭, 언덕 8 軸 굴대. 굴대는 수레를 떠받치고 있는 바탕이 된다, 그래서 여기서는 터전이라 번역했다 9 宿 자다 깨어 그대로 누워 있는 것

세상에서의 이욕을 버리고 산속에 은둔하는 사람의 즐거움을 노래한 시다. 사람들은 꿈을 꾸고 있다. '나'라는 개념을 만들어 '너'와 다투며 아웅다웅 살아간다. 본래 '나'란 없는 것인데, 그렇게 살아가는 것은 가짜의 삶이고 소꿉장난 하는 것이다. 소꿉장난 하는 아이들이 지나가는 어른에게 소꿉장난을 같이 하자고 하지만 어른들은 응하지 않는다.

소꿉장난 하며 사는 사람들은 혼자서는 외로워서 살지 못한다. '나'는 혼자이기 때문이다. 남을 욕하면서도 남과 어울려야 한다. 그러나 깨어있는 사람은 '나'가 없다. 그는 혼자 있어도 혼자가 아니다. 산천초목이 하나로 통해 있고 우주와 통해 있다. 조그만 오막살이에 혼자 있어도 그는 하늘이고 그는 우주다. 그의 움직임은 무위자연無爲自然이고 유유자적이다.

훌륭하고 고우신 님　碩人(석인)

늘씬하신 우리 마님 비단옷 입으셨네　碩人其頎 衣錦褧衣(석인기기 의금경의) 1–3
제후의 딸이고 위후의 부인이며　齊侯之子 衛侯之妻(제후지자 위후지처)
동궁의 누이요 형후의 처제니라　東宮之妹 邢侯之姨(동궁지매 형후지이) 4 5
담나라 공자님을 형부라 하네　譚公維私(담공유사) 6 7

새싹같이 고운 손에 눈 같은 살결　手如柔荑 膚如凝脂(수여유제 부여응지) 8 9
사슴 같은 목덜미에 박씨 같은 이　領如蝤蠐 齒如瓠犀(영여추제 치여호서) 10–13
매미 같은 이마에 나비 눈썹에　螓首蛾眉(진수아미) 14–16
어여쁜 웃음에 오목 보조개　巧笑倩兮(교소천혜) 17 18
아름다운 눈매에 검은 눈동자　美目盼兮(미목반혜) 19

의젓하신 우리 마님 근교에서 묵으셨네　碩人敖敖 說于農郊(석인오오 세우농교) 20 21
네 필 말 늠름하고 붉은 재갈 듬직하니　四牡有驕 朱幩鑣鑣(사모유교 주분표표) 22–25
꿩 깃 장식 포장하고 입성하시네　翟茀以朝(적불이조) 26 27
대부여 대궐에서 어서 물러나　大夫夙退(대부숙퇴)
왕비님 고단하게 하지 마소서　無使君勞(무사군로)

황하 물결 넘실넘실 북쪽으로 흘러가고　河水洋洋 北流活活(하수양양 북류괄괄) 28
이리저리 그물 치면 잉어 붕어 팔딱이네　施罛濊濊 鱣鮪發發(시고활활 전유발발) 29–33
갈대 풀 무성하듯 여러 시녀 보기 좋고　葭菼揭揭 庶姜孼孼(가담걸걸 서강얼얼) 34–38
따르는 무사들도 씩씩하고 의젓하네　庶士有朅(서사유걸) 39 40

1 碩人 고운 님 2 頎 크고 아름답다 3 褧 홑옷 褧衣 홑저고리, 옛날에는 비단옷을 입을 때 화려함을 조금 감추기 위해 그 위에 홑옷을 걸치는 습관이 있었던 듯하다 4 邢侯 형나라 임금 5 姨 처제 6 譚公 담나라 임금 7 私 형부 또는 제부, 여기서는 형부임 8 荑 띠의 어린 싹, 삘기 9 凝脂 엉긴 기름, 여기서는 엉긴 기름처럼 피부가 하얗다는 것을 표현한 것인데, 시상을 살리기 위해서 '눈 같은 살결'이라 번역했다. 10 蝤 나무좀 11 蠐 굼벵이 蝤蠐 나무속에서 나무를 갉아먹는 희고 긴 굼벵이 같은 벌레. 여기서는 시상을 살리기 위해 '사슴 같은 목덜미'라고 번역했다. 12 瓠 박 13 犀 박 속 瓠犀는 박 속의 씨 14 螓 씽씽매미 15 首 여기서는 이마를 가리킨다 16 蛾 나비, 누에나비, 나방 蛾眉 누에나비의 눈썹과 같은 미인의 눈썹 17 巧笑 교묘한 웃음, 예쁜 웃음 18 倩 볼우물, 예쁘다, 입매가 예쁘다 19 盼 눈자위가 또렷하다 20 敖敖 크고 아름다운 모양, 늘씬한 모양 21 說 쉬다, 이 때는 음이 '세'가 된다 22 四牡 수레를 끄는 네 마리 말 23 驕 말이 늠름한 모양 24 幩 말 재갈 장식, 말 재갈을 장식하는 끈 25 鑣 장식이 성대한 모양 26 翟 꿩 27 茀 수레에 포장을 쳐서 가리는 것 28 活活 물이 콸콸 흘러가는 소리 29 罛 큰 그물 30 濊濊 물 흐름이 막히는 모양, 그물을 던지면 물 흐름이 조금 막히는 것을 말함 31 鱣 전어 32 鮪 유어. 여기서는 '붕어'로 번역했다 33 發發 물고기가 그물에 걸려 팔딱거리는 모양 34 葭 갈대 35 菼 달순, 갈대 비슷하면서도 약간 작다 36 揭揭 길게 자란 모습 37 諸姜 강씨 성을 가진 여러 시녀들 38 孽孽 왕성하고 듬직한 모양 39 庶士 여러 무사들 40 朅 위엄 있는 모양

훌륭한 인격을 갖춘 아름다운 여인을 노래한 시다. 이 시의 주인공은 아마도 왕후 정도 되는 듯하다. 「모시서毛詩序」에서는 장공莊公의 부인인 장강莊姜을 노래한 것이라 했다. 어느 여배우의 아름다움을 노래한 가수의 심정도 이러할 것이다.

어수룩한 사나이　氓(맹)

어수룩한 사나이 돈을 들고 실 달라네　氓之蚩蚩(맹지치치) 抱布貿絲(포포무사) 1-3
실 사러 아니 왔네 나를 꾀러 온 것이네　匪來貿絲(비래무사) 來卽我謀(내즉아모) 4
기수 건너 돈구까지 그대 전송하고 있네　送子涉淇(송자섭기) 至于頓丘(지우돈구) 5
내가 뿌리치는 것은 매파를 안 보낸 탓　匪我愆期(비아건기) 子無良媒(자무량매) 6
화를 내지 마세요 가을까지 기다려요　將子無怒(장자무노) 秋以爲期(추이위기) 7

무너진 담 올라서서 복관을 바라보네　乘彼垝垣(승피궤원) 以望復關(이망복관) 8-10
복관 그대 안 보이니 눈물만 줄줄 흘러　不見復關(불견복관) 泣涕漣漣(읍체연련)
복관 그대 나타나니 웃음 웃고 말도 하고　旣見復關(기견복관) 載笑載言(재소재언) 11
점괘를 뽑아보니 길하다고 말해주네　爾卜爾筮(이복이서) 體無咎言(체무구언) 12-15
그대 수레 몰고 와서 나를 데려가세요　以爾車來(이이거래) 以我賄遷(이아회천) 16 17

뽕잎이 지기 전엔 싱싱함을 자랑하지　桑之未落(상지미락) 其葉沃若(기엽옥약) 18
아아 비둘기 떼야 오디를 먹지 마라　于嗟鳩兮(우차구혜) 無食桑葚(무식상심) 19
아아 여인들이여 사랑에 빠지지 마라　于嗟女兮(우차여혜) 無與士耽(무여사탐) 20
사내들이 빠진 사랑 변명이나 하지마는　士之耽兮(사지탐혜) 猶可說也(유가설야)
여인들이 빠진 사랑 변명조차 할 수 없어　女之耽兮(여지탐혜) 不可說也(불가설야)

뽕잎이 떨어지네 노란 잎 떨어지네　桑之落矣(상지낙의) 其黃而隕(기황이운) 21
그대에게 시집 온 뒤 삼 년이나 굶주렸네　自我徂爾(자아조이) 三歲食貧(삼세식빈) 22 23
기수 물결 넓고 넓어 수레 휘장 다 적시네　淇水湯湯(기수상상) 漸車帷裳(점거유상) 24 25
여자들은 안 변해도 남자들은 잘도 변해　女也不爽(여야불상) 士貳其行(사이기행) 26 27

사내 마음 알 길 없어 이러했다 저러했다 士也罔極(사야망극) 二三其德(이삼기덕) 28

삼 년 동안 아내 노릇 쉬지 않고 고생했네 三歲爲婦(삼세위부) 靡室勞矣(미실로의) 29 30
새벽부터 일하느라 아침밥도 걸렀었네 夙興夜寐(숙흥야매) 靡有朝矣(미유조의)
말한 대로 다 되니까 점점 더 난폭한데 言既遂矣(언기수의) 至于暴矣(지우포의)
형제들은 속 모르고 히죽히죽 웃고 있어 兄弟不知(형제부지) 咥其笑矣(희기소의)
가만히 생각하니 내 신세 슬퍼지네 靜言思之(정언사지) 躬自悼矣(궁자도의)

백년해로 기약해도 늙어지니 소용없어 及爾偕老(급이해로) 老使我怨(노사아원)
기수에도 언덕 있고 진펄에도 두렁 있지 淇則有岸(기즉유안) 隰則有泮(습즉유반) 31
땋은 머리 곱던 시절 다정하던 님이건만 總角之宴(총각지연) 言笑晏晏(언소안안) 32–34
맺은 언약 단단하여 돌아설 줄 생각 못해 信誓旦旦(신서단단) 不思其反(불사기반) 35
돌아설 줄 몰랐는데 다 끝난 일이로다 反是不思(반시불사) 亦已焉哉(역이언재)

1 氓 백성 2 蚩蚩 어리석은 모양 3 布 천, 돈, 화폐 4 我謀 謀我이어야 할 것을 음률을 맞추기 위해 바꾼 것이다. 뜻은 '나를 꼬인다'는 뜻이다. 5 頓丘 지명, 지금의 河北省 淸豊縣 서남쪽 25리 되는 곳에 있었다. 6 匪我愆期 내가 시기를 탓하는 것이 아니다 7 將 발어사 8 垝 무너지다 9 垣 낮은 담 10 復關 지명, 남자가 살던 지명 漣 눈물이 줄줄 흐르는 모양 11 載 어조사 12 卜 거북 껍질로 치는 점 13 筮 시초로 치는 점 14 體 점괘 15 咎 허물, 재앙 16 賄 재물 17 遷 옮기다 賄遷은 시집가는 여자의 짐을 옮기는 것 18 沃若 윤택한 모양 19 葚 오디 20 耽 탐닉하다, 사랑에 빠지다 21 隕 떨어지다 22 徂 가다, 시집가다 23 食貧 먹는 것조차도 가난했다 24 漸적시다 25 帷裳 帷는 부인들의 수레 가장자리에 친 휘장, 裳은 휘장을 치마처럼 늘어뜨려 장식한 것 26 爽 날이 새다, 밝다, 바뀌다, 어긋나다, 잘못되다 27 貳 이랬다저랬다 한다 28 罔極 끝이 없다, 어떻게 바뀔지 알 수 없다는 뜻 29 爲婦 아내 노릇 하는 것 30 靡室 방에 들어갈 겨를도 없었다 31 泮 畔과 통용, 두둑, 논두렁, 밭두둑 32 總角 옛날에는 남녀 모두 결혼하기 전에 머리를 둘로 묶었다. 이를 總角이라 한다. 과거에는 남녀 모두에 해당되었으나 지금은 남자에게만 사용된다. 33 宴 즐기다, 잔치하다 34 晏晏 온화한 모양, 다정한 모양 35 旦旦 단단하다

실을 파는 아가씨에게 어수룩한 남자가 나타났다. 그는 포목을 들고 와서 포목을 줄 테니까 실을 팔라고 한다. 그러나 그는 실을 사는 데 목적이 있었던 것이 아니다. 그 아가씨를 꾀러 온 것이다. 한창 사춘기에 접어든 아가씨도 그것을 눈치 챘지만 싫지 않았다. 은근히 사내가 그리웠고 사랑을 하고 싶었던 터였다. 그래서 못 이기는 척 그 사내와 연애를 했다. 그가 집으로 돌아갈 때 아가씨는 그를 전송하러 강 건너에까지 갔다. 그랬더니 그는 함께 자기 집에 가자고 졸라댄다. 사나이는 원래 그렇게 성급하게 구는 존재다. 연애를 하기 시작하면 곧바로 동침을 하자고 치근거리는 존재다. 앞뒤도 생각 않고 서두른다. 그것은 여자를 사랑하는 것이 아니라 성적 욕구가 발동해버린 것이다. 그러나 아가씨는 사나이가 성급하게 구는 까닭을 알 수가 없다. 다만 꿈 같은

사랑을 하고 싶을 뿐이다. 동침을 하는 것은 꿈 같은 사랑을 속삭이는 것이 아니다. 그것은 오히려 사랑을 더럽히는 것으로 생각되기도 한다. 그리고 그것은 훗날 결혼식을 올린 뒤에 행해지는 통과의례 같은 것으로 생각된다. 그래서 아가씨는 사나이의 요구를 뿌리친다. 그러자 총각은 아가씨에게 화를 낸다. "나를 사랑하지 않느냐"고 다그친다. 아가씨는 그런 게 아니라고 설명한다. 매파를 앞세워 모두에게 인정받는 결혼식을 올린 뒤로 미루자고 달랜다. 그렇게 타이르고는 사나이를 떠나보낸다.

그런데 한 번 떠나간 사나이는 돌아오지 않는다. 아가씨는 반쯤 무너진 허름한 담벼락에 올라가서 혹시라도 사나이가 오지 않나 바라본다. 아가씨에게는 그 사나이가 첫사랑이다. 첫사랑은 그만큼 아가씨의 가슴을 울린다. 아가씨는 외롭고 슬픈 나머지 눈물이 줄줄 흐른다. 그 때 사나이의 요구를 들어주지 않아서 그만 화가 난 것일까. 그때 그의 부탁을 들어줄 걸 후회도 해본다. 그러다가 그만 지치고 말았다. 이젠 찾아와도 모른 체하고 말리라고 체념하기도 한다. 그런데 막상 사나이가 나타나자 생각과는 전혀 다른 반응을 하고 만다. 사랑은 머릿속에서 생각하는 것과는 전혀 다른 것, 그것은 가슴속에서 솟아나는 것, 그래서 사랑에는 이유가 없는 것, 저절로 웃음이 나오고 반갑게 환영을 한다. "그간에 무슨 일이라도 있었는가?" "얼마나 기다렸는데 왜 이제야 왔는가?" 즐거움에 겨워 이야기에 빠져든다. 사나이와 처음 만났을 때와는 사랑의 내용이 다르다. 처음 만났을 때는 가슴이 설레기도 했지만, 남남끼리 만난 것이므로 두렵기도 했다. 그러나 기다리던 님을 만났을 땐 이제 남남이 아니다. 오래 전에부터 알던 사람처럼 친숙하다. 아가씨는 이제 사내에게 두려움 같은 것은 느끼지 않게 되었다. 사나이가 떠났을 때의 외로움을 경험했기 때문에 더 이상 사나이를 떠나보내고 싶지 않았다. 그래서 전처럼 완강하게 뿌리치지도 않았고 뿌리칠 수도 없었다. 점괘라도 뽑아보고 나쁘지 않다면 그냥 사나이를 따라 나설 용기가 생겼다. 그래서 아가씨는 사나이를 따라서 사나이의 집으로 동거하러 갔다.

뽕잎이 싱싱하게 달려 있을 때 비둘기 떼들이 찾아오지만, 알고 보니 비둘기 떼들은 뽕잎을 먹으러 온 것이 아니라 오디를 따먹으러 온 것이다. 오디를 다 따먹고 나면 뽕잎은 거들떠보지도 않는다. 사나이들이 아가씨들에게 접근하는 것도 많은 부분은 그 아가씨의 너그러운 마음씨에 끌린 것이 아니다. 그 아가씨의 성적 매력에 끌린 것이다. 그렇기 때문에 그런 사나이들은 성적인 목적을 다 달성하고 나면, 오디를 따먹은 비둘기가 뽕나무를 쳐다보지 않는 것처럼, 아가씨들을 쳐다보지도 않고 떠나버리기 일쑤다. 아가씨들은 여전히 아름답고 마음씨 너그럽지만, 떠나간 사나이들 때문에 상처받는다. 사나이들은 성적인 문제가 발생해도 적당히 핑계를 대고 넘어가지만 아가씨들에게 성적인 문제가 발생하면 치명적인 상처를 받고 만다. 사나이를 따라서 동거하러 간 우리의 주인공 아가씨도 돌이킬 수 없는 상처를 받고 흐느끼곤 한다.

뽕잎은 이윽고 단풍이 들어 떨어진다. 뽕잎이 떨어지고 나면 더더욱 볼품이 없다. 이처럼 아가씨도 나이가 들어 얼굴에 세월의 흔적이 보이면 그나마의 매력도 없어지고 만다. 그녀는 점점 더 초조해진다. 믿었던 사나이는 자꾸 다른 여자를 쫓아다니는데, 제대로 먹지도 못하고 삼 년을 보내고 나니 얼굴도 많이 늙어 보인다. 이제 사나이를 붙들 자신도 없어진다. 차라리 기수를 건너 친정으로 돌아가고 싶어도 부모님의 말씀을 뿌리치고 도망치듯 시집온 자신을 부모님이 용서해줄 것 같지도 않다. 또 불행한 몸으로 친정에 가자니 용기가 나지 않는다. 그래서 그녀는 공연히 기수의 물결에 핑계를 댄다. 기수의 물결이 너무 많고 거칠어 수레가 잠겨버리고 말겠다고. 그래서 사나이의 마음을 돌이켜 다시 살아보려 노력을 한다. 그러나 아무리 그녀가 노력해도 한 번 변한 사나이의 마음은 돌아오지 않는다. 이랬다저랬다 변화무쌍하여 도무지 헤아릴 길이 없다.

그녀는 삼 년이란 세월 동안 모진 고생을 다하고 살았다. 새벽에 일어나서 밤늦게까지 일했다. 아침밥을 거르는 것은 다반사였다. 그러나 사나이가 그녀에게 상냥하게 대한 것은 원하던 일이 사나이의 뜻대로 되지 않을 때뿐이었다.

사나이의 뜻대로 되고 난 뒤부터는 사나이는 난폭해지기 시작했다. 그녀에게 폭언을 하기도 하고 함부로 대하기도 했다. 그녀는 그런 모욕을 참고 견디느라 여력이 없는데, 시집의 시숙들과 시동생들은 그런 그녀의 속도 모르고 그저 히죽히죽 웃고만 있다. 아마 그들에게는 그녀가 사나이의 행실을 모르면서 바보처럼 고생만 하고 있는 것으로 보인 모양이다. 그녀는 가만히 자신을 돌아본다. 누구에게 하소연도 할 수 없는 자신의 처지가 너무 서러워 눈물만 삼킨다.

그녀가 시집올 때는 죽을 때까지 해로하리라 작정을 했다. 그러나 그녀가 나이를 먹으니까 사나이는 젊은 여인을 찾아 떠돌아다닌다. 기수가 넓어도 물가의 언덕이 있고, 늪지대가 질펀해도 찾아보면 둔덕이 있어 쉴 곳이 있듯이, 나이 든 여인에게도 여전히 매력이 있으련만, 사나이는 그런 그녀를 아랑곳하지 않는다. 사나이가 그녀에게 다정하게 대해 주었던 것은 오직 머리를 땋고 있었던 처녀 시절뿐이었다. 그 때는 사나이의 마음이 영원히 변치 않을 것으로 믿었다. 그래서 평생을 함께 하자고 단단히 언약을 하고 시집을 왔건만 이제 와서 사나이가 완전히 바뀔 줄은 미처 몰랐다. 사나이가 돌아오리라는 소망은 아예 글렀고, 친정으로 돌아갈 수는 더더욱 없다. 처녀 때는 꿈 많던 소녀였는데 하나도 이루어진 것이 없다. 인생이 이렇게 끝나고 마는가. 품었던 행복을 다 어찌하고 이대로 끝나고 마는 것인가. 그러나 어쩔 수 없다. 그녀는 이제 체념을 한다. 기구한 여자의 일생이다.

이 시는 함부로 사랑에 빠지는 아가씨들에게 경종을 울린다. 냉정하게 예법을 갖추고 양가 부모와 일가친척이 보는 앞에서 정식으로 결혼식을 올리는 것이 얼마나 중요한지도 깨우쳐주고 있다. 또한 이 시는 많은 남자들을 반성하게 만들기도 한다.

낚싯대 竹竿(죽간)

휘청휘청 낚싯대로 기수에서 낚시하네 籊籊竹竿(적적죽간) 以釣于淇(이조우기)[1][2]
두고 온 님 그립지만 멀어서 갈 수 없네 豈不爾思(기불이사) 遠莫致之(원막치지)[3]

원천은 왼쪽 기수는 오른쪽 泉源在左(천원재좌) 淇水在右(기수재우)
여자가 시집가면 부모형제 멀어지네 女子有行(여자유행) 遠兄弟父母(원형제부모)

기수는 오른쪽 원천은 왼쪽 淇水在右(기수재우) 泉源在左(천원재좌)
싱긋 웃는 고운 웃음 걸음마다 패옥 소리 巧笑之瑳(교소지차) 佩玉之儺(패옥지나)[4~6]

출렁이는 기수 물에 회나무 노 소나무 배 淇水滺滺(기수유유) 檜楫松舟(회즙송주)[7]
수레 타고 나가 놀아 나의 시름 씻어보자 駕言出遊(가언출유) 以寫我憂(이사아우)[8]

1 籊籊 낚싯대의 끝 부분이 휘청거리는 모양 2 竿 장대, 낚싯대 3 致 이르다 至와 같은 뜻 4 瑳 귀엽게 웃는 모습, 예쁘게 웃는 모습 5 佩 차다, 옛 사람들은 허리에 옥 노리개를 차고 다녔다 6 儺 뎅그렁뎅그렁 하고 나는 소리 7 滺 물 철철 흐르다 8 言 어조사

시집와서 시집살이를 하느라 고향에 가보지 못했다. 고향에는 그리운 님들이 많은데… 부모님도 보고 싶고 오빠들도 보고 싶다. 그리고 혼자서 그리워하던 첫사랑 옛 님도 있을 텐데… 시름을 달래느라 고향으로 흘러가는 기수 가에 가서 낚시를 한다. 고향에 계시는 보고 싶은 님들을 생각하니 너무나 보고 싶어 당장 달려가고 싶지만, 고향 길이 너무 멀어서 체념할 수밖에 없다.

왼쪽의 아득히 먼 샘에서 흘러나온 물이 기수가 되어 오른쪽으로 흐른다. 마치 아득한 고향에서 자라나 먼 타향 땅에 와 있는 여인네의 신세 같다. 한 번 흘러나온 물이 도로 돌아가지 못하듯이 여자가 한 번 시집가면 다시 고향으로 돌아가지 못한다.

고향 생각을 할수록 그리운 사람들이 너무도 많다. 부모형제는 물론이고 어릴 때 사귀던 코흘리개 친구에서 처녀 시절 흠모하던 옆집의 총각까지 모두가 그립다. 나에게 웃어주던 그 총각의 웃던 모습도 잊을 수가 없다. 걸음걸이마다 찰랑거리던 허리에 찬 패옥 소리도 잊을 수가 없다.

기수에는 여전히 배들이 떠다닌다. 그 배를 타고 가면 고향 땅에 갈 수 있다. 앞뒤 생각 않고 배 타고 고향에 가버릴까. 그러나 아무리 생각해도 그럴 수는 없다. 친정집을 그리워하는 순수한 사람은 시집 식구들도 배려하게 된다. 그리고 그것은 현실이다. 그래서 수레를 타고 소풍이나 가서 시름을 달래본다.

이 시는 시의 정수를 보여주는 듯하다. 시는 순수한 마음에서 솟아나는 감정을 노래한 것이다. 그러나 순수하게 솟아난 감정이라 하더라도 그것에 생각이 개입되고 계산이 개입되면 욕심으로 바뀐다. 감정이 욕심으로 바뀌면

강한 목적의식이 생겨나고 만다. 목적의식이 강해지면 그것을 억제하기 어렵게 되고 그래서 고통이 생겨난다. 순수하게 솟아난 마음이 욕심으로 가기 직전에 멈춘 상태를 노래하는 것이 최고의 시다.

순수한 상태에 머물러 있기만 하면 마음에 갈등이 없기 때문에 시가 되지 못한다. 또 욕심으로 흘러가버린 마음은 추하기 때문에 시가 되지 않는다. 여기에 시의 묘미가 있다.

시집간 여인이 고향에 가고 싶은 것은 순수한 마음이다. 그래서 '잘해주지도 않는 시집 식구들의 눈치를 보느라 고향에 가지 않는 것은 잘못이다' 라고 생각하고 마음대로 고향에 가버리려고 한다면 그 마음은 이미 욕심으로 변한 것이다. 그 욕심에 따라 행동한다면 그것은 시인의 삶이 아니다. 그런 마음이 들려고 하는 순간 그것을 멈추는 마음이 시인의 마음이다.

박주가리

환란
芄蘭

박주가리 가지여 뿔 송곳 찬 동자여
뿔 송곳을 찼어도 나를 몰라주네요
그래도 맵시 있네 허리띠도 출렁출렁

박주가리 잎새여 깍지 낀 동자여
깍지를 꼈어도 나를 사랑 않네요
그래도 멋지네요 허리띠도 출렁출렁

환란지지 동자패휴
芄蘭之支 童子佩觿 1 2
수즉패휴 능불아지
雖則佩觿 能不我知
용혜수혜 수대계혜
容兮遂兮 垂帶悸兮 3–5

환란지엽 동자패섭
芄蘭之葉 童子佩韘 6
수즉패섭 능불아갑
雖則佩韘 能不我甲 7
용혜수혜 수대계혜
容兮遂兮 垂帶悸兮

1 芄 왕골 芄蘭 박주가리 2 觿 뿔로 만든 송곳 3 容 얼굴이 잘 생기다, 용모가 수려하다 4 遂 과감하다 5 悸 두근거리다, 출렁거리다 6 韘 깍지, 활을 쏠 때 손가락에 끼는 깍지 7 甲 狎과 통용, 친숙해지다

동자가 서 있다. 그 기상이 씩씩하다. 그러나 그 동자는 나를 몰라준다. 그 동자가 나를 알아주기를 바라는 것은 순수한 마음이다. 그러나 알아주지 않는다고 해서 그를 야속하게 여기는 것은 나의 욕심이다. 그는 나만 알아주어서는 안 된다. 그는 모두에게 공동으로 대처해야 하는 공인이다. 그러므로 내가 사랑받는 것을 체념하고 무심한 마음으로 바라보니 그는 여전히 아름답고 씩씩하고 멋이 있다. 상대의 아름다움을 아름답게 보는 것은 순수한 본마음이다. 그러나 나를 몰라주는 상대의 아름다움을 아름다움으로 보지 않는 것은 욕심이다.

황하는 넓다 　　河廣(하광)

그 누가 말했던가 황하 넓다고	誰謂河廣(수위하광)
일엽편주 타고도 건널 수 있네	一葦杭之(일위항지) [1,2]
그 누가 말했던가 송나라 멀다고	誰謂宋遠(수위송원)
발돋움하고 보면 보이는 것을	跂予望之(기여망지) [3]
그 누가 말했던가 황하 넓다고	誰謂河廣(수위하광)
조각배조차도 띄울 수 없네	曾不容刀(증불용도) [4]
그 누가 말했던가 송나라 멀다고	誰謂宋遠(수위송원)
아침이 가기 전에 닿고 말 것을	曾不崇朝(증불숭조) [5]

1 葦 갈대 一葦 일엽편주 2 杭 건너다, 물을 건너다 3 跂 발돋움하다 4 刀 칼 모양을 한 조그만 배, 즉 조각배 5 崇朝 終朝

님이 황하 건너에 있다면 아무리 넓다 해도 단숨에 건널 수 있다. 님이 송나라에 있다면 송나라가 아무리 멀다 해도 단숨에 달려갈 수 있다. 님에게 가는 길은 멀 수가 없다. 바람도 자고 넘는 고개, 구름도 쉬어 가는 고개, 해동청 보라매라도 모두 쉬어 넘는 고산준령, 그 너머에 님이 있다면 나는 아니 쉬고 넘으리. 님 그리워하는 처녀총각의 마음을 아무도 막을 수 없다. 그것은 하늘의 뜻이다. 이런 마음을 알아주어야 한다.

그리운 님　伯兮(백혜)

그이는 씩씩하고 늠름한 장부	伯兮朅兮(백혜흘혜) 1 2
나라의 으뜸이요 영걸이로다	邦之桀兮(방지걸혜) 3
창 비껴들고 있는 그이의 모습	伯也執殳(백야집수) 4
왕을 위해 앞장서는 늠름한 모습	爲王前驅(위왕전구)
그이가 동쪽으로 가고 난 뒤로	自伯之東(자백지동)
내 머리는 쑥대머리 되고 말았네	首如飛蓬(수여비봉) 5
머리 감고 기름 치고 해도 되지만	豈無膏沐(기무고목)
누굴 위해 아름답게 꾸밀 것인가	誰適爲容(수적위용) 6
비야 비야 오너라 님 데리고 오너라	其雨其雨(기우기우)
내 마음 몰라주고 햇살만 쨍쨍하네	杲杲出日(고고출일) 7
한시도 잊지 못할 그이 생각에	願言思伯(원언사백) 8
달콤하던 그 마음이 되레 병 되네	甘心首疾(감심수질) 9
어디 가면 망우초 얻을 수 있나	焉得諼草(언득훤초) 10
뒤뜰에 심어 놓고 잊어보련다	言樹之背(언수지배) 11 12
그래도 그이 생각 지우지 못해	願言思伯(원언사백)
내 가슴 갈기갈기 찢기어진다	使我心痗(사아심매) 13

1 伯 맏이, 여기서는 집안의 우두머리인 남편을 일컫는다 2 朅 씩씩하다 3 桀 傑과 통용, 준걸, 영걸 4 殳 창 5 飛蓬 바람에 날리는 쑥대 6 適 만나다, 誰適爲容은 '누구를 만나기 위해서 화장하는가'로 해석해야 한다 7 杲杲 햇볕이 쨍쨍 내리쬐는 모양 8 言 어조사 9 首疾 머리가 아프다 10 諼 잊다, 諼草는 忘憂草, 걱정을 잊게 하는 초 11 言 어조사 12 背 뒤뜰 13 痗 괴로워하다, 앓다

사랑하는 남편이 창을 비껴들고 전쟁터에 나갔다. 씩씩한 그 모습이 늠름하여 자랑스럽기도 했다. 그러나 그것은 잠시뿐, 한 번 전쟁 떠나고 돌아오지 않으니 안절부절 안정이 되지 않는다. 머리를 감아도 화장을 해도 아무 의미가 없다. 누구를 위해서 치장을 할 것인가. 생각할수록 속만 아프다.

비라도 주룩주룩 내리면 속이라도 시원하겠다. 혹시 비와 함께 님이 올지도 모른다. 그래서 비를 기다려 보지만 내 마음 아랑곳 않고 햇살만 쨍쨍 내리쪼인다. 한시도 잊지 못하고 그리워하다 보니 차라리 님을 만나지 않았더라면 좋았을 것이라는 생각이 든다. 차라리 만나지나 않았더라면 이 같은 괴로움은 없었을 것인데, 사랑했던 시절의 달콤한 그 사랑이 오히려 병이 되었다.

어디 가서 과거를 잊게 하는 풀이라도 구해 와서 뒤뜰에 심어다가 잊도록 노력하는 것이 차라리 나을 것 같다. 그러나 그것은 머릿속에서 그렇게 생각하는 것일 뿐, 가슴속에서는 여전히 그리움이 샘솟는다. 너무나 그리워 이제는 가슴이 다 찢기어지는 듯하다.

여우가 서성이네 有狐

여우가 서성이네 기수의 다리에서　有狐綏綏 在彼淇梁[1,2]
내 마음 걱정되네 님의 바지 벗겨질라　心之憂矣 之子無裳[3]

여우가 서성이네 기수의 언덕에서　有狐綏綏 在彼淇厲[4]
내 마음 걱정되네 님 허리띠 끌러질라　心之憂矣 之子無帶

여우가 서성이네 기수의 물가에서　有狐綏綏 在彼淇側
내 마음 걱정되네 님의 속옷 벗겨질라　心之憂矣 之子無服[5]

1 綏綏 서성이다 2 梁 돌다리 3 裳 치마 또는 바지 4 厲 물가의 언덕 5 服 옷, 옷의 전부를 말한다. 그래서 여기서는 시상을 살리기 위해서 '속옷'이라 번역했다.

여우가 서성거리는 것을 보니 걱정이 앞선다. 세상에는 여우같은 여자들이 너무도 많다. 그 여우같은 여자들이 내 님을 유혹하여 바지를 벗기지나 않을까? 혁대를 끌러 내리지나 않을까? 속옷을 벗기지나 않을까?

남편을 출장 보내고 나서 불안한 여인의 마음을 노래한 것이다. 출장 가는 남편들이 이 시를 읽으면 부인의 마음을 헤아릴 수 있을 것이다.

모과 木瓜(목과)

나에게 모과를 던져 주길래
아름다운 옥돌들로 보답했지요
단지 보답하기 위한 것이 아니에요
길이길이 잘 지내자는 뜻이랍니다

投我以木瓜(투아이목과)
報之以瓊琚(보지이경거)[1][2]
匪報也(비보야)
永以爲好也(영이위호야)

나에게 복숭아를 던져 주길래
아름다운 옥구슬로 보답했지요
단지 보답하기 위한 것이 아니에요
길이길이 잘 지내자는 뜻이랍니다

投我以木桃(투아이목도)
報之以瓊瑤(보지이경요)[3]
匪報也(비보야)
永以爲好也(영이위호야)

나에게 오얏을 던져 주기에
아름다운 옥 패물로 보답했지요
단지 보답하기 위한 것이 아니에요
길이길이 잘 지내자는 뜻이랍니다

投我以木李(투아이목리)
報之以瓊玖(보지이경구)[4]
匪報也(비보야)
永以爲好也(영이위호야)

1 瓊 옥, 붉은 옷, 아름다운 옥 2 琚 패옥, 붉은 옥 3 瑤 아름다운 옥 4 玖 옥돌

선물을 받았을 때는 선물의 값을 따지지 말아야 한다. 비록 보잘것없는 선물을 성의 없이 주었다 해도 선물을 준 사람은 적어도 나에게 선물을 주려고 마음먹은 것은 사실이다. 어쨌든 그 마음은 고맙다. 그 마음을 고맙게 여겨 그에게 보답하고 함께 잘 지내는 것이 아름다운 시인의 마음이다. 그래서 시인은 값진 물건으로 정성껏 답례를 한다. 그것은 다른 뜻이 있어서가 아니다. 서로 잘 지내고 싶은 생각 이외에는 아무것도 없다. 그렇지 않다면 선물로 상대의 환심을 사기 위한 욕심이고 그 선물은 뇌물이다.

왕풍王風

주周 왕조 11대 유왕幽王은 신申나라로부터 왕비 강씨姜氏를 맞아, 태자 의구宜臼를 낳았다. 그 뒤 유왕은 포사褒姒에게 빠졌다. 포사가 백복伯服을 낳자 강씨와 의구를 폐위시켰다. 이에 의구는 어머니의 나라인 신나라로 망명했다.

이에 신나라 임금은 오랑캐인 견융犬戎을 시켜 주나라 무왕 이래의 도읍지인 종주宗周 즉 호경鎬京을 공격케 하여 함락시키고, 유왕을 여산驪山의 기슭에 있는 희戲라는 곳에서 죽였다. 진晉의 문공文公과 정鄭의 무공武公 등은 의구를 옹립하여 주나라의 왕으로 삼으니 이가 평왕平王이다. 그 뒤 제후들과 오랑캐의 힘이 날로 세어지자 평왕은 이를 피하여 낙읍洛邑(지금의 낙양洛陽)으로 수도를 옮겼다. 낙읍은 호경보다 동쪽에 있으므로 이때부터의 주나라를 동주東周라 하고 그 이전의 주나라를 서주西周라 부르게 되었다.

이 낙읍에선 평왕平王·환왕桓王·장왕莊王·희왕僖王·혜왕惠王·양왕襄王·경왕頃王·광왕匡王·정왕定王·간왕簡王·령왕靈王·경왕景王의 12대가 도읍하여 주나라의 명맥을 지탱했다. 이 왕풍은 이들 중 평왕平王·환왕桓王·장왕莊王 3대에 걸친 시대의 시가 채록된 것이라 전해진다. 이 당시는 주周의 권위가 약해져 제후 정도의 세력이었다. 그러므로 이들 시는 주풍周風이라 해야 할 것이지만, 그래도 주실周室을 존중하는 뜻에서 왕풍王風이라 했다.

메기장이 더북하고　黍離(서리)

메기장이 더북하고 피 싹도 돋았구나　彼黍離離 彼稷之苗(피서리리 피직지묘)[1-3]
발걸음이 무겁고 마음속이 착잡하네　行邁靡靡 中心搖搖(행매미미 중심요요)[4-6]
나를 아는 사람들은 나의 시름 말하지만　知我者 謂我心憂(지아자 위아심우)
나 모르는 사람들은 내 심정 몰라주네　不知我者 謂我何求(부지아자 위아하구)
저 푸른 하늘이시여 누구의 탓입니까　悠悠蒼天 此何人哉(유유창천 차하인재)[7]

메기장이 더북하고 피 싹도 뻗었구나　彼黍離離 彼稷之穗(피서리리 피직지수)[8]
발걸음은 무겁고 마음속은 얼얼하네　行邁靡靡 中心如醉(행매미미 중심여취)
나를 아는 사람들은 나의 시름 말하지만　知我者 謂我心憂(지아자 위아심우)
나 모르는 사람들은 뭘 하는가 말하네요　不知我者 謂我何求(부지아자 위아하구)
저 푸른 하늘이시여 누구의 탓입니까　悠悠蒼天 此何人哉(유유창천 차하인재)

메기장 무성하고 피 열매 맺었구나　彼黍離離 彼稷之實(피서리리 피직지실)
발걸음은 무겁고 가슴속은 미어지네　行邁靡靡 中心如噎(행매미미 중심여열)[9]
나를 아는 사람들은 나의 시름 말하지만　知我者 謂我心憂(지아자 위아심우)
나 모르는 사람들은 왜 그러나 말하네요　不知我者 謂我何求(부지아자 위아하구)
저 푸른 하늘이시여 누구의 탓입니까　悠悠蒼天 此何人哉(유유창천 차하인재)

1 黍 메기장 2 離離 이삭이 늘어진 모양 3 稷 피 4 邁 가다, 지나가다 5 靡靡 발걸음이 무거운 모양 6 搖搖 근심스러운 모습 7 悠悠 아득히 먼 모양 8 穗 이삭 9 噎 목이 메다, 미어지다

호경에서 낙읍으로 천도한 뒤에 우국지사가 황폐한 호경을 보고 부른 노래다.

오백 년 도읍지를 필마로 돌아드니
산천은 의구한데 인걸은 간 데 없네.
어즈버 태평연월이 꿈이런가 하노라.

님께서 부역 가시고 君子于役(군자우역)

님께서 부역 가시고 　君子于役(군자우역) [1,2]
돌아올 기약 없습니다 　不知其期(부지기기)
언제 오시렵니까 　曷至哉(갈지재)
닭들이 닭장으로 들어가고 　鷄棲于塒(계서우시) [3,4]
해도 서산으로 넘어갑니다 　日之夕矣(일지석의)
소와 양도 산에서 내려오는데 　羊牛下來(양우하래)
일터에 나가신 내 님께서는 　君子于役(군자우역)
어찌하여 내 생각 않으시나요 　如之何勿思(여지하물사)

님께서 부역 가신 지 　君子于役(군자우역)
얼마나 되었는지 모르겠어요 　不日不月(불일불월) [5]
만나 뵐 날 언젠가요 　曷其有佸(갈기유활) [6]
닭들이 횃대 위로 올라가고 　鷄棲于桀(계서우걸) [7]
해도 서산으로 넘어갑니다 　日之夕矣(일지석의)
소와 양도 산에서 내려오는데 　羊牛下括(양우하활) [8]
일터에 나가신 내 님께서는 　君子于役(군자우역)
목마르고 배고프지 않으시나요 　苟無飢渴(구무기갈) [9]

1君子 남편 2役 부역 3棲 깃들다 4塒 홰, 횃대 5不日不月 날이 간 것도 아니고 달이 간 것도 아니다, 며칠 몇 달 정도가 아니다, 아주 오래되었다 6佸 모이다, 이르다, 만나다 7桀 홰, 횃대 8括 내려오다 9苟 진실로

하루 중에 가장 처량하고 쓸쓸한 시간이 해질 무렵이다. 해가 서산에 걸려 있고, 닭들도 집에 들어가며, 들에 갔던 사람들이 모두 집으로 돌아올 때 외로운 사람은 더욱 외로워진다. 시인은 외로움을 달랠 길 없어 부역 나가 오지 않은 님을 한탄해본다. 님은 내 생각하실까. 내 생각하신다면 돌아오지 않을 리가 없을 텐데… 오지 않는 님이 더욱 야속하기만 하다.

그러나 그리운 것은 나의 순수한 마음이지만 님을 원망하는 것은 나의 욕심이다. 님은 얼마나 고생하실까? 고생하실 님에게 원망하는 것은 나밖에 모르는 얄팍한 사람의 마음이다. 그래서 시인은 다시 님의 처지를 생각한다. 얼마나 힘들까? 얼마나 목이 마르고 배가 고플까? 생각할수록 마음만 아파온다.

멋있는 님　　君子陽陽

(군자양양)

훤하기도 하여라 내 님이시여	군자양양 君子陽陽[1]
왼손에 피리 들고 노래하시네	좌집황 左執簧[2]
오른손은 무대 위로 나를 부르네	우초아유방 右招我由房[3]
지화자 좋을시고 즐거울시고	기락지저 其樂只且[4]
멋있기도 하여라 내 님이시여	군자요요 君子陶陶[5]
왼손에 새 깃들고 춤을 추시네	좌집도 左執翿[6]
오른손은 춤판으로 나를 부르네	우초아유오 右招我由敖[7]
지화자 좋을시고 즐거울시고	기락지저 其樂只且

1陽陽 훤하게 잘생긴 모양 2簧 피리의 일종 3房 방, 여기서는 춤추는 방이라 보아서 '무대'로 번역했다 4只且 어조사 5陶陶 멋있다, 품격이 있다 6翿 깃 일산, 깃으로 만든 일산, 춤추는 사람이 춤출 때 드는 것 7敖 춤추는 자리

남녀가 어울려 축제를 하는 장면을 노래한 시로 보인다. 노래하는 남자가 함께 노래하자고 애인을 부르기도 하고, 춤을 추는 남자가 함께 춤을 추자고 사랑하는 여인을 부르기도 하는 장면을 묘사한 것으로 보인다.

졸졸 흐르는 시냇물은 揚之水(양지수)

졸졸 흐르는 저 시냇물은	揚之水(양지수)[1]
땔나무 다발도 못 흘려보내	不流束薪(불류속신)
그리운 내 사람을 집에다 두고	彼其之子(피기지자)[2][3]
신에서 수자리 지키는 이 내 신세여	不與我戍申(불여아수신)[4][5]
그리워 그리워 너무 그리워	懷哉懷哉(회재회재)
어느 달에 내 돌아갈거나	曷月予還歸哉(갈월여환귀재)

졸졸 흐르는 저 시냇물은	揚之水(양지수)
가시나무 다발도 못 흘려보내	不流束楚(불류속초)[6]
사랑하는 사람을 집에다 두고	彼其之子(피기지자)
보에서 수자리 지키는 나의 신세여	不與我戍甫(불여아수보)[7]
그리워 그리워 너무 그리워	懷哉懷哉(회재회재)
어느 달에 내 돌아갈거나	曷月予還歸哉(갈월여환귀재)

졸졸 흐르는 저 시냇물	揚之水(양지수)
버드나무 가지도 못 흘려보내	不流束蒲(불류속포)[8]
귀여운 내 사람을 집에다 두고	彼其之子(피기지자)
허에서 수자리 지키는 나의 신세여	不與我戍許(불여아수허)[9]
그리워 그리워 너무 그리워	懷哉懷哉(회재회재)
어느 달에 내 돌아갈거나	曷月予還歸哉(갈월여환귀재)

1揚 시냇물이 졸졸 힘없이 흐르는 모양 2其 어조사 3之子 그 사람, 여기서는 에 두고 온 시인의 아내를 가리킴 4戍 수자리, 변경의 지키는 곳 5申 나라 이름, 지금의 河南省 信陽縣에 있었다 6楚 땔나무 7甫 나라 이름, 원래 呂였으나 宣王 때 甫로 고쳤다 한다. 지금의 河南省 南陽 근처에 있었다 함 8蒲 부들 9許 나라 이름, 지금의 河南省 許昌 근처에 있었다

시인은 전방의 요새에서 나라를 지키는 군인이다. 보초를 서고 있는 그의 앞으로 실개천이 흘러간다. 흐르는 물의 양이 너무 적어 나뭇가지도 제대로 떠내려 보내지 못한다. 그 연약한 모습을 보고 있노라니 집에 두고 온 연약한 아내 생각이 문득문득 솟아난다. 연약한 아내는 아무 일도 할 수 없는데… 남편이 없으면 살아가기 힘든데 어찌하고 지내는지 그 생각을 하면 그리워서 견딜 수가 없다. 시인은 그 안타까운 심정을 노래로 읊어 시름을 달래나 본다.

시는 그런 효과가 있다. 어렵고 괴로운 심사를 노래로 부르거나 하여 밖으로 표현하면 어느 정도 해소되는 효과가 있다. 같은 입장에 있는 사람들이 함께 노래로 부른다면 그 효과는 더욱 크다. 마치 힘들 때 부르는 노동가요처럼…

멋있고 뛰어나고 능력 있는 여인은 남편을 존경하지 않기 쉽다. 그런 여인에게 남편은 존재 의의를 찾지 못한다. 오히려 남편이 없으면 못살 것 같은, 언제나 남편을 바라보고 있는 여인에게 남편은 존재 의의를 느낀다. 사랑을 느낀다.

산골짝의 익모초	中谷有蓷(중곡유퇴)
산골짝의 익모초가 시들어 말라 있네	中谷有蓷(중곡유퇴) 暵其乾矣(한기간의) [1~3]
집 떠나온 여인이 한숨 쉬며 탄식하네	有女仳離(유녀비리) 嘅其嘆矣(개기탄의) [4·5]
탄식하는 것을 보니 소박을 맞았는가	嘅其嘆矣(개기탄의)
	遇人之艱難矣(우인지간난의) [6]
산골짝의 익모초가 시들어 늘어졌네	中谷有蓷(중곡유퇴) 暵其脩矣(한기수의) [7]
집 떠나온 여인이 긴 한숨 몰아쉬네	有女仳離(유녀비리) 條其歗矣(조기소의) [8·9]
한숨 쉬는 것을 보니 불행을 당했는가	條其歗矣(조기소의)
	遇人之不淑矣(우인지불숙의) [10]
산골짝의 익모초가 시들어 썩어가네	中谷有蓷(중곡유퇴) 暵其濕矣(한기습의) [11]
집 떠나온 여인이 훌쩍훌쩍 울고 있네	有女仳離(유녀비리) 啜其泣矣(철기읍의) [12]
흐느끼며 운다 해도 뾰족한 수 없으련만	啜其泣矣(철기읍의) 何嗟及矣(하차급의) [13]

1 蓷 익모초 2 暵 마르다, 시들다 3 乾 마르다 4 仳 떠나다, 이별하다 5 嘅 탄식하다 6 人 여기서는 남편을 가리키는 듯 7 脩 翛와 통용, 시드는 모양 8 條 긴 모양 9 歗 嘯와 같은 글자. 휘파람 소리, 한숨 소리 10 淑 善과 같은 뜻 11 濕 젖어 허물어지다 12 啜 훌쩍거리다 13 何嗟及 嗟何及의 도치된 문장이다. '탄식해봤자 무슨 효과 있겠는가'란 뜻

산골짜기에 익모초가 시들어서 축 늘어져 있다. 이 익모초처럼 축 늘어진 여인이 있다. 그 여인은 무슨 까닭인지 알 수 없으나 한숨을 쉬며 탄식을 한다. 그러다가 훌쩍훌쩍 흐느끼며 울기도 한다. 무슨 일이 있기에 그리 슬피 우는 것일까? 아무리 울어봐도 뾰족한 수가 있을 것 같지는 않다. 보고 있는 사람들의 마음이 아프다. 위로라도 해줄 수 있으면 좋으련만. 세상살이가 그런가 보다.

토끼는 깡충깡충　　兎爰(토원)

토끼는 깡충깡충 뛰어노는데　　有兎爰爰(유토원원) [1]
꿩이란 녀석은 그물에 걸렸구려　　雉離于羅(치리우라) [2, 3]
나 태어나 살던 어린 시절엔　　我生之初(아생지초)
아무런 근심 걱정 없었건만　　尙無爲(상무위) [4]
내 다 자란 지금에 와서　　我生之後(아생지후)
백 가지 근심 걱정 이 웬 말인가　　逢此百罹(봉차백리) [5]
차라리 잠이 들어 안 말했으면　　尙寐無吪(상매무와) [6]

토끼는 깡충깡충 뛰어노는데　　有兎爰爰(유토원원)
꿩이란 녀석은 그물에 걸렸구려　　雉離于罦(치리우부) [7]
나 태어나 살던 어린 시절엔　　我生之初(아생지초)
이렇게 복잡한 일 없었건만　　尙無造(상무조) [8]
내 다 자란 지금에 와서　　我生之後(아생지후)
백 가지 슬픈 일들 이 웬 말인가　　逢此百憂(봉차백우)
차라리 잠이 들어 안 보았으면　　尙寐無覺(상매무교) [9]

토끼는 깡충깡충 뛰어노는데　　有兎爰爰(유토원원)
꿩이란 녀석은 그물에 걸렸구려　　雉離于罿(치리우동) [10]
나 태어나 살던 어린 시절엔　　我生之初(아생지초)
힘들고 고달픈 일 없었건만　　尙無庸(상무용) [11]
내 다 자란 지금에 와서　　我生之後(아생지후)
백 가지 흉한 일들 이 웬 말인가　　逢此百凶(봉차백흉)
차라리 잠이 들어 안 들었으면　　尙寐無聰(상매무총) [12]

1 爰爰 깡충깡충 2 離 걸리다 3 羅 그물 4 爲 일거리, 걱정거리 5 罹 근심, 어려움 6 吪 잘못된 말, 사투리, 잘못된 말을 하다 7 罦 그물, 덮치기 그물 8 造 爲와 마찬가지로 일거리, 걱정거리, 해야 하는 것 9 覺 깨다. 깬다는 것은 감각기관이 열리는 것을 말한다. 감각기관 중에 으뜸이 눈이다. 그러므로 깬다는 것은 눈으로 보는 감각 작용이 시작된다는 것을 의미한다. 그래서 覺에 見이 들어 있는 것으로 생각된다. 따라서 여기서는 '본다'로 해석했다. 10 罿 새그물, 음은 '동' 또는 '총' 11 庸 用과 통용, 일, 일거리, 걱정거리 12 聰 귀 밝다, 들리다

깡충깡충 뛰노는 토끼를 보니 티 없이 뛰놀던 어릴 적 생각이 난다. 그 때는 무척이나 명랑하고 행복했었다. 그러나 이제 어른이 되어 이 세상을 헤치고 살아가자니 무슨 근심 걱정이 이리 많은지, 마치 그물에 걸려 꼼짝 못하는 꿩 같은 신세가 되었다. 차라리 잠이 들어 깨어나지 않았으면 좋겠다.

고통 속에서 살아가는 어른들은 철없이 뛰놀던 어린 시절이 그리워진다. 그러나 그 어린 시절은 또 그 나름대로의 고통이 있다. 그러므로 고통이 없는 더 어린 옛날이 그리워진다. 그래서 사람들은 태초의 고향인 어머니의 자궁 속을 가장 그리워하는가 보다.

가사 상태로 있다가 되살아난 사람들의 공통적인 이야기는 어두운 터널을 지난 뒤 물을 만난다는 것이다. 그 물을 삼도수三途水라 한다. 그러나 심리학에서는 사람이 죽는 순간에 가장 그리워했던 어머니의 자궁 속으로 들어가는 환상을 본다고 설명한다. 어두운 터널은 산노이고 삼도수는 양수라는 것이다.

인간의 모든 고통은 '나'라는 것을 만들어낸 데서부터 비롯된다. 이 몸은 원래 하나의 자연물이었다. 자연물이라는 의미로 보면 몸은 저 산과도 같고 물과도 같다. 나무와도 같고 돌멩이와도 같다. 하나의 자연물로 존재할 때는 일체의 고통이 없다. 자연물이었던 이 몸이 눈·코·귀·입의 감각 작용을 통하여 구별을 하게 되고, 구별하는 작용을 통해서 구별 의식을 갖게 되며,

구별 의식을 통해서 감각하는 주체로서의 주체 의식을 형성하게 되는데, 이 주체 의식이 '나'라는 존재가 된 것이다. '나'라는 주체 의식이 만들어지고 나면 이제 나의 삶은 자연의 삶에서 나의 삶으로 변모한다.

나의 삶으로 변모된 뒤의 나는 온갖 고통을 갖게 된다. 남을 의식해야 하고 남과 싸워야 하며 늙고 병들어 죽어야 한다. 그렇다면 내가 이처럼 많은 고통을 끌어안게 된 근본 원인은 감각 작용을 한 것에서 비롯된다. 차라리 말하지 않고 보지 않고 듣지 않았으면 지금의 이 고통은 없었을 것을…

치렁치렁 칡넝쿨 葛藟

치렁치렁 칡넝쿨이 강가에 뻗어 있네 綿綿葛藟 在河之滸[1-3]
형제를 멀리하고 남을 아버지라 부르네 終遠兄弟 謂他人父
남을 아버지라 불러도 나를 아니 돌봐주네 謂他人父 亦莫我顧

치렁치렁 칡넝쿨 강 물가에 뻗어 있네 綿綿葛藟 在河之涘[4]
형제를 멀리하고 남을 어머니라 부르네 終遠兄弟 謂他人母
남을 어머니라 불러도 날 사랑 안 해주네 謂他人母 亦莫我有[5]

치렁치렁 칡넝쿨 강 언덕에 뻗어 있네 綿綿葛藟 在河之漘[6]
형제를 멀리하고 남을 형이라 부르네 終遠兄弟 謂他人昆
남을 형이라 불러도 내 말 아니 들어주네 謂他人昆 亦莫我聞

1 綿綿 길게 이어진 모양 2 藟 덩굴 3 滸 물가 4 涘 물가, 강가 5 有 가지다. 자녀를 가진다는 것은 자녀를 사랑한다는 뜻이므로 여기서는 '사랑한다'는 뜻이다 6 漘 물가

치렁치렁 뻗어 있는 칡넝쿨을 보면 부모 형제와 함께 어울려 살던 옛날이 그리워진다. 지금은 집을 떠나 타국에 와 있는 외로운 신세, 시인은 그 외로운 심정을 노래한다. 어릴 때 외국으로 입양 간 우리의 자녀들이 이 시를 읽는다면 그 마음이 어떠할까?

칡을 캡니다　　采葛(채갈)

하염없이 하염없이 칡을 캡니다	彼采葛兮(피채갈혜)
하루만 그대를 보지 못해도	一日不見(일일불견)
석 달을 못 본 듯이 그립습니다	如三月兮(여삼월혜)
까닭없이 까닭없이 쑥을 캡니다	彼采蕭兮(피채소혜)[1]
하루만 그대를 보지 못해도	一日不見(일일불견)
세 계절을 못 본 듯이 그립습니다	如三秋兮(여삼추혜)
속절없이 속절없이 약쑥 캡니다	彼采艾兮(피채애혜)[2]
하루만 그대를 보지 못해도	一日不見(일일불견)
세 해를 못 본 듯이 그립습니다	如三歲兮(여삼세혜)

1 蕭 쑥 2 艾 쑥, 뜸쑥, 약쑥

님이 그리워 하도 그리워 집에 가만히 있을 수가 없다. 쑥을 캔다 핑계 대고 밖으로 나갔다. 쑥이 잘 캐질 리 없다. 너무나도 그리운 님은 하루를 못 보아도 삼 년을 못 본 듯 그리워지는 법이다. 그럴 때는 가만히 있지 말고 노래라도 불러보자.

큰 수레　大車(대거)

그대 탄 큰 수레가 덜컹거리네　大車檻檻(대거함함)[1]
물억새 같은 옷을 입고 앉았네　毳衣如菼(취의여담)[2,3]
지금도 당신을 사모하지만　豈不爾思(기불이사)
당신이 두려워 감히 못해요　畏子不敢(외자불감)

그대 탄 큰 수레가 덜컹거리네　大車哼哼(대거톤톤)[4]
붉은 옥 같은 옷을 입고 앉았네　毳衣如璊(취의여문)[5]
지금도 그대를 사랑하지만　豈不爾思(기불이사)
그대가 두려워 못 달려가요　畏子不奔(외자불분)

살아서는 헤어져 산다고 해도　穀則異室(곡즉이실)[6]
죽어서는 한 곳에 묻히고 싶소　死則同穴(사즉동혈)
나를 믿지 못하신다면　謂予不信(위여불신)
저 밝은 해를 두고 맹세하리라　有如皦日(유여교일)[7]

1 檻檻 덜컹덜컹, 수레가 덜커덩거리며 가는 소리 2 毳 솜털, 새의 배에 난 털, 毳衣는 솜털로 만든 고급 옷, 대부 이상의 신분들이 입는 고급 옷 3 菼 물억새, 물억새의 새싹 같은 푸른 빛 4 啍啍 수레가 느릿느릿 가는 모양 5 璊 붉은 옥 6 穀 살다 7 皦 희다, 밝다, 옥돌이 희다, 有如로 시작되는 문장은 주로 맹세할 때 시작하는 투이다

남자와 여자가 사랑을 했다. 순수한 마음으로 사랑을 했다. 그러나 두 사람은 가난한 처지이다. 그때 여자에게 돈 많고 권력 있는 남자들이 접근을 한다. 마음이 흔들려버린 여자는 남자를 버렸다. 현실적인 길을 택한 것이다. 그런데 돈 없고 초라했던 옛 사람이 어느 날 성공해서 나타난다. 그를 본 여자는 다시 마음이 흔들리기 시작한다. 그 남자는 첫사랑이었다. 한때 현실적인 길을 택하기는 했어도 그 첫사랑을 잊어본 적이 없다. 지금의 세속적인 남편에게 식상한 지 오래인 터라 더욱 그렇다. 이런 때 그 첫사랑이 눈앞에 나타나고 있다.

그 첫사랑의 남자에게 돌아가고 싶지만 그러나 그럴 수는 없다. 그럴 처지도 아니거니와 그 남자가 용서해 줄 리는 더더욱 없을 것 같다. 그래서 여자는 시인이 되어서 노래를 한다. 살아서는 함께 살 수 없을지라도 죽어서는 한 곳에 묻히고 싶다고 노래해 본다. 그리고 순간의 실수를 한탄하며 체념을 한다.

언덕에 삼밭 있네 丘中有麻

언덕에 삼밭 있네 아아 잊지 못할 유씨여 丘中有麻 彼留子嗟[1]
잊지 않고 있나니 다시 돌아오소서 彼留子嗟 將其來施施[2]

언덕에 보리밭 있네 이곳은 유씨의 나라 丘中有麥 彼留子國
그대의 나라이니 다시 돌아오소서 彼留子國 將其來食[3]

언덕에 오얏 있네 아아 유씨 집 아들이여 丘中有李 彼留之子
유씨 집 아드님이 옥 보물을 주셨는데 彼留之子 貽我佩玖[4,5]

1留 사람의 성 2施施 베풀다, 선정을 베풀다, 여기서는 다시 와서 선정을 베풀어 달라는 희망을 표현한 것이다 3食 갉다, 다스리다, 식읍을 다스리다 4貽 준다 5玖 옥돌

유씨라는 분이 선정을 베풀어 살기가 좋았다. 그 때는 논밭도 많이 개간 했고 풍년도 들었다. 그 시절을 잊지 못해 그리워하기에, 사람들은 그가 다시 와주기를 바라는 노래를 한다. 그러나 그가 오기를 바라는 것은 우리들의 희망 사항일 뿐, 그것을 고집하면 우리들의 욕심만을 고집하는 것이 된다. 이럴 때에 우리에게 은혜를 주었던 그것으로 만족하고 참는 것이 시인의 마음이다.

한 번 사랑받았으면 그것으로 만족해야 하는데 사람들은 그렇지가 못하다. 한 번 사랑받으면 자꾸 받으려 고집을 한다. 그 사랑으로 만족해야 하는데…

정풍鄭風

주나라 선왕宣王이 그의 서제庶弟인 우友에게 서주西周의 기내畿內에 있는 함림咸林 땅을 다스리게 했는데, 그가 정鄭나라 환공桓公이다. 환공은 주나라 유왕幽王의 대사도大司徒를 지냈는데, 견융의 침입을 받아 유왕이 죽을 때 함께 죽었다. 그 뒤 그의 아들 굴돌掘突이 뒤를 이어 정나라 무공武公이 되었다. 무공武公은 진나라 문후와 함께 평왕이 동천할 때 공을 세워 상으로 회鄶 등의 땅 열 읍을 받았다. 그리고 도읍을 회檜로 옮겼다. 그 뒤 장공·소공·려공 등으로 이어진다. 정풍은 이 정나라에서 불리어진 노래들이다.

『논어』에서 정나라에는 음란한 노래가 많다고 했다. 그래서 『시경』에서도 정풍을 음란한 시로 해석한 것이 많다. 그러나 음란하고 난잡한 노래를 시에 실었을 리가 없다.

시경에 실린 정풍은 음란한 시로 볼 수 없다. 순수한 사랑의 마음을 노래한 것이 대부분이다.

검은 예복 緇衣(치의)

검은 예복 의젓하네요	緇衣之宜兮[1]	치의지의혜
떨어지면 내가 다시 고쳐 짓겠소	敝予又改爲兮	폐여우개위혜
그대의 관사에 가고 있어요	適子之館兮	적자지관혜
그대 돌아오시면	還	환
맛있는 음식 지어 드리오리다	予授子之粲兮[2]	여수자지찬혜
검은 예복 어울리네요	緇衣之好兮	치의지호혜
떨어지면 내가 다시 고쳐주겠소	敝予又改造兮	폐여우개조혜
그대의 관사에 가고 있어요	適子之館兮	적자지관혜
그대 돌아오시면	還	환
맛있는 음식 지어 올리오리다	予授子之粲兮	여수자지찬혜
검은 예복 넉넉해 보이는구려	緇衣之蓆兮[3]	치의지석혜
떨어지면 내가 다시 고쳐 짓겠소	敝予又改作兮	폐여우개작혜
그대의 관사에 가고 있어요	適子之館兮	적자지관혜
그대 돌아오시면	還	환
맛있는 음식 지어 바치오리다	予授子之粲兮	여수자지찬혜

1 緇 검은 옷, 승복 2 粲 餐과 통용, 음식 3 蓆 크다, 넉넉하다

참으로 순수한 사랑은 주는 사랑이다. 받고자 하는 사랑은 순수하지 않다. 그것은 이미 욕심이다. 순수한 사랑은 항상 주기만 한다. 주기만 해도 행복하다.

순수한 사랑은 상대를 존경한다. 그래서 사랑하는 사람에게 사랑한다 말을 못한다. 혹시나 님이 나를 싫다고 하면 어쩌나. 도무지 용기가 나지 않는다. 그래서 오직 그대의 옷을 지어드린다. 그대의 방에 가서 청소도 해드린다. 그리고 그대의 반찬을 만든다. 이러한 방식이 사랑을 표현하는 순수한 방식이다. 직접적으로 사랑을 표현하지 않는 것이 이 시의 묘미다.

존경심이 없는 사랑은 상대를 애완동물 취급하는 것이다. 진정한 사랑은 존경심에서 비롯된다. 그렇다면 함부로 사랑을 표현하지 못한다. 간접적 표현방식에서 순수하고 소박한 사랑을 읽을 수 있다.

둘째 도령님

將仲子(장중자)

둘째 도령님 부탁입니다
우리 마을 넘나들지 마시옵소서
내가 심은 버드나무 꺾지 마소서
버드나무 아까운 게 아니랍니다
범 같은 우리 부모 무섭습니다
둘째 도령님 그립지만
부모님의 말씀이 너무 무서워

將仲子兮(장중자혜)[1][2]
無踰我里(무유아리)
無折我樹杞(무절아수기)[3][4]
豈敢愛之(기감애지)
畏我父母(외아부모)
仲可懷也(중가회야)
父母之言(부모지언) 亦可畏也(역가외야)

둘째 노령님 부탁입니다
우리 집 담장을 넘지 마세요
내가 심은 뽕나무를 꺾지 마세요
뽕나무가 아까운 게 아니랍니다
범 같은 우리 오빠 무섭습니다
둘째 도령님 그립지만
오빠들의 말씀이 너무 무서워

將仲子兮(장중자혜)
無踰我牆(무유아장)
無折我樹桑(무절아수상)
豈敢愛之(기감애지)
畏我諸兄(외아제형)
仲可懷也(중가회야)
諸兄之言(제형지언) 亦可畏也(역가외야)

둘째 도령님 부탁입니다
우리 집 정원을 넘시 마소서
내가 심은 박달나무 꺾지 마세요
박달나무 아까운 게 아니랍니다
말 많은 사람들이 무섭습니다
둘째 도령님 그립지만
말 많은 사람들이 너무 무서워

將仲子兮(장중자혜)
無踰我園(무유아원)
無折我樹檀(무절아수단)
豈敢愛之(기감애지)
畏人之多言(외인지다언)
仲可懷也(중가회야)
人之多言(인지다언) 亦可畏也(역가외야)

1 將 발어사, 請의 뜻으로 보기도 한다 2 仲 둘째 도령 3 樹 심다 4 杞 버드나무, 갯버들

둘째 도령을 그리워하면서도 부모가 무섭고 오빠가 무섭고 말 많은 사람들이 무서워서 감히 엄두를 내지 못하고 떨고 있는 연약한 아가씨의 마음을 읽을 수 있다.

'님이 그립기도 하지만 주위 사람들의 눈도 무서워. 어쩌면 좋아.'

참된 사랑은 둘만의 사랑이 아니다. 둘이서 하나가 되고 그로 인해 모두가 하나가 되는 그런 사랑이 진정한 사랑이다. 그래서 아직도 가족들에게 인정받지 못하고 있는 그 사랑은 그립지만 두렵다. 어쩌면 좋아!

두 사람의 사랑이 넘쳐 가족에게 넘쳐흘러 가족들이 감화될 때까지 끈기 있게 참고 기다리는 사랑! 그런 사랑이 숭고한 사랑이다.

셋째 도령님 叔于田(숙우전)

셋째 도령님 사냥 가셨네	叔于田(숙우전)[1,2]
거리엔 사람이 하나도 없네	巷無居人(항무거인)
어찌 사람이 없으랴마는	豈無居人(기무거인)
셋째 도령 같은 사람 아무도 없네	不如叔也(불여숙야)
참으로 아름답고 부드러우셔	洵美且仁(순미차인)[3]
셋째 도령님 수렵 가셨네	叔于狩(숙우수)
거리엔 술 마시는 사람이 없네	巷無飮酒(항무음주)
어찌 술 마시는 사람이 없으랴마는	豈無飮酒(기무음주)
셋째 도령 같은 사람 하나도 없네	不如叔也(불여숙야)
참으로 아름답고 의젓하시네	洵美且好(순미차호)
셋째 도령님 들에 가셨네	叔適野(숙적야)
거리엔 말달리는 사람이 없네	巷無服馬(항무복마)
어찌 말달리는 사람이 없으랴마는	豈無服馬(기무복마)
셋째 도령 같은 사람 찾을 수 없어	不如叔也(불여숙야)
참으로 아름답고 씩씩하시네	洵美且武(순미차무)

1 叔 셋째 도령, 작자가 사랑하는 연인의 字란 설명도 있다(崔述의 『讀風偶識』) 2 田 사냥 3 洵 참으로

사랑에 빠져 있는 여인에게는 사랑하는 사람 이외에는 아무도 보이지 않는다. 님이 아니 계시면 온 거리가 텅 비어 있는 것 같다.

대숙의 사냥　大叔于田(대숙우전)

셋째 도령 사냥하네 네 말 수레 타고서　叔于田(숙우전) 乘乘馬(승승마) [1,2]
실 놀리듯 고삐 잡고 춤추는 듯 말을 모네　執轡如組(집비여조) 兩驂如舞(양참여무) [3,4]
셋째 도령 늪에 가니 몰이꾼 불 올라오네　叔在藪(숙재수) 火烈具擧(화열구거) [5,6]
맨손으로 범을 잡아 임금님께 헌상하네　襢裼暴虎(단석포호) 獻于公所(헌우공소) [7–9]
이제 그만 하세요 다치면 어떡해요　將叔無狃(장숙무뉴) 戒其傷女(계기상녀) [10–12]

셋째 도령 사냥하네 누런 네 말 몰고서　叔于田(숙우전) 乘乘黃(승승황)
안쪽 두 말 앞서고 바깥 두 말 따라가네　兩服上襄(양복상양) 兩驂鴈行(양참안행) [13–15]
셋째 도령 늪에 가니 몰이꾼 불 올라오네　叔在藪(숙재수) 火烈具揚(화열구양)
셋째 도령 명사수요 말몰이도 뛰어나고　叔善射忌(숙선사기) 又良御忌(우량어기) [16,17]
달리고 서고 쏘고 좇고 자유자재 움직이네　抑磬控忌(억경공기) 抑縱送忌(억종송기) [18–22]

셋째 도령 사냥하네 네 얼룩말 몰고서　叔于田(숙우전) 乘乘鴇(승승보) [23]
안쪽 두 말 나란코 바깥 두 말 수족 같네　兩服齊首(양복제수) 兩驂如手(양참여수) [13]
셋째 도령 늪에 가니 몰이꾼 불꽃 번지네　叔在藪(숙재수) 火烈具阜(화열구부) [24]
말 걸음이 느려지고 활 쏘는 일 드물어져　叔馬慢忌(숙마만기) 叔發罕忌(숙발한기) [25–27]
전통 뚜껑 열어 놓고 활을 두루 꽂으시네　抑釋掤忌(억석붕기) 抑鬯弓忌(억창궁기) [28–30]

1 大叔于田 앞의 시 「叔于田」과 제목이 같기 때문에 긴 쪽의 시에 大라는 글자를 넣어서 '大叔于田'이라 한 것이다 2 乘 앞의 乘은 탄다는 뜻이고, 뒤의 乘은 네 필 말을 의미한다. 원래는 네 필 말이 끄는 전쟁 때 타는 수레를 의미한다. 3 組 실 4 驂 곁 말, 수레를 끄는 네 필의 말 중에서 바깥쪽에 있는 두 말 5 烈 활활 타다 6 具 俱와 통용, 동시에 7 襢 웃통을 벗다 8 裼 웃통을 벗고 어깨를 드러내다 9 暴虎 맨손으로 호랑이를 때려잡는 것 10 將 바라다 11 狃 익숙해지다, 자주 하다 12 乘黃 네 필 말이 노란 것 13 兩服 두 복마, 服馬는 네 필 말이 마차를 끌 때 안쪽에서 끄는 두 말 14 上襄 좀 앞서가는 것 15 雁行 기러기 떼가 나는 모양처럼 앞의 말에 약간 뒤처져서 달린다 16 忌 어조사 17 御 말을 다루다 18 抑 발어사 19 磬 말을 달리다 20 控 억제하다, 말을 멈추다 21 縱 놓다, 활을 쏘다 22 送 사냥감을 좇아가다 23 鴇 너새, 얼룩말 24 阜 성하다 25 慢 더디다 26 發 활을 쏘는 것 27 罕 드물다 28 釋 풀어 놓다 29 掤 전통 뚜껑 30 鬯 활집 또는 활집에 넣다

님의 늠름한 모습만 보아도 기분이 좋고 가슴이 울렁거린다. 가슴이 울렁거리는 자기의 마음을 늠름한 님의 모습을 표현함으로써 대신한다.

청읍 사람들 淸人(청인)

팽 땅 온 청읍 사람 사마 수레 달리네 淸人在彭(청인재팽) 駟介旁旁(사개팽팽)[1–5]
두 창 붉은 장식하고 황하 가를 서성이네 二矛重英(이모중영) 河上乎翱翔(하상호고상)[6,7]

소 땅 온 청읍 사람 사마 수레 씽씽 달려 淸人在消(청인재소) 駟介麃麃(사개표표)[8,9]
두 창 꿩 깃 장식하고 황하 가를 소요하네 二矛重喬(이모중교) 河上乎逍遙(하상호소요)[10]

축 땅 온 청읍 사람 사마 수레 도도하네 淸人在軸(청인재축) 駟介陶陶(사개도도)[11,12]
깃발 들고 칼을 뽑아 군중에서 놀고 있네 左旋右抽(좌선우추) 中軍作好(중군작호)[13–16]

1 淸 정나라 고을 이름 2 彭 정나라의 고을 이름 3 駟 네 필의 말 4 介 갑옷 5 旁旁 彭彭과 통용, 수레를 끄는 모양 6 英 창대에 장식하고 붉은 칠을 하는 것 7 翱翔 왔다 갔다 서성이다, 河上乎翱翔은 翱翔乎河上의 도치문이다 8 消 황하 기슭에 있는 땅 이름 9 麃麃 위엄 있는 모양 10 喬 鷸과 통용, 꿩 깃, 꿩 11 軸 황하 기슭에 있었던 땅 이름 12 陶陶 늠름하다, 도도하다 13 左旋 왼손으로 깃발을 들고 흔드는 것 14 右抽 오른손으로 칼을 뽑는 것 15 中軍 軍中 16 作好 즐기다

『모시서毛詩序』에는 문공을 풍자한 것이라 하며 다음과 같은 설명을 덧붙였다. 고극高克이라는 장수가 이익을 탐하고 그 임금에게 충성하지 않으므로 문공이 그를 미워하여 멀리 보내고자 했으나 뜻대로 되지 않았다. 그때 적인狄人들이 하북에 있는 위나라를 침공했으므로 하남에 있는 정나라는 고극으로 하여금 군사를 이끌고 국경에서 적인의 침공에 대비케 했다. 이에 고극은 청淸 고을 사람들을 이끌고 황하 가에 진을 치고 있었다. 그러나 아무리 기다려도 임금이 부르지 않으므로 군사들은 흩어져서 떠나가고 고극은 진나라로 망명했다. 그래서 시인은 고극이 무례하게 벼슬한 것과 문공이 비도로써 물리침으로써 나라를 위태롭게 하고 군대를 망친 것을 싫어하여 이 시를 지었다고 했다.

이 시의 내용은 고극을 따라 나선 청인들이 잔뜩 위세만 갖추고 실제로는 서성거리기만 할 뿐 군대의 위용을 잃은 모습을 풍자한 것이다.

염소 갖옷　　羔裘(고구)

염소 갖옷 윤기 나네 각이 지고 고상하네　羔裘如濡(고구여유) 洵直且侯(순직차후) [1,2]
저기 저런 사내들은 절개 지켜 변함없지　彼其之子(피기지자) 舍命不渝(사명불투) [3–6]

염소 갖옷 표피 장식 씩씩하고 듬직하네　羔裘豹飾(고구표식) 孔武有力(공무유력) [7–9]
저기 저런 사내들은 나라의 기둥일세　彼其之子(피기지자) 邦之司直(방지사직) [10]

염소 갖옷 산뜻하네 세 장식물 찬란해라　羔裘晏兮(고구안혜) 三英粲兮(삼영찬혜) [11,12]
저기 저런 사내들은 나라의 인재로다　彼其之子(피기지자) 邦之彦兮(방지언혜) [13]

1濡 젖다, 축축하다, 윤기가 나다 2侯 아름다운 것 3其 어조사 4之子 그이, 그 사내 5舍命 명령을 실행하는 것 6渝 달라지다, 바뀌다 7豹飾 표범의 가죽으로 만든 장식 8孔 매우 9武 늠름한 것 10直 사람들의 잘못을 바로잡는 일 11晏 산뜻하다 12三英 세 가지 장식물 13彦 아름다운 선비, 인재

사관학교 학생들이 옷을 멋있게 입고 씩씩하게 걸어가는 모습을 보면 아가씨들은 몰래 흠모한다. 그 흠모하는 심정을 담담하게 읊은 시라고 생각된다.

한길로 따라나서

한길로 따라나서 님의 소매 움켜잡고
날 미워 마세요 옛정이 있잖아요
한길로 따라나서 님의 손을 부여잡고
날 버리지 마세요 좋아하셨잖아요

준대로
遵大路

준대로혜 삼집자지거혜
遵大路兮 摻執子之袪兮[1-3]
무아오혜 불첩고야
無我惡兮 不寁故也[4,5]
준대로혜 삼집자지수혜
遵大路兮 摻執子之手兮
무아추혜 불첩호야
無我魗兮 不寁好也[6,7]

1 遵 따르다 2 摻 잡다, 붙잡다 3 袪 소매 4 惡 싫어하다 5 寁 빠르다, 빨리 잊다 不寁故는 옛정을 빨리 잊는다는 뜻이다 6 魗 미워하다, 버리다 7 不寁好 좋아하던 마음을 빨리 잊지 말라는 뜻

떠나는 님을 부여잡고 매달리는 여인의 마음을 노래로 읊은 것이다. 노래라도 읊어야 속이라도 시원해질 것이다.

떠나는 님에게 매달리는 것은 여기까지다. 더 이상 매달리는 것은 욕심이다. 그것은 추하다. 상한 속을 노래하며 승화시키는 것이 시인의 품격이다. 아름다운 우리 시, 김소월의 「진달래꽃」이 그렇다.

나 보기가 역겨워 가실 때에는
말없이 고이 보내드리오리다
영변에 약산 진달래꽃
아름 따다 가실 길에 뿌리오리다
가시는 걸음걸음 놓인 그 꽃을
사뿐히 즈려 밟고 가시옵소서
나 보기가 역겨워 가실 때에는
죽어도 아니 눈물 흘리오리다

여자의 속삭임 女曰鷄鳴(여왈계명)

여자가 속삭인다 "닭이 우네요" 女曰鷄鳴(여왈계명) 1
사내가 말을 한다 "아직 어두운걸" 士曰昧旦(사왈매단) 2 3
"일어나 당신 밖을 봐요 子興視夜(자흥시야) 4 5
샛별이 반짝이고 明星有爛(명성유란) 6 7
새들이 날아다녀요 將翺將翔(장고장상) 8–11
물오리랑 기러기랑 잡아오세요" 弋鳧與鴈(익부여안) 12 13

주살질을 하여서 잡아오시면 弋言加之(익언가지) 14
당신을 위해서 요리하지요 與子宜之(여자의지) 15
즐거운 인생 술을 마시며 宜言飮酒(의언음주) 16 17
당신과 둘이서 함께 늙어요 與子偕老(여자해로)
금과 슬이 곁에 있으니 琴瑟在御(금슬재어) 18
한가하게 즐기면서 함께 살아요 莫不靜好(막불정호)

당신이 오시는 걸 알면 知子之來之(지자지래지)
아끼던 패물을 모두 드리리 雜佩以贈之(잡패이증지) 19
당신이 나를 마다하지 않으시면 知子之順之(지자지순지) 20
패물을 드리고 위로하리다 雜佩以問之(잡패이문지)
당신이 나를 좋아해 주신다면 知子之好之(지자지호지)
내 패물 다 드리고 사랑하리다 雜佩以報之(잡패이보지)

1 女 여자, 여기서는 아내 2 士 선비, 여기서는 남편 3 昧旦 어두운 새벽 4 子 당신 5 視夜 밤이 어떠한지 보라는 말이다 6 明星 샛별 7 爛 반짝이다 8 將 어조사 9 翱 날아다니다 10 翔 빙빙 돌며 날아다니다 11 翱翔 새들이 날아다닌다 12 弋 주살질하다 13 鳧 물오리 14 言 어조사 15 宜 알맞게 맛을 내어 요리하는 것 16 宜 안주를 만드는 것 17 言 어조사 18 御 다룰 수 있는 곳, 여기서는 시의 맛을 살려 '곁'으로 해석했다 19 雜佩 허리에 차는 여러 가지 패물 20 順 따라주다

남자는 신혼의 즐거움에 빠져 몽롱하다. 아무것도 하기 싫다. 오직 아내의 치마 속에 파묻혀 있고 싶을 따름이다. 부인은 훌륭하다. 남편은 아직 할 일이 많다. 학문도 더 해야 한다. 살림살이 기반을 잡으려면 멀리 외국에라도 가서 한 살림 장만하고 돌아와야 한다. 그러나 남편은 가지 않으려고 한다. 이를 달래는 현명한 부인의 노래다.

새벽이 되어 동이 트는데 남편은 아내 품에서 일어나기 싫어한다. 아내도 그것이 싫지 않지만 그러다간 세상을 살 수 없다. 현명한 아내는 남편을 달랜다. "이제 일어나세요. 닭이 울어요. 나가서 목적을 이루고 오셔야지요." 그러나 남편은 아직 어둡다는 핑계로 치마폭으로 들어온다.

아내는 다시 달랜다. "당신이 갔다 오면 맛있는 요리를 해 놓고 기다릴께요. 그 때 우리 술도 마시고 금도 뜯으면서 한평생 즐겁게 살 수 있잖아요." 그래도 사내는 응석을 부린다. 그러자 좀 더 달콤한 말로 달랜다.

"나는 당신이 싫어서 가라는 것이 아니랍니다. 내 모든 것을 다 드릴 수 있어요. 나는 당신 것이잖아요. 당신이 일을 이루고 오면 나는 내 모든 것을 다 드리겠어요. 당신이 나를 마다하지만 않는다면 나는 언제나 당신 것이랍니다. 당신이 나를 좋아하기만 하면 나는 모든 것을 바쳐 당신을 사랑할 거예요."

수레 함께 탄 여자 有女同車(유녀동거)

여인과 함께 수레를 탔네 有女同車(유녀동거)
무궁화 꽃처럼 아름다워라 顔如舜華(안여순화)[1]
아리따운 그 몸매를 놀릴 때마다 將翱將翔(장고장상)[2,3]
허리에 찬 패옥 딸랑거리네 佩玉瓊琚(패옥경거)[4~6]
저리도 아리따운 강씨 집 맏딸 彼美孟姜(피미맹강)[7]
참으로 아름답고 고운 그 사람 洵美且都(순미차도)[8]

여인과 함께 동행을 했네 有女同行(유녀동행)[9]
무궁화 꽃잎처럼 아름다워라 顔如舜英(안여순영)[10]
아름다운 그 몸매를 놀릴 때마다 將翱將翔(장고장상)
허리에 찬 패옥이 딸랑거리네 佩玉將將(패옥장장)[11]
저리도 아리따운 강씨 집 맏딸 彼美孟姜(피미맹강)
나에게 해주던 말 잊을 수 없어 德音不忘(덕음불망)[12]

1 舜華 무궁화 2 將 어조사 3 翱翔 새가 이리저리 날다, 왔다갔다 거닐다, 몸을 놀리다 4 瓊 패옥 5 琚 패옥 6 佩玉瓊琚 瓊과 琚라는 패옥을 차는 것 7 孟姜 강씨 집의 맏딸 8 都 아름답다 9 同行 수레를 타고 함께 가는 것 10 舜英 舜華 무궁화 11 將將 구슬이 딸랑거리는 것 12 德音 은혜로운 그 말씀, 나에게 해주던 말이 너무나 은혜롭게 들렸기 때문에 이렇게 표현했다

사내들은 아리따운 여인들과 수레를 같이 탔다는 것만으로도 가슴이 두근거린다. 동행을 하게 되었다는 것만으로도 마음이 울렁거린다. 그 여인의 몸놀림 하나하나가 환상적이다. 더구나 그 여인은 허리에 예쁜 패옥도 차고 있다. 그 패옥의 딸랑거림은 천상의 소리처럼 황홀하다. 그 여인에게 말을 걸었더니 뿌리치지 않고 나에게 대답을 해주었다. 남들이 들으면 그 대답은 늘 있는 상식적인 말이겠지만, 나에게는 그 말이 평생토록 잊지 못할 천사의 말로 가슴속에 꽂힌다.

산에는 부소나무 山有扶蘇(산유부소)

산에는 부소나무 개펄엔 연꽃 山有扶蘇(산유부소) 隰有荷華(습유하화) 1 2
자도는 안 보이고 미치광이 앞에 있네 不見子都(불견자도) 乃見狂且(내견광저) 3 4

산에는 낙락장송 개펄에는 털여뀌 풀 山有橋松(산유교송) 隰有游龍(습유유룡) 5 6
자충은 안 보이고 깍쟁이가 앞에 있네 不見子充(불견자충) 乃見狡童(내견교동) 7 8

1 扶蘇 부소나무 2 荷華 연꽃 3 子都 전설적인 미남자로 일컬어지는 남자 4 且 어조사 5 橋 喬와 통용, 크다 6 游龍 털여뀌 풀 7 子充 자도처럼 미남자로 전해오는 사람 8 狡 교활하다

산에는 산에 알맞은 부소나무가 있고, 개펄에는 개펄에 알맞은 연꽃이 있듯이, 나에게도 나에게 알맞은 님이 있을 줄 알았다. 나에게 알맞은 님은 백 점짜리 님이어야 한다.

남자를 그리는 여인의 마음은 하느님을 그리는 신도의 마음이다. 하느님 같은 그 님은 아마도 화장실도 가지 않을 천상의 사람으로 여겨진다. 전설에나 나오는 미남자인 자도나 자충 같은 사람일 것으로 생각했다. 그런데 정작 내가 만난 남자는 왜 이렇게 속물일까? 이제 와서 어쩌면 좋아? 그러나 참아야 한다. 하느님 같은 님은 언제나 마음속에서만 존재한다. 그러므로 실제로 만난 님에게는 늘 실망을 하게 마련이다.

그러나 현재의 님이 아무리 실망스럽더라도 참아야 한다. 실제로 만난 님은 정도의 차이만 있을 뿐 부족하기는 모두 한 가지이기 때문이다. 그렇지만 한심한 님을 보고 있자니 견디기 어렵다. 노래라도 해야 마음이 시원할 것 같다.

그리고 다짐을 한다. 내가 부처님처럼 되자. 그래야 저 돼지도 부처님처럼 보일 테니까. 그렇다면 나에게 나타난 저 돼지는 나를 부처님으로 만들기 위해서 나타난 은인이 된다.

## 낙엽 지는 가을	蘀兮(탁혜)
낙엽이 지네	蘀兮蘀兮(탁혜탁혜)[1]
우수수 떨어지네	風其吹女(풍기취녀)[2]
멋쟁이 선비들 신사들이여	叔兮伯兮(숙혜백혜)[3][4]
말만 해주오 따라가리다	倡予和女(창여화녀)[5][6]
낙엽이 지네	蘀兮蘀兮(탁혜탁혜)
우수수 흩날리네	風其漂女(풍기표녀)[7]
멋쟁이 선비들 신사들이여	叔兮伯兮(숙혜백혜)
말만 해주오 맞이하리다	倡予要女(창여요녀)[8]

1 蘀 낙엽 2 風其吹女 바람이 아마도 너희들을 불어서 날려버릴 것이다. 바람에 날리는 모습을 표현한 것이므로 여기서는 시상을 살려 '우수수 떨어지네'로 번역했다. 3 叔 나이가 젊은 사나이 4 伯 비교적 나이가 많은 사나이 5 倡 唱과 통용, 노래 부르다, 선창을 하다, 여기서는 '먼저 사랑을 표현하다', '먼저 말을 하다' 등의 뜻 6 和 화답하다, 응하다 7 漂 바람에 날리다 8 要 맞이하다

낙엽이 우수수 떨어지는 늦가을이다. 바람이 불기만 하면 떨어지는 나뭇잎처럼 멋진 사내들이여, 말만 걸어 준다면 따라갈 텐데. 쓸쓸한 노처녀는 가을이 되면 더욱 쓸쓸하다. 따뜻한 봄날에는 백마 타고 오는 왕자가 아니면 돌아보지 않았지만, 쓸쓸한 가을이 오니 그렇지 않다. 허전한 마음은 억누를 길이 없다. 이제는 백마 타고 오는 왕자가 아니라도 좋다. 나를 사랑해 주기만 해도, 말을 걸어주기만 해도 된다. 그런데도 남자들은 접근하지 않는다. 남자들은 야속하다. 바람만 불어도 떨어지는 저 나뭇잎이 보이지 않는가. 사내들이여!

얄미운 사나이 狡童(교동)

저 얄미운 사나이 나하고 말도 안 해
저 사나이 때문에 밥도 아니 넘어가

彼狡童兮 不與我言兮[1] (피교동혜 불여아언혜)
維子之故 (유자지고)
使我不能餐兮[2,3] (사아불능찬혜)

저 얄미운 사나이 나하고 밥도 안 먹어
저 사나이 때문에 잠도 아니 오잖아

彼狡童兮 不與我食兮 (피교동혜 불여아식혜)
維子之故 (유자지고)
使我不能息兮[4] (사아불능식혜)

1 狡 교활하다, 얄밉다 2 維 오직 3 餐 음식을 먹다 4 息 쉰다, 잔다

좋아하는데 너무 좋아하는데 나를 쳐다보지 않는다. 그래서 얄밉다. 그 얄미운 사나이를 잊지 못해서 밥도 넘어가지 않고 잠도 오지 않는다.

그래서 더욱 얄밉다. 우리나라 시인 이호우의 「5월」 4수 중 첫 수가 바로 이러한 시다.

> 그까짓 가버린 가시내 살모사 눈깔 같은 가시내
> 이미 십 년이 갔고 고향마저 그로 버렸건만
> 애정은 아아 목숨보다도 다스릴 수 없구나.

사랑한다는 말은 한 마디도 하지 않았다. 오히려 얄미운 그 사람을 심하게 표현했다. 교활한 사나이요, 살모사 눈깔 같은 가시내다. 얼마나 사랑이 사무쳤으면 이렇게까지 표현했을까! 너무나 역설적이다. 사랑하는 심정을 이보다 더 진하게 표현할 수 있을까?

치마를 걷고서 — 褰裳(건상)

정말 나를 사랑한다면
치마 걷고 내도 건널 수 있어
그대 나를 사랑하지 않으면
다른 남자들 얼마든지 있지
바보야 이 멍청아

정말 나를 사랑한다면
치마 걷고 강도 건널 수 있어
그대 나를 사랑하지 않으면
다른 사내들 얼마든지 있지
이 미치광이 바보야

子惠思我(자혜사아)[1][2]
褰裳涉溱(건상섭진)[3][4]
子不我思(자불아사)
豈無他人(기무타인)
狂童之狂也且(광동지광야저)[5][6]

子惠思我(자혜사아)
褰裳涉洧(건상섭유)[7]
子不我思(자불아사)
豈無他士(기무타사)
狂童之狂也且(광동지광야저)

1 惠 은혜를 베풀다, 사랑하다 2 思 사모하다, 사랑하다 3 褰 옷을 걷다 4 溱 진수라는 강 이름 5 狂童之狂也 '미치광이 아이의 미친 짓이네'라는 뜻이다 6 且 어조사 7 洧 유라는 강 이름

나를 사랑해준다면 너무나 신이 난다. 어떤 어려운 일도 할 수 있다. 치마를 걷고 강을 건널 수도 있을 것 같다. 그러나 그대가 나를 사랑하지 않으면 그대 아니라도 사내들은 얼마든지 있다. 사랑하는 사람일수록 마음을 알아주기를 바라는 법이다. 그대는 내 마음을 알아주어야 하는 사람이다. 내가 다른 사내에게 갈 수 있다고 하는 것은 그대에게 나를 붙잡아 달라는 강렬한 부탁이다. 그 마음을 몰라주는 그대는 정말 바보 멍청이.

의젓한 님 | 丰(봉)

그이는 의젓했지	子之丰兮(자지봉혜)[1]
길거리에서 나를 기다렸는데	俟我乎巷兮(사아호항혜)[2]
따라가지 않은 내가 바보였었네	悔予不送兮(회여불송혜)[3]
그이는 근사했지	子之昌兮(자지창혜)[4]
동구 밖에서 나를 기다렸는데	俟我乎堂兮(사아호당혜)[5]
쫓아가지 않은 내가 바보였었네	悔予不將兮(회여부장혜)[6]
비단 저고리에 홑저고리 걸치고	衣錦褧衣(의금경의)[7]
비단 치마에 홑치마를 입었네	裳錦褧裳(상금경상)[8,9]
멋쟁이 선비들 신사들이여	叔兮伯兮(숙혜백혜)
수레 몰고 오세요 내 따라가리다	駕予與行(가여여행)
비단 치마에 홑치마 입고	裳錦褧裳(상금경상)[10]
비단 저고리에 홑저고리 걸쳤네	衣錦褧衣(의금경의)
멋쟁이 선비들 신사들이여	叔兮伯兮(숙혜백혜)
수레 몰고 오세요 내 시집가리다	駕予與歸(가여여귀)

1 丰 예쁘다, 의젓하다 2 俟 기다리다 3 送 따라가다 4 昌 창성하다, 근사하다 5 堂 동구 어귀에 있는 학당 6 將 따라가다 7 衣 저고리, 衣錦은 비단 저고리를 입는 것이다 8 褧 홑옷, 褧衣 홑저고리, 저고리의 화려함을 감추기 위해 걸치는 홑저고리 9 裳 치마, 裳錦 비단 치마를 입다 10 褧裳 홑치마, 치마의 화려함을 감추기 위해 덧입는 홑치마, 褧衣와 褧裳은 결혼식 때 입는 예복이라 한다

젊었을 때 도도했던 나였다. 백마 타고 오는 초인이 아니면 눈에 들어오지도 않았다. 그때는 뭇 사내들이 나를 따라다녔다. 그런데 그때는 그들이 시시했다. 그러나 이제는 사내들이 나를 거들떠보지도 않는다. 생각해보면 후회되는 일이 한두 가지가 아니다. 집 앞 골목길에서 몇 시간이고 기다리고 있었던 식이도 훌륭했고, 매일처럼 나에게 편지를 써서 보내던 철이도 괜찮았는데… 그때 따라갔어야 했는데… 지금 생각해보니 나는 바보였다. 나를 찾는 이 없는 이제 와서야 비단옷을 걸치고 얼굴을 꾸며본다. 지금 수레를 몰고 와서 청혼해 준다면 나는 따라갈 텐데… 나는 시집갈 텐데…

동문 밖의 빈 터　　東門之墠(동문지선)

동문 밖에 있는 빈 터 꼭두서니 무성하네 東門之墠(동문지선) 茹藘在阪(여려재판)[1–4]
님의 집이 가까워도 님의 마음 너무 멀어 其室則邇(기실즉이) 其人甚遠(기인심원)

동문 밖 밤나무 골 집들이 늘어섰네 東門之栗(동문지율) 有踐家室(유천가실)[5]
그대 사랑 여전한데 나에게 아니 오네 豈不爾思(기불이사) 子不我卽(자불아즉)[6]

1 墠 빈 터, 제사를 지내는 곳 2 茹 꼭두서니 3 藘 꼭두서니 4 阪 언덕 5 踐 늘어서 있다 6 卽 다가오다, 오다

님의 집은 동문 밖에 있다. 그래서 동문 밖에 있는 빈 터에서 가끔 님을 만나 사랑을 나누었다. 그 옆으로 늘어서 있는 밤나무를 따라 거닐기도 했다. 그런데 언제부턴가 님의 마음이 바뀌었다. 님이 나를 만나주지 않는다. 빈 터는 여전히 있고, 그 옆에 꼭두서니도 무성하게 돋아나 있다. 님과 함께 거닐던 밤나무도 여전하다. 그런데 지척에 있는 그 님을 만날 수 없으니 지척이 천 리다. 가까이 있으면서 만나지 못하니 더욱 안타깝다. 어쩌란 말이냐. 시인은 노래한다. 그래서 마음을 달랜다.

> 파도야 어쩌란 말이냐
> 임은 물같이 까딱 않는데
> 날 어쩌란 말이냐
>
> 파도야 어쩌란 말이냐
> 파도야 어쩌란 말이냐

비바람이 서늘하고　　風雨(풍우)

비바람이 서늘하고 닭들이 울음 우네	風雨淒淒(풍우처처) 鷄鳴喈喈(계명개개) 1 2
이제 님을 만났으니 어찌 아니 편안하리	旣見君子(기견군자) 云胡不夷(운호불이) 3 4
비바람이 썰렁하고 닭 울음 처량하네	風雨瀟瀟(풍우소소) 鷄鳴膠膠(계명교교) 5 6
이제 님을 보았으니 어찌 아니 좋아지리	旣見君子(기견군자) 云胡不瘳(운호불추) 7
칠흑같이 비 오는 밤 닭 울음이 계속되네	風雨如晦(풍우여회) 鷄鳴不已(계명불이) 8
이제 님을 뵈었으니 어찌 아니 기뻐하리	旣見君子(기견군자) 云胡不喜(운호불희)

1 凄凄 서늘한 모양 2 喈喈 닭이 우는 소리, 꼬꼬댁 3 云胡 어찌 4 夷 마음이 편함
5 瀟瀟 비바람이 세차게 부는 모양 6 膠膠 닭이 우는 소리, 꼬꼬댁 7 瘳 병이 낫다
8 晦 어둡다

님을 못 만나 외로울 때는 비바람 소리도 썰렁하다. 외로워 잠 못 이루는 밤에 들려오는 닭 울음소리는 마음을 처량하게 한다. 산의 나무도 처량하게 늘어져 있고 흐르는 강물도 슬프게 울부짖는다. 사랑해야 할 때에 사랑하지 못하는 사람의 마음에는 산천초목이 모두 슬프게 비친다.

그러나 님을 만나 사랑을 하게 되면 모든 것이 바뀐다. 그냥 신바람이 난다. 산에 있는 나무들도 생기가 돌고 흐르는 시냇물도 신이 나서 노래한다. 서늘한 비바람 소리도 더 이상 슬픔의 소리가 아니고, 밤에 우는 닭 울음소리도 더 이상 처량하지 않다. 이 세상이 황홀한 낙원이다. 무슨 걱정이 있으랴! 어찌 아니 좋으랴! 어찌 위대하지 않은가. 사랑의 힘이여!

님의 옷깃 子衿(자금)

푸르른 님의 옷깃 너무 고와서	青青子衿(청청자금)[1,2]
내 마음에 어린 걱정 가득합니다	悠悠我心(유유아심)[3]
내가 비록 아니 찾아간다고 해서	縱我不往(종아불왕)[4]
님께선 소식조차 없으시나요	子寧不嗣音(자녕불사음)[5]
푸르른 님의 패물 너무 멋져서	青青子佩(청청자패)[6]
내 마음에 서린 걱정 가득합니다	悠悠我思(유유아사)
내가 비록 님의 곁에 못 간다 해서	縱我不往(종아불왕)
님께선 오지조차 않으시나요	子寧不來(자녕불래)
왔다갔다 서성이며 마음 못 잡고	挑兮達兮(도혜달혜)[7]
성문 위에 올라서서 바라봅니다	在城闕兮(재성궐혜)[8]
하루만 그대를 보지 못해도	一日不見(일일불견)
석 달을 못 본 듯이 그립습니다	如三月兮(여삼월혜)

1 子 남자. 여기서는 '님'이라고 번역했다 2 衿 옷깃 3 悠悠 근심이 가득한 모양 4 縱 비록 5 嗣音 소리를 잇는 것, 소식을 전하는 것 6 佩 패옥 7 挑達 왕래하는 모습 8 城闕 성 위에 있는 망루. 망루에 있다는 것은 망루에서 님이 오나 바라본다는 뜻이다

님은 멋있다. 님은 잘생겼다. 님은 의젓하다. 그러나 님의 모습을 차마 직설적으로 표현하지는 못한다. 표현하려고 하면 님을 좋아하는 마음이 들킨 것 같아 먼저 낯부터 붉어진다. 님을 좋아하는 마음은 감추고 싶을 정도로 순수한 것인가 보다. 그래서 시인은 님을 미남자라 하지 않았다. 님의 푸른 옷깃이 곱다고 했다.

그 님이 나를 몰라준다. 섭섭하다 못해 야속하기까지 하다. 마음 가득 그리움이 쌓인다. 그렇다고 해서 먼저 달려가 구애를 할 수도 없다. 혹시 뿌리치면 어쩌나. 찾아가 구애하는 모습을 님께서 처량하게 여기시지 않을는지… 도무지 용기가 나지 않는다.

내 마음 님이 아실 텐데, 내가 말을 하지 않아도 소식 주실 만도 한데, 내가 가지 않아도 한번쯤 와주실 만도 한데…

그러나 무심한 님은 오지 않는다. 마음을 잡지 못해 공연히 왔다갔다 서성거린다. 행여나 님이 오시지 않나 하고 성문에 올라가서 바라본다. 너무나 보고 싶다. 너무나 그립다. 하루만 못 봐도 석 달을 못 본 듯하다.

졸졸 흐르는 시냇물　揚之水

졸졸 흐르는 시냇물 가시 단도 못 흘리네　揚之水 不流束楚[1][2]
우린 형제도 적어 너와 나뿐이잖아　終鮮兄弟 維予與女[3]
남의 말 믿지 마오 널 속이고 있는 거야　無信人之言 人實迋女[4]

졸졸 흐르는 시냇물 나뭇단도 못 흘리네　揚之水 不流束薪[5]
우린 형제도 적어 우리 둘뿐이잖아　終鮮兄弟 維予二人
남의 말 믿지 마오 남 믿으면 안 돼요　無信人之言 人實不信

1 揚 졸졸 물이 흐르는 모양 2 束楚 가시나무 단, 싸리 다발 3 終 끝내 4 迋 속이다
5 束薪 땔나무 다발

세력이 없이 졸졸 흐르는 시냇물을 보니 연약해서 남에게 휘둘리고 있는 형이 걱정된다. 형이 좀 더 강했으면 그래서 세상에 당당하게 살 수 있었으면 좋겠다. 늘 옆에 있으면 살펴줄 수도 있을 텐데… 동생은 천리만리 떠나온 신세라 걱정이 되어도 어쩔 수가 없다. 노래를 부르며 마음을 달래보는 수밖에…

동문을 나서보니　出其東門(출기동문)

동문 밖을 나서보니 여인들이 구름 같네　出其東門(출기동문) 有女如雲(유녀여운)[1]
구름같이 많아도 내 마음 거기 없어　雖則如雲(수즉여운) 匪我思存(비아사존)[2]
흰 저고리 쑥 빛 수건 오직 내 사랑이야　縞衣綦巾(호의기건) 聊樂我員(요락아운)[3-6]

성문을 나서니 여인들이 꽃밭 같네　出其闉闍(출기인도) 有女如荼(유녀여도)[7-9]
꽃밭같이 많아도 내 마음 안 두어요　雖則如荼(수즉여도) 匪我思且(비아사저)[10]
흰 저고리 붉은 수건 함께 즐길 내 사랑　縞衣茹藘(호의여려) 聊可與娛(요가여오)[11 12]

1 東門 정나라 성의 동쪽에 있는 문 2 匪我思存 내 사랑이 있는 것이 아니다 3 縞 흰 비단 4 綦 연둣빛 비단, 연둣빛, 쑥 빛 5 聊 어조사 6 員 어조사, 聊樂我員은 '나를 즐겁게 한다'는 뜻이다. 여기서는 시상을 살리기 위해서 '오직 내 사랑이야'로 번역했다. 7 闉 성곽 문, 성문을 둘러싼 원형의 작은 성 8 闍 성문의 층계 9 荼 띠 꽃 10 且 어조사 11 茹 꼭두서니 12 藘 꼭두서니 풀, 茹藘는 鄭箋에서 꼭두서니로 물들인 빨간 수건을 말한다고 했다

사랑은 아무나 하지 않는다. 매력을 느껴야 한다. 마음이 통해야 한다. 많은 사람들 가운데 그런 사람을 찾아다녔는데, 이제 그런 사람을 만났다. 그럴수록 그 사람의 매력이 더욱 돋보인다. 아무리 많은 사람이 있다 해도 이제 눈에 들어오지 않는다. 이 세상에는 오직 한 사람만 있는 것 같다. 한 사람을 얻었는데 세상을 다 얻은 것 같다.

들에 있는 넝쿨 풀　　野有蔓草(야유만초)

뻗어 있는 들풀 잎에 동그랗게 맺힌 이슬　野有蔓草(야유만초) 零露漙兮(영로단혜) 1 2
아름다운 사람이여 어찌 저리 고울까　有美一人(유미일인) 淸揚婉兮(청양완혜) 3-5
뜻밖에 만났으니 내 소원 다 이뤘네　邂逅相遇(해후상우) 適我願兮(적아원혜) 6 7

뻗어 있는 들풀 잎에 영롱한 이슬방울　野有蔓草(야유만초) 零露瀼瀼(영로양양) 8
아름다운 사람이여 어찌 저리 예쁠까　有美一人(유미일인) 婉如淸揚(완여청양)
뜻밖에 만났으니 우리 잘 지내봐요　邂逅相遇(해후상우) 與子偕臧(여자해장) 9

1 零 내리다 2 漙 이슬이 둥글게 맺힌 모양 3 淸 눈이 맑다 4 揚 이마가 넓은 것 5 婉 예쁘다 6 邂逅 우연히 만나는 것 7 適 마침 알맞다 8 瀼瀼 이슬이 영롱한 모양 9 臧 善과 같은 뜻, 잘 지내는 것

한눈에 반한 미인을 만나 연애하고 싶은 심정을 노래한 시다. 사람은 한눈에 사랑을 느끼고 한눈에 반한다. 여러 가지 조건을 따져보아 서로 맞아서 사랑하는 것이 아니다.

사랑의 느낌이 왕성한 사람은 뻗어 있는 넝쿨의 풀잎에 맺혀 있는 영롱한 이슬방울을 바라보아도 참한 님의 모습을 연상한다. 그래서 사랑을 느낀다.

시인이 나뭇잎을 노래할 때는 나뭇잎과 사랑을 한다. 시인이 시냇물을 노래할 때는 시냇물과 사랑을 한다. 시인은 사랑의 느낌이 충만한 사람이다.

이렇게 순수한 시심을 가진 사람이 영롱한 이슬방울같이 영롱한 미인을 만났다. 가슴이 두근거린다. 이렇게 벅찬 일이 또 있을까!

그래서 시인은 바로 사랑에 빠진다.

진수와 유수 溱洧(진유)

진수와 유수가 출렁거리고	溱與洧(진여유) 方渙渙兮(방환환혜)[1,2]
남자들과 여자들이 꽃송이를 들고 있다	士與女(사여녀) 方秉蕑兮(방병간혜)[3]
여자가 말을 건다 "가보았어요?"	女曰觀乎(여왈관호)
남자가 대답한다 "그럼 가보았지요"	士曰旣且(사왈기저)
"또 한 번 가볼까요? 유수 저쪽에	且往觀乎(차왕관호) 洧之外(유지외)
거긴 참으로 넓고 아름답지요"	洵訏且樂(순우차락)
사내와 여자 사인 이렇게 무르익어	維士與女(유사여녀) 伊其相謔(이기상학)[4,5]
그래서 헤어질 땐 꽃을 선물해	贈之以勺藥(증지이작약)[6]
진수와 유수가 맑게 흐르고	溱與洧(진여유) 瀏其淸矣(유기청의)[7]
남자들과 여자들이 왁자지껄 모여든다	士與女(사여녀) 殷其盈矣(은기영의)[8]
여자가 말을 건다 "가보았어요?"	女曰觀乎(여왈관호)
사내가 대답한다 "그럼 가보았지요"	士曰旣且(사왈기저)[9]
"또 한 번 가볼까요? 유수 저쪽에	且往觀乎(차왕관호) 洧之外(유지외)
거긴 참으로 넓고 아름다워요"	洵訏且樂(순우차락)
사내와 여자 사인 이렇게 무르익어	維士與女(유사여녀) 伊其將謔(이기장학)
그래서 헤어질 땐 꽃을 선물해	贈之以勺藥(증지이작약)

1 方 지금, 이제 2 渙渙 강물이 출렁출렁 흐르는 모양 3 蕑 들에 나는 난초 4 訏 盱와 통용, 재미있다 4 伊 이, 그, 이렇게 5 謔 희롱하다, 농담하다, 여기서는 시심을 살리기 위해 '무르익다'로 번역했다 6 勺藥 함박꽃, 작약, 여기서는 '꽃'이라 번역했다 7 瀏 물이 맑고 깊은 모양 8 殷 많은 모양 9 將 바로

봄날 남녀가 강가에 모여 서로 사랑을 나누는 장면을 읊은 시로 보인다. 텔레비전에서 남녀가 꽃을 들고 사랑을 속삭이는 한 장면과도 같다.

제풍 齊風

주나라 무왕이 은을 정복한 뒤 문왕 때부터의 공신인
태공망太公望 여상呂尙을 봉한 곳이 제나라다.
지금의 산동성山東省 동북부에 해당한다. 제나라 임금의 성은 강씨姜氏인데,
전국 시대 초기에 전화田和가 임금 자리를 차지했으므로 그때부터 전田씨의 제나라가 되었다.

닭이 울고 있네요 　 鷄鳴(계명)

닭이 울고 있네요 조정 대신 모였을라 　 鷄既鳴矣(계기명의) 朝既盈矣(조기영의)[1]
닭 울음이 아니잖아 파리 떼들 소리잖아 　 匪鷄則鳴(비계즉명) 蒼蠅之聲(창승지성)

동방이 밝았네 조정 대신 모였겠네 　 東方明矣(동방명의) 朝既昌矣(조기창의)[2]
동방이 아니 밝아 달빛 밝은 탓이겠지 　 匪東方則明(비동방즉명) 月出之光(월출지광)

벌레 소리 윙윙댈 때 그대와 단꿈 꾸네 　 蟲飛薨薨(충비횡횡) 甘與子同夢(감여자동몽)[3]
모인 대신 돌아가도 그대 나를 미워 마오 　 會且歸矣(회차귀의) 無庶予子憎(무서여자증)[4][5]

1 蒼蠅 파리 2 昌 백관들이 조정에 많이 모인 것 3 薨薨 벌레의 나는 소리, 붕붕 4 會且歸 모였다가 돌아가는 것 5 無庶予子憎 '無庶子憎予'이어야 할 것이지만, 앞의 줄에 있는 聲, 光과 음률을 맞추기 위해 순서를 바꾼 것이다

남녀가 잠자리에서 속삭인다. 남자는 여자의 품이 바로 천국이다. 그래서 잠자리에서 나오기 싫다. 닭소리가 들린다. 이제 일어나지 않으면 안 되는 시간이다. 조정에는 이미 대신들이 다 모였을 것이다. 그러나 닭 울음이 아니라 벌레들 소리라고 핑계를 대며 단꿈에 빠져 있다. 그러다가 이제 동이 트기 시작했다. 남자는 여전히 달빛이라고 핑계를 댄다. 이제는 벌레들도 일어나 붕붕거리기 시작한다. 이제는 일어나야 할 시간이다. 그러나 남자는 여전히 단꿈에 빠져서 일어나려 하지 않는다. 그러나 지금은 나를 좋아하지만 그것 때문에 일을 그르치고 말면 그땐 나를 원망하지 않을까. 여인은 은근히 걱정을 한다. 그래서 마지막에 다짐을 한다. 만약에 대신들이 모였다 돌아가 버리더라도 그래서 일을 그르치더라도 그것은 내 죄가 아니니, 나를 미워하지 마세요.

「모시서毛詩序」에서는 제나라의 애공이 여색에 빠져 정사를 돌보지 않음에 현명한 왕비가 밤낮으로 경계하여 읊은 것이라 했다.

씩씩한 그대 모습

還(선)

씩씩한 그대 모습이여
노산에서 우리 만났지요
짐승 쫓아 함께 달렸지요
날더러 멋지다 칭찬했지요

子之還兮(자지선혜)[1]
遭我乎猫之間兮(조아호노지간혜)[2][3]
竝驅從兩肩兮(병구종량견혜)[4][5]
揖我謂我儇兮(읍아위아현혜)[6][7]

그대는 정말 훌륭했어요
노산에서 우리 만났지요
큰 짐승 쫓아 함께 달렸지요
날더러 솜씨 좋다 칭찬했지요

子之茂兮(자지무혜)
遭我乎猫之道兮(조아호노지도혜)
竝驅從兩牡兮(병구종량모혜)
揖我謂我好兮(읍아위아호혜)

그대는 참으로 대단했어요
노산에서 우리 만났지요
두 이리 쫓아 함께 달렸지요
날더러 잘한다 칭찬했지요

子之昌兮(자지창혜)
遭我乎猫之陽兮(조아호노지양혜)
竝驅從兩狼兮(병구종량랑혜)
揖我謂我臧兮(읍아위아장혜)

1 還 빠른 모양, 날랜 모양 2 峱 산 이름 3 閒 골짜기, 峱之閒 노산의 골짜기, 그러나 여기서는 음률을 맞추기 위해 '노산에서'로 번역했다 4 竝驅 나란히 말을 달리는 것 5 肩 세 살 된 짐승, 즉 큰 짐승 6 揖 읍을 하다, 여기서는 나에게 말을 할 때 경의를 표하는 동작을 말함 7 儇 영리하다

사냥 길에서 만난 사람과 의기투합했던 일을 기억하며 부른 노래다. 사람은 한 번 만났어도 스스럼없이 서로 통하는 경우가 있다. 그 경우는 바로 친해질 수가 있다. 그런 사람을 만나는 것은 즐거움이다. 잊을 수 없는 사람이 된다. 내가 그를 보는 순간 흡족했는데, 그도 나를 보고 흡족했던 모양이다. 잊혀지지 않는다.

문간에서

문간에서 나를 기다리셨지
흰 실로 귀막이를 하고 계셨지
꽃잎 같은 옥돌을 달고 계셨지

뜰에서 나를 기다리셨지
푸른 실로 귀막이를 하고 계셨지
꽃 모양 옥돌을 달고 계셨지

마루에서 나를 기다리셨지
노란 실로 귀막이를 하고 계셨지
꽃부리 옥돌을 달고 계셨지

著(저)

俟我於著乎而(사아어저호이)[1,2]
充耳以素乎而(충이이소호이)[3,4]
尙之以瓊華乎而(상지이경화호이)[5]

俟我於庭乎而(사아호정호이)
充耳以青乎而(충이이청호이)
尙之以瓊瑩乎而(상지이경영호이)[6]

俟我於堂乎而(사아어당호이)
充耳以黃乎而(충이이황호이)
尙之以瓊英乎而(상지이경영호이)

1著 문간 2乎而 어조사 3充耳 귀를 덮도록 만들어진 장식 4素 흰 실, 孔穎達의 疏에 의하면 귀막이 끈의 색이 임금은 오색, 경대부는 삼색이라 했으므로 여인의 남편은 경대부임을 알 수 있다 5瓊華 옥을 꽃 모양으로 장식한 것 6瑩 榮과 통용, 꽃

결혼은 사랑의 보금자리를 찾아가는 것이다. 그래서 시집가는 사람의 가슴은 행복으로 가득 차 있다. 그리고 시집가는 첫날 맞이주었던 신랑의 모습은 여인을 설레게 하고도 남음이 있다. 멋있는 모습에다 멋진 옷까지 입고 귀를 덮는 장식까지 하고 있다. 그리고 지극 정성으로 여인을 맞아주었다. 여인은 그것을 행복의 시작으로 생각했다.

그러나 시집살이가 행복한 것만은 아니었다. 고생도 많았다. 고생을 하며 조금씩 늙어갔다. 이제 늙은 몸이 된 여인은 인생을 달관하게 되었다. 그러나 처음 시집올 때 울렁거리던 그 순간은 영원히 잊을 수 없다. 그래서 여인은 조용히 노래 부른다. 문간에서 나를 기다렸었지.

동녘의 태양 東方之日(동방지일)

동녘에 떠오르는 태양 같구나	東方之日兮(동방지일혜)
저 훤하고 아름다운 사람	彼姝者子(피주자자)[1]
지금 내 방에 와 있네	在我室兮(재아실혜)
지금 내 방에 와 있어	在我室兮(재아실혜)
나만 따라 다니네	履我卽兮(이아즉혜)[2,3]
동녘에 떠오르는 달과 같구나	東方之月兮(동방지월혜)
저 훤하고 아리따운 사람	彼姝者子(피주자자)
우리 집 문간에 와 있네	在我闥兮(재아달혜)[4]
우리 집 문간에 와 있어	在我闥兮(재아달혜)
나와 함께 길 떠나네	履我發兮(이아발혜)

1 姝 예쁘다 2 履 걷다 3 卽 따르다 4 闥 문

멀리서 바라볼 때 저리도 태양처럼 훤하고 아름다운 아가씨는 보기만 해도 기분이 좋아지는데, 보기만 해도 가슴이 울렁이는데, 그런데 그 아가씨가 지금 내 방에 와 있다. 이보다 더 좋을 수 있을까?

너무나 아름다운 사람, 너무나 유명한 사람과 혼인하게 된 사나이의 울렁거리는 마음을 노래한 것이다. 사나이는 너무 좋아 실감이 나지 않을 정도다. 마치 꿈만 같다.

동도 트지 않았는데　東方未明(동방미명)

동도 트지 않았는데 바지저고리 뒤바뀌네　東方未明(동방미명) 顚倒衣裳(전도의상)
허둥지둥 뒤바뀜은 임금님의 호출 때문　顚之倒之(전지도지) 自公召之(자공소지)[1,2]

동도 트지 않았는데 저고리바지 뒤바뀌네　東方未晞(동방미희) 顚倒裳衣(전도상의)[3]
허둥지둥 뒤바뀜은 임금님의 명령 때문　倒之顚之(도지전지) 自公令之(자공영지)

버들 꺾어 울 친 밭은 미치광이도 알건만　折柳樊圃(절류번포) 狂夫瞿瞿(광부구구)[4,5]
밤낮도 안 가리네 새벽 아니면 밤중이네　不能辰夜(불능신야) 不夙則莫(불숙즉모)[6]

1 自 부터 2 公 公所 임금의 처소 3 晞 동이 트다, 해가 돋다 4 樊 울타리 5 瞿瞿 조심하는 모양 6 莫 暮와 통용, 저물다

정치가 문란해져 임금이 관리들을 무질서하게 부리는 것을 풍자한 시다. 정치의 기강이 무너지면 임금이 신하를 예에 맞게 부리지 못하고 시도 때도 없이 아무렇게나 부린다. 그럴 때의 신하는 정신을 차리기 어렵다. 새벽에 호출하기도 하고 밤늦게 호출하기도 한다. 그렇게 되면 신하들은 정신을 차리지 못하고 허둥대기 일쑤다. 국민들이야 말할 것이 없다.

남산

南山(남산)

남산이 우뚝우뚝 솟아 있고
수여우가 어슬렁거리고 있네
노나라로 가는 이 큰길은
제나라 공주가 시집가던 길
한 번 시집가면 그만인 것을
어이하여 또다시 그리워하나

칡넝쿨로 삼은 신도 제짝이 있고
갓끈을 매어도 두 가닥인 걸
노나라로 가는 이 큰길은
제나라 공주가 시집가던 길
이미 시집갔으면 그만인 것을
어이해서 또다시 따라붙었나

삼밭을 가꿀 때는 어떻게 하나
가로세로 골을 파서 이랑 만들지
장가를 들려면 어떻게 하나
반드시 부모님께 여쭈어야지
부모님께 여쭙고 데려간 것을
어이해서 또다시 괴롭히는가

장작을 팰 때엔 어떻게 하나

南山崔崔(남산최최) [1]
雄狐綏綏(웅호수수) [2]
魯道有蕩(노도유탕) [3]
齊子由歸(제자유귀) [4] [5]
旣曰歸止(기왈귀지) [6] [7]
曷又懷止(갈우회지)

葛屨五兩(갈구오량) [8]
冠緌雙止(관유쌍지) [9]
魯道有蕩(노도유탕)
齊子庸止(제자용지) [10]
旣曰庸止(기왈용지)
曷又從止(갈우종지)

蓺麻如之何(예마여지하) [11]
衡從其畝(형종기묘) [12] [13]
取妻如之何(취처여지하)
必告父母(필고부모)
旣曰告止(기왈고지)
曷又鞠止(갈우국지) [14]

析薪如之何(석신여지하)

도끼가 없으면 팰 수가 없지	匪斧不克(비부불극)[15]
부인을 얻으려면 어떻게 하나	取妻如之何(취처여지하)
중매쟁이 없으면 얻을 수 없지	匪媒不得(비매부득)
중매쟁이 통해서 데려간 것을	旣曰得止(기왈득지)
어이해서 또다시 못살게 구나	曷又極止(갈우극지)[16]

1 崔崔 높은 모양 2 綏綏 서성거리는 모습, 교활한 수여우가 서성거리는 것을 襄公이 누이동생을 찾아서 서성거리는 것에 비유했다 3 蕩 평탄하고 큰 모양 4 齊子 제나라의 공주 5 歸 시집가는 것 6 曰 어조사 7 止 어조사 8 五兩 다섯을 만들어도 각각 제짝이 있다는 것 9 緌 갓끈, 얼굴 양편으로 늘어져 갓을 맬 수 있도록 된 끈 10 庸 用과 통용, 이 길을 사용하여 시집을 갔다는 것 11 蓺 심는다 12 衡 橫과 통용, 가로 13 從 세로 14 鞠 국문하다, 괴롭히다 15 克 能의 뜻 16 極 극도로 곤궁하게 하다, 극도로 괴롭히다

노나라 환공桓公의 부인은 제나라에서 시집간 문강文姜이다. 그녀는 제나라 희공僖公의 딸이며 양공襄公의 누이동생이다. 그런데 양공襄公은 시집간 누이동생인 문강文姜과 정을 통했다. 시인이 이를 풍자하여 이 시를 읊었다. 『좌전左傳』 환공桓公 18년조에 자세한 기록이 나온다.

큰 밭 甫田(보전)

큰 밭을 갈지 마오 가라지만 우거져요 無田甫田(무전보전) 維莠驕驕(유유교교)[1-4]
먼 데 사람 생각 마오 냉가슴만 앓게 돼요 無思遠人(무사원인) 勞心忉忉(노심도도)[5]

큰 밭을 갈지 마오 가라지만 돋아나요 無田甫田(무전보전) 維莠桀桀(유유걸걸)[6]
먼 데 사람 생각 마오 냉가슴만 타게 돼요 無思遠人(무사원인) 勞心怛怛(노심달달)[7]

귀엽구나 예쁘구나 총각의 묶은 머리 婉兮孌兮(완혜연혜) 總角丱兮(총각관혜)[8]
얼마 만에 다시 보니 어느덧 갓을 썼네 未幾見兮(미기견혜) 突而弁兮(돌이변혜)[9 10]

1 田 밭을 갈다 2 甫 크다 3 莠 강아지풀, 가라지 4 驕驕 풀이 무성한 모양 5 忉忉 근심하는 모양 6 桀桀 잡초가 무성한 모양 7 怛怛 근심하는 모양 8 丱 쌍 상투 9 未幾見 얼마간 보지 않았다 10 弁 고깔, 갓

아가씨가 총각을 남몰래 사랑한다. 그러나 총각은 자기를 아랑곳하지 않는다. 먼 곳에 있는 소문난 미인을 꿈꾸고 있는 듯하다. 이를 본 아가씨는 안타까운 심정을 노래로 읊었다. "먼 데 사람 생각하지 마세요. 오르지 못할 나무를 올라가면 안 돼요. 분수에 맞지 않은 너무 큰 밭을 갈다가는 밭을 다 갈지도 못하고 가라지만 무성하게 되고 말지요. 그러니 분수에 맞는 알맞은 밭을 갈아야 실속이 있답니다. 그대에게 가장 잘 어울리는 실속 있는 사람이 여기에 있잖아요." 며칠 지나서 보니 그 총각은 갓을 쓴 어엿한 신랑감이 되었다. 그런데도 아직 가까이 있는 일등 신부감을 몰라보고 있다. 안타깝기 그지없다.

사냥개 방울　　盧令(노령)

사냥개 방울 소리 딸랑거리네　　盧令令(노령령)[1,2]
그 사람 어질고 아름답구나　　其人美且仁(기인미차인)

사냥개는 옥고리 달고 달리네　　盧重環(노중환)[3]
그 사람 아름답고 늘씬하구나　　其人美且鬈(기인미차권)[4]

사냥개는 사슬고리 달고 달리네　　盧重鋂(노중매)[5]
그 사람 아름답고 씩씩하구나　　其人美且偲(기인미차시)[6]

1 盧 사냥개 2 令令 방울이 딸랑거리는 소리 3 環 옥고리, 重環은 크고 작은 옥고리를 이중으로 달고 있는 것을 말한다 4 鬈 수염이 보기 좋은 모양, 여기서는 시상을 살리기 위해 '늘씬하다'고 번역했다 5 鋂 사슬고리, 重鋂는 크고 작은 사슬고리를 이중으로 달고 있는 것을 말한다 6 偲 굳세다

아름답고 어진 남작이 사냥을 한다. 그가 데리고 간 사냥개의 목에 단 방울 소리도 딸랑딸랑 아름답게 들린다. 순수한 시인의 눈은 아름다운 사람을 아름답게 볼 수 있다. 그러나 욕심이 많은 사람은 아름다운 사람을 보아도 아름답게 보이지 않는다. 아름다운 사람을 보면 배가 아프다. 그래서 일그러져 보인다.

망가진 통발 　敝笱(폐구)

망가진 통발을 어살에 대었으니　敝笱在梁(폐구재량)[1][2]
방어와 환어가 들락거리네　其魚魴鰥(기어방환)[3]
제나라 공주가 시집을 가네　齊子歸止(제자귀지)
따르는 무리들이 구름 같구나　其從如雲(기종여운)

망가진 통발을 어살에 대었으니　敝笱在梁(폐구재량)
방어와 연어가 들락거리네　其魚魴鱮(기어방서)[4]
제나라 공주가 시집을 가네　齊子歸止(제자귀지)
따르는 무리들이 비오듯 하네　其從如雨(기종여우)

망가진 통발을 어살에 대었으니　敝笱在梁(폐구재량)
고기들이 거침없이 들락거리네　其魚唯唯(기어유유)[5]
제나라 공주가 시집을 가네　齊子歸止(제자귀지)
따르는 무리들 물같이 많네　其從如水(기종여수)

1 笱 통발 2 梁 어살 3 鰥 환어 4 鱮 연어 5 唯唯 멋대로 드나드는 모양

엉터리 통발을 대어 놓으니 고기들이 마음대로 들락거린다. 노나라로 시집간 제나라 공주 문강文姜은 노나라와 제나라를 마음대로 들락거린다. 몰래 드나들지 않고 공공연히 많은 사람들을 데리고 드나드는 모습을 야유한 시다.

수레를 몰아　載驅(재구)

수레 몰아 덜컹덜컹 달려오누나　載驅薄薄(재구박박)[1–3]
대자리 덮개에 붉은 가죽 장식하고　簟茀朱鞹(점불주곽)[4–6]
노나라 가는 길은 탄탄대로　魯道有蕩(노도유탕)
제나라 공주는 밤에 떠나네　齊子發夕(제자발석)

네 마리 검은 말이 끌고 오는데　四驪濟濟(사려제제)[7,8]
늘어진 고삐가 치렁거리네　垂轡濔濔(수비니니)[9]
노나라 가는 길은 탄탄대로　魯道有蕩(노도유탕)
제나라 공주는 즐거운지고　齊子豈弟(제자개제)[10]

문수의 물결이 넘실거리고　汶水湯湯(문수상상)[11]
길 가는 행인들이 많기도 하네　行人彭彭(행인방방)[12]
노나라 가는 길은 탄탄대로　魯道有蕩(노도유탕)
제나라 공주는 늠름하구나　齊子翶翔(제자고상)[13]

문수의 물결이 출렁거리고　汶水滔滔(문수도도)[14]
길 가는 행인들 바글거리네　行人儦儦(행인표표)[15]
노나라 가는 길은 탄탄대로　魯道有蕩(노도유탕)
제나라 공주가 유람을 하네　齊子遊敖(제자유오)

1 載 발어사 2 驅 말을 달리다, 말을 몰다 3 薄薄 수레가 덜커덩거리는 소리 4 簟 대자리 5 茀 수레의 가리개 6 鞹 날가죽, 朱鞹은 붉은 가죽으로 만든 수레 장식 7 驪 검은 말 8 濟濟 아름다운 모양 9 濔濔 치렁치렁 늘어진 모양 10 豈弟 愷悌와 통용, 즐거워하는 모양 11 湯湯 넘실거리는 모양 12 彭彭 많은 모양, 벅적거리는 모양 13 翱翔 노닐다 14 滔滔 출렁거리다 15 儦儦 많은 모양

노나라 환공桓公에게 시집간 제나라의 공주 문강文姜이 친오빠인 제나라의 임금 양공襄公과 밀회하기 위해서 달려오는 모습을 풍자한 노래다. 밀회하러 가면서도 혼자 조용히 가지 않고 많은 종자를 데리고 가는 모습을 반어적으로 풍자했다.

아아 멋지구나 猗嗟(의차)

아아 멋지구나 키가 커서 훤칠도 하네 猗嗟昌兮(의차창혜) 頎而長兮(기이장혜) 1–3
위아래로 겨냥하네 맑은 눈에 넓은 이마 抑若揚兮(억약양혜) 美目揚兮(미목양혜) 4 5
사뿐히 다가가네 쏠 때마다 명중하네 巧趨蹌兮(교추창혜) 射則臧兮(사즉장혜) 6 7

아아 훌륭해라 예쁜 눈매 맑고 고와라 猗嗟名兮(의차명혜) 美目清兮(미목청혜)
몸가짐도 의젓하네 종일 활을 쏘았어도 儀既成兮(의기성혜) 終日射侯(종일사후) 8
정곡을 다 맞췄네 자랑스런 우리 생질 不出正兮(불출정혜) 展我甥兮(전아생혜) 9 10

아아 아름다운 맑은 눈매 넓은 이마여 猗嗟孌兮(의차연혜) 清揚婉兮(청양완혜) 11
춤을 추면 가락 맞고 활을 쏘면 과녁 뚫어 舞則選兮(무즉선혜) 射則貫兮(사즉관혜) 12
네 화살이 적중하네 어려운 일 다 막겠네 四矢反兮(사시반혜) 以禦亂兮(이어란혜) 13

1 猗嗟 아아 2 昌 멋지다, 뛰어나다 3 頎 키가 훤칠하게 크다 4 抑 화살의 방향을 아래로 낮추다 5 揚 화살의 방향을 위로 올리다 6 趨 종종걸음으로 나아가다 7 蹌 종종걸음으로 나아가는 모양 8 侯 과녁 9 展 정말 10 甥 생질, 시집간 누이의 아들, 莊公은 襄公의 생질이다 11 孌 예쁘다 12 選 가지런하다, 가락에 맞게 가지런하게 춤을 추는 모습 13 反 같은 장소에 반복해서 명중하다

이 시는 환공桓公과 문강文姜의 아들인 노나라 장공莊公의 씩씩한 위용을 제나라 사람들이 노래한 것이다. 제나라 사람들은 문강文姜이 음란하여 걱정이 많았다. 자기 나라의 공주가 시집을 가서 문제를 일으킨다면 그 시집 사람들에게 미안한 것은 당연한 일일 것이다. 그런데 그 아들 장공의 훌륭한 모습을 보니 반가운 마음이 들었다. 문강의 잘못을 다 막아줄 수 있으리라 기대를 한다.

위풍魏風

위魏나라는 주초周初에 시작된 듯하나 처음에 누구를 봉했고, 어떻게 대가 이어졌는지 알려져 있지 않다. 그 영토는 지금의 산서성山西省 서남쪽에 해당하는 것으로 여겨진다. 노나라 민공閔公 2년(주혜왕周惠王 17년)에 晉나라 헌공獻公이 위나라를 정복하고 대부 필만畢萬의 채읍采邑으로 삼았다. 그 뒤 필만畢萬의 후손이 한韓나라·조趙나라·진晉나라를 쪼개어 나라를 세우고 위魏나라라 하였는데, 이 위魏나라는 전국 시대 칠웅七雄 중의 하나인 위魏나라로, 여기서 말하는 위魏나라는 아니다.

칡넝쿨로 삼은 신 葛屨(갈구)

엉성한 넝쿨 신도 서리를 잘도 밟고 糾糾葛屨(규규갈구) 可以履霜(가이이상) 1 2
가냘픈 처녀 손도 바지를 잘도 기워 摻摻女手(섬섬여수) 可以縫裳(가이봉상) 3
허리 대고 동정 달면 그분의 옷이 되지 要之襋之(요지극지) 好人服之(호인복지) 4 5

그분은 점잖아요 공손하고 겸손하셔 好人提提(호인제제) 宛然左辟(완연좌피) 6–8
상아 족집게 차신 모습 근사도 하지 佩其象揥(패기상체) 9
목석 같은 그 마음이 내 가슴을 도려내네 維是褊心(유시편심) 是以爲刺(시이위자) 10 11

1 糾糾 엉성하게 얽어놓은 모양 2 葛 칡. 여기서는 칡넝쿨이므로 '넝쿨'로 번역했다 3 摻摻 纖纖과 같은 말 여리고 고운 모양 4 要 褄와 통용. 바지허리 5 襋 옷깃. 동정 6 提提 점잖은 모양 7 宛然 겸손하여 구부정하게 있는 모습 8 左辟 辟는 避와 통용. 左辟은 왼쪽으로 피한다. 왼쪽은 아랫사람이 있고 오른쪽은 윗사람이 있는 위치이므로 왼쪽으로 피하는 것은 공손한 사람의 모습이다. 9 揥 빗치개, 족집게 10 褊 좁다, 편협하다 11 刺 찌르다

아가씨가 도령을 흠모한다. 칡넝쿨로 만든 엉성한 신으로도 서리를 밟을 수 있듯이 가냘픈 아가씨의 손으로도 바지를 만들 수가 있고, 허리를 대고 동정을 달면 도령이 입을 수 있는 옷이 될 수도 있다. 아가씨는 도령의 짝이 될 수도 있다고 생각한다. 그러나 아가씨는 사랑한다고 말하지 않는다. 짝사랑은 존경심에서 우러나온다. 그래서 사랑의 감정은 바지를 기워드리고 싶은 마음으로 표현된다. 그런데 그 도령은 이런 아가씨의 마음을 전혀 몰라준다. 오직 교과서적으로만 살아간다. 점잖고 겸손하고 공손하며 허리에 찬 족집게도 어울릴 정도로 멋지다. 나무랄 데 하나 없는 그분이지만, 오직 하나 섭섭한 것은 아가씨의 마음을 몰라주는 목석 같은 그 마음, 오직 그 마음이 아가씨의 가슴을 도려내듯 아프게 한다.

짝사랑은 혼자서 애태우는 사랑이다. 아무리 넓은 마음을 가진 사람이라도 그를 짝사랑하는 마음을 몰라주는 면으로 보면 좁은 마음의 소유자일 수밖에 없다. 말 못하고 속을 태우는 아가씨는 그것을 좁은 마음으로 표현했다.

분수의 물가에서 汾沮洳(분저여)

분수의 물가에서 푸성귀를 뜯고 있는	彼汾沮洳(피분저여) 言采其莫(언채기모)[1-6]
저기 저 아가씨는 아름답기 한량없네	彼其之子(피기지자) 美無度(미무도)[7 8]
아름답기 한없지만 대장부 길 앞에 있네	美無度(미무도) 殊異乎公路(수이호공로)[9 10]
분수의 구비에서 뽕잎을 따고 있는	彼汾一方(피분일방) 言采其桑(언채기상)[11]
저기 저 아가씨는 꽃같이 아름다워	彼其之子(피기지자) 美如英(미여영)
꽃같이 예쁘지만 대장부 갈 길 바빠	美如英(미여영) 殊異乎公行(수이호공행)
분수의 모퉁이서 쇠귀나물 뜯고 있는	彼汾一曲(피분일곡) 言采其藚(언채기속)[12 13]
저기 저 아가씨는 구슬같이 아름다워	彼其之子(피기지자) 美如玉(미여옥)
구슬같이 예쁘지만 대장부가 어찌하리	美如玉(미여옥) 殊異乎公族(수이호공족)

1 汾 강 이름, 분수 2 沮 물이 질펀하다 3 洳 물에 젖다 4 言 어조사 5 其 어조사 6 莫 푸성귀, 구체적인 이름은 알 수 없다. 7 之子 아가씨 8 度 도량, 한량 9 殊異 다르다 10 公路 대장부가 가야 할 떳떳한 길, 여기서는 예쁜 아가씨와 연애를 하는 것은 대장부가 가야 하는 길과 다르다는 것을 말한다. 그래서 속을 태우고 있다. 11 一方 한 구비 12 曲 모퉁이 13 藚 택사, 쇠귀나물

물가에서 아가씨가 나물을 뜯고 있다. 그 아가씨를 바라보는 도령의 가슴은 울렁거린다. 그러나 도령은 서당에 공부하러 가야 하는 몸, 따라서 마음만 울렁거릴 뿐 어찌하지 못하는 안타까움을 시로 읊으며 마음을 달래본다.

「모시서毛詩序」에서는 검소한 것을 풍자한 시로 보았다. 위나라 대부들이 검소하고 아름답지만 대부들의 행동에 어울리지 않는다는 것을 꾸짖은 것이라고 했다.

동산의 복숭아

동산의 복숭아는 따먹기나 하련만
마음에 맺힌 시름 노래로나 불러보자
날 모르는 사람들은 남자는 다 그렇대
그 사람들 말이 맞나봐
당신은 나를 보고 '왜 그래?'라고만 해
마음에 맺힌 시름 그 누가 알아주랴
아무도 몰라주네 차라리 생각 말자

동산의 대추나무 그 열매는 따먹지요
마음에 서린 시름 나들이로 풀어보자
날 모르는 사람들은 남자는 목석이래
그 사람들 말이 맞나봐
당신은 날더러 '왜 그래?'라고만 해
마음에 서린 시름 그 누가 알아주나
아무도 몰라주니 차라리 생각 말자

원 유 도
園有桃

원 유 도 기 실 지 효
園有桃 其實之殽[1]
심 지 우 의 아 가 차 요
心之憂矣 我歌且謠
불 아 지 자 위 아 사 야 교
不我知者 謂我士也驕[2]
피 인 시 재
彼人是哉
자 왈 하 기
子曰何其[3]
심 지 우 의 기 수 지 지
心之憂矣 其誰知之
기 수 지 지 개 역 물 사
其誰知之 蓋亦勿思[4]

원 유 극 기 실 지 식
園有棘 其實之食[5]
심 지 우 의 요 이 행 국
心之憂矣 聊以行國[6][7]
불 아 지 자 위 아 사 야 망 극
不我知者 謂我士也罔極[8]
피 인 시 재
彼人是哉
자 왈 하 기
子曰何其
심 지 우 의 기 수 지 지
心之憂矣 其誰知之
기 수 지 지 개 역 물 사
其誰知之 蓋亦勿思

1 殽 肴와 통용, 안주, 먹는다 2 驕 교만하다, 남자는 교만해서 여자의 섬세한 마음을 알아주지 않는다는 말이다 3 其 어조사 4 蓋 발어사 5 棘 대추나무 비슷한 야생 관목으로, 대추보다 작은 열매가 열리는 나무. 여기서는 '대추나무'로 번역했다 6 聊 원하는 것 7 行國 나라 안을 돌아다니는 것, 서울 안을 돌아다니는 것, 나들이 8 罔極 끝이 없다, 무한하다, 여인의 마음을 알아주지 않는 목석 같은 마음이 무한하다

아가씨가 한 남자를 짝사랑한다. 복숭아는 따먹을 수 있지만, 남자의 마음은 어쩔 수가 없다. 아픈 마음을 달래느라 유행가도 불러보고 길을 헤매고 돌아다니기도 한다. 내 마음을 이해하지 못하는 친구들은 남자는 다 그런 거라고 쉽게 말하고 말지만 그러나 한 번 품은 사랑의 마음은 그리 간단하지 않다. 아무리 그에게 아픈 마음을 보여도 그는 끄떡도 하지 않는다. 친구들 말이 맞나 보다. 그 사람은 나의 사랑하는 마음을 아랑곳하지 않는다. 나의 마음과 행동을 이해하지 못하고 그저 나에게 '왜 그래?'라고만 한다. 야속하기만 하다. 이 내 마음을 아무도 몰라주니 차라리 '생각을 말아야지, 생각을 말아야지'하면서도 잊지 못하고 안타까워하는 것이 아가씨의 마음이다.

사랑을 하는 사람은 님 앞에 서면 위축되고 작아지기 마련이다. 함부로 사랑을 표현할 수 없다. 함부로 표현할 수 있으면 그것은 이미 순수한 사랑이 아니다.

산봉우리 올라가서　　陟岵(척호)

산봉우리 올라가서 바라봅니다 아버님	陟彼岵兮 瞻望父兮(척피호혜 첨망부혜) [1,2]
아버님께서는 말씀하셨죠	父曰(부왈)
아아 내 아들 전장 가거들랑	嗟予子行役(차여자행역) [3]
밤낮으로 쉬지 말고 몸조심해서	夙夜無已 上愼旃哉(숙야무이 상신전재) [4,5]
전쟁이 끝나거든 어서 돌아오너라	猶來無止(유래무지)
민둥산에 올라가서 바라봅니다 어머님	陟彼屺兮 瞻望母兮(척피기혜 첨망모혜) [6]
어머님께서는 말씀하셨죠	母曰(모왈)
아아 우리 막내 전장 가거들랑	嗟予季行役(차여계행역) [7]
밤낮으로 쉬지 말고 몸조심해서	夙夜無寐 上愼旃哉(숙야무매 상신전재)
우리를 잊지 말고 어서 돌아오너라	猶來無棄(유래무기) [8]
언덕 위에 올라가서 바라봅니다 형님	陟彼岡兮 瞻望兄兮(척피강혜 첨망형혜) [9]
형님께서는 말씀하셨죠	兄曰(형왈)
아아 내 동생 전장 가거들랑	嗟予弟行役(차여제행역)
밤낮으로 남과 함께 몸조심해서	夙夜必偕 上愼旃哉(숙야필해 상신전재) [10]
죽지 말고 반드시 돌아오너라	猶來無死(유래무사)

1陟 올라가다 2岵 산 3役 전장 4上 尙과 통용, 부디. 바라건대, 旃 之焉의 소리가 합친 것, 여기서는 之의 뜻 5無止 머물지 말라, 우물쭈물하지 말라 6屺 민둥산 7季 막내 8棄 기대를 저버리는 것 9岡 산등성이, 언덕 10偕 여럿이 함께

고향에 돌아가고 싶은 생각이 간절한데 전쟁은 끝날 것 같지 않다. 부모님은 어떡하고 계시는지, 형제는 잘 있는지 궁금하기 그지없다. 어서 빨리 돌아가야 할 텐데… 그리운 마음을 노래로 달래본다.

초가삼간 十畝之間(십묘지간)

초가삼간 그리운 고향 땅이여　十畝之間兮(십묘지간혜)[1]
뽕잎 따는 한가로운 풍경 있으니　桑者閑閑兮(상자한한혜)
돌아가고 싶어라 그대와 함께　行與子還兮(행여자환혜)

칼치배미 자갈밭 고향 땅이여　十畝之外兮(십묘지외혜)[2]
뽕잎 따는 여유로운 풍경 있으니　桑者泄泄兮(상자예예혜)[3]
돌아가고 싶어라 그대와 함께　行與子逝兮(행여자서혜)

1 畝 이랑, 사방 100보 정도의 땅. 10畝는 아주 좁은 땅. 그래서 '10畝之間'을 시상을 살려서 초가삼간이라 번역했다 2 外 근처 3 泄泄 느릿느릿한 모양, 한가로운 모양

고향에는 초라한 초가삼간이 있고, 칼치배미 자갈밭 서너 마지기만 있어도 좋다. 한가하고 평화롭게 뽕을 따는 모습이 있어서 더욱 좋다. 고향으로 돌아가면 행복할 텐데… 그대와 함께라면 더욱 좋겠다.

※칼치('갈치'의 방언)처럼 길고 좁은 산비탈의 보잘것없는 논을 칼치배미라 하고, 삿갓처럼 둥글고 작은 논을 삿갓배미라 한다. 필자가 어릴 때 들었던 말이다.

박달나무 베어서

박달나무 베어서 황하 가에 쌓았네
황하의 물은 맑고 물결이 이네
농사도 안 짓거늘 삼백 전 벼 웬 말이며
사냥도 안한 터에 담비 가죽 왜 걸렸나
군자들이여 일 않고 먹으면 어떻게 하나

바퀴 할 나무 베어 황하 가에 두었네
황하의 물은 맑고 곧게 흐르네
농사도 안 짓거늘 삼백 억 벼 웬 말이며
사냥도 안 한 터에 큰 짐승 왜 걸렸나
군자들이여 일 않고 먹으면 안 돼

바퀴 할 나무 베어 황하 가에 두었네
황하의 물은 맑고 잔물결 이네
농사도 안 짓거늘 삼백 균 벼 웬 말이며
사냥도 안 한 터에 메추리가 왜 걸렸나
군자들은 이찌해서 일 않고 먹나

벌단
伐檀

감감벌단혜 치지하지간혜
坎坎伐檀兮 寘之河之干兮 [1-3]
하수청차연의
河水清且漣猗 [4,5]
불가불색 호취화삼백전혜
不稼不穡 胡取禾三百廛兮 [6-8]
불수불렵 호첨이정유현환혜
不狩不獵 胡瞻爾庭有縣貆兮 [9,10]
피군자혜 불소찬혜
彼君子兮 不素餐兮 [11]

감감벌복혜 치지하지측혜
坎坎伐輻兮 寘之河之側兮 [12]
하수청차직의
河水清且直猗
불가불색 호취화삼백억혜
不稼不穡 胡取禾三百億兮 [13]
불수불렵 호첨이정유현특혜
不狩不獵 胡瞻爾庭有縣特兮 [14]
피군자혜 불소식혜
彼君子兮 不素食兮

감감벌륜혜 치지하지순혜
坎坎伐輪兮 寘之河之漘兮 [15,16]
하수청차윤의
河水清且淪猗 [17]
불가불색 호취화삼백균혜
不稼不穡 胡取禾三百囷兮 [18]
불수불렵 호첨이정유현순혜
不狩不獵 胡瞻爾庭有縣鶉兮 [19]
피군자혜 불소손혜
彼君子兮 不素飧兮 [20]

1 坎坎 나무 찍는 소리, 쿵쿵 2 寘 置와 통용, 두다 3 干 물가 4 漣 물이 잔잔히 흐르는 모양 5 猗 어조사 6 稼 심다 7 穡 거두다 8 廛 한 남자의 경작 면적, 100畝, 300廛은 300명분의 경작지에 해당하는 땅에 대한 세금을 거두어들이는 것 9 縣 懸과 통용, 걸려 있다 10 貆 담비, 너구리 11 素餐 하는 일 없이 놀고먹는 것 12 輻 바퀴살, 여기서는 바퀴살을 만드는 나무 13 億 萬의 萬, 옛날에는 十萬을 億이라 했다 14 特 다 자란 큰 짐승 15 輪 바퀴, 여기서는 바퀴를 만드는 나무 16 漘 물가 17 淪 작은 물결 18 囷 둥근 곳집, 원형으로 된 창고 19 鶉 메추리 20 飧 飱의 속자, 저녁밥, 밥을 먹다

박달나무를 베이시 황하 기에 내려놓고 보니 황하의 맑은 물이 출렁거리고 있다. 이렇게 땀을 흘리며 살아가는 사람들의 마음은 흡족하다. 맑은 물처럼 맑은 마음으로 살아가기 때문이다. 그런데 벼슬아치들은 농사를 안 짓고 사냥을 하지 않는데도 그들 집에는 언제나 산더미 같은 곡식과 많은 짐승들이 쌓여 있다. 그들은 도무지 맑지 못하다. 이러니 나라 꼴이 제대로 될 리가 있겠는가. 일하지 않고는 먹지 않는다는 말이 있듯이 노력하지 않고 뇌물을 받아 부자가 되는 것은 잘못된 것이다.

이 시는 부정으로 많은 재산을 모은 관리들을 풍자한 것이다.

큰 쥐　　　　　　　碩鼠(석서)

쥐야 쥐야 큰 쥐야 나의 기장 먹지 마라　碩鼠碩鼠(석서석서) 無食我黍(무식아서) [1,2]
석삼년을 섬겼건만 나를 아니 돌봐주네　三歲貫女(삼세관녀) 莫我肯顧(막아긍고) [3]
이제 그대 떠나서 저 즐거운 곳에 가리　逝將去女(서장거녀) 適彼樂土(적피낙토) [4]
즐거운 땅 그곳에는 내 살 곳 있으리라　樂土樂土(낙토낙토) 爰得我所(원득아소) [5]

쥐야 쥐야 큰 쥐야 나의 보리 먹지 마라　碩鼠碩鼠(석서석서) 無食我麥(무식아맥)
석삼년을 섬겼건만 나의 공덕 무시하네　三歲貫女(삼세관녀) 莫我肯德(막아긍덕) [6]
이제 그대 떠나서 즐거운 나라 갈 테야　逝將去女(서장거녀) 適彼樂國(적피낙국)
즐거운 나라 그곳에서 내 뜻을 펼치리　樂國樂國(낙국낙국) 爰得我直(원득아직) [7]

쥐야 쥐야 큰 쥐야 나의 나락 먹지 마라　碩鼠碩鼠(석서석서) 無食我苗(무식아묘)
석삼년을 섬겼건만 나의 공로 무시하네　三歲貫女(삼세관녀) 莫我肯勞(막아긍로) [8]
이제 그대 떠나서 즐거운 시골 갈 테야　逝將去女(서장거녀) 適彼樂郊(적피낙교) [9]
즐거운 시골 그곳에서 누가 탄식하겠는가　樂郊樂郊(낙교낙교) 誰之永號(수지영호)

1 碩鼠 큰 쥐 2 黍 기장 3 貫 줄곧, 계속, 계속하다, 계속 섬기다 4 去女 너를 떠나다 5 爰 이에 6 德 덕을 베풀다 7 直 마음먹은 대로, 곧이곧대로 8 莫我肯勞 莫肯勞我의 순서가 바뀐 것이다, 나를 위로하지 않는다는 뜻이다 9 郊 교외, 변두리, 시골

들쥐 같은 관리들이 세금이라는 핑계로 있는 재산을 다 빼앗아간다. 그러나 순박한 백성들은 그래도 관리들에게 복종하며 열심히 산다. 그러나 아무리 열심히 노력해서 재산을 모아도 결국 다 빼앗기고 만다. 그리고 이러한 나의 노력을 인정해 주지도 않는다. 이제 어쩔 수가 없다. 차라리 이곳을 떠나서 다른 곳으로 이민이라도 가는 수밖에… 거기는 이처럼 심하지는 않을 테니까…

이 시는 나라가 어려울 때 이민 가는 사람의 심정을 노래한 것이다.

당풍唐風

『사기史記』「진세가晉世家」에 의하면, 주나라 무왕의 아들이며 성왕의 아우인 숙우叔虞가 당唐이란 곳에 봉해졌다. 당은 지금의 산서성山西省 태원부太原府의 진양晉陽이다. 숙우의 아들인 섭燮이 진후晉侯가 되었으므로 당唐이란 바로 진晉을 말한다. 진晉은 여러 임금을 거치면서 여러 번 천도를 했다. 헌공獻公 때에 이르러 위魏를 병합하면서 세력이 강성해졌다.

당풍唐風이란 바로 진나라에서 불린 노래 가사를 말한다.

귀뚜라미 蟋蟀(실솔)

귀뚜라미 집에 드니 이 해도 저무누나 蟋蟀在堂(실솔재당) 歲聿其莫(세율기모) 1-3
지금 한번 놀아보자 해와 달은 가고 말아 今我不樂(금아불락) 日月其除(일월기제) 4
분수없이 즐기다가 집안일 어쩔 건가 無已大康(무이태강) 職思其居(직사기거) 5-9
노는 데도 법도 있어 선비들은 조심하네 好樂無荒(호락무황) 良士瞿瞿(양사구구) 10

귀뚜라미 집에 드니 이 해도 가는구나 蟋蟀在堂(실솔재당) 歲聿其逝(세율기서)
지금 한번 놀아보자 해와 달은 덧없는 것 今我不樂(금아불락) 日月其邁(일월기매) 11
분수없이 즐기다가 뜻밖의 일 어떡하나 無已大康(무이태강) 職思其外(직사기외) 12
노는 데도 법도 있어 선비들은 몸 삼가네 好樂無荒(호락무황) 良士蹶蹶(양사궤궤) 13

귀뚜라미 집에 드니 짐수레도 쉬는구나 蟋蟀在堂(실솔재당) 役車其休(역거기휴) 14
지금 한번 놀아보자 세월은 덧없는 것 今我不樂(금아불락) 日月其慆(일월기도) 15
분수없이 즐기다가 어려운 일 어찌할까 無已大康(무이태강) 職思其憂(직사기우) 16
노는 데도 분수 있어 선비들은 무리 않네 好樂無荒(호락무황) 良士休休(양사휴휴) 17

1 蟋蟀 귀뚜라미 2 聿 마침내 3 莫 暮와 통용 4 除 간다 5 已 너무 6 大 太와 통용, 너무 7 康 즐긴다 8 職 주로 9 居 살 곳, 거처, 집안 살림살이 10 瞿 懼와 통용, 瞿瞿는 두려워하는 모양 11 邁 지나가다 12 外 뜻밖의 일 13 蹶蹶 조심하는 모양 14 役車 짐수레 15 慆 지나다 16 憂 걱정거리, 어려운 일 17 休休 무리하지 않는 모양

귀뚜라미가 울어 가을이 깊었다. 이제 추수도 끝이 나 한 해가 저물어간다. 한 해의 성취감과 한 해가 저무는 아쉬움이 교차하여 한번 즐기고 싶어지는 마음이 든다. 그래서 마음껏 한번 놀아본다.

그러나 올해가 저문다고 해서 그것이 마지막인 것은 아니다. 한 해가 저무는 것은 다시 새해가 온다는 것을 의미한다. 새해에는 또 새로운 일이 시작된다. 그래서 주역에서도 다 이루었다는 것을 의미하는 기제괘旣濟卦 다음에 아무것도 이루지 않았음을 의미하는 미제괘未濟卦가 이어지며 64괘 전체를 마감하고 있다. 다 끝났을 때 새로운 일이 일어나는 법이다. 그러므로 한 해가 저물어가는 것을 아쉬워하며 즐기는 것은 적당한 선에서 멈추는 것이 중요하다. 그리고 내일을 대비하는 것이 중요하다. 이것이 자연의 이치요, 삶의 지혜다. 이 지혜를 노래한 것이 바로 이 귀뚜라미라는 시다.

산에는 스무나무 山有樞(산유우)

산에는 스무나무 들에는 느릅나무	山有樞(산유우) 隰有楡(습유유)[1–3]
그대는 옷을 두고 입지도 않고 있네	子有衣裳(자유의상) 弗曳弗婁(불예불루)[4]
그대는 수레 두고 안 달리고 안 몰아	子有車馬(자유거마) 弗馳弗驅(불치불구)
그대가 죽고 나면 딴 사람이 좋아할걸	宛其死矣(완기사의) 他人是愉(타인시유)[5][6]
산에는 복나무 들에는 참죽나무	山有栲(산유고) 隰有杻(습유뉴)[7][8]
그대는 집을 두고 물 뿌리고 쓸지 않아	子有廷內(자유정내) 弗洒弗埽(불쇄불소)[9][10]
그대는 북과 종을 두드리지 않고 두네	子有鍾鼓(자유종고) 弗鼓弗考(불고불고)[11]
그대가 죽고 나면 딴 사람이 가질 것을	宛其死矣(완기사의) 他人是保(타인시보)
산에는 옻나무 들에는 밤나무	山有漆(산유칠) 隰有栗(습유률)
그대는 술을 두고 어찌 놀지 않는 건가	子有酒食(자유주식) 何不日鼓瑟(하불일고슬)[12]
기뻐하고 즐겨보세 가는 해를 잡아보세	且以喜樂(차이희락) 且以永日(차이영일)
그대가 죽고 나면 딴 사람 집 되고 말걸	宛其死矣(완기사의) 他人入室(타인입실)

1 樞 스무나무, 느릅나무의 일종 2 隰 진펄, 들의 늪지대 3 楡 느릅나무 4 婁 끌다 5 宛 어슴푸레하다, 여기서는 若과 같은 뜻이다, '만약' 6 愉 기쁘다 7 栲 복나무 8 杻 박달나무 9 洒 물 뿌리다 10 埽 掃의 본 글자 11 考 치다 12 鼓瑟 슬을 타는 것

산과 들에는 각종 나무가 싱그럽게 자란다. 하늘엔 두둥실 구름이 떠가고 새들은 즐겁게 노래한다. 이 세상이 그대로 낙원이다. 이 즐거운 낙원에서 풍류를 즐기며 살지 않을 수 없다.

그러나 구두쇠는 다르다. 그는 재산을 모으기 위해서 혈안이 되어 있다. 마치 마라톤 선수처럼 잠시도 쉬지 않고 달린다. 그리고 모은 재산이 아까워서 쓰지도 못하고 자꾸 더 모으기만 한다. 그리고 그 모아놓은 재산을 자기 것이라고 생각하고 흐뭇해 한다. 그러나 엄격히 말하면 자기의 재산은 자기 것이 아니다. 자기는 그 재산을 잠시 보관하고 있는 보관자에 불과하다. 자기가 소유하고 있는 책도 자기의 책이 아니고 자기의 집도 자기의 것이 아니다. 세월이 흘러 죽음을 맞이하게 되면 자기의 모든 것은 또 다른 보관자의 손으로 넘어갈 것이다.

인생은 짧다. '앗' 하는 순간에 지나가고 만다. 이 짧은 기간 동안만 보관하고 있는 것들을 아까워 쓰지도 못하고 한평생을 보내고 있는 사람들을 보면 참으로 불쌍하다. 시인은 이 사실을 깨달았다. 그래서 시인은 재산을 모으기 위해 인생을 소모하는 일은 더 이상 하지 않아야 된다고 노래한다.

출렁이는 물결 揚之水(양지수)

출렁이는 물결 속에 흰 돌이 깨끗하네 揚之水(양지수) 白石鑿鑿(백석착착) [1]
붉은 깃 흰옷 입은 그대 따라 곡옥 가네 素衣朱襮(소의주박) 從子于沃(종자우옥) [2–5]
이미 내 님 보았으니 어찌 아니 즐기리요 旣見君子(기견군자) 云何不樂(운하불락) [6]

출렁이는 물결 속에 흰 돌이 새하얗네 揚之水(양지수) 白石皓皓(백석호호) [7]
붉은 자수 흰옷 입은 그대 따라 곡에 가요 素衣朱繡(소의주수) 從子于鵠(종자우곡) [8 9]
이미 내 님 보았으니 무슨 근심 있겠는가 旣見君子(기견군자) 云何其憂(운하기우)

출렁이는 물결 속에 흰 돌이 반짝이네 揚之水(양지수) 白石粼粼(백석인린) [10]
우린 그 일 들었어도 남에게 말 못하네 我聞有命(아문유명) 不敢以告人(불감이고인) [11]

1 鑿鑿 선명한 모양 2 素衣 흰옷 3 襮 수놓은 깃 4 素衣朱襮 '흰옷에 붉게 수놓은 깃을 단 옷을 입으셨네'라는 뜻이다 5 沃 曲沃 지명, 지금의 山東省 聞喜縣에 있었다 6 云 어조사 7 晧晧 희고 깨끗한 모양 8 繡 수놓다 9 鵠 곡옥에 있는 고을 이름 10 粼粼 맑고 깨끗한 모양 11 命 天命 혁명을 일으켜 진나라의 임금이 되는 일

진晉나라 소후昭侯는 숙부인 성사成師를 곡옥曲沃에 봉했는데, 그가 곡옥曲沃 환숙桓叔이다. 환숙桓叔은 덕이 있어 날로 부강해지고 소후昭侯는 덕이 없어 날로 쇠퇴해졌다.

출렁이는 물결은 소후를, 반짝이는 하얀 돌은 환숙을 가리키는 듯하다. 출렁이는 물결 속에서 닦이고 닦인 하얀 돌은 반짝반짝 빛난다. 이를 보니 흔들리는 정치판에서 더욱 고결하게 빛나는 환숙의 인품이 생각난다. 훌륭한 정치인은 백성을 자녀처럼 사랑하고 애인처럼 사랑한다. 이런 경우 백성들은 정치하는 사람을 부모처럼 따르고 애인처럼 사모한다. 곡옥 환숙을 따르는 백성들 역시 그런 마음이 들었던 것 같다.

인품이 고결한 환숙은 흰옷에 수놓은 붉은 깃을 달고 있다. 그 모습만 보아도 한눈에 고결한 인품임을 알 수 있다. 님을 만나고 나니 모든 근심이 사라진다. 그는 세상을 구제할 구세주로 보이기 때문이다.

그러나 주의해야 할 일이 있다. 그 님이 세상을 구제하는 것은 천명天命이다. 천명을 받아 혁명을 해야 한다. 이 기쁜 일은 그러나 미리 발설하면 안 된다. 미리 발설하면 혁명이 실패할 수도 있다. 백성들은 이 사실까지도 염려하여 스스로 다짐한다. 시인은 이러한 심정을 표현했다.

산초나무 椒聊

산초나무 열매를 한 되 가득 땄어요
우리 님은 덕이 커서 비길 데 없네
멀리까지 가지 뻗는 산초나무여

椒聊之實 蕃衍盈升[1-3]
彼其之子 碩大無朋[4 5]
椒聊且 遠條且[6]

산초나무 열매를 한 줌 가득 땄어요
우리 님은 덕이 크고 독실하시네
멀리까지 가지 뻗는 산초나무여

椒聊之實 蕃衍盈匊[7]
彼其之子 碩大且篤
椒聊且 遠條且

1 椒 후추, 산초 2 聊 어조사 3 蕃 많다, 번성하다 蕃衍 열매가 주렁주렁 맺힌 모양
4 彼其 어조사 5 朋 벗, 여기서는 짝으로 보고, 無朋을 짝이 없다는 뜻으로 해석했다
6 且 어조사 7 匊 掬과 통용, 움큼, 줌

산초나무는 향기로운 열매를 맺는다. 그 열매는 주렁주렁 탐스럽다. 그 향기로운 열매를 한 되나 따고 보니 덕이 크고 독실한 님 생각이 난다. 멀리까지 가지를 뻗고 있는 산초나무를 보니 더욱 신이 난다. 덕이 커서 그 영향력이 자꾸 커져가는 님의 모습 같아 보인다. 이 마음을 시인은 노래했다.

「모시서毛詩序」에서는 이 시도 역시 곡옥 환숙을 두고 부른 것이라 한다.

땔나무를 묶어서

주무
綢繆

땔나무를 묶고 나니 삼성이 반짝이네
이 무슨 밤이기에 이 좋은 분 만났을까
아야 어찌하리 이 좋은 분 어찌하리

주무속신 삼성재천
綢繆束薪 三星在天[1-4]
금석하석 견차양인
今夕何夕 見此良人
자혜자혜 여차양인하
子兮子兮 如此良人何[5]

꼴단을 묶고 나니 삼성이 반짝이네
이 무슨 밤이기에 이런 만남 다 있을까
아야 어찌하리 이 만남을 어찌하리

주무속추 삼성재우
綢繆束芻 三星在隅[6,7]
금석하석 견차해후
今夕何夕 見此邂逅
자혜자혜 여차해후하
子兮子兮 如此邂逅何

사리 다발 묶고 나니 삼성이 반짝이네
이 무슨 밤이기에 이 고운 님 만났을까
아야 어찌하리 이 고운 님 어찌하리

주무속초 삼성재호
綢繆束楚 三星在戶[8,9]
금석하석 견차찬자
今夕何夕 見此粲者[10]
자혜자혜 여차찬자하
子兮子兮 如此粲者何

1 綢 얽다, 맺다, 묶다 2 繆 묶다, 얽다 3 薪 땔나무 4 三星 參星이라는 설도 있고(毛詩), 心星이란 설도 있다(鄭箋) 5 子 咨의 가차, 어찌하리 6 芻 꼴 7 隅 하늘의 동남쪽 모퉁이 8 楚 싸리나무 9 在戶 여기서는 문 위쪽의 하늘을 가리킨다 10 粲 선명하다, 깨끗하다, 粲者는 고운 사람

낮에 땔나무 단을 묶어야 하는데 이미 늦었다. 20세 전후에 님을 만났어야 했는데, 이미 결혼도 했고 가정도 꾸몄다. 그런데 뒤늦게 또 이렇게 좋은 분을 만나다니, 이 무슨 운명인가. 이 설레는 마음은 또 어떻게 해야 하나.

이혼을 한 뒤에 다시 재혼을 하면 된다고 간단히 생각하는 마음으로는 시가 나오지 않는다. 이혼을 할 수는 없다. 그런데 이렇게 좋은 사람을 만났으니 어떻게 해야 할까. 어쩔 줄을 몰라서 괴로워하는 마음에서는 시가 나온다.

예진 아씨를 만난 허준의 심정일까? 허준을 만난 예진 아씨의 심정일까?

아가위나무　　杕杜(체두)

아가위나무 한 그루에 푸른 잎 우거졌네　有杕之杜 其葉湑湑(유체지두 기엽서서)[1-3]
외톨이로 떠도는 몸 타인이야 없으련만　獨行踽踽 豈無他人(독행우우 기무타인)[4]
어떻게 내 형제에 비길 수 있나　不如我同父(불여아동부)[5]
길 가는 사람들은 어찌 나를 몰라주나　嗟行之人 胡不比焉(차행지인 호불비언)[6 7]
형제도 없는 나를 어찌 아니 도와주나　人無兄弟 胡不佽焉(인무형제 호불차언)[8 9]

아가위나무 한 그루에 잎새들이 무성하네　有杕之杜 其葉菁菁(유체지두 기엽청청)[10]
홀로 걷는 외톨이 몸 남이야 없으련만　獨行睘睘 豈無他人(독행경경 기무타인)[11]
어떻게 내 형제와 같을 수 있나　不如我同姓(불여아동성)[12]
길 가는 사람들은 어찌 나를 몰라주나　嗟行之人 胡不比焉(차행지인 호불비언)
형제도 없는 나를 어찌 아니 도와주나　人無兄弟 胡不佽焉(인무형제 호불차언)

1 杕 우뚝하다 2 杜 아가위 3 湑湑 무성한 모양 4 踽踽 외로운 모양 5 同父 아버지를 함께 한 형제 6 嗟 탄식하다 7 比 친하다 8 人 여기서는 '자기'를 지칭한다 9 佽 돕다 10 菁菁 무성한 모양 11 睘睘 의지할 곳 없는 외로운 모양 12 同姓 성이 같은 일가, 여기서는 주로 형제를 말함

아가위나무는 한 그루만 외롭게 서 있어도 잎새가 무성하여 잘도 살아가건만 형제 없는 이 내 몸은 외롭고 쓸쓸하여 제대로 살아가지 못한다. 형제를 그리워하는 시다. 형제 없는 외로움을 달래는 시다.

염소 가죽 갖옷 　羔裘(고구)

염소 가죽 갖옷에 표범 가죽 소매했네	羔裘豹袪(고구표거)[1]
남몰래 나 혼자서 속을 태우네	自我人居居(자아인거거)[2–4]
어찌 다른 사람인들 없겠나마는	豈無他人(기무타인)
그대와 가졌던 옛정 때문에	維子之故(유자지고)[5]

염소 가죽 갖옷에 표범 가죽 소매했네	羔裘豹褎(고구표유)[6]
남몰래 나 혼자서 가슴 저미네	自我人究究(자아인구구)[7]
어찌 다른 사람인들 없겠나마는	豈無他人(기무타인)
그대에게 남아 있는 미련 때문에	維子之好(유자지호)

1 袪 소매 2 自 스스로, 자기 혼자서 3 我人 나, 나 같은 사람 4 居居 축 처져서 속을 태우고 있는 모양 5 故 옛정 6 褎 소매 7 究究 몹시 속을 태우는 모양, 처량한 모습

님은 늠름한 복장을 하고 있다. 보기만 해도 늠름하다. 그러나 그 님은 세상을 위해 큰일을 하는 분이다. 내가 짝사랑을 해보지만 내 마음을 받아줄 틈이 없다.

그러나 나의 짝사랑은 멈추지 않는다. 사랑을 해도 아무리 짝사랑을 해도 그는 아랑곳하지 않는다. 그래서 님이 야속하다. 그렇다면 굳이 그런 사람에게 미련을 둘 필요가 없다. 이 세상에는 사람이 얼마든지 많다. 다른 사람을 찾으면 될 것이다. 그러나 그것은 생각뿐 감정이 그렇게 움직여지지 않는다. 사람의 사랑하는 감정은 뜻대로 되지 않는다. 그래서 그 사람이 더욱 얄밉다. 어쩔 수가 없는 것이 정인가 보다.

『모시毛詩』나 『정전鄭箋』 등에서는 이 시를 사람들이 그들에게 폭정을 가하는 경이나 대부들을 원망하는 것으로 보았다. 그래서 '자아인거거自我人居居'에서 '자自'를 '용用'과 같은 뜻으로, '아인我人'을 '우리 같은 백성'으로 보며, '거거居居'를 악독하게 괴롭히는 모양으로 보아, "우리들로 하여금 괴로움을 당하게 한다"로 번역했으나, 억지 해석인 듯하다.

너새는 날지만

鴇羽(보우)

푸덕푸덕 너새 날아 참나무에 모여드네　肅肅鴇羽(숙숙보우) 集于苞栩(집우포허)[1-4]
나랏일이 너무 바빠 기장도 심지 못해　王事靡盬(왕사미고) 不能蓺稷黍(불능예직서)[5-7]
부모님은 누굴 믿고 살아가실까　父母何怙(부모하호)[8]
하늘이여 저 아득한 하늘이시여　悠悠蒼天(유유창천)
언제나 제자리로 돌아갈까요　曷其有所(갈기유소)

푸덕푸덕 너새 날아 대추남게 모여드네　肅肅鴇翼(숙숙보익) 集于苞棘(집우포극)[9]
나랏일이 너무 바빠 기장도 못 심으니　王事靡盬(왕사미고) 不能蓺黍稷(불능예서직)
부모님은 무엇을 먹고 사실까　父母何食(부모하식)
하늘이여 저 아득한 하늘이시여　悠悠蒼天(유유창천)
언제라야 이 혼란 끝이 날까요　曷其有極(갈기유극)

푸덕푸덕 너새 날아 뽕나무에 모여드네　肅肅鴇行(숙숙보항) 集于苞桑(집우포상)
나랏일이 너무 바빠 벼 수수 못 심으니　王事靡盬(왕사미고) 不能蓺稻粱(불능예도량)
부모님은 무엇을 맛보시나요　父母何嘗(부모하상)
하늘이여 저 아득한 하늘이시여　悠悠蒼天(유유창천)
언제리시 이 나라 안정될까요　曷其有常(갈기유상)[10]

1 肅肅 날개 치는 모양, 푸덕푸덕 2 鴇 너새 3 苞 떨기 4 栩 상수리나무. 도토리나무, 여기서는 음절을 생각해서 '참나무'로 번역했다 5 盬 그치다 6 稷 기장, 차기장 7 黍 기장, 메기장 8 怙 믿다 9 棘 대추나무, '대추나무에'를 네 음절로 하기 위해 '대추남게'로 번역했다 10 常 정상

새들은 나무에 모여 앉는다. 새들도 제자리에 모여서 살아가건만 사람이 되어서 어찌해서 제 집에서 지내지 못하고 전쟁터에서 지내야 하나요? 사람이 새보다 나은 것이 어디 있나요? 언제 새처럼 제 보금자리로 돌아갈 날 있을까요? 고향에 가서 부모님도 모시고 농사도 지어야 하는데, 그렇게 하지 못하고 전쟁터에 나와 지내는 자신의 신세를 한탄해본다.

그대의 옷차림　無衣(무의)

어이 옷 일곱 벌 없으랴마는　豈曰無衣七兮(기왈무의칠혜)
그대의 옷처럼 좋지가 않아　不如子之衣(불여자지의)
편안하고도 훌륭하네요　安且吉兮(안차길혜)

어찌 옷 여섯 벌 없으랴마는　豈曰無衣六兮(기왈무의육혜)
그대의 옷처럼 곱지가 않아　不如子之衣(불여자지의)
편안하고도 따스하네요　安且燠兮(안차욱혜)[1]

1 燠 따스하다

님이 좋으면 님의 옷도 좋게 보이는 법이다. 님이 걸치고 있는 옷은 아름답다. 반대로 아무리 비싼 옷이라도 미운 사람이 입고 있으면 아름답지 않다.

나에게도 옷이 여러 벌 있다. 꽤 비싼 옷들이다. 그러나 나의 옷을 아무리 잘 입어도 님이 입고 있는 옷보다 근사하지 않다. 그것은 아마도 나의 인품이 님의 인품을 따라가지 못하기 때문일 것이다.

그러므로 참으로 좋은 옷을 입는 것은 매력 있는 사람이 된 뒤의 일이다.

「모시서毛詩序」에서는 이 시를 무공武公이 진晉나라를 합병했을 때 그의 대부大夫가 그것을 인준받기를 청하면서 천자에게 바친 노래라 한다. 또 『모전毛傳』에서는 칠七을 칠명七命이라 하여 천자의 명에 의해 입게 되는 후백侯伯의 옷이라 하고, 육六을 육명六命이라 하여 천자의 경卿이 입는 옷이라 했다.

우뚝한 아가위 　有杕之杜 (유체지두)

번역	원문	독음
아가위나무 한 그루가 길가에 있네	有杕之杜 生于道左[1]	유체지두 생우도좌
저기 저 멋쟁이 나에게 와요	彼君子兮 噬肯適我[2][3]	피군자혜 서긍적아
진심으로 좋아하니 함께 밥을 먹어요	中心好之 曷飮食之[4]	중심호지 갈음식지
아가위나무 한 그루가 길옆에 있네	有杕之杜 生于道周[5]	유체지두 생우도주
저기 저 멋쟁이 나에게 놀러 와요	彼君子兮 噬肯來遊	피군자혜 서긍내유
진심으로 좋아하니 함께 식사를 해요	中心好之 曷飮食之	중심호지 갈음식지

1 杕 우뚝함 2 噬 미치다, 이르다, 여기서는 어조사로 쓰였다 3 肯 하고자 하는 의지를 갖는 것을 말한다 4 曷 어떻게 5 周 두루, 여기서는 曲의 뜻으로 길모퉁이, 길가

우뚝한 나무가 길에 서 있다. 사람들이 그 나무 그늘에서 쉴 수 있는 그런 나무다. 나는 바로 이 나무와 같이 내 님을 쉬게 해드리고 싶다.

사랑은, 진정한 사랑은 상대를 소유하고 싶은 마음이 아니다. 나에게 와서 나를 안아주고 나를 행복하게 해달라고 요구하는 그런 마음이 아니다. 상대에게 헌신하고 싶은 마음이다. 상대를 보호하고 싶은 마음이다.

그래서 시인은 님에게 밥이라도 대접하고 싶다고 노래한다.

칡들은 자라서　葛生(갈생)

칡들은 자라서 싸리나무 뒤덮고　葛生蒙楚(갈생몽초)[1][2]
거지풀은 뻗어서 들판을 뒤덮네　蘞蔓于野(염만우야)[3]
아름다운 나의 님이 여기 아니 계시오니　予美亡此(여미망차)[4]
외로운 이곳에서 뉘와 함께 지내볼까　誰與獨處(수여독처)

칡들은 자라서 대추나무 뒤덮고　葛生蒙棘(갈생몽극)
거지풀은 우거져 무덤 위를 덮었네　蘞蔓于域(염만우역)[5]
아름다운 나의 님이 여기에 안 계시니　予美亡此(여미망차)
외로운 긴긴 밤을 뉘와 함께 보내볼까　誰與獨息(수여독식)[6]

소뿔로 만든 베개 아름답게 반짝이고　角枕粲兮(각침찬혜)[7]
비단으로 꾸민 이불 찬란하게 빛이 나네　錦衾爛兮(금금난혜)[8]
아름다운 나의 님이 여기에 안 계시니　予美亡此(여미망차)
외로운 새 아침을 뉘와 함께 맞아볼까　誰與獨旦(수여독단)

긴긴 여름날을 길고 긴 겨울밤을　夏之日 冬之夜(하지일 동지야)
기다리다 죽은 뒤에 그이 집에 돌아가리　百歲之後 歸于其居(백세지후 귀우기거)[9]
긴긴 겨울밤을 길고 긴 여름날을　冬之夜 夏之日(동지야 하지일)
지쳐서 죽은 뒤에 그이 방에 돌아가리　百歲之後 歸于其室(백세지후 귀우기실)

1 蒙 덮다 2 楚 싸리 3 蘞 거지 덩굴 4 亡 無와 같은 뜻. 亡此는 여기에 없다는 뜻이다 5 域 무덤 6 息 쉬다, 지내다 7 粲 선명하고 예쁘다 8 爛 찬란하다 9 百歲 죽음을 말한다. 따라서 百歲之後는 죽은 뒤를 말한다

님은 떠났다. 아주 저 세상으로 떠났다. 칡넝쿨이나 거지풀은 혼자서 살아가지 못한다. 다른 것에 기대어서 살아간다. 마찬가지로 여인은 남편의 품에서 살게 마련이다. 그런데 님이 떠나고 없으니 그 슬픔을 감당할 수가 없다.

님과 함께 쓰던 베개나 이불은 혼자서 바라보니 더욱 찬란하다. 그럴수록 혼자서 지내야 하는 신세가 더욱 처량하다.

그래서 시인은 노래한다. 길고 긴 여름날을, 길고 긴 겨울밤을 견디고 견딘 뒤에 목숨이 다하거든 그때 가서야 님 계신 곳에 달려갈 수 있는 것인가. 님 계신 곳, 님 계신 방은 무덤을 지칭하는 것으로 보인다.

감초 采苓(채령)

감초 캤네 감초 캤네 수양산 마루에서 　 采苓采苓(채령채령) 首陽之巓(수양지전) 1 2
남들이 하는 말을 다 믿으면 안 된다오 　 人之爲言(인지위언) 苟亦無信(구역무신)
뿌리치고 뿌리쳐서 옳게 아니 여기시면 　 舍旃舍旃(사전사전) 苟亦無然(구역무연) 3 4
남들이 말을 해도 어찌하지 못하겠지 　 人之爲言(인지위언) 胡得焉(호득언)

씀바귀를 캐어 왔네 수양산 아래에서 　 采苦采苦(채고채고) 首陽之下(수양지하)
남들이 하는 말을 받아주면 안 된다오 　 人之爲言(인지위언) 苟亦無與(구역무여) 5
뿌리치고 뿌리쳐서 안 그렇게 여긴다면 　 舍旃舍旃(사전사전) 苟亦無然(구역무연)
남들이 말을 해도 어이하지 못하겠지 　 人之爲言(인지위언) 胡得焉(호득언)

순무 캤네 순무 캤네 수양산 동녘에서 　 采葑采葑(채봉채봉) 首陽之東(수양지동) 6
남들이 하는 말을 따르면 안 된다오 　 人之爲言(인지위언) 苟亦無從(구역무종)
뿌리치고 뿌리쳐서 안 받아들인다면 　 舍旃舍旃(사전사전) 苟亦無然(구역무연)
남들이 말을 해도 어떡하지 못하겠지 　 人之爲言(인지위언) 胡得焉(호득언)

1 苓 복령, 감초 2 巔 산꼭대기, 마루 3 舍 捨와 통용, 놓아두다, 버려두다 4 旃 之의 뜻 5 苦 씀바귀 6 葑 순무

이 세상에는 엉터리가 많다. 사이비 교주들이 설치기도 한다. 사기꾼들이 도처에서 노리고 있다. 그들은 늘 자기들이 가장 귀한 것을 가지고 있다고 한다. 늘 귀가 솔깃한 말을 한다. 나에게 귀한 것이 있는데 아무한테도 안 가르쳐주고 오직 당신에게만 비밀리에 전해준다고 유혹을 한다.

수양산 같은 귀한 곳에서 캐온 귀한 감초를 가지고 있다고 유혹한다. 수양산에서 캔 씀바귀를 가지고 있다고도 한다. 수양산에서 캔 순무를 가지고 있다고도 한다. 그러나 그것은 다 거짓말이다. 그런 것은 아무 데나 있는 흔한 것들이다. 그런 것들에 혹해서 넘어가고 말면 인생을 망친다.

이런 세상에 애인이 살고 있다면, 이런 세상에 보호해야 할 자녀가 살고 있다면, 이런 세상에 구제해야 할 중생들이 살고 있다면, 도무지 불안하다. 그래서 부탁을 한다. "제발 나를 믿으세요. 오직 나만을 믿으세요. 유혹하는 사람들을 부디 조심하세요."

진풍秦風

옛날 백익伯益이 하夏나라 우禹의 치수를 도와 공을 세워 영嬴이라는 성을 받았다. 그 후에 비자非子라는 자가 있어 주周나라 효왕孝王 때에 주周나라를 섬겼다. 이에 효왕孝王은 그를 부용附庸으로 삼고 진秦 땅을 채읍采邑으로 내렸다고 한다. 비자非子의 오대五代 손孫에 양공襄公이란 임금이 있었는데, 견융犬戎이 공격해와서 주周의 유왕幽王을 죽였을 때 주周나라를 구하기 위해 분전했으며, 또 평왕平王이 견융犬戎의 공격을 피해 동방의 낙읍洛邑으로 옮겼을 때 병력을 이끌고 가서 도와주었다고 해서 비로소 제후에 봉해져 기산岐山 서쪽의 땅을 받았다.

진풍秦風은 이 진秦나라의 시로 주로 양공襄公의 할아버지 진중秦仲 때부터 양공襄公의 구대九代 손孫인 강공康公 때까지 불린 것들이라 전한다.

수레 소리 車鄰(거린)

덜컹덜컹 수레 소리 흰 점박이 말이 끄네 有車鄰鄰(유거인린) 有馬白顚(유마백전) 1 2
우리 님을 못 봤으니 내시에게 부탁할까 未見君子(미견군자) 寺人之令(시인지령) 3 4

언덕에는 옻나무 들에는 밤나무 阪有漆(판유칠) 隰有栗(습유률)
우리 님을 만났으니 함께 앉아 슬을 뜯네 旣見君子(기견군자) 竝坐鼓瑟(병좌고슬)
지금 아니 놀 것인가 세월 가면 늙어질걸 今者不樂(금자불락) 逝者其耋(서자기질) 5

언덕에는 뽕나무 들에는 버드나무 阪有桑(판유상) 隰有楊(습유양)
우리 님을 만났으니 함께 앉아 젓대 부네 旣見君子(기견군자) 竝坐鼓簧(병좌고황) 6
지금 아니 놀 것인가 한 번 가면 없어질 것 今者不樂(금자불락) 逝者其亡(서자기망)

1 鄰鄰 수레가 덜컹거리며 달리는 소리 2 顚 이마 白顚은 이마에 흰 털이 있는 말 3 寺人 심부름하는 사람, 보좌관 4 寺人之令 令寺人의 도치된 형태다. 之는 도치된 문장 사이에 온다. 5 耋 팔십 세 노인 6 簧 악기 이름, 원래 簧은 부는 것이지만, 여기서는 두드린다는 뜻의 鼓로 썼다.

풍년가로 보인다. 「모시서毛詩序」에서는 진중秦仲을 찬미한 노래라 했다. 진중秦仲은 주周의 선왕宣王 때 서융을 토벌하는 데 공로가 있어 대부로 임명되었다. 그리고 진중의 다스림에 의해 진秦의 문화가 대폭 향상되었다고 한다. 그래서 시인은 진중을 찬미하는 노래를 했다는 것이다.

그러나 이 시를 반드시 진중을 찬미한 것으로 보아야 할 이유는 없다. 님은 백마 타고 오는 초인일 수도 있다. 그런 님을 보기 위해서는 님을 보좌하는 보좌관에게 부탁을 해야 할 것이다. 사인寺人은 임금을 모시는 내시가 아니라 일반적인 보좌관 정도로 보아도 될 것이다.

산과 들에 나무가 우거지고 풍년이 들어 풍요로운 이때에 좋아하는 님을 만났으니 한 번 즐기고 싶은 생각이 든다. 지금 즐기지 않으면 어느덧 세월이 흘러 곧 끝나고 말 것이다.

그런데 시인이 즐기는 것은 다른 사람이 즐기는 것과 다르다. 시인은 슬을 타고 젓대를 불면서 즐긴다. 즐기는 것이 말초적인 방향으로 흐르지 않는 것이 이 시의 묘미다.

네 필의 검은 말 駟驖(사철)

네 필의 검은 말이 크기도 하네　駟驖孔阜(사철공부) 1–3
여섯 줄의 고삐 잡고 수레를 모네　六轡在手(육비재수) 4
임금님의 어여쁜 신하들까지　公之媚子(공지미자)
임금님을 따라서 사냥을 가네　從公于狩(종공우수)

몰이꾼이 두 손으로 암수 짐승 몰아오네　奉時辰牡(봉시신모) 5–7
몰려온 짐승들이 크기도 하네　辰牡孔碩(신모공석)
왼쪽으로 몰아라 임금님이 명하시고　公曰左之(공왈좌지)
화살을 뽑는 족족 명중하시네　舍拔則獲(사발즉획) 8 9

북쪽의 동산에 들놀이 나서시네　遊于北園(유우북원)
수레 끄는 네 필 말 한가로워라　四馬旣閑(사마기한)
방울 소리 딸랑딸랑 울려 퍼지고　輶車鸞鑣(유거난표) 10–12
수레 위의 사냥개도 조용해지네　載獫歇驕(재렴헐교) 13 14

1 駟 수레를 끄는 네 마리 말 2 驖 검붉은 말, 여기서는 음률을 맞추기 위해 '검은 말'로 번역했다 孔 크다 3 阜 크다 4 轡 고삐, 孔穎達의 疏에 의하면, 네 마리 말의 고삐는 원래 여덟 줄이지만, 바깥 두 말의 안쪽 고삐는 수레에 매어두므로 손에 잡는 것은 여섯이라 한다. 媚 사랑하다 5 奉 두 손을 받들어 짐승을 모는 것 6 時 어조사 7 辰 麎과 통용, 암고라니 또는 암컷 8 舍 捨와 통용, 놓다, 쏘다 9 拔 화살 끝 10 輶 가벼운 수레 11 鸞 난새 12 鑣 말 재갈, 鸞鑣는 말 재갈에 단 난새의 소리를 닮은 방울 13 獫 주둥이가 긴 개 14 歇 쉬다 歇驕 교만하게 뽐내며 뛰던 개가 다리를 쉬는 것

「모시서毛詩序」에 의하면 이 시는 양공襄公을 기린 것이라 한다. 진秦은 양공襄公 때에 이르러 비로소 제후국이 되었다. 훌륭한 임금은 백성들의 애인이다. 백성들은 애인을 좋아하듯 임금을 좋아한다. 이 시는 백성들의 그런 심정을 읊은 것으로 보인다.

작은 병거　小戎(소융)

작달막한 병거에 짐이 많지 않구나　小戎俴收(소융천수) 1~3
다섯 번 가죽으로 감은 멍에 채　五楘梁輈(오목양주) 4~6
복마 등엔 유환 참복 사인 협구에　游環脅驅(유환협구) 7 8
앞막이 널 가죽 끈 백금 칠 고리　陰靷鋈續(음인옥속) 9~11
문채 나는 방석에 밝은 바퀴통　文茵暢轂(문인창곡) 12~14
철총이 외족백이 늠름하게 달리네　駕我騏馵(가아기주) 15 16
우리 님을 그리나니 따스하기 옥과 같아　言念君子(언념군자) 溫其如玉(온기여옥) 17
판잣집에 계실까 마음속이 어지러워　在其板屋(재기판옥) 亂我心曲(난아심곡) 18

네 필 수말 씩씩해라 여섯 고삐 손에 잡고　四牡孔阜(사모공부) 六轡在手(육비재수) 19 20
기마 류마 가운데고 왜말 리말 가에 있네　騏駵是中(기류시중) 騧驪是驂(왜려시참) 21~24
용 방패가 합쳐졌고 고리에는 백금 도금　龍盾之合(용순지합) 鋈以觼軜(옥이결납) 25 26
우리 님을 그리나니 따스하게 계시겠지　言念君子(언념군자) 溫其在邑(온기재읍) 27
언제 돌아오시려나 왜 이다지 그리울까　方何爲期(방하위기) 胡然我念之(호연아념지) 28

네 필 말 나란하고 창끝 백금 찬란하네　俴駟孔群(천사공군) 厹矛鋈錞(구모옥대) 29~32
깃무늬 고운 방패 쇠 조각한 호피 활집　蒙伐有苑(몽벌유원) 虎韔鏤膺(호창누응) 33~38
활집에는 활이 두 개 대 도지개 동여매고　交韔二弓(교창이궁) 竹閉緄縢(죽폐곤등) 39~42
우리 님을 생각하니 자나깨나 그리워　言念君子(언념군자) 載寢載興(재침재흥) 43
온화한 님의 모습 다정하신 사랑의 말　厭厭良人(염염양인) 秩秩德音(질질덕음) 44~46

1 戎 병기, 무기 小戎은 兵車를 말함 2 俴 얕다 3 收 거두다, 여기서는 수레의 짐을 거두어 싣는 턱 나무 4 楘 수레의 채에 가죽을 감아서 꾸민 장식 5 梁 다리 6 輈 수레의 끌채, 梁輈는 끌채의 앞쪽이 다리 모양으로 구부정한 것 7 環 옥고리, 游環은 두 服馬, 즉 네 마리 말 중 가운데서 달리는 두 말의 등에 가죽으로 만든 고리를 전후로 이동하도록 달아놓고, 여기에 두 참마驂馬의 바깥쪽 고삐를 꿴 뒤 이를 수레 모는 사람이 손에 잡아 참마가 밖으로 빠져나가지 않도록 한 것 8 脅驅 가죽으로 만든 끈으로 앞은 멍에의 양 끝에 매고 뒤는 수레의 턱 나무 양쪽에 매어 복마服馬의 바깥쪽 옆구리로 늘어뜨림으로써 참마가 달릴 때 안으로 밀착되는 것을 막는 것 9 陰 암범揜軓. 수레 앞 턱 나무를 덮어 가린 널빤지 10 靷 가슴걸이, 가죽으로 만든 두 가닥 줄로 앞쪽은 참마의 목에 걸고, 뒤끝은 陰板 위에 매어 둔다 11 鋈 도금하다, 흰 쇠 鋈續은 흰 쇠로 만든 가슴걸이 끈을 잇는 고리 12 茵 자리, 수레 안에 까는 자리 13 暢 화창하다 여기서는 길다는 뜻으로 쓰였다 14 轂 바퀴통 暢轂은 긴 바퀴통 15 騏 천리마, 청흑 색의 말 16 馵 왼쪽 뒷발이 흰 말 17 言 어조사 18 心曲 마음속, 마음 한구석 19 孔 크다 20 阜 크다 21 駵 검은 갈기의 붉은 말 22 騧 공골 말, 주둥이가 검고 누런 말 23 驪 가라말, 검은 말 24 驂 수레를 끄는 네 마리 말 중에서 바깥쪽에 위치한 두 마리 말 25 觼 쇠고리 驂馬의 안쪽 고삐를 매어놓는 고리, 수레 앞 턱 나무에 달려 있음 26 軜 驂馬의 안쪽 고삐 27 邑 변경 마을 28 方 將의 뜻 29 俴 엷다, 엷은 갑옷을 입힌 것 30 羣 무리를 이루어 잘 어울리는 것 31 厹 세모 창 32 錞 창끝의 쇠붙이 33 蒙 雜의 뜻 34 伐 중간 크기의 방패, 蒙伐은 잡다한 깃무늬를 그려 넣은 중간 크기의 방패 35 苑 무늬가 고운 모양 36 韔 활집 虎韔은 호랑이 가죽으로 만든 활집 37 鏤 쇠에 조각하여 장식으로 붙이는 것 38 膺 가슴 鏤膺은 활집의 중간 앞쪽에 쇠에 조각한 것을 장식으로 붙인 것 39 交韔 활집에 활을 엇갈리게 꽂아 놓은 것 40 竹閉 대나무로 만든 활 도지개 41 緄 수놓은 띠 42 縢 묶다 43 載 어조사 44 厭厭 온화한 모양 45 秩秩 차례가 있어 순조로운 모양, 여기서는 시상을 살리기 위해서 '다정하신'으로 번역했다 46 德音 좋은 말, 사랑한다는 말

전차를 타고 전쟁 나간 남편을 그리워하는 여인의 시로 보인다. 전쟁 나갈 때 전차를 몰던 말의 모습이나 무기 등에 대해 자세하게 노래하고 있는 것이 특징이다.

갈대　蒹葭(겸가)

갈대는 푸른데 흰 이슬이 서리되네　蒹葭蒼蒼 白露爲霜(겸가창창 백로위상) 1 2
내 마음의 그이가 강 한쪽에 있다길래　所謂伊人 在水一方(소위이인 재수일방) 3-5
물 거슬러 올라가니 길이 멀고 험악하네　遡洄從之 道阻且長(소회종지 도조차장) 6 7
그럴수록 님의 얼굴 물속에서 어른거려　遡游從之 宛在水中央(소유종지 완재수중앙) 8

갈대는 무성하고 흰 이슬이 촉촉하네　蒹葭萋萋 白露未晞(겸가처처 백로미희) 9
내 마음의 그이가 강 건너에 있다길래　所謂伊人 在水之湄(소위이인 재수지미) 10
물 거슬러 올라가니 길 험하고 가파르네　遡洄從之 道阻且躋(소회종지 도조차제) 11
그럴수록 님의 얼굴 모래섬에 어른거려　遡游從之 宛在水中坻(소유종지 완재수중지) 12

갈대는 우거지고 흰 이슬이 안 말랐네　蒹葭采采 白露未已(겸가채채 백로미이) 13
내 마음의 그이가 강기슭에 있다길래　所謂伊人 在水之涘(소위이인 재수지사) 14
물 거슬러 올라가니 길 막히고 굽어지네　遡洄從之 道阻且右(소회종지 도조차우)
그럴수록 님의 얼굴 모래톱에 어른거려　遡游從之 宛在水中沚(소유종지 완재수중지) 15

1 蒹 갈대 2 葭 갈대 3 所謂 말하자면, 여기서는 시상을 살려 따로 번역하지 않았다 4 伊 그, 저 5 一方 한쪽, 강물을 거슬러 올라가서 도달하는 어느 지점을 말함 6 洄 물결 7 阻 험하다 8 宛 어슴푸레하게 보이는 것 凄凄 풀이 무성한 모양 9 晞 마르다 10 湄 물가 11 躋 오르다 12 坻 모래 섬 13 采采 무성한 모양 14 涘 물가 15 沚 모래톱

이슬이 서리로 바뀌면 또 한 해가 가고 말아, 한 해가 가기 전에 님이 와야 하는데, 님은 소식이 없다. 내가 찾아가련만 님이 계시는 곳은 저 멀리 물 건너에 있다고 한다. 물을 거슬러 올라가니 길이 너무도 험하고 멀다. 가도 가도 님의 모습은 보이지 않는다. 그래도 중단하지 못하고 자꾸 물을 거슬러 올라간다. 님이 계시는 곳을 정확하게 알 수 없으니 그저 하염없이 올라가고 있을 뿐이다. 물결은 세차고 길은 또 왜 이렇게 먼지… 그럴수록 님은 자꾸 더 그리워진다. 그 그리운 님의 얼굴이 이제 어른어른 물 가운데서 어른거린다. 저 물가 모래섬을 바라보니 거기서도 님의 얼굴이 어른거린다. 저편 물가에서도 님의 얼굴이 어른거린다. 님을 그리워하는 시인의 마음이다.

종남산　　終南(종남)

종남산에 무엇 있나 산추나무 매화나무	終南何有(종남하유) 有條有梅(유조유매) [1][2]
멋진 남자 오시네요 비단옷에 여우 갖옷	君子至止(군자지지) 錦衣狐裘(금의호구) [3]
얼굴도 검붉으신 바로 우리 님이로세	顏如渥丹(안여악단) 其君也哉(기군야재) [4][5]
종남산에 무엇 있나 버드나무 아가위라	終南何有(종남하유) 有紀有堂(유기유당) [6][7]
멋진 남자 오시네요 불무늬 옷 자수 바지	君子至止(군자지지) 黻衣繡裳(불의수상) [8]
패옥 소리 쟁쟁하네 만수무강하시겠지	佩玉將將(패옥장장) 壽考不亡(수고불망) [9][10]

1 終南 주나라의 명산, 지금의 西安의 남쪽에 있다 2 條 여기서는 산추나무를 말한다 3 止 어조사 4 渥 젖다 5 丹 붉다 6 紀 杞와 통용, 버드나무 7 堂 棠과 통용, 아가위 8 黻 보불 9 將將 패옥 소리, 딸랑딸랑 10 考 늙다

진나라의 백성들이 임금을 기려서 부른 노래로 보인다. 훌륭한 임금은 백성들의 애인이다. 임금을 보면 백성들은 가슴이 설렌다.

유명한 종남산에 온갖 나무들이 우거졌다. 녹음이 무성한 숲을 보고 있으면 생기가 난다. 훌륭한 임금도 이와 같다. 그 임금을 보고 있는 백성들은 생기가 난다. 임금의 허리에 찬 패옥 소리가 쟁쟁하고 기운차게 들린다. 이를 듣는 백성들은 기쁘다. 임금님은 건강하신가 보다. 임금님은 오래오래 사시겠지.

꾀꼬리 黃鳥

꾀꼴꾀꼴 꾀꼬리가 대추남게 앉아 있네 交交黃鳥 止于棘 1–3
누가 목공 따라갔나 자거 씨의 엄식이라 誰從穆公 子車奄息 4
여기 이 엄식께선 백 사람 몫 담당했네 維此奄息 百夫之特 6
묘혈에 들어갈 제 두려워서 떨었겠지 臨其穴 惴惴其慄 7 8
저 푸른 하늘이여 저 좋은 분 왜 앗아가 彼蒼者天 殲我良人 9
대신할 수 있다면야 백 번 죽어 대신하리 如可贖兮 人百其身 10 11

꾀꼴꾀꼴 꾀꼬리가 뽕나무에 앉아 있네 交交黃鳥 止于桑
누가 목공 따라갔나 자거 씨의 중행이라 誰從穆公 子車仲行
여기 이 중행께선 백 사람을 막아냈네 維此仲行 百夫之防
묘혈에 들어갈 때 얼마나 떨었을까 臨其穴 惴惴其慄
저 푸른 하늘이여 저 좋은 분 왜 데려가 彼蒼者天 殲我良人
대신할 수 있다면야 백 번 죽어 대신하리 如可贖兮 人百其身

꾀꼴꾀꼴 꾀꼬리는 가시남게 앉아 있네 交交黃鳥 止于楚
누가 목공 따라갔나 자거 씨의 침호라네 誰從穆公 子車鍼虎
여기 이 침호께선 백 사람을 물리쳤네 維此鍼虎 百夫之禦
묘혈에 들어갈 제 서러워서 떨었겠지 臨其穴 惴惴其慄
저 푸른 하늘이여 저런 분을 왜 앗아가 彼蒼者天 殲我良人
대신할 수 있다면야 백 번 죽어 대신하리 如可贖兮 人百其身

1 交交 새가 우는 소리, 꾀꼴꾀꼴 2 黃鳥 꾀꼬리 3 棘 멧대추나무 4 子車奄息 子車는 姓이다 5 『春秋左氏傳』 문공 六年條에 의하면, 진나라 목공이 죽었을 때 그 유명으로 자거 씨의 세 아들이 殉死했다. 國人들이 이들의 죽음을 슬퍼하여 黃鳥라는 시를 불렀다고 한다. 6 特 짝, 짝을 이루다, 담당하다 7 穴 묘혈, 목공이 묻히는 무덤 8 惴 두려워하다 9 殲 죽이는 것 10 贖 면죄 받다, 재물을 바치고 죄를 면죄받다 11 人百其身 '다른 사람이 그의 몸에 대해 백 배 보상하겠다'는 뜻이다

「모시서毛詩序」에서 이 시는 훌륭한 세 신하를 진나라 사람들이 애도한 것이라 했다. 목공이 죽을 때 그의 유언에 따라 순장한 사람이 77인이었는데, 그 중에 엄식奄息・중행仲行・침호鍼虎라는 자거子車 씨의 세 어진 아들이 포함되어 있었다. 진나라 사람들이 이들의 죽음을 애통해서 부른 노래라고 한다. 이 시에서 우리는 순장의 폐해를 읽을 수 있다. 그리고 순장이 당시에 매우 부정적으로 이해되고 있었다는 사실도 엿볼 수 있다.

꾀꼴꾀꼴 즐겁게 노래하는 꾀꼬리 소리를 들으면 들을수록, 좋았던 세 사람이 순장을 당했기 때문에 슬픈 마음이 북받쳐 올라온다.

새매 晨風(신풍)

쏜살같이 나는 새매 우거진 숲에 가네 鴥彼晨風(율피신풍) 鬱彼北林(울피북림) 1-4
님을 보지 못했으니 마음 시름 그지없네 未見君子(미견군자) 憂心欽欽(우심흠흠) 5
어쩌면 좋아 님 날 잊으셨나봐 如何如何(여하여하) 忘我實多(망아실다)

산에는 굴참나무 들에는 가래나무 山有苞櫟(산유포력) 隰有六駁(습유육박) 6-8
님을 보지 못했으니 슬픈 마음 고달파라 未見君子(미견군자) 憂心靡樂(우심미락)
어쩌면 좋아 님 날 잊으셨나봐 如何如何(여하여하) 忘我實多(망아실다)

산에는 아가위 들에는 팥배나무 山有苞棣(산유포체) 隰有樹檖(습유수수) 9 10
님을 보지 못했으니 슬픈 마음 취한 듯해 未見君子(미견군자) 憂心如醉(우심여취)
아 어쩌면 좋아 님 날 잊으셨나봐 如何如何(여하여하) 忘我實多(망아실다)

1 鴥 빠르게 나는 모양 2 晨 새매 晨風은 청황색을 하고 있는 새매의 일종 3 鬱 무성한 모양 4 北林 숲의 이름 5 欽欽 근심하는 모양 6 苞 초목이 밀생한 것 7 櫟 굴참나무, 도토리나무 8 六駁 확실하지는 않지만 가래나무의 일종으로 보인다 9 棣 아가위 10 檖 팥배나무

새매가 북쪽에 있는 우거진 숲으로 쏜살같이 날아간다. 아마 거기에 님이 있나 보다. 산에는 굴참나무가 있고 아가위나무도 있다. 그리고 들에는 가래나무와 팥배나무가 있다. 모두 싱그러운 모습을 하고 있다. 모두가 흥겹다. 그런데 오직 내 마음만 님을 보지 못해 시름이 가득하다. 아무리 달래봐도 어쩔 수가 없다. 님이 오시면 해결될 테지만, 님이 오실 기약은 전혀 없다. 어쩌면 나를 잊고 계신 것이 아닐까? 생각이 여기에 미치니 그만 가슴이 철렁하고 내려앉는다.

옷이 없어도 　無衣(무의)

어찌 옷이 없다고 불평하리오 　豈曰無衣(기왈무의)
한 벌의 솜옷도 나눠 입으며 　與子同袍(여자동포)[1]
임금님이 전쟁을 일으키시면 　王于興師(왕우흥사)[2]
짧은 창 긴 창 날을 세워서 　修我戈矛(수아과모)
우리 함께 나아가 원수를 갚자 　與子同仇(여자동구)

어찌 옷이 없다고 말을 하리오 　豈曰無衣(기왈무의)
한 벌의 속옷도 나눠 입으며 　與子同澤(여자동택)[3]
임금님이 전쟁을 일으키시면 　王于興師(왕우흥사)
긴 창 가지 창 날을 세워서 　修我矛戟(수아모극)
우리 함께 일어나 싸움터 가자 　與子偕作(여자해작)

어찌 옷이 없다고 한탄하리오 　豈曰無衣(기왈무의)
한 벌의 바지도 나눠 입으며 　與子同裳(여자동상)
임금님이 전쟁을 일으키시면 　王于興師(왕우흥사)
갑옷이랑 병기를 손질하고서 　修我甲兵(수아갑병)[4]
우리 함께 나가서 공을 세우자 　與子偕行(여자해행)

1 與子同袍 그대와 솜옷을 함께 입겠다 2 王于興師 '왕이 전쟁을 일으킨다면'의 뜻이다. 于는 어조사이고 師는 군사, 전쟁 등을 뜻한다 3 澤 속옷 4 甲兵 갑옷과 병기

군가에 해당한다.

훌륭한 정치가 행해지면 백성들은 나라를 사랑하고 임금을 사랑한다. 그러면 나라가 태평하고 백성들은 불평불만이 없으며 편안해진다. 그래서 모두 한마음이 된다. 군인들은 옷이 없다고 식량이 부족하다고 불평을 늘어놓지 않는다. 있는 것을 나누어 쓰며 나라를 위해서 최선을 다한다. 임금이 일으키는 전쟁은 진리의 전쟁이다. 그것은 성전聖戰이다. 따라서 군인들은 성전聖戰이 일어나면 모두 한마음으로 전쟁에 나가 공을 세운다.

위수의 북쪽 기슭　　渭陽

외삼촌을 배웅코자 위수 가에 다다랐네　我送舅氏 曰至渭陽 1 2
무엇을 선물할까 수레하고 노란 말을　何以贈之 路車乘黃 3

외삼촌을 전송하니 감회가 무량하네　我送舅氏 悠悠我思 4
무엇을 선물할까 패옥으로 선물하지　何以贈之 瓊瑰玉佩 5 6

1 舅 외삼촌 2 陽 山의 陽은 산의 남쪽이고 강의 陽은 강의 북쪽을 말한다 3 乘 여기서는 수레를 끄는 네 마리의 말을 뜻한다 4 悠悠 유유히 이어지는 모습 5 瓊 옥 6 瑰 붉은 옥

이 시는 강공康公이 태자 때에 읊은 시로 보인다. 강공康公의 어머니는 진晉나라 헌공獻公의 딸이다. 진晉나라 헌공獻公의 후비後妃인 려희麗姬가 전비前妃 소생인 왕자를 해하려 하자, 신생申生은 죽고 중이重耳는 망명하여 여러 나라를 유랑하다가 마침내 진秦나라에 머물렀다. 중이重耳는 강공康公의 어머니인 진희秦姬의 배다른 동생이므로 강공康公의 외삼촌이 된다. 중이重耳는 나중에 진晉나라로 돌아가 문공文公이 된다. 이 시는 중이重耳가 진晉나라로 돌아갈 때 강공康公이 배웅하며 부른 노래로 전해진다.

권력　權輿

날더러 좋은 집에 살게 하더니	於我乎 夏屋渠渠[1,2] (어아호 하옥거거)
지금은 끼니마다 먹을 게 없네	今也每食無餘 (금야매식무여)
아 슬프다 권력 좋다 말아야지	于嗟乎 不承權輿[3,4] (우차호 불승권여)
나에게 끼니마다 성찬 주더니	於我乎 每食四簋[5] (어아호 매식사궤)
지금은 끼니마다 배도 못 채워	今也每食不飽 (금야매식불포)
아 슬프다 권력 좋다 말아야지	于嗟乎 不承權輿 (우차호 불승권여)

1 夏 大의 뜻 2 渠渠 집이 큰 모양 3 承 받들다, 잇다, 좋아하다 4 權輿 저울과 가마. 권력을 가진 자가 정치의 저울을 잡고 가마를 타므로 결국 '권력'을 의미한다. 주자를 비롯한 거의 모든 주석서에는 '시작'으로 번역했다. 그러나 글자 그대로 '권력'으로 봄이 좋을 듯하다 5 簋 그릇 이름, 제기 이름

권력자에게 다가가서 지혜를 제공하고 그 대가로 권력을 누려볼까 한 지식인이 나중에는 지혜가 떨어지고 나면 차갑게 버림받는 신세가 되고 마는 것을 노래한 것으로 보인다.

경쟁에 몰두하는 사람들일수록 아량이 없고 각박해진다. 그 중에 권력을 가진 자들이 가장 심하다. 그들은 이용 가치가 있을 때는 융숭하게 대접하지만 이용 가치가 없어지고 나면 헌신짝 버리듯 한다. 시인은 이를 노래한 것으로 보인다.

진풍陳風

순 임금의 후손으로 우알부虞閼父라는 사람이 주나라 무왕 때 질그릇을 굽는 일을 관장하는 도정陶正이란 벼슬을 했다. 무왕은 그의 재주가 뛰어나고 또 순 임금의 후예라는 것을 참작하여 그 아들 규만嬀滿을 맏사위로 삼고 진陳에 봉하여 완구宛丘 땅 곁에 도읍하게 했다. 이 규만이 진나라 호공胡公이다. 진나라 땅은 우공禹貢 예주豫州의 동쪽이다. 지금의 하남성河南省 구舊 개봉부開封府 이동이고 남으로는 안휘성安徽省 박주亳州에 이른다. 그 땅은 광평廣平하고 명산대택名山大澤이 없다. 그 뒤 많은 공들이 이어오다가 민공閔公 24년에 초楚나라 혜왕惠王에게 멸망당했다. 진풍陳風은 이 진陳나라에서 불리던 노래다.

완구　　宛丘(완구)

질탕한 님들 놀이 완구 위에 벌어졌네　子之湯兮(자지탕혜) 宛丘之上兮(완구지상혜) 1 2
재미야 있겠지만 나랏일을 어이할꼬　洵有情兮(순유정혜) 而無望兮(이무망혜) 3–5

둥둥둥 북을 치며 완구에서 놀고 있네　坎其擊鼓(감기격고) 宛丘之下(완구지하) 6
겨울 내내 여름 내내 백로 깃 잡고 추네　無冬無夏(무동무하) 値其鷺羽(치기노우) 7

동이를 두드리며 완구 길서 놀고 있네　坎其擊缶(감기격부) 宛丘之道(완구지도) 8
겨울 여름 할 것 없이 부채춤을 추고 있네　無冬無夏(무동무하) 値其鷺翿(치기노도) 9

1 湯 蕩과 통용, 질탕하게 노는 모습 2 宛丘 사방이 높고 가운데가 움푹 들어간 언덕. 뒤에는 지명이 되었다. 水經注에 의하면, 宛丘는 陳나라의 城南 길 동쪽에 있었으며, 동문에서 宛丘에 이르는 곳은 모두 歌舞의 장소였다고 한다. 3 洵 참으로 4 情 실상, 이유 5 無望 바라는 것이 아니다. 백성이 바라는 것은 나라가 태평해지는 것이다. 여기서는 시상을 살리기 위해 '나랏일을 어이할꼬'로 번역했다. 6 坎其 둥둥 북을 치는 소리 7 値 持의 뜻 8 缶 장군, 액체를 담는 동이, 악기로 쓰기도 한다 9 翿 깃으로 만든 부채, 깃으로 만든 일산

정치하는 무리들이 나랏일을 팽개치고 놀이에 빠져 있는 것을 보고 걱정하는 국민들이 부른 노래다.

동문의 느릅나무 東門之枌(동문지분)

동문에는 느릅나무 완구엔 상수리 東門之枌(동문지분) 宛丘之栩(완구지허) 1 2
자중 씨의 따님들이 그 밑에서 춤을 추네 子仲之子(자중지자) 婆娑其下(파사기하) 3 4

좋은 날을 받아서 남쪽들에 모여드네 穀旦于差(곡단우차) 南方之原(남방지원) 5–7
삼베 길쌈 팽개치고 날렵하게 춤을 추네 不績其麻(부적기마) 市也婆娑(시야파사) 8–10

좋은 날을 찾아서 너도나도 모여드네 穀旦于逝(곡단우서) 越以鬷邁(월이종매) 11–13
그대 얼굴 금규화네 내게 한 줌 산초 주네 視爾如荍(시이여교) 貽我握椒(이아악초) 14 15

1 枌 느릅나무 2 栩 상수리 3 子仲 진나라 대부의 성 4 婆娑 너풀너풀 춤을 추는 모양 5 穀 착하다, 좋다 穀旦 좋은 날 아침 6 于 어조사 7 差 차출하다, 뽑다, 선택하다 8 績 길쌈하다 9 市 날렵하게 춤을 추는 모양 10 逝 놀러가다, 찾아가다 11 越以 어조사 12 鬷 많다, 여러 사람들 13 邁 가다, 떠나다, 빙 돌아가다 14 荍 당아욱, 메밀, 금규화 15 貽 주다

여러 남녀가 교외로 몰려나가 춤추고 노래하며 즐긴다. 그 중에 한 여인이 특히 눈에 뜨인다. 얼굴을 보니 마치 금규화같이 예쁘다. 보기만 해도 총각의 마음은 울렁거린다. 그녀와 한번 사귀어보고 싶은데, 그녀가 내 마음을 알아줄까. 그런데 웬일인가. 그녀가 올 때 따온 산초 열매를 나에게 한 줌 주지 않는가. 이렇게 기쁠 수가!

오막살이 　　衡門

오막살이 집일망정 심신이 편안하고
옹달샘 물맛 좋아 주림을 면했구나

황하의 방어만이 물고기더냐
제나라 강씨만이 부인이더냐

황하의 잉어만이 물고기더냐
송나라 자씨만이 부인이더냐

衡門之下 可以棲遲[1,2]
泌之洋洋 可以樂飢[3-5]

豈其食魚 必河之魴
豈其取妻 必齊之姜

豈其食魚 必河之鯉[6]
豈其取妻 必宋之子

1 衡門 막대기를 세우고 위에다 막대기를 가로로 걸쳐놓은 초라한 문, 여기서는 시상을 살리기 위해 '오막살이'로 번역했다 2 棲遲 천천히 느긋하게 쉬는 것 3 泌 샘물이 졸졸 흐르는 모양 4 洋洋 물이 졸졸 흐르는 소리 5 樂飢 굶주려도 즐겁게 지낼 수 있음, 좋은 샘물이 있으므로 굶주림을 면할 수 있다는 뜻 6 豈其食魚 必河之魴 어찌 물고기를 먹는 데 반드시 황하의 방어여야만 되는가. 다른 물고기를 먹어도 된다는 뜻이다. 여기서는 시상을 살려, '황하의 방어만이 물고기더냐'로 번역했다.

세상의 사람들은 부귀영화를 찾아 헤맨다. 그들은 좋은 집을 짓고 맛있는 음식을 먹으며 좋은 부인감을 맞이하는 것을 행복으로 여긴다. 그러나 그런 것은 모두 부질없는 것! 참으로 즐거운 건, 그런 것을 잊고 자연과 하나되어 살아가는 데 있다. 세속의 눈으로 보면 가장 초라하지만, 진리의 눈으로 보면 가장 넉넉하다.

동문 밖의 연못 東門之池

동문 밖 연못에 삼 담그면 좋겠네	東門之池 可以漚麻[1][2]
고운 저 아가씨와 노래하고 싶어라	彼美淑姬 可與晤歌[3]
동문 밖 연못에 모시 담그면 좋겠네	東門之池 可以漚紵[4]
어여쁜 저 아씨와 말을 하고 싶어라	彼美淑姬 可與晤語
동문 밖 연못에 왕골 담그면 좋겠네	東門之池 可以漚菅[5]
예쁜 저 아가씨와 얘기하고 싶어라	彼美淑姬 可與晤言

1 東門 진나라 도성의 동문 2 漚 물에 담그다. 漚麻는 삼을 물에 담그는 것. 삼을 물에 담가 두면 껍질이 부드러워진다. 껍질이 부드러워지면 벗기기 좋다 3 晤 만나다 4 紵 모시 5 菅 골풀, 왕골

아가씨를 보고 울렁거리는 총각의 마음을 노래한 것이다. 아름다운 연못이 있다. 그 연못을 보니 삼을 담그면 안성맞춤이겠다. 모시와 왕골을 담가도 좋겠다. 저 아가씨와 나의 어울림은 안성맞춤인 것 같다.

그러나 총각의 마음은 순수하다. 야한 상상을 하거나 추한 모습으로 다가가지 않는다. 같이 어울려 노래하고 같이 어울려 얘기를 나누고 싶다고 조심조심 노래한다.

동문 밖 버드나무　東門之楊(동문지양)

동문 밖의 버드나무 무성한 잎 보기 좋네　東門之楊(동문지양) 其葉牂牂(기엽장장) [1]
저녁에 오실 님이 샛별 떠도 아니 오네　昏以爲期(혼이위기) 明星煌煌(명성황황) [2–4]

동문 밖의 버드나무 우거진 잎 아름답네　東門之楊(동문지양) 其葉肺肺(기엽패패) [5]
저녁에 온다더니 샛별만 반짝이네　昏以爲期(혼이위기) 明星晳晳(명성제제) [6]

1 牂牂 초목이 무성한 모양 2 昏以爲期 以昏爲期로 저녁에 온다고 약속한 것 3 明星 샛별 4 煌煌 반짝이다 5 肺肺 무성한 모양 6 晳晳 별이 반짝이는 모양

녹음이 우거져 초목이 싱그럽다. 생명이 충만하다. 나도 저렇게 충만하고 행복하게 살아야 할 텐데… 님이 오지 않아 마음이 허전하고 속이 상한다. 그러나 오지 않는 님에 대해 성질을 부리거나 화를 내는 것은 욕심에 기인한 추한 모습이다. 시인은 어디까지나 자신의 안타까움만 표시할 뿐이다. 순수한 느낌의 세계를 벗어나지 않는다.

묘문 墓門

무덤가의 가시나무 도끼로 잘라내네　墓門有棘 斧以斯之[1]
그이의 나쁜 짓은 온 나라가 알았었네　夫也不良 國人知之[2]
알고도 안 고쳤으니 누가 슬퍼하리오　知而不已 誰昔然矣[3]

무덤가의 매화나무 올빼미가 모여드네　墓門有梅 有鴞萃止
그이의 나쁜 짓을 노래로 깨우쳐도　夫也不良 歌以訊之[4]
날 돌아 안 보더니 죽어서 날 생각할까　訊予不顧 顚倒思予[5,6]

1 墓門 진나라 성문이란 설도 있으나 글자 그대로 무덤으로 가는 진입로로 보는 것이 좋을 듯하다 2 國人 서울 사람, 고을 사람들, 여기서는 시상을 살려 '온 나라가'로 번역했다 3 昔 惜과 통용, 애석하게 여기다, 섭섭하게 여기다, 슬퍼하다 4 訊 묻다 5 訊予不顧 나에게 물어보거나 돌아보지 않았다 6 顚倒 넘어지다, 거꾸러지다, 넘어져 있다는 것은 죽었다는 말이다

아내의 말을 안 듣고 나쁜 짓만 하다가 결국 잘못되어 죽은 남편에 대해서 아내가 읊은 시로 생각된다.

무덤가에 가시나무가 자꾸 돋아난다. 그 가시나무를 잘라내자니 힘이 든다. 생전에도 온갖 속을 다 썩이더니 죽어서도 힘들게 한다. 생각할수록 속이 상한다. 온 나라 사람들이 그의 나쁜 짓을 다 알았지만 그는 그것도 아랑곳하지 않았다. 그러다가 죽어 이 꼴이 되었으니 누가 섭섭하게 생각하겠는가. 오히려 잘된 일이다. 그렇게 말하면서도 아내의 속마음은 여전히 섭섭하다.

무덤가에 매화나무가 있는데, 꾀꼬리는 아니 오고 올빼미만 모여든다. 생전에도 얄미운 사람들과 어울리더니 죽어서도 여전하다. 은근히 노래로 깨우쳐 주었건만, 나를 거들떠보지도 않았다. 그러나 무덤이라도 돌보는 사람은 역시 나밖에 없다. 무덤 속에 넘어져 있는 지금에야 정신 차리고 나를 생각할까? 속상한 아내의 하소연이다.

제방 위의 까치집　　防有鵲巢(방유작소)

제방에는 까치집 언덕에는 들완두　　防有鵲巢 邛有旨苕(방유작소 공유지초) [1,2]
누가 내 님 농락할까 애태우는 이 마음　　誰侜予美 心焉忉忉(수주여미 심언도도) [3–5]

뜰 안에는 벽돌 길 언덕에는 향초풀　　中唐有甓 邛有旨鷊(중당유벽 공유지역) [6–9]
누가 내 님 농락할까 속 타는 이 마음　　誰侜予美 心焉惕惕(수주여미 심언척척) [10]

1 邛 언덕 2 苕 능소화, 완두 3 侜 거짓말로 남을 꾀는 것, 농락하는 것 4 予美 나의 아름다운 님 5 忉忉 근심하는 모양 6 唐 대문에서 마루까지 이르는 길 8 甓 벽돌 9 鷊 풀이름, 타래난초 10 惕惕 근심하고 두려워하는 모양

제방에는 까치집이 있다. 까치집은 까치가 지었지만 비둘기가 빼앗기도 한다. 언덕에는 맛있는 들완두가 있다. 오며가며 새들이 다 따먹고 있다.

이를 보니 타지에 나가 있는 님이 걱정이다. 님은 너무나 근사하고 멋지다. 그러니 누군들 탐을 내지 않겠는가. 생각할수록 속이 탄다.

뜰 안에는 벽돌로 깔린 좋은 길이 있고 언덕에는 향기 나는 풀이 있다. 이렇게 좋은 것을 보면 더욱 님 생각이 난다. 그 멋있는 님을 남들이 가만 놓아두지 않을 텐데… 생각할수록 애가 탄다.

달이 떴네 　 月出(월출)

밝은 달이 떴네 고운 님 얼굴 같네	月出皎兮(월출교혜) 佼人僚兮(교인요혜)	1–3
사뿐사뿐 걸음걸이 내 마음이 흔들리네	舒窈糾兮(서요교혜) 勞心悄兮(노심초혜)	4–7
해맑은 달이 떴네 해맑은 님의 얼굴	月出皓兮(월출호혜) 佼人懰兮(교인유혜)	8 9
다소곳한 그 모습이 내 마음을 사로잡네	舒懮受兮(서우수혜) 勞心慅兮(노심초혜)	10–12
밝은 달이 비치네 님의 얼굴 떠오르네	月出照兮(월출조혜) 佼人燎兮(교인요혜)	13
화사한 그 모습이 내 마음을 태우네	舒夭紹兮(서요소혜) 勞心慘兮(노심참혜)	14 15

1皎 밝다 2佼 예쁘다 3僚 아름다운 모양 4舒 조용하고 그윽한 모양 5窈 그윽한 모양 6糾 꼬이다, 뒤틀리다, 걸음을 걸을 때 허리가 뒤틀리는 모양 7悄 근심하는 모양 8皓 희다, 깨끗하다, 밝다 9懰 예쁜 모습 10懮 느릿하다 11受 느낌, 여기서는 느껴지는 모습 12慅 흔들리다, 고달프다 13燎 비치다 14紹 잇다, 이어지는 모습 15慘 참혹하다

첫사랑에 빠진 시인의 노래로 보인다. 첫사랑은 말 못하는 수줍은 사랑이다. 그것은 짝사랑이다. 언제나 가슴 설레게 하는 사랑이다. 떠오르는 밝은 달을 봐도 님의 얼굴이 떠오르는 그런 사랑이다. 언제나 마음이 흔들리는, 온통 마음이 사로잡혀 있는, 그러면서도 속이 타는 사랑이다.

주림   株林(주림)

주림엔 무엇 하러 가나요   胡爲乎株林(호위호주림)
하남에게 가려는 것이라네   從夏南(종하남)
주림에 가는 것이 아니네요   匪適株林(비적주림)
하남에게 가는 것이지   從夏南(종하남)

우리 말에 멍에를 하네요   駕我乘馬(가아승마)
주림의 들에서 내리겠지   說于株野(세우주야)
우리 망아지에 멍에 하네요   乘我乘駒(승아승구)
주 땅에서 아침 먹겠지   朝食于株(조식우주)

주인이 출타를 한다. 하인이 어디 가느냐고 물었다. 그랬더니 주림에 간다고 한다. 주림에 왜 가는지 몰라서 들어와 부인에게 물어본다. 부인은 남편이 왜 주림에 가는지 알고 있다. 주림에 있는 하남의 집에 가기 위해서이다. 하남의 집에는 남편의 애인이 있다. 그 애인은 바로 하남의 어머니다. 애인 집에 간다고 하지 않고 하남에게 간다고 하는 것에 이 시의 묘미가 있다.

말에 멍에를 하는 것은 주 땅에 가기 위한 것이고 주 땅에서 아침 먹기 위한 것이라 했다. 시인은 한 번도 노골적인 표현을 하지 않았다. 이 시는 주림에 가는 사람의 아내의 노래일 수도 있고, 주림에 가는 사람을 본 일반인의 노래일 수도 있다. 그러나 어떠한 경우든 노골적인 표현을 하지 않고 감추는

데 시의 격이 있다.

시인은 이렇게 감정을 감추고 있다. 노골적으로 표현하면 자기의 격만 떨어질 뿐 효과가 없다. 그럴수록 님이 돌아올 가능성이 점점 멀어진다. 그래서 참는 것이다. 사랑은 깊을수록 참는다.

가시리 가시리잇고
바리고 가시리잇고
날러는 엇디 살라 하고
바리고 가시리잇고
잡사와 두어리마나난
선하면 아니올세라
설온 님 보내옵나니
가시는 듯 도셔 오소서

「모시서毛詩序」에서는 이 시를 진나라 영공靈公을 풍자한 것이라 했다. 영공靈公은 그의 대부 하숙경夏叔卿이 죽자 그의 처 하희夏姬와 밀애하여 밤낮으로 하희夏姬가 있는 주림株林으로 드나들었다. 하희夏姬의 아들이 하징서夏徵舒인데 자字가 자남子南이다. 하남夏南은 하징서夏徵舒를 말한다.

못 둑　　澤陂(택파)

연못가 저 언덕에 푸른 창포 붉은 연꽃　彼澤之陂(피택지파) 有蒲與荷(유포여하) 1-3
멋있는 저 사나이 타는 내 속 어찌해요　有美一人(유미일인) 傷如之何(상여지하)
자나 깨나 하릴없이 눈물만 흘립니다　寤寐無爲(오매무위) 涕泗滂沱(체사방타) 4-6

연못가 저 언덕에 부들 난초 향기로워　彼澤之陂(피택지파) 有蒲與蕑(유포여간) 7
멋있는 저 사나이 훤칠하고 씩씩해서　有美一人(유미일인) 碩大且卷(석대차권) 8
자나 깨나 하릴없이 마음속을 태웁니다　寤寐無爲(오매무위) 中心悁悁(중심연연) 9

연못가 저 언덕에 부들 연꽃 한창이네　彼澤之陂(피택지파) 有蒲菡萏(유포함담) 10 11
멋있는 저 사나이 훤칠하고 근엄해서　有美一人(유미일인) 碩大且儼(석대차엄)
자나 깨나 하릴없이 뒤척이며 지샙니다　寤寐無爲(오매무위) 輾轉伏枕(전전복침) 12

1 陂 언덕 2 蒲 부들 3 荷 연꽃 4 泗 콧물 5 滂 비가 퍼붓다 6 沱 눈물이 흐르는 모양 7 蕑 난초 8 卷 씩씩한 모양 9 悁悁 근심하는 모양 10 菡 연꽃 봉오리 11 萏 연꽃 봉오리 12 輾轉伏枕 잠을 이루지 못하고 이리저리 뒤척이기도 하고 베개에 머리 박고 괴로워하기도 하는 모습

남자를 보는 순간 가슴이 설레는 여인의 마음을 차분히 노래한 시다. 보는 순간 사랑에 빠질 수도 있다. 그러나 그것은 오직 일방적인 것. 이른바 짝사랑이다. 혼자서만 속을 태운다. 그렇다고 남자에게 달려가 구애를 할 수도 없다. 상대가 나를 어떻게 생각할지 자신이 없기 때문이다.

사랑은 존경에서 비롯된다. 존경심이 있는 사랑은 함부로 님에게 다가가지 못한다. 유행가 가사처럼 님 앞에 서면 자꾸 작아지게 마련이다. 작아진 채로 속만 태우는 것이 바로 짝사랑이다. 이 짝사랑보다 순수한 사랑이 또 있을까?

회풍檜風

회檜는 회鄶라고도 쓰며, 축융祝融의 후예의 나라로 운성妘姓이었다 한다.
주나라 평왕 때 정鄭나라 무공武公에게 멸망당했다.
그 영토는 하남성河南省 숭산崇山 북쪽에서 형택현滎澤縣 남쪽에 걸친 땅이며,
진수溱水와 유수洧水 사이에 도읍하고 있었다고 한다.
이 회풍檜風은 아마도 정鄭나라에 합병당하기 전에 불리던 노래로 보인다.

염소 갖옷　　羔裘(고구)

염소 갖옷 입고서 소요를 하시더니　　羔裘逍遙(고구소요)
여우 갖옷 입고서 조회하러 가시네　　狐裘以朝(호구이조)
어떻게 님 생각을 않으리오만　　豈不爾思(기불이사)
속 타는 이 마음이 너무 슬퍼요　　勞心忉忉(노심도도)

염소 갖옷 입고서 거닐고 계시더니　　羔裘翱翔(고구고상)[1]
여우 갖옷 입고서 당상에 앉으셨네　　狐裘在堂(호구재당)
이렇게 님 생각에 빠져 있으니　　豈不爾思(기불이사)
그리움에 지친 이 맘 너무 아파요　　我心憂傷(아심우상)

염소 갖옷 반질반질 아름다워라　　羔裘如膏(고구여고)[2]
떠오르는 햇빛 받아 눈이 부시네　　日出有曜(일출유요)
하염없는 님 생각에 너무 지쳐서　　豈不爾思(기불이사)
속절없이 타는 이 맘 달래봅니다　　中心是悼(중심시도)[3]

1 翺翔 원래는 날아다니는 것을 말하지만, 여기서는 배회하는 것을 의미한다. 2 膏 반질반질 기름기가 도는 것 3 悼 슬퍼하다, 슬픔을 달래다

사랑은 느낌에서 비롯된다. 평소에 평복을 입고 나타나는 님의 모습은 가슴을 울렁거리게 할 정도로 멋이 있다. 더구나 정장을 하고 출근을 하는 모습은 더욱 멋이 있다. 첫눈에 반한 아가씨는 속을 태운다. 그렇다고 해서 달려가 안길 수도 없다. 상대는 내 마음을 알아줄 리 없다. 상대는 오르지 못할 님이다. 오르지 못할 님을 그리워하는 자신의 마음을 체념하며 달래는 시인의 아름다운 마음씨를 읽을 수 있다.

주위의 상황을 무시하고 달려가 사랑을 호소하고 상대에게 황당한 기억을 준다면 그것은 욕심에서 비롯되는 추악한 행태가 되고 만다. 사랑의 느낌은 귀중하다. 그것을 혼자서 태우는 짝사랑의 느낌은 더욱 아름답다. 이 아름다운 짝사랑의 느낌을 추하게 끌고 가지 않고 고이 간직하는 시인의 아름다운 마음을 읽을 수 있다.

이루어질 수 없는 상대를 사랑하면서 그에게 달려가 "사랑합니다"하고 매달리면 추태가 된다. 고이 간직하면서 자신의 마음을 달래는 모습이 아름답다. 세상에서 가장 순수하고 깨끗한 사랑은 아마도 짝사랑이 아닐까?

하얀 모자　素冠(소관)

하얀 모자 쓴 님은 왜 아니 오시나요　庶見素冠兮(서견소관혜)[1]
쓰라린 가슴 안고 시들고 있습니다　棘人欒欒兮(극인난란혜)[2 3]
기다리다 지친 마음 멍이 듭니다　勞心慱慱兮(노심단단혜)[4]

하얀 옷 입은 님은 왜 아니 오시나요　庶見素衣兮(서견소의혜)
기다리다 지친 속이 까맣게 탔습니다　我心傷悲兮(아심상비혜)
그대와 함께 가면 얼마나 좋을까요　聊與子同歸兮(요여자동귀혜)[5]

하얀 슬갑 찬 님은 왜 아니 오시나요　庶見素韠兮(서견소필혜)[6]
내 마음에 맺힌 시름 어이합니까　我心蘊結兮(아심온결혜)[7]
그대와 함께 살면 얼마나 좋을까요　聊與子如一兮(요여자여일혜)[8]

1 庶 희망을 나타내는 말. 庶幾. 庶見素冠은 '하얀 모자 쓴 사람을 보고 싶어요'라는 뜻이다 2 棘人 병든 사람 3 欒欒 몸이 지쳐 시드는 모양 4 慱 근심하는 모양 5 聊 희망을 나타낸다. '~하려 한다' 6 韠 슬갑. 무릎을 가리는 도구 7 蘊 쌓이다 蘊結은 쌓이고 맺히는 것 8 如一 하나가 되다. 함께 살다

백마 타고 오는 초인을 막연하게 기다리는 아가씨의 애절한 마음을 읊은 노래다. 동물들도 암컷은 사랑의 철이 되면 수컷을 기다리느라 속을 태운다. 사람들도 예외는 아니다. 그러나 어떤 남자나 다 좋은 것은 아니다. 나의 님은 백마 타고 오는 멋있는 남자임에 틀림없다. 그 님을 간절히 기다리고 있는 아가씨의 노래다. 기다림을 기다림으로 승화시킬 뿐 다른 원망이나 비난을 하지 않는 깨끗한 감정을 읽을 수 있다.

습지의 장초나무 隰有萇楚(습유장초)

습지에 난 장초나무 줄기도 싱싱하네 隰有萇楚(습유장초) 猗儺其枝(아나기지)[1-3]
싱그럽게 뻗어 있는 무심한 너 부럽구나 夭之沃沃(요지옥옥) 樂子之無知(낙자지무지)[4,5]

습지에 난 장초나무 꽃들도 화사하네 隰有萇楚(습유장초) 猗儺其華(아나기화)
싱그럽게 뻗어 있는 님 없는 너 부럽구나 夭之沃沃(요지옥옥) 樂子之無家(낙자지무가)

습지에 난 저 장초나무 열매도 탐스럽네 隰有萇楚(습유장초) 猗儺其實(아나기실)
싱그럽게 뻗어 있는 임자 없는 너 부럽다 夭之沃沃(요지옥옥) 樂子之無室(낙자지무실)

1 萇 장초나무, 보리수 2 猗 부드럽다, 싱그럽다 3 儺 가지가 휘청거리는 모양 4 夭 예쁘다, 화사하다 5 沃沃 싱그러운 모양

사랑 때문에 속 태우는 시인이 어느 날 길가에 자라고 있는 장초나무를 보았다. 장초나무는 아무 시름도 없이 싱그럽게 뻗어 있다. 그러나 시인에게는 시름이 많다. 사람들의 삶에서 나타나는 많은 부분의 갈등은 남녀 간의 갈등이다. 이 풀지 못할 온갖 갈등 때문에 시름이 깊어질 때면 아무 갈등도 시름도 없이 싱그럽게 뻗어 있는 장초나무가 부럽다. 님은 없어도 걱정이요, 있어도 걱정이다. 없을 때는 없어서 걱정이고, 있을 때는 속 썩여서 걱정이다.

인간이 만들어낸 제도 중에서 가장 훌륭한 제도이면서 가장 나쁜 제도가 결혼제도와 국가제도다. 사람에게 욕심이 없다면 결혼제도와 국가제도는 필요가 없다. 그러나 사람들에게 욕심이 생기고 나면 다툼이 일어나 사회가 문란해진다. 그러므로 이를 극복하기 위해 만든 제도가 결혼제도요, 국가제도다. 그러나 순수한 사랑은 욕심 이전에 생겨나는 원초적인 것이고 깨끗한 것이다. 그 사랑의 느낌은 어떤 현실적 조건도 개입되지 않는다. 그러나 그 순수한 사랑이 소유욕으로 변모될 때 여러 가지 현실적 장벽에 부딪힐 수 있다. 여기에서 온갖 인간의 구속이 되고 굴레가 되며 갈등이 생겨난다.

사랑의 느낌이 순수한 차원에 머물게 하는 데 시인의 아름다운 마음이 있다.

바람 탓이 아니다　　匪風(비풍)

바람이 불어서 그런 것도 아니고　　匪風發兮(비풍발혜) 1
수레가 덜컹대서 그런 것도 아니다　　匪車偈兮(비거걸혜) 2
주나라 가는 길을 바라보다가　　顧瞻周道(고첨주도)
마음속이 쓰리고 아파옵니다　　中心怛兮(중심달혜) 3

바람이 몰아쳐서 그런 것도 아니고　　匪風飄兮(비풍표혜) 4
수레가 흔들려서 그런 것도 아니다　　匪車嘌兮(비거표혜) 5
주나라 가는 길을 바라보다가　　顧瞻周道(고첨주도)
속마음이 아프고 쓰려옵니다　　中心弔兮(중심조혜) 6

그 누가 물고기를 삶아내려고　　誰能亨魚(수능팽어) 7
가마솥 안에다가 물을 부을까　　漑之釜鬵(개지부심) 8
그 누가 서쪽으로 주나라 가서　　誰將西歸(수장서귀)
좋은 소식 가져와 전해줄거나　　懷之好音(회지호음) 9

1匪 非와 통용 2偈 굳센 모양, 덜컹거리는 모양 3怛 마음이 슬픈 모양 4飄 회오리바람, 회오리치다 5嘌 흔들리는 모양 6弔 조상하다, 슬퍼하다, 아파하다 7亨 烹과 통용, 삶다 8漑 물을 대다, 물을 붓다 9懷 품어 오다, 가져오다

주나라가 쇠퇴해져 사회가 혼란해지고 사람들의 삶이 어렵게 되었다. 주나라가 어렵게 되면 회檜나라는 견디기 어렵다. 그러므로 주나라가 약해지는 것은 회檜나라의 멸망을 의미한다. 이를 걱정하는 시인이 이 시를 지었다.

마음이 쓰리고 아프다. 그것은 거친 바람이 불어서도 아니고 수레가 덜컹거려서도 아니다. 그것은 오직 망해가는 주나라를 생각하기 때문이다. 망해가는 주나라를 도울 수 있는 초인은 어디 없을까. 시인은 그것이 안타깝다. 무너져 가는 조국, 기울어져 가는 조국을 바라만 봐야 하는 시인의 안타까운 마음을 시로 달랠 수밖에 없는 것이 더욱 안타깝다.

율곡 선생은 무너져가는 조국의 운명을 바라보는 안타까운 마음 탓에 목숨을 단축했다. 그 안타까운 마음을 읊은 졸시 한 수 소개한다.

율곡 선생

얼마나 속이 상했을까
님께서는
조국이 무너지는데
아는 이 없으니

시시각각 다가오는

위급한 상황
목 놓아 소리쳐도
메아리 없어

외로운 안타까움이
자기 몸을 태워도
마지막 순간까지
포기할 수 없는 조국

임진강 나루터에
불이 밝을 때
바보 같은 임금님의
외마디 절규

아아! 율곡이여

조풍曹風

주周의 무왕武王이 은殷을 친 뒤 아우 숙진탁叔振鐸을 조曹에 봉했다.
그 영역은 지금의 산동성山東省 하택현荷澤縣과 정도현定陶縣 일대에 해당한다.
26세 백양伯陽 때에 송宋나라 경공景公에게 멸망당했다.

하루살이　　蜉蝣(부유)

하루살이 날고 있는 해 저문 때에	蜉蝣之羽(부유지우)[1]
고운 옷 차려입고 나서는 사람	衣裳楚楚(의상초초)[2,3]
내 마음이 철렁하고 내려앉아요	心之憂矣(심지우의)
돌아와 머물 곳은 이 몸이에요	於我歸處(어아귀처)
하루살이 날고 있는 날 저문 때에	蜉蝣之翼(부유지익)
고운 옷 차려입고 떠나는 사람	采采衣服(채채의복)[4]
바라보는 내 마음이 쓰라립니다	心之憂矣(심지우의)
돌아와 쉴 곳은 이 몸이에요	於我歸息(어아귀식)
하루살이도 날지 않는 어두운 때에	蜉蝣掘閱(부유굴열)[5,6]
눈 같은 베옷 입고 떠나는 사람	麻衣如雪(마의여설)
내 가슴 도려내듯 아파옵니다	心之憂矣(심지우의)
나에게로 돌아와 즐겨야지요	於我歸說(어아귀열)

1 蜉蝣 하루살이 2 楚楚 깨끗한 모양 3 於我歸處 歸處於我이어야 할 것이나 순서가 바뀌었다. '나에게 돌아와 처해야 한다'는 뜻이다 4 采采 차리다, 의복을 차려입은 모양 5 掘 屈과 통용, 물러나다 6 閱 속으로 들어가다, 掘閱은 '물러나 속으로 들어간다'는 뜻이다

이 시는 다른 여인을 찾아가는 남편의 모습을 바라보는 여인의 아픈 마음을 읊은 것으로 보인다.

하루살이는 해가 뉘엿뉘엿 기울어지는 석양에 나와 발악하듯 날아다닌다. 그러므로 하루살이가 난다는 말은 해가 기우는 저녁 무렵임을 말한다. 하루 중 가장 허전한 때가 바로 이때다. 이때가 님이 가장 그리운 때다. 그런데 어쩐 일인지 님이 저녁에 옷을 곱게 차려입고 길을 나선다. 날이 점점 더 어두워지면 하루살이도 날지 않는다. 그런 때에 백설같이 하얀 베옷을 차려입으니 더욱 눈에 뜨인다. 그렇게 깨끗한 옷차림으로 아마도 다른 사람을 만나러 가는 것이 틀림없다. 이를 바라보는 여인의 가슴은 철렁하고 내려앉는다. 달려 나가 멱살을 잡고 끌어오고 싶기도 하지만 그런다고 님의 마음까지 돌릴 수는 없는 노릇이다. 또 님을 강제로 끌고 오고 싶은 마음은 님을 나의 소유로 만들고 싶은 욕심이다. 속이 탄다. 그러나 달리 도리가 없다. 오직 한 마디 독백을 할 뿐이다. "돌아와 쉴 곳은 바로 이 몸인데…"

남녀 간의 사랑 중에 가장 숭고한 사랑은 짝사랑이다. 짝사랑은 상대를 사랑할 뿐 상대를 소유하려는 욕심을 갖지 않는다. 부부 간의 사랑이 숭고한 상태로 유지되는 방법은 짝사랑의 상태를 계속 유지하는 것이다. 그러므로 남편이 밤에 집을 나서더라도 남편에게 강요하지 않는다. 님을 사랑하는 것은 나의 마음일 뿐이기 때문이다. 님의 마음까지 소유하고 싶은 욕심을 부리지 않는 곳에 시인의 아름다운 마음이 있다.

셔블 발기 다래 밤드리 노니다가
드러자 자리 보곤 가라리 네히어라
둘흔 내해엇고 둘흔 뉘해언고
본대 내해다마난
아자날 엇디하릿고

「모시서毛詩序」를 비롯한 다른 주석서에는 나라의 사치스런 풍조를 걱정하며 읊은 시라고 하지만 그렇게 보이지 않는다. 그래서 여기서 주석을 무시하고 독자적으로 해석했다.

길잡이　　候人(후인)

저기 저 후인들이 창들을 메고 있네　彼候人兮 何戈與祋(피후인혜 하과여대) [1-3]
정치하는 저 무리들 슬갑만 삼백이네　彼其之子 三百赤芾(피기지자 삼백적불) [5]

어살의 저 사다새 날개도 아니 젖네　維鵜在梁 不濡其翼(유제재량 불유기익) [6]
정치하는 저 무리들 이름값도 하지 못해　彼其之子 不稱其服(피기지자 불칭기복) [7]

어살의 저 사다새 부리도 아니 젖네　維鵜在梁 不濡其咮(유제재량 불유기주) [8]
정치하는 저 무리들 하는 일 전혀 없어　彼其之子 不遂其媾(피기지자 불수기구) [9]

뭉게구름 일더니만 남산에 아침 무지개　薈兮蔚兮 南山朝隮(회혜위혜 남산조제) [10 11]
곱고도 예쁘지만 어린 백성 굶주리네　婉兮孌兮 季女斯飢(완혜연혜 계녀사기) [12-14]

1 候人 정치인들의 길을 인도하는 길잡이 2 何 荷와 통용, 메다 3 祋 창 4 之子 저 사람들, 여기서는 정치하는 사람을 가리킨다 5 芾 슬갑, 무릎을 가리는 장식, 赤芾은 대부들의 슬갑 6 鵜 사다새 7 稱 어울리다 8 咮 부리, 주둥이 9 媾 화친하다, 사랑하다. 不遂其媾는 자기가 임금의 사랑을 받아 맡은 임무를 완수하지 못한다는 말이다. 10 薈 무성하게 일어나는 모양, 뭉게뭉게 11 蔚 무성한 모양 12 隮 무지개 12 婉 예쁘다 13 孌 예쁘다 14 季女 소녀, 막내딸, 여기서는 백성들을 가리킨다. 정치가에 있어서는 백성들이 막내딸처럼 귀여운 존재라는 뜻에서 이렇게 표현했다.

정치가들은 호위하는 사람들을 거느리고 출퇴근을 한다. 대단한 일을 하는 것처럼 거드름을 피우고 다닌다. 그러나 어살의 사다새가 고기도 안 잡고 놀고 있는 것처럼 정치하는 사람들은 제 이름값도 하지 못하고 빈둥거리고 있다. 무지개는 저녁에 떠오르는 것이 일반적이다. 그런데 그 무지개가 아침에 떠 있다. 앞뒤가 뒤집혀 있는 모습이다. 정치하는 사람들은 겉으로는 화려하지만, 실상은 엉터리이니 어리고 순진한 백성들만 피해를 입어 끼니도 제대로 잇지 못한다.

뻐꾸기 鳲鳩(시구)

뽕나무 위 뻐꾸기 일곱 마리 새끼 있네 鳲鳩在桑(시구재상) 其子七兮(기자칠혜) [1]
멋쟁이 우리 님은 그 거동이 한결같애 淑人君子(숙인군자) 其儀一兮(기의일혜)
그 거동이 한결같고 그 마음 단단하네 其儀一兮(기의일혜) 心如結兮(심여결혜) [2]

뻐꾸기는 뽕나무 새끼들은 매화나무 鳲鳩在桑(시구재상) 其子在梅(기자재매)
멋있는 우리 님은 비단실로 띠를 했네 淑人君子(숙인군자) 其帶伊絲(기대이사) [3] [4]
비단실로 띠를 하고 오색 구슬 고깔 썼네 其帶伊絲(기대이사) 其弁伊騏(기변이기) [5] [6]

뻐꾸기는 뽕나무 새끼들은 대추나무 鳲鳩在桑(시구재상) 其子在棘(기자재극)
어지신 우리 님은 거동이 어울리네 淑人君子(숙인군자) 其儀不忒(기의불특) [7]
어울리는 거동으로 온 나라를 구하셨네 其儀不忒(기의불특) 正是四國(정시사국)

뻐꾸기는 뽕나무 새끼들은 개암나무 鳲鳩在桑(시구재상) 其子在榛(기자재진) [8]
아름다운 우리 님은 나라 사람 구하셨네 淑人君子(숙인군자) 正是國人(정시국인)
나라 사람 구했으니 만수무강 하소서 正是國人(정시국인) 胡不萬年(호불만년) [9]

1 鳲 뻐꾸기 鳲鳩는 뻐꾸기 2 如結 끈으로 묶은 듯 단단하다 3 伊 어조사 4 絲 비단실, 흰 실 5 弁 고깔 6 騏 가죽 고깔의 솔기에 오색 구슬을 꿰어 장식한 것 7 忒 어긋나다 8 榛 개암나무 9 胡不萬年 어찌 만 년을 누리지 않겠는가

어미 뻐꾸기가 나무에 있는데 그 어미의 보호를 받고 자라고 있는 새끼들이 너무도 보기 좋다. 훌륭한 임금님이나 현명한 대신의 덕으로 살아가는 백성들은 마치 이 뻐꾸기의 새끼들처럼 행복하다. 임금님을 부모처럼 흠모하고 현신賢臣을 사랑하는 백성들의 노래로 생각된다. 아마도 세종대왕 때에 이와 유사한 노래가 있었을 법하다.

흐르는 샘물 　 下泉(하천)

서늘한 샘물이 흘러내려와	冽彼下泉(열피하천)[1]
가라지 포기를 적시는구려	浸彼苞稂(침피포랑)[2][3]
자다 깨어 일어나 한숨 짓나니	愾我寤嘆(개아오탄)[4]
저 주나라 서울을 생각합니다	念彼周京(염피주경)
시원한 샘물이 흘러내려와	冽彼下泉(열피하천)
개쑥 덤불을 적시는구려	浸彼苞蕭(침피포소)[5]
자다 깨어 일어나 한숨짓나니	愾我寤嘆(개아오탄)
저 주나라 서울을 염려합니다	念彼京周(염피경주)
서늘한 샘물이 흘러내려와	冽彼下泉(열피하천)
가새풀 포기들을 적시는구려	浸彼苞蓍(침피포시)[6]
자다 깨어 일어나 한숨짓나니	愾我寤嘆(개아오탄)
저 주나라 서울 땅을 어찌합니까	念彼京師(염피경사)
뾰족뾰족 자라나는 기장의 새싹	芃芃黍苗(봉봉서묘)[7]
장맛비가 촉촉이 적시는구려	陰雨膏之(음우고지)[8]
천하에 임금님 계실 적에는	四國有王(사국유왕)[9][10]
순백이 위로를 받았었건만	郇伯勞之(순백노지)[11]

1 冽 차다 2 苞 떨기 3 稂 가라지 4 愾 한숨 쉬다 5 蕭 쑥 6 蓍 시초 7 芃芃 아름다운 모양 8 陰雨 단비 9 四國 온 나라, 천하 10 王 여기서는 天子를 가리킨다 11 郇伯 荀躒 곧 敬王을 돕던 知伯을 가리킨다. 천자인 敬王이 건재했을 때는 知伯이 그를 도와 많은 공을 세우기도 했었는데, 지금 주나라가 미약해지자 曹나라 사람들이 그때를 그리워하며 노래를 불렀다.

주나라가 왕성한 덕을 가지고 있었을 때는 제후국인 조曹나라가 그 은혜를 입었다. 주나라는 덕을 가지고 제후국들을 자녀처럼 보살폈다. 그것은 마치 시원한 샘물이 흘러내려와 기장이나 가라지·개쑥·가새풀 등을 적셔주는 것처럼 은혜로운 것이었다. 그래서 제후국들은 주나라를 친정집 부모를 그리워하듯 그리워했다. 그런데 주나라의 덕이 기울어 제후국들에게 은혜를 베풀지 못하자 외로워진 제후국의 시인이 그 쓸쓸함을 노래했다. 특히 조曹나라는 주나라의 보살핌이 없으면 유지하기 어렵기 때문에 더욱 그러하다. 그래서 자다가도 일어나 탄식하게 되었다.

빈풍豳風

빈豳은 기산岐山의 북쪽 평평하고 낮은 들에 있었다. 옛날 순 임금과 우 임금의 시대에 기棄라는 사람이 농사일을 관장하는 관리인 후직后稷이 되어 잘 다스렸으므로 태邰라는 땅에 봉해져, 후직后稷이라 칭해졌고 희姬씨 성을 받았다.

기棄의 아들 불줄不窋은 임무를 완수하지 못해 융적들이 사는 곳으로 쫓겨났다.

불줄의 손자 공류公劉가 후직의 일을 도로 회복하여 부강해졌는데, 빈豳 땅에 도읍했다.

그 뒤 8세를 지나 고공단보古公亶父가 빈豳의 동남쪽 기산岐山의 남쪽에 있는 주周로 이주했다.

이것을 기주岐周라 한다. 다시 고공단보古公亶父의 손자 문왕文王이 풍豊으로 이주했고, 그의 아들 무왕武王이 다시 호鎬로 도읍을 옮겼다. 그러므로 빈豳 땅에는 공류公劉로부터 고공단보古公亶父에 이르는 10세에 걸쳐 도읍하고 있었다.

이 빈豳 땅을 중심으로 불렸던 노래가 빈풍豳風이다.

칠월

칠월에 별 기울면 구월엔 옷 장만하세
동짓달엔 매운 바람 섣달엔 추위 오네
옷 장만 아니하면 이 겨울을 어이 날까
정월엔 보습 손질 이월엔 밭을 가네
우리 처자 남묘에서 들 점심을 함께 먹세
권농하는 관리들은 싱글벙글 웃고 있네

칠월에 별 기울면 구월엔 옷 장만하세
봄날이 따스하고 꾀꼬리 울어대면
아가씨들 바구니 끼고 오솔길 따라가서
뽕잎을 따 모아도 봄날은 길고 길어
수북이 쑥을 캐도 속이 타는 소녀 마음
멋있는 님을 만나 시집가고 싶은 마음

칠월에 별 기울면 팔월에 갈대 베네
뽕잎 따는 삼월에는 여러 도끼 손에 들고
높은 가지 찍어내고 낮은 가지 당겨 따세
칠월에 때까치 울면 팔월엔 베를 짜세
검은 베 노란 베라 제일 고운 붉은 베는
멋있는 우리 님의 바지를 만들지요

사월엔 아기 풀 열매 오월엔 매미 울음
팔월엔 추수하고 시월엔 낙엽지네
동짓달엔 담비 사냥 여우 살쾡이 잡아오면
멋있는 우리 님의 갖옷을 만들지요
섣달엔 모두 모여 사냥으로 무공 닦아
작은 돼지 내 차지요 큰 돼지는 임금님께

오월에는 메뚜기 떼 뛰어다니고
유월에는 베짱이가 날개를 치네
칠월에는 들에 있고 팔월에는 처마 밑에
구월에는 문 안으로 들어오더니
시월에는 침상까지 들어오는 귀뚜라미
구멍을 틀어막고 연기 피워 쥐를 쫓고
북창에 문풍지 하고 지게문에 흙 바르자
아내여 자녀들아 한 해가 바뀌어온다
이 방에 들어와서 다 함께 겨울나자

유월엔 머루랑 아가위 먹고
칠월엔 아욱이랑 콩을 삶자
팔월이면 대추 따고 시월이면 벼 베기라
이것으로 봄 술 빚어 노인들 축수하세
칠월이면 참외 먹고 팔월이면 박을 타고

구월이면 삼씨 줍고 갈비하고 장작 패지
우리네 농부들은 이렇게 살아가네

구월이면 마당 닦고 시월이면 추수하네
늦고 이른 기장쌀에 벼와 삼과 콩과 보리
아아 농부들아 추수 곡식 쌓였으니
마을로 돌아가서 집일을 돌아보세
낮에는 띠를 베고 밤에는 새끼 꼬아
빨리 이엉 올리고서 백곡의 씨 뿌리세

선달이면 타앙타앙 얼음을 깨어
정월이면 석빙고에 보관을 하지
이월에는 동이 틀 때 일찍 일어나
희생 염소 바치고 부추 나물 제사 지내
구월에 서리 오면 시월에 마당 닦고
술 담아 잔치하고 염소 잡아 안주하네
공회당에 올라가서 술잔을 높이 들고
우리 함께 축원하세 만수무강 누리소서

칠월
七月

칠월유화 구월수의
七月流火 九月授衣 [1–4]
일지일필발 이지일율렬
一之日觱發 二之日栗烈 [5–8]
무의무갈 하이졸세
無衣無褐 何以卒歲 [9]
삼지일우사 사지일거지
三之日于耜 四之日擧趾 [10, 11]
동아부자 엽피남묘
同我婦子 饁彼南畝 [12, 13]
전준지희
田畯至喜 [14]

칠월유화 구월수위
七月流火 九月授衣
춘일재양 유명창경
春日載陽 有鳴倉庚 [15, 16]
여집의광 준피미행
女執懿筐 遵彼微行 [17, 18]
원구유상 춘일지지
爰求柔桑 春日遲遲
채번기기 여심상비
采蘩祁祁 女心傷悲 [19, 20]
태급공자동귀
殆及公子同歸 [21, 22]

칠월유화 팔월환위
七月流火 八月萑葦 [23, 24]
잠월조상 취피부장
蠶月條桑 取彼斧斨 [25, 26]
이번원양 의피여상
以伐遠揚 猗彼女桑 [27]
칠월명격 팔월재적
七月鳴鵙 八月載績 [28, 29]
재현재황 아주공양
載玄載黃 我朱孔陽
위공자상
爲公子裳

사월수요 오월명조
四月秀葽 五月鳴蜩 [30–32]

팔월기학 시월운탁
八月其穫 十月隕蘀 [33]
일지일우학 취피호리
一之日于貉 取彼狐貍 [34] [35]
위공자구
爲公子裘
이지일기동 재찬무공
二之日其同 載纘武功 [36]
언사기종 헌견우공
言私其豵 獻豜于公 [37] [38]

오월사종동고
五月斯螽動股 [39] [40]
유월사계진우
六月莎鷄振羽 [41]
칠월재야 팔월재우
七月在野 八月在宇 [42]
구월재호
九月在戶
시월실솔입아상하
十月蟋蟀入我牀下 [43]
궁질훈서
穹窒熏鼠 [44] [45]
색향근호
塞向墐戶 [46]
차아부자 왈위개세
嗟我婦子 曰爲改歲 [47]
입차실처
入此室處

유월식울급욱
六月食鬱及薁 [48] [49]
칠월팽규급숙
七月亨葵及菽 [50] [51]
팔월박조 시월획도
八月剝棗 十月穫稻 [51]
위차춘주 이개미수
爲此春酒 以介眉壽 [53–55]
칠월식과 팔월단호
七月食瓜 八月斷壺 [56]
구월숙저 채도신저
九月叔苴 采荼薪樗 [57–60]
사아농부
食我農夫

구월축장포 시월납화가
九月築場圃[61] 十月納禾稼
서직중륙 화마숙맥
黍稷重穋 禾麻菽麥[62][63]
차아농부 아가기동
嗟我農夫 我稼旣同[64]
상입집궁공
上入執宮功[65]
주이우모 소이삭도
晝爾于茅 宵爾索綯[66]
극기승옥 기시파백곡
亟其乘屋 其始播百穀[67][68]

이지일착빙충충
二之日鑿冰沖沖[69][70]
삼지일납우능음
三之日納于凌陰[71]
사지일기조
四之日其蚤[72]
헌고제구
獻羔祭韭[73]
구월숙상 시월척장
九月肅霜 十月滌場[74][75]
붕주사향 왈살고양
朋酒斯饗 曰殺羔羊[76][77]
제피공당 칭피시굉
躋彼公堂 稱彼兕觥[78–82]
만수무강
萬壽無疆

1 七月 지금의 음력 七月에 해당한다. 公劉가 하나라 사람이므로 豳風에서는 夏曆을 쓰고 있다 2 流 흘러내리다 3 火 화성. 화성은 6월 초저녁에 정남에 있다가 7월이 되면 점점 서쪽으로 내려간다. 流火는 화성이 서쪽으로 내려가는 것을 말한다. 4 授衣 옷을 지어 주는 것 5 一之日 十一月. 十一月에서 十을 제하고 一을 말한 것이다. 二之日은 十二月, 三之日은 正月, 四之日은 二月이다. 6 觱 쌀쌀하다. 쌀쌀한 바람 7 栗 慄과 통용. 두려운 것 8 烈 매운 것. 栗烈은 무섭고 매서운 추위. 맹추위 9 褐 털 베로 만든 옷 10 耜 보습 11 擧趾 발을 들어 쟁기를 밟으며 밭을 가는 것 12 饁 들 점심을 먹다 또는 먹이다 13 南畝 남쪽 밭이랑 14 畯 권농관. 농사를 보살피는 관리 15 載 어조사 또는 비로소 16 倉庚 꾀꼬리 17 懿筐 속이 깊은 대광주리 18 微行 오솔길 19 蘩 산흰쑥. 머위 20 祁祁 많은 모양 21 殆 장차 22 及 與와 같은 뜻. 더불어 23 萑 물억새 24 葦 갈대 25 條桑 뽕나무 가지를 잘라다가 뽕잎을 따는 것 26 斨 네모 구멍이 난 도끼 27 遠揚 가지가 멀리 뻗은 것과 위로 뻗은 것. 以伐遠揚 猗彼女桑은 가지가 멀리 뻗고 위로 뻗어 늘어진 저 어린 뽕을 딴다는 말이다 女桑은 부드러운 뽕을 말한다 28 鵙 왜가리. 때까치 29 績 길쌈 30 秀 열매 맺는 것 31 葽 애기풀. 약으로 쓰는 쓴 풀. 遠志라고도 한다 32 蜩 매미 33 蘀 낙엽이 지다. 낙엽 34 貉 담비 35 狸 살쾡이 36 纘 잇다. 계속하다 37 豵 어린 돼지 38 豜 큰 돼지 39 斯螽 여치. 메뚜기 40 動股 뛰어 다니는 것 41 莎 베짱이 莎雞는 베짱이 42 宇 처마 43 蟋蟀 귀뚜라미 44 穹 하늘. 구멍 45 熏鼠 연기를 내어 쥐를 쫓는 것 46 墐 흙을 바르다 47 曰 어조사 48 鬱 아가위 49 薁 머루. 아가위와 비슷한 과일이라 하기도 하나 확실치 않다. 통상 머루라 번역했다 50 亨 烹과 통용. 삶다 51 葵 아욱 52 剝 두드리다. 剝棗는 대추를 두드려 따는 것 53 介 돕다 54 眉 눈썹이 긴 노인 55 介眉壽 노인들을 축수하는 것 56 壺 瓠와 통용. 박 57 叔 줍다 58 苴 삼 열매 59 荼 씀바귀 60 樗 가죽나무. 개똥나무. 쓸모없는 나무. 땔감으로 쓰는 나무 61 築場圃 채전에 흙을 쌓고 마당을 만드는 것 62 重 늦게 익는 벼 63 穋 올벼 64 旣同 이미 다 쌓였다 65 上入 마을로 올라가 들어가는 것 66 索 새끼 67 亟 급히 68 乘屋 이엉을 올리는 것 69 鑿 얼음을 채취하는 것 70 沖沖 얼음 깨는 소리 71 凌陰 얼음 창고 72 蚤 일찍 일어나는 것 73 韭 부추 74 肅霜 된서리 75 滌場 마당을 깨끗이 치우는 것 76 朋 여기서는 두 개의 술통을 의미한다 77 曰 어조사 78 躋 오르다 79 公堂 임금이 있는 집 80 稱 잔을 들고 축원을 하는 것 81 兕 외뿔 난 소 82 觥 뿔 술잔

농가월령가로 권농勸農을 주제로 하여 농가에서 일 년 동안 할 일을 달의 순서에 따라 읊었다.

올빼미

올빼미야 올빼미야
내 새끼를 먹었거든 내 집은 헐지 마라
알뜰살뜰 보살폈던 내 새끼들 가엾구나

장마철이 들기 전에 비 오기 전에
저 뽕나무 뿌리 벗겨 문틀 얽으면
지금 너희 아래 백성 감히 나를 모욕할까

손과 발이 다 닳도록
풀 이삭 주워 오고 갈대 꺾어 오느라
내 부리 병들었네 내 살 곳 없었기에

내 날개 다 닳았고 내 꼬리 다 빠졌네
내 집이 위태로워 비바람에 흔들리네
맥없이 바라보며 울 수밖에 없는 신세

치 효
鴟鴞

치 효 치 효
鴟鴞鴟鴞[1,2]
기 취 아 자 무 훼 아 실
既取我子 無毁我室
은 사 근 사 국 자 지 민 사
恩斯勤斯 鬻子之閔斯[3-6]

태 천 지 미 음 우
迨天之未陰雨[7,8]
철 피 상 두 주 무 유 호
徹彼桑土 綢繆牖戶[9-11]
금 여 하 민 혹 감 모 여
今女下民 或敢侮予[12]

여 수 길 거
予手拮据
여 소 날 도 여 소 축 조
予所捋荼 予所蓄租[13-15]
여 구 졸 도 왈 여 미 유 실 가
予口卒瘏 曰予未有室家[16,17]

여 우 초 초 여 미 소 소
予羽譙譙 予尾翛翛[18,19]
여 실 교 교 풍 우 소 표 요
予室翹翹 風雨所漂搖[20,21]
여 유 음 효 효
予維音嘵嘵[22]

1 鴟 부엉이, 올빼미 2 鴞 올빼미 鴟鴞는 올빼미 또는 부엉이 3 恩斯勤斯 알뜰살뜰 보살피는 모양 4 鬻 어리다 鬻子는 어린 아들, 어린 새끼 5 之 도치를 나타내는 역할을 한다 6 斯 어조사 7 迨 미칠 태 8 陰雨 장맛비, 구름 끼고 비 옴 9 徹 벗기다 10 土 杜과 통용, 껍질 11 綢繆 얽다 12 拮据 손발이 다 닳도록 부지런히 일하다 13 捋 따다, 꺾다 14 荼 갈대 꽃 15 租 蒩와 통용, 띠 자리, 풀 이삭 16 卒 瘁와 통용, 병들다 17 瘏 병들다 18 譙譙 깃이 닳아 없어지다 19 翛翛 닳은 모양, 모지라진 모양 20 翹翹 위태로운 모양 21 漂搖 흔들리다 22 嘵嘵 두려워 소리치는 것

큰 새가 작은 새의 둥지에 들어와 새끼를 다 잡아먹고 집마저 망가뜨린다. 작은 새는 아무 힘도 없이 그것을 지켜볼 수밖에 없다. 세상에는 이와 같은 억울한 일을 당할 수도 있다. 그 작은 새처럼 불행한 일을 당한 사람이 자기의 신세를 한탄하는 노래로 보인다.

「모시서毛詩序」를 비롯한 대다수의 주석서에서는 이 시를 주공周公이 성왕成王에게 바친 노래라 하였으나 따르기 힘들다.

동산　東山

산동으로 정벌 나가 돌아오지 못하다가　我徂東山 慆慆不歸 1 2
이제사 돌아오니 부슬비가 부슬부슬　我來自東 零雨其濛 3 4
동쪽에 있는 몸이 서쪽 땅을 슬퍼했지　我東曰歸 我心西悲 5 6
평상복 지어 입고 군대 얘긴 하지 말자　制彼裳衣 勿士行枚 7 8
꿈틀꿈틀 뽕 벌레 뽕밭에서 기어다닐 때　蜎蜎者蠋 烝在桑野 9–11
웅크리고 홀로 누워 수레 밑서 잠잤었지　敦彼獨宿 亦在車下 12

산동으로 정벌 나와 돌아오지 못하다가　我徂東山 慆慆不歸
이제사 돌아오니 부슬비가 부슬부슬　我來自東 零雨其濛
하눌타리 열매 열어 처마 밑에 넝쿨 뻗고　果臝之實 亦施于宇 13 14
방 안에는 쥐며느리 문 밖에는 거미줄　伊威在室 蠨蛸在戶 15–17
밭은 묵어 사슴 놀고 도깨비불 나타나도　町畽鹿場 熠燿宵行 18–22
두려울 것 하나 없네 그리운 내 고향집　不可畏也 伊可懷也

산동으로 정벌 나가 돌아오지 못하다가　我徂東山 慆慆不歸
이제사 돌아오니 부슬비가 부슬부슬　我來自東 零雨其濛
둑에는 황새 울음 방에는 아내 한숨　鸛鳴于垤 婦歎于室 23 24
쓸고 닦고 구멍 막아 날 오기만 기다렸네　洒埽穹窒 我征聿至
둥근 오이 쓴 것들은 장작 덤에 나뒹구네　有敦瓜苦 烝在栗薪 25 26
그대 본 지 얼마인가 벌써 삼 년 지났구나　自我不見 于今三年

산동으로 정벌 나가 돌아가지 못하다가　我徂東山 慆慆不歸

이제사 돌아오니 부슬비가 부슬부슬	아래자동 영우기몽 我來自東 零雨其濛
꾀꼬리가 날아가네 날개 빛이 아름답네	창경우비 습요기우 倉庚于飛 熠燿其羽 [27]
내 아내 시집올 때 얼룩말을 타고 왔지	지자우귀 황박기마 之子于歸 皇駁其馬 [28]
옷고름도 매어주고 혼례 방식 복잡했지	친결기리 구십기의 親結其縭 九十其儀 [29] [30]
신혼 정이 좋았으니 묵은 정은 어떠하리	기신공가 기구여지하 其新孔嘉 其舊如之何 [31]

1 徂 가다 2 慆慆 오랜 시간이 경과하다 3 零雨 보슬비 4 濛 이슬비가 내리는 모양 5 我東曰歸 동쪽에 있으면서 돌아갈 것을 생각했다 6 我心西悲 내 마음은 서쪽을 생각하며 슬퍼했다 7 士 事와 통용, 종사하다 8 枚 나무 줄기 行枚 옛날 군인이 행진할 때 말을 하지 못하게 하기 위해 나뭇가지를 입에 물게 했다. 따라서 行枚는 군대의 일 9 蜎 꿈틀거리다 10 蠋 뽕나무 벌레 11 烝 발어사 12 敦 몸을 둥글게 하여 새우잠을 자는 것 13 果臝 하눌타리, 하늘 수박 14 施 뻗다 15 伊威 蛜蝛 쥐며느리 16 蠨 거미의 일종 17 蛸 거미 알 蠨蛸는 다리가 긴 거미의 일종 18 町 밭두둑 19 畽 남새밭 20 熠 불이 반짝거리다 21 燿 빛나다, 반짝이다. 熠燿는 반딧불 또는 도깨비불 22 宵行 밤에 왔다갔다 하는 것 23 鸛 황새 24 垤 개미 둔덕 25 敦 둥근 것 26 栗薪 땔나무로 쌓아놓은 밤나무 더미 27 熠燿 반짝이다 28 皇 황백색 皇駁은 색깔이 섞여서 얼룩진 것 29 縭 옷고름 30 九十 아홉 가지 열 가지, 즉 여러 가지 31 孔 매우

오랫동안 전쟁터에 나갔던 남자가 고향으로 돌아와 전쟁을 회상하며 노래한 것이다. 여러 주석서에서는 동쪽에서의 전쟁을 주공周公의 동정東征이라 한다.

깨진 도끼　破斧

도끼자루 부서지고 날들은 이 빠졌네	旣破我斧 又缺我斨
주공께서 동정하사 세상을 구하시고	周公東征 四國是皇 1
우리 백성 아끼셔서 큰 사랑 이루시네	哀我人斯 亦孔之將 2
도끼자루 부서지고 톱날은 이 빠졌네	旣破我斧 又缺我錡 3
주공께서 동정하사 세상을 깨치시고	周公東征 四國是吪 4
우리 백성 아끼셔서 큰 기쁨 이루시네	哀我人斯 亦孔之嘉
도끼자루 부서지고 끌의 날 이 빠졌네	旣破我斧 又缺我銶 5
주공께서 동정하사 세상이 순조롭고	周公東征 四國是遒
우리 백성 아끼셔서 큰 쉼을 이루시네	哀我人斯 亦孔之休

1 皇 匡의 뜻, 바로잡는 것 2 將 크다 3 錡 톱 4 吪 감화시키다 5 銶 끌

도끼를 들고 산에 가서 도낏자루도 베고 땔나무도 벤다. 그러느라 도끼의 이빨이 다 무디어진다. 주공께서는 세상을 구하느라 온몸이 성한 데가 없다. 마치 이빨 빠진 도끼의 신세다. 우리 도끼라고 한 것은 주공에 대한 애정을 표시한 것인 듯하다. 주공을 바라보는 시인은 안타깝기만 하다.

도낏자루를 베네 伐柯(벌가)

도낏자루는 어떻게 잘라야 하나 伐柯如何(벌가여하)[1]
도끼가 아니면 안 되는 거지 匪斧不克(비부불극)
아내를 얻을 때는 어떻게 하나 取妻如何(취처여하)
중매인이 아니면 안 되는 거지 匪媒不得(비매부득)

도낏자루를 자르네 도낏자루를 자르네 伐柯伐柯(벌가벌가)
그 방식은 멀리 있지 아니한 것을 其則不遠(기칙불원)
내 님을 만났으니 어찌하면 좋을까 我覯之子(아구지자)[2]
옛 사람 본을 받아 예 올리고 맞이하자 籩豆有踐(변두유천)[3]

1 柯 도낏자루 2 覯 만나다 3 籩豆 각종의 제기, 여기서는 예법을 말한다, 籩은 대로 만든 제기, 豆는 질그릇이나 놋쇠로 만든 제기

결혼식 때의 노래로 보인다. 도낏자루를 자를 때도 법칙이 있다. 하물며 결혼식 같은 중요한 예식을 하는 데 법도가 없을 수 없다.

촘촘한 그물 九罭(구역)

눈이 작은 그물에 송어 방어 걸렸네
나는 이제 뵈었네 거룩한 님 뵈었네
용무늬 저고리에 수놓은 바지

九罭之魚(구역지어) 鱒魴(준방)[1-3]
我覯之子(아구지자)
袞衣繡裳(곤의수상)[4]

큰기러기 날아와 모래톱을 따라가네
님께서 떠나시면 계실 곳이 없습니다
거기는 잠시 동안 머무는 곳이에요

鴻飛遵渚(홍비준저)
公歸無所(공귀무소)
於女信處(어여신처)[5]

큰기러기 날아와 뭍을 따라 날아가네
님께서 떠나시면 다신 아니 오십니까
거기는 잠시 동안 쉬시는 곳이에요

鴻飛遵陸(홍비준륙)
公歸不復(공귀불부)
於女信宿(어여신숙)[6]

그래서 곤룡포를 만들었지요
그러니 우리 님을 데려가지 마세요
우리 마음 슬프게 하지 마세요

是以有袞衣兮(시이유곤의혜)
無以我公歸兮(무이아공귀혜)
無使我心悲兮(무사아심비혜)

1 罭 물고기 그물, 九罭은 그물의 눈이 촘촘한 물고기 그물을 말한다 2 鱒 송어 3 魴 방어, 눈이 가는 그물에 큰 고기가 걸렸다는 것은 뜻밖의 행운을 의미한다 4 袞衣 용의 무늬를 그려 넣은 곤룡포, 임금님을 의미한다 5 女 대부분의 주석서에서는 동쪽 사람들을 지칭하는 것으로 설명했으나 오히려 서쪽 사람들로 보아야 할 것이다. 於女는 '너희들이 있는 곳에서'란 뜻인데, 여기서는 '거기에서'라 번역했다. 6 信 두 밤 자는 것, 잠시 머무는 것을 말함

주공이 동정을 했을 때 동쪽 사람들이 주공을 좋아하여 부른 노래라 한다.

님을 보았다. 그리던 님을 만났다. 가슴이 설렌다. 그런데 그 님은 돌아가려 한다. "그러나 설마 아주 가지는 않겠지. 잠시 갔다가 돌아오는 것이겠지. 언젠가는 돌아올 님입니다. 님을 이처럼 사랑하는 우리들이 있으니까. 그래서 님을 위해 곤룡포를 지어 놓고 기다리고 있답니다."

이는 바로 짝사랑하는 여인의 깨끗한 사랑의 마음인 것이다.

이리　　狼跋(낭발)

앞으로 나아가다 제 살 밟은 이리가　　狼跋其胡(낭발기호)[1][2]
뒤로 물러나다가 꼬리 밟고 넘어지네　　載疐其尾(재치기미)[3][4]
훤칠하고 아름다운 왕손이시여　　公孫碩膚(공손석부)[5]
붉은 신 늠름하고 당당하여라　　赤舃几几(적석궤궤)[6][7]

뒤로 물러나다가 꼬리 밟은 이리가　　狼疐其尾(낭치기미)
앞으로 나아가다 제 살 밟고 넘어지네　　載跋其胡(재발기호)
훤칠하고 아름다운 왕손이시여　　公孫碩膚(공손석부)
하시는 말씀마다 흠잡을 데 없구나　　德音不瑕(덕음불하)[8]

1 跋 밟다 2 胡 턱 밑에 늘어진 살 3 載 어조사 4 疐 넘어지다 5 膚 크다, 아름답다
6 舃 신 7 几几 점잖고 의젓하다 8 德音 훌륭한 말씀

이리가 앞으로 나아가다 자기의 턱밑 살을 밟고 뒤로 물러나다 자기의 꼬리를 밟고 넘어지듯 주공을 괴롭히는 나쁜 무리들이 아무리 주공을 해치려고 해도 뜻대로 될 리가 없다.

공公은 주공周公이고 손孫은 왕손王孫이란 뜻으로 보면 왕손王孫이신 우리 주공周公이란 뜻이 된다. 훤칠하고 아름다운 왕손인 주공은 당당하고 정대하다. 아무리 어려움에 처해도 초라하지 않고 당당하다. 이를 시인이 노래했다.

아雅

아雅는 정正이란 뜻이다. 아雅는 또 하夏나라의 하夏와 통하였다. 묵자墨子 『천지天志』 하편下篇에서 대아大雅 황의皇矣 편의 '제위문왕帝謂文王…'을 인용하고, 이를 '대하大夏'라 한 것을 보면 아雅가 하夏와 통했음이 분명하다.

그렇다면 아雅는 하夏나라 때부터 불려오던, 이른바 고전음악에 해당하는 장르인 셈이다. 학자에 따라서는 아雅와 송頌을 국풍國風이 지어진 말기쯤으로 이해하는 경우도 있다.

소아小雅

주자는 소아小雅와 대아大雅의 구별에 대하여 다음과 같이 말했다.

"정소아正小雅는 연향宴饗 때 연주하던 음악이고 정대아正大雅는 조회 때 연주하던 음악으로 복福을 받은 것과 훈계訓戒하는 말을 노래한 것이다…"

아雅는 고전음악에 해당하기 때문에 대부분 사대부들의 작품으로 이해된다. 아雅의 가사의 풍격에 차이가 있다 해서 옛날에는 소아小雅를 정소아正小雅와 변소아變小雅로, 대아大雅를 정대아正大雅와 변소아變小雅로 구분하는 경우도 있었다. 정현鄭玄은 녹명鹿鳴에서부터 청청자아菁菁者莪까지를 정소아正小雅, 육월六月 이하를 변소아變小雅라 했고, 대아大雅는 문왕文王부터 권아卷阿까지를 정대아正大雅, 민로民勞 이하를 변대아變大雅라 했다. 그는 국풍國風도 주남周南 소남召南을 정풍正風이라 하고, 나머지를 변풍變風이라 했다. 그러나 이러한 구분은 자의적이란 생각이 들기도 한다. 이를 무시하고 감상하는 것이 바람직할 것이다.

녹명지습鹿鳴之什

주자에 의하면, 아雅와 송頌에는 나라의 구별이 없어 10편을 한 권으로 묶어 습什이라 하였는데, 군법에 10명을 일습一什이라 한 것과 같다고 한다. 그러나 아雅와 송頌에서 모두 10편씩 묶여져 있는 것은 아니다. 기본적으로는 대부분 10편씩 묶여져 있다. 또 주자의 분류와 모전의 분류가 약간 차이가 난다. 그것은 편 명만 전해지고 내용이 없는 여섯 편을 주자는 포함시켰고 모전毛傳에서는 포함시키지 않았기 때문이다. 여기서는 주자의 분류 방식을 따랐다. 또 각 10편의 묶음의 이름은 첫번째 시의 이름을 따서 '~지습之什'으로 했다.

사슴이 울며

우―우― 사슴 울며 사철 쑥을 뜯고 있네
좋은 손님 오셨으니 슬을 뜯고 피리 부세
피리 불고 황을 치며 폐백 상자 바치나니
나를 좋아하신다면 대도 보여주소서

우―우― 사슴 울며 들 쑥을 뜯고 있네
우리 집에 오신 손님 큰 덕망을 갖추셨네
백성들을 존중하니 군자들의 본보길세
좋은 술이 있사오니 잔치하며 즐기소서

우―우― 사슴 울며 들의 금풀 뜯고 있네
귀한 손 오셨으니 슬을 뜯고 금을 뜯자
슬을 뜯고 금을 뜯어 화락함이 그지없네
좋은 술 있사오니 마음 놓고 즐기소서

鹿鳴(녹명)

呦呦鹿鳴(유유녹명) 食野之苹(식야지평) 1 2
我有嘉賓(아유가빈) 鼓瑟吹笙(고슬취생)
吹笙鼓簧(취생고황) 承筐是將(승광시장) 3 4
人之好我(인지호아) 示我周行(시아주행) 5

유유녹명 식야지호
呦呦鹿鳴 食野之蒿[6]
아유가빈 덕음공소
我有嘉賓 德音孔昭
시민부조 군자시측시효
視民不恌 君子是則是傚[7][8]
아유지주 가빈식연이오
我有旨酒 嘉賓式燕以敖[9][10]

유유녹명 식야지금
呦呦鹿鳴 食野之芩[11]
아유가빈 고슬고금
我有嘉賓 鼓瑟鼓琴
고슬고금 화락차담
鼓瑟鼓琴 和樂且湛[12]
아유지주 이연락가빈지심
我有旨酒 以燕樂嘉賓之心

1 呦呦 사슴의 우는 소리 2 苹 쑥 3 簧 피리 또는 피리 혀 4 將 받들다 5 周行 주나라로 가는 길, 큰 길, 대도 6 蒿 쑥 7 恌 경박하다 8 傚 본받다 9 旨酒 맛있는 술 10 式 어조사 11 芩 풀이름, 황금 12 湛 즐기다, 빠지다, 탐닉하다

이 시는 여러 신하를 모아 놓고 잔치를 벌일 때, 또는 훌륭한 손님을 모아 놓고 잔치를 벌일 때 주로 연주되던 노래의 가사다.

사슴들이 풀을 뜯을 때와 같이 평화로운 분위기에서 서로 함께 정을 나누자는 의도를 표현한 것이다.

수레 끄는 네 말 　四牡(사모)

네 필 수말 달리네 쉬지 않고 달리네 　四牡騑騑(사모비비) 1 2
주나라 가는 길 꼬불꼬불 더디구나 　周道倭遲(주도위지) 3
어찌 아니 돌아가고 싶으랴마는 　豈不懷歸(기불회귀)
나랏일이 아직도 끝나지 않았음에 　王事靡盬(왕사미고) 4
내 마음 쓰라리고 쓸쓸해지네 　我心傷悲(아심상비)

네 필 수말 달리네 쉬지 않고 달리네 　四牡騑騑(사모비비)
헐떡이며 달리는 저 말들 애처롭다 　嘽嘽駱馬(탄탄낙마) 5 6
어찌 아니 돌아가고 싶으랴마는 　豈不懷歸(기불회귀)
나랏일이 아직도 끝나지 않았음에 　王事靡盬(왕사미고)
편히 한번 앉아서 쉴 틈 없어라 　不遑啓處(불황계처) 7

훠어얼훨 나르는 비둘기 떼들 　翩翩者鵻(편편자추) 8 9
올라갔다 내려왔다 잘도 날더니 　載飛載下(재비재하) 10
상수리나무 떨기에 모여들 앉네 　集于苞栩(집우포허) 11 12
나랏일이 아직도 끝나지 않았으니 　王事靡盬(왕사미고)
아버님 봉양하러 언제 갈거나 　不遑將父(불황장부) 13

훠어얼훨 나르는 비둘기 떼들 　翩翩者鵻(편편자추)
올라갔다 멈추었다 잘도 하더니 　載飛載止(재비재지)
냇버들 가지 위에 모여들 앉네 　集于苞杞(집우포기) 14
나랏일이 여태껏 끝나지 않았으니 　王事靡盬(왕사미고) 15

어머니 봉양하러 언제 갈거나　　不遑將母

수레 끌고 달리는 저 네 필 말들　　駕彼四駱
시름없이 달리네 묵묵하게 달리네　　載驟駸駸[16]
어찌 아니 돌아가고 싶으랴마는　　豈不懷歸
노래를 지어서 이 시름 달랩니다　　是用作歌
이 몸이 모실게요 조금만 참으세요　　將母來諗[17][18]

1 牡 수컷 2 騑騑 쉬지 않고 달리는 모양 3 委遲 꼬불꼬불한 모양 4 盬 무르다, 단단하지 않다 5 嘽嘽 헐떡이는 모양 6 駱 검은 갈기의 흰 말 7 啓 跪와 통용, 무릎을 땅에 대고 편하게 앉아 쉬는 것 8 翩翩 새들이 훨훨 나는 모양 9 鵻 집비둘기, 산비둘기 10 載 어조사 11 苞 떨기 12 栩 상수리나무 13 將 받들다, 봉양하다 14 杞 냇버들, 구기자 15 驟 달리다 16 駸駸 달리는 모양 17 諗 고하다, 간하다, 알리다 18 來 是의 뜻, 앞의 將母와 뒤의 諗이 도치되었음을 나타내는 말, 어머님을 모시겠다고 다짐하는 것, 여기서는 '이 몸이 모실게요, 조금만 참으세요'로 번역했다

새들도 날다 가는 나무 위에 앉아서 쉬는데 나는 쉴 틈도 없는 이 내 신세가 한심하다. 그러나 쉬지 않고 묵묵히 달리는 저 말들을 보니 어찌 내가 개인 생각만 하고 고향 생각에 빠져 있을 것인가?

이 시는 앞의 「녹명鹿鳴」, 뒤의 「황황자화皇皇者華」와 함께 제후들이 사신을 맞아 연회를 할 때 자주 연주되었다.

아름다운 꽃 　　황황자화
皇皇者華

저 언덕 기슭에 핀 아름다운 꽃이여 　　황황자화 우피원습
皇皇者華 于彼原隰 [1,2]
말을 모는 저 대장부 못 이를까 걱정하네 　　신신정부 매회미급
駪駪征夫 每懷靡及 [3,4]

내 말은 망아지 여섯 고삐 매끈하네 　　아마유구 유비여유
我馬維駒 六轡如濡 [5,6]
달리고 달리면서 두루 묻고 의논하지 　　재치재구 주원자추
載馳載驅 周爰咨諏 [7]

내 말은 털총이 여섯 고삐 가지런해 　　아마유기 유비여사
我馬維騏 六轡如絲 [8]
달리고 달리면서 두루 묻고 도모하지 　　재치재구 주원자모
載馳載驅 周爰咨謀

내 말은 가리온 여섯 고삐 반질반질 　　아마유락 유비옥약
我馬維駱 六轡沃若 [9]
달리고 달리면서 두루 묻고 헤아리지 　　재치재구 주원자탁
載馳載驅 周爰咨度 [10]

내 말은 오총이 여섯 고삐 고루고루 　　아마유인 유비기균
我馬維駰 六轡旣均 [11]
달리고 달리면서 두루두루 자문하지 　　재치재구 주원자순
載馳載驅 周爰咨詢 [12]

1 皇皇 煌煌과 통용, 화려한, 아름다운 2 隰 진펄 3 駪駪 말을 몰고 빨리 달리는 모양 4 征夫 길을 가는 사람 5 駒 망아지 6 濡 젖다, 윤기가 나다 7 諏 꾀하다, 묻다 8 騏 털총이, 푸르고 검은 무늬가 장기판처럼 줄이 진 말 9 駱 가리온, 검은 갈기의 흰 말 10 度 헤아리다 11 駰 오총이, 흰 털이 섞인 거무스름한 말 12 詢 자문하다, 꾀하다

사신을 보내는 송별회 때 주로 부르던 노래로 여겨진다.

아가위 常棣(상체)

뒷동산의 아가위 꽃 울긋불긋 피었네 常棣之華(상체지화) 鄂不韡韡(악불위위) 1–3
세상 사람 있어도 형제 같은 사람 없지 凡今之人(범금지인) 莫如兄弟(막여형제)

죽을 고비 닥쳤어도 형젠 서로 생각하네 死喪之威(사상지위) 兄弟孔懷(형제공회)
어려운 일 당할수록 형제들은 구해주네 原隰裒矣(원습부의) 兄弟求矣(형제구의) 4 5

할미새도 무색해라 형제끼리 바삐 돕네 脊令在原(척령재원) 兄弟急難(형제급난) 6 7
좋은 벗은 있지마는 탄식하며 바라만 봐 每有良朋(매유양붕) 況也永歎(황야영탄) 8

집안에서 싸운 형제 밖의 모욕 함께 막네 兄弟鬩于牆(형제혁우장) 外禦其務(외어기모) 9–12
좋은 벗은 있지마는 급할 땐 도움 안 돼 每有良朋(매유양붕) 烝也無戎(증야무융) 13 14

어려운 일 해결되어 편안하고 안정되면 喪亂既平(상란기평) 既安且寧(기안차녕)
비록 형제 있다 하나 벗들만 못해 보여 雖有兄弟(수유형제) 不如友生(불여우생) 15

성찬을 갖춰 놓고 흡족하게 마셔보세 儐爾籩豆(빈이변두) 飲酒之飫(음주지어) 16 17
형제 모두 모였으니 이 아니 즐거운가 兄弟既具(형제기구) 和樂且孺(화락차유) 18

처자가 화합하여 슬을 뜯고 금을 뜯네 妻子好合(처자호합) 如鼓瑟琴(여고슬금)
형제간에 우애 있어 그 더욱 즐겁구나 兄弟既翕(형제기흡) 和樂且湛(화락차담) 19 20

온 집안이 편하도록 처자들이 즐겁도록 宜爾家室(의이가실) 樂爾妻帑(낙이처노) 21 22

노력하여 구한다면 그렇게 될 것이라　　시구시도 단기연호
視究是圖 亶其然乎[23]

1 常棣 棠棣 아가위 2 鄂 꽃받침, 꽃송이 3 韡韡 울긋불긋 핀 모양, 鄂不韡韡는 '꽃송이가 울긋불긋하게 피어 있지 않은가!'라는 뜻이다. 4 原隰 들판이나 진펄, 살기 힘든 장소 5 裒 모이다, 모으다 6 脊令 할미새 7 急難 어려운 일에 급히 달려가 돕는 것 8 況 발어사 9 鬩 싸우다 10 牆 담장, 담장 안 11 禦 막다 12 務 侮와 같은 뜻으로 모욕, 『左傳』에서는 이 구절이 侮로 되어 있다 13 烝 발어사 14 戎 돕다 15 友生 朋友 16 儐 대접하다, 갖춰 놓다, 차려 놓다 17 飫 배부르다 18 孺 어린아이처럼 즐거운 것, 형제가 만나면 어릴 때처럼 즐겁다는 뜻 19 翕 모으다, 화합하다 20 湛 즐기다, 탐닉하다 21 宜 마땅하게 하는 것, 편안하도록 하는 것 22 帑 자식, 처자 23 亶 믿다, 진실로

형제들이 모여 잔치를 할 때 부르던 노래로 보인다.

벌목　　　伐木

탕탕 하고 나무 벨 때 지지배배 새가 울어　伐木丁丁 鳥鳴嚶嚶 1 2
골짜기서 날아와서 큰 나무로 옮겨가네　出自幽谷 遷于喬木 3
지지배배 지저귐은 벗을 찾아 우는 소리　嚶其鳴矣 求其友聲
하늘 나는 저 새들도 벗을 찾아 우는 것을　相彼鳥矣 猶求友聲
하물며 사람 되어 벗을 아니 구하리오　矧伊人矣 不求友生 4
조심하고 이해해서 화평하게 지내보세　神之聽之 終和且平 5 6

후후 하며 나무 베네 담근 술 고운지고　伐木許許 釃酒有藇 7 8
살진 양 잡아 놓고 여러 벗들 불러보세　既有肥羜 以速諸父 9 10
차라리 못 온대도 날 버리진 마세요　寧適不來 微我弗顧 11
집 안을 치워놓고 그릇마다 음식 담고　於粲洒埽 陳饋八簋 12–16
살진 황소 잡아 놓고 여러 벗을 불러보세　既有肥牡 以速諸舅 17
차라리 못 온대도 날 꾸짖진 마세요　寧適不來 微我有咎 18

언덕에서 나무 베네 빚은 술 그득하고　伐木于阪 釃酒有衍 19
안주도 푸짐하니 우리 형제 다 모이네　籩豆有踐 兄弟無遠 20 21
음식에 인색하면 인심을 잃는다지　民之失德 乾餱以愆 22–25
술 있으면 걸러오고 술 없으면 사오겠네　有酒湑我 無酒酤我 26–29
둥둥둥 북을 치고 덩실덩실 춤을 추자　坎坎鼓我 蹲蹲舞我 30 31
태평세월 만났으니 술 한잔 마셔보세　迨我暇矣 飮此湑矣 32 33

1 丁丁 나무를 베는 소리, 탕탕 2 嚶嚶 새가 지저귀는 소리 3 喬 높다 4 矧 하물며 5 神 愼과 통용, 조심하다 6 終~且~ '旣~且~'의 뜻 7 許許 후후, 힘들 때 내는 소리 8 藇 맛있는 술 9 羜 새끼 양 10 速 부르다 11 微 非의 뜻 12 於 탄식하다 13 粲 깨끗하다 14 洒 씻다 15 埽 쓸다 16 簋 제기 17 諸舅 친구 중에서 성이 다르면서 존경하는 상대를 말한다 18 咎 허무 19 衍 넘치다, 그득하다 20 踐 진열되어 있는 상태 21 兄弟 형제 같은 친구, 친구를 형제로 표현했음 22 失德 인심을 잃는 것, 民之失德은 失德於民의 도치로 보아야 할 것이다, '백성들에게 인심을 잃는 것은'이란 뜻이다. 23 餱 말린 밥 24 乾餱 음식, 보잘것없는 음식 25 愆 탓하다, 잘못하다, 인색하다 26 湑 거르다 27 酤 사다 28 湑我 我湑 즉, '내 술을 걸러오리다'의 뜻이지만, 음률을 살리기 위해 앞뒤를 바꾸었다. 29 酤我 我酤 30 坎坎 북 치는 소리, 둥둥 31 蹲蹲 덩실덩실 춤을 추는 모양 32 迨 미치다 33 湑 거른 술

오랜 친구를 만나 연회를 베풀 때 부르던 노래로 보인다.

하느님이 보우하사　天保(천보)

하느님이 보우하사 우리 님께선	天保定爾(천보정이)[1]
반석처럼 든든하고 늠름하시네	亦孔之固(역공지고)
님의 정성 한결같고 두터우시니	俾爾單厚(비이단후)[2][3]
어떠한 복인들 아니 내릴까	何福不除(하복부제)[4]
님의 사랑 갈수록 깊어지시니	俾爾多益(비이다익)
님에게 내리는 복 가이 없어라	以莫不庶(이막불서)[5]

하느님이 보우하사 우리 님께선	天保定爾(천보정이)
백합처럼 순수하고 진실하시네	俾爾戩穀(비이선곡)[6][7]
일일이 하느님 뜻 드러내시어	罄無不宜(경무불의)[8]
하늘의 보살핌을 다 받으시네	受天百祿(수천백록)
하늘에서 내려오는 이 많은 복록	降爾遐福(강이하복)
다 받으시려니 날이 부족해	維日不足(유일부족)

하느님이 보우하사 우리 님께선	天保定爾(천보정이)
불처럼 일어나서 세상 밝히네	以莫不興(이막불흥)
산 같고 언덕같이 든든하시고	如山如阜(여산여부)
언덕 같고 구릉같이 늠름하시며	如岡如陵(여강여능)
유유히 흐르는 시냇물 같아	如川之方至(여천지방지)
불어나는 이 기세를 누가 막으리	以莫不增(이막부증)

깨끗하고 좋은 음식 장만해놓고	吉蠲爲饎(길견위치)[9][10]

정성스레 조상님께 제사 지내네　　是用孝享[11]
봄 여름 가을 겨울 철을 따라서　　禴祠烝嘗[12-15]
공에게 선왕에게 제사 지내니　　于公先王
조상의 신령들이 복을 주시네　　君曰卜爾[16 17]
만수무강하소서 복 받으소서　　萬壽無疆

극진한 정성에 신령들이 오시어　　神之弔矣[18]
많은 복을 우리 님께 내려주시네　　詒爾多福[19]
어질고 순박한 우리 백성들　　民之質矣
날마다 배불리 먹고 마시네　　日用飲食
그래서 행복해진 우리 백성들　　群黎百姓[20]
모든 것이 님 덕이라 칭송을 하네　　徧爲爾德

하늘에 뜬 달처럼 변함없어라　　如月之恒
떠오르는 태양처럼 찬란하도다　　如日之升
영원히 끄떡 않는 저 남산처럼　　如南山之壽
그르침도 무너짐도 아예 없으니　　不騫不崩[21]
소나무 잣나무가 무성하듯이　　如松栢之茂
님의 공은 무궁하게 이어지리라　　無不爾或承[22]

1 保定 보호하고 안정시키는 것 2 俾 하여금 使와 같은 뜻 3 單 한결같다 4 除 벼슬을 주다, 다스리다 5 庶 근사하다, 왕성하다 6 戩 복 7 穀 녹 8 罄 다하다, 모두, 여기서는 '일일이'로 번역했다 9 蠲 깨끗하다 10 饎 술과 음식 11 孝享 효도하는 마음으로 조상에게 음식을 올리는 것 12 禴 여름 제사 13 祠 봄 제사 14 烝 겨울 제사 15 嘗 가을 제사 16 君 제사를 흠향한 조상의 신령, 제사 때는 시동이 조상을 대신해서 '복을 준다'고 말을 한 것이다 17 卜 보답하다, 주다 18 弔 이르다 19 詒 보내다, 주다 20 黎 무리 21 騫 이지러지다, 그르치다 22 或 有의 뜻

신하들이 임금을 축하하는 잔치에서 주로 부르던 노래로 보인다.

고사리 采薇(채미)

고사리를 캐러 가자 고사리가 돋아났네 采薇采薇(채미채미) 薇亦作止(미역작지) 1
돌아가자 돌아가자 또 한 해가 저무누나 曰歸曰歸(왈귀왈귀) 歲亦莫止(세역모지) 2 3
집도 절도 없는 것은 저 험윤 때문이고 靡室靡家(미실미가) 玁狁之故(험윤지고) 4
편히 쉬지 못한 것도 저 험윤 탓이라네 不遑啓居(불황계거) 玁狁之故(험윤지고) 5 6

고사리를 캐러 가자 고사리가 부드러워 采薇采薇(채미채미) 薇亦柔止(미역유지)
돌아가자 돌아가자 마음속에 느는 근심 曰歸曰歸(왈귀왈귀) 心亦憂止(심역우지)
근심으로 속이 타고 배고프고 목마르네 憂心烈烈(우심열렬) 載飢載渴(재기재갈) 7 8
제대할 날 아직 몰라 언제나 돌아갈까 我戍未定(아수미정) 靡使歸聘(미사귀빙)

고사리를 캐러 가자 고사리가 빳빳하네 采薇采薇(채미채미) 薇亦剛止(미역강지)
돌아가자 돌아가자 또 한 해가 기우누나 曰歸曰歸(왈귀왈귀) 歲亦陽止(세역양지) 9
나랏일 끝이 없어 다리 뻗고 쉴 곳 없어 王事靡盬(왕사미고) 不遑啓處(불황계처)
근심걱정 병이 됐네 한 번 가면 못 오는가 憂心孔疚(우심공구) 我行不來(아행불래) 10

저 꽃은 무엇인가 아가위 꽃이구려 彼爾維何(피이유하) 維常之華(유상지화) 11
저 수레는 무엇인가 장군님의 수레일세 彼路斯何(피로사하) 君子之車(군자지거)
융거가 나아가니 네 필 말들 씩씩하다 戎車既駕(융거기가) 四牡業業(사모업업)
어찌 가만 있으리요 한 달 세 번 이겨야죠 豈敢定居(기감정거) 一月三捷(일월삼첩)

수레 끄는 저 네 필 말 하나같이 씩씩하네 駕彼四牡(가피사모) 四牡騤騤(사모규규) 12
장수는 타고 가고 병졸들은 뛰어가네 君子所依(군자소의) 小人所腓(소인소비) 13

유유한 저 네 필 말 상아 고자 어복 전통 四牡翼翼(사모익익) 象弭魚服(상미어복)[14-16]
잠시도 방심 못해 저 험윤이 밀려오니 豈不日戒(기불일계) 玁狁孔棘(험윤공극)[17]

옛날에 떠날 때엔 갯버들이 무성터니 昔我往矣(석아왕의) 楊柳依依(양류의의)[18]
지금에사 돌아오니 눈비만 휘날리네 今我來思(금아내사) 雨雪霏霏(우설비비)[19]
터벅터벅 길 더디고 목마르고 배고프다 行道遲遲(행도지지) 載渴載飢(재갈재기)
속이 타고 쓰리구나 내 설움을 누가 알리 我心傷悲(아심상비) 莫知我哀(막지아애)[20]

1 止 어조사 2 曰 어조사 3 莫 暮와 통용 4 玁狁 중국의 서북쪽에 살던 오랑캐 5 遑 겨를 6 啓處 무릎을 땅에 대고 편안히 지내는 것 7 烈烈 근심하는 모양 8 載 어조사 9 陽 시월. 11월이 陽이 시작되는 달이므로, 10월은 음이 가장 왕성한 달이다. 이 달이 음이 너무 많다 하여 陽月이라 부른다. 10 疚 오래된 병 11 爾 薾와 통용, 꽃이 번성한 모양 12 騤騤 말이 세차게 달리는 모양 13 腓 장딴지. 여기서는 걸어가는 것을 말함. 14 翼翼 유유하게 달리는 모양 15 弭 활고자 16 魚服 전통. 화살을 넣는 통. 아마도 물고기나 물개의 가죽으로 꾸민 듯함. 17 棘 급하다 18 依依 성한 모양 19 思 어조사 20 莫 ~하는 사람이 없다

군사들을 전쟁터에 내보내는 자리에서 부르던 노래로 보인다.

수레　　出車

내 수레를 꺼내어서 들판을 달려가자　我出我車 于彼牧矣 1
천자 계신 곳에서 날 오라 부르시니　自天子所 謂我來矣
일꾼들을 불러다가 짐 실어라 당부하고　召彼僕夫 謂之載矣 2
나랏일이 다난하니 서둘러서 달려가자　王事多難 維其棘矣

내 수레를 꺼내어서 시골길을 달려가자　我出我車 于彼郊矣
현무 기 앞세우고 쇠꼬리 기 높이 달고　設此旐矣 建彼旄矣 3 4
여러 가지 깃발들이 펄럭펄럭 나부끼네　彼旟旐斯 胡不旆旆 5 6
나랏일이 걱정되어 마부들도 수척하네　憂心悄悄 僕夫況瘁 7 8

남중에게 왕명 내려 성 쌓으러 떠나는데　王命南仲 往城于方 9
수레들이 화려하고 깃발들이 빛이 난다　出車彭彭 旂旐央央 10–12
우리들은 왕명 받아 북방에서 성을 쌓고　天子命我 城彼朔方 13
빛나시는 남중 장군 저 험윤을 물리치네　赫赫南仲 玁狁于襄 14

옛날에 떠날 때엔 기장 꽃이 한창터니　昔我往矣 黍稷方華
지금에야 돌아오니 눈비 내려 진창이네　今我來思 雨雪載塗
나랏일이 다난하여 한가로이 쉴 틈 없어　王事多難 不遑啓居
돌아가고 싶건마는 이 명령을 따라야지　豈不懷歸 畏此簡書

풀벌레 울어대고 메뚜기 뛰노는데　喓喓草蟲 趯趯阜螽 15–17
님을 뵙지 못하오니 근심 걱정 끝이 없어　未見君子 憂心忡忡 18

님을 한번 뵈었으면 내 마음 편하려만　既見君子 我心則降 (기견군자 아심즉강)
빛나는 남중 장군 오랑캐를 무찌르네　赫赫南仲 薄伐西戎 (혁혁남중 박벌서융)[19]

봄날이 더디더니 초목이 무성하고　春日遲遲 卉木萋萋 (춘일지지 훼목처처)[20][21]
꾀꼬리가 노래하고 아가씨들 쑥 뜯을 때　倉庚喈喈 采蘩祁祁 (창경개개 채번기기)[22-25]
많은 적을 잡고 베어 승리하고 돌아왔네　執訊獲醜 薄言還歸 (집신획추 박언환귀)[26-29]
빛나는 남중 장군 저 험윤을 평정했네　赫赫南仲 玁狁于夷 (혁혁남중 험윤우이)[30]

1 牧 牧地 초원 들판 2 僕夫 일꾼 하인 3 旐 거북과 뱀을 그린 폭이 넓은 검은 빛깔의 기 4 旄 쇠꼬리로 장식을 한 기 5 旟 붉은 비단에 송골매를 그려넣은 기 6 旆旆 깃발이 펄럭이는 모양 7 悄悄 근심하는 모양 8 況 더구나 9 南仲 주나라의 장군 이름 10 澎澎 성대한 모양 11 旂 교룡을 그려넣은 기 12 央央 깃발들이 펄럭이는 모양 13 朔方 북방 14 襄 처 없애다, 제거하다 15 喓喓 풀벌레의 우는 소리 16 趯 뛰다 17 阜螽 메뚜기 18 忡 근심하다 19 薄 가볍게, 간단하게 20 卉 풀 21 萋萋 풀이 무성한 모양 22 倉庚 꾀꼬리 23 喈 새소리 24 蘩 산 흰 쑥, 머위 25 祁祁 많은 모양 26 執訊 신문할 만한 적을 사로잡는 것 27 獲馘 적을 죽이고 그 왼편 귀를 잘라오는 것 28 醜 무리 29 薄言 어조사 30 夷 평정하다

험윤 정벌에 나갔다가 돌아온 장수의 노래다. 주로 전쟁에 나갔다가 돌아온 장수들을 위로할 때 부르던 노래로 보인다.

팥배나무　杕杜

팥배나무 저 열매가 주렁주렁 열렸어도　有杕之杜 有睆其實 [1-3]
나랏일 끝이 없어 세월만 흘러가네　王事靡盬 繼嗣我日
한 해가 다 저무니 여자 마음 쓸쓸해져　日月陽止 女心傷止
집 떠난 님이시여 돌아올 틈 없는가요　征夫遑止 [4]

팥배나무 저 잎들이 싱싱하게 뻗었어도　有杕之杜 其葉萋萋
나랏일이 끝없으니 내 마음만 타는구려　王事靡盬 我心傷悲
초목들이 우거지니 여자 마음 서러워라　卉木萋止 女心悲止
집 떠난 님이시여 어서 돌아오소서　征夫歸止

북쪽 산에 올라가서 구기자를 따보지요　陟彼北山 言采其杞 [5 6]
나랏일 끝없으니 부모님도 걱정해요　王事靡盬 憂我父母
박달나무 수레 낡고 네 필 말도 지쳤겠네　檀車幝幝 四牡痯痯 [7 8]
집 떠난 우리 님은 이제 돌아오시겠지　征夫不遠

아직도 안 오시니 근심이 병 되었소　匪載匪來 憂心孔疚 [9 10]
기약한 날 지났으니 걱정이 태산 같아　期逝不至 而多爲恤
점을 쳐서 물어보니 이제 돌아오신대요　卜筮偕止 會言近止 [11-13]
그리운 우리 님은 거의 다 오셨겠지　征夫邇止 [14]

1 杕 나무가 우뚝한 모양 2 杜 팥배나무 3 睆 열매가 주렁주렁 달려 있는 모양 4 征夫 전쟁 나가 있는 남편 5 言 어조사 6 杞 구기자 7 幝幝 수레가 낡아서 덜거덕덜거덕 나아가는 모양 8 痯痯 말이 지쳐 있는 모양 9 匪載 수레를 타고 오지 않는 것 10 匪來 오지 않는 것 11 卜筮偕止 거북점과 시초점을 다 해보니 12 會 合의 뜻, 다 같이 13 近 돌아올 날이 가까웠다는 것 14 邇 가깝다

전쟁터에 나간 남편을 그리워하는 여인의 노래다. 팥배나무 열매가 저렇게 주렁주렁 열려 있고 잎들이 저렇게 싱싱하게 뻗어 있는데, 남편을 전쟁터에 보내고 시름하고 있는 부인의 처지와 비교된다. 그 처지를 읊은 노래다.

전쟁터에 나갔다가 돌아온 장수를 위로할 때 주로 이 노래를 연주했던 것으로 보인다. 전쟁터에서 돌아온 장수들이 이 노래를 듣는다면 모두 감격했을 것이다.

통발에 걸린 고기 魚麗

통발에 걸린 고기 자가사리 모래무지 魚麗于罶 鱨鯊[1-4]
군자에게 술이 있네 맛있는 술 많이 있네 君子有酒 旨且多

통발에 걸린 고기 방어하고 가물치라 魚麗于罶 魴鱧[5 6]
군자에게 술이 있네 많은 데다 맛도 좋네 君子有酒 多且旨

통발에 걸린 고기 메기하고 잉어일세 魚麗于罶 鰋鯉[7 8]
군자에게 술이 있네 맛있는 술 많이 있네 君子有酒 旨且有[9]

음식이 풍성하네 이 아니 좋을시고 物其多矣 維其嘉矣
음식이 맛이 있네 우리 함께 먹어보세 物其旨矣 維其偕矣
음식이 푸짐하네 때맞추어 즐겨보세 物其有矣 維其時矣

1 麗 걸리다. 물고기가 통발에 걸리다 2 罶 통발 3 鱨 자가사리 4 鯊 모래무지 5 魴 방어 6 鱧 가물치 7 鰋 메기 8 鯉 잉어 9 有 많이 있다는 뜻

주로 연회를 베풀 때 불리던 노래로 보인다. 윤선도의 『어부사시사漁父四時詞』를 연상케 한다.

남해 南陔

제목만 있고 시는 없다. 「모시서毛詩序」에서는 가사가 없어진 것이라 했고 주자는 곡은 있으나 가사는 없는 것이라 했다.

백화 白華

제목만 있고 시는 없다.

화서 華黍

제목만 있고 시는 없다.

남유가어지습 南有嘉魚之什

「남유가어」로 시작되는 시를 비롯하여 13편을 묶었다. 세 편은 제목만 있고 가사는 없다.

아름다운 물고기	南有嘉魚 (남유가어)
저 남쪽에 아름다운 물고기 있네	南有嘉魚 (남유가어)
유유히 떼를 지어 노닐고 있네	烝然罩罩 (증연조조) [1][2]
주인에게 맛있는 술이 있으니	君子有酒 (군자유주)
귀빈들께 접대하며 즐기게 하리	嘉賓式燕以樂 (가빈식연이락) [3][4]
저 남쪽에 아름다운 물고기 있네	南有嘉魚 (남유가어)
유유히 떼를 지어 헤엄을 치네	烝然汕汕 (증연산산) [5]
주인에게 맛있는 술이 있으니	君子有酒 (군자유주)
귀빈들께 접대하며 기쁘게 하리	嘉賓式燕以衎 (가빈식연이간) [6]
저 남쪽에 가지 뻗은 나무가 있네	南有樛木 (남유규목)
단 호박이 주렁주렁 매달려 있네	甘瓠纍之 (감호누지)
주인에게 맛있는 술이 있으니	君子有酒 (군자유주)
귀빈들께 접대하며 쉬게 하리라	嘉賓式燕綏之 (가빈식연수지) [7]
푸덕푸덕 나래치는 저 비둘기들	翩翩者鵻 (편편자추) [8]
떼 지어 무리 지어 모여들었네	烝然來思 (증연내사)
주인에게 맛있는 술이 있으니	君子有酒 (군자유주)
귀빈들께 접대하며 존경하리라	嘉賓式燕又思 (가빈식연우사) [9][10]

1 烝 많이 모여 있는 모양 2 罩罩 헤엄치며 놀고 있는 모양 3 式 어조사 4 樂 즐기다 5 汕汕 물고기들이 유유히 헤엄치는 모양 6 衎 즐기다 7 綏 편안하다, 편안히 쉬다 8 鵻 산비둘기 9 又 더욱, 이전보다도 더 10 思 사모하다, 존경하다

인간관계를 유지하는 데 가장 중요한 것은 존경심이다. 존경심이 있으면 부모와 자녀의 관계가 원만하고, 남편과 아내의 관계도 원만하게 유지될 수 있다. 친구 사이도 그렇고, 사제 관계도 그렇다. 무릇 모든 인간에 대해 존경심이 있으면 그 관계는 원만하게 유지될 수 있다. 그러므로 품격 있는 사람 간의 관계는 술을 가지고 서로를 접대하고 우호를 다지며 마지막에 존경심을 확인하는 것으로 끝맺는다.

스스로 부처님이 되면 돼지를 보아도 부처님처럼 보일 것이므로 존경할 수 있다. 그러나 돼지의 수준에 있는 사람은 부처님을 보아도 돼지처럼 보일 것이므로 존경하지 않는다. 그러므로 존경심을 갖게 되는 근본적인 방법은 스스로가 부처님이 되는 것이다. 그러나 그것은 하루아침에 되는 것은 아니다. 그렇기 때문에 현재의 상태에서는 억지로라도 존경심을 표하는 습관을 가지는 것이 최선이다. 그렇게 되면 상대에게 좋은 마음이 전달되고 또 그 마음가짐을 지속하면 부처님의 차원으로 승화해가는 수단이 될 수 있기 때문이다.

물고기가 즐겁게 모여 놀듯이 즐거운 손님들이 모였고, 박 넝쿨이 주렁주렁 달려 있듯이 손님들이 많이 모였다. 비둘기들이 모여 놀듯이 주인과 손님들이 모여서 놀아보자는 시詩다. 빈객들이 모여 노는 데서 가장 중요한 것은 존경심을 잃지 않는 것이다.

이 시는 주로 빈객을 초대하여 잔치를 벌일 때 부르던 노래로 보인다.

남산에는 향부자　南山有臺(남산유대)

남산에는 향부자 북산에는 명아주 풀　南山有臺(남산유대) 北山有萊(북산유래) 1 2
즐거우신 우리 님은 나라의 기둥일세　樂只君子(낙지군자) 邦家之基(방가지기)
즐거우신 우리 님아 만수를 누리소서　樂只君子(낙지군자) 萬壽無期(만수무기)

남산에는 뽕나무 북산에는 버드나무　南山有桑(남산유상) 北山有楊(북산유양)
즐거우신 우리 님은 나라의 빛이로다　樂只君子(낙지군자) 邦家之光(방가지광)
즐거우신 우리 님아 만수무강하소서　樂只君子(낙지군자) 萬壽無疆(만수무강)

남산에는 구기자요 북산에는 오얏 있네　南山有杞(남산유기) 北山有李(북산유리)
즐거우신 우리 님은 백성들의 부모로다　樂只君子(낙지군자) 民之父母(민지부모)
즐거우신 우리 님은 칭송 소리 끝이 없네　樂只君子(낙지군자) 德音不已(덕음불이)

남산에는 북나무 북산에는 감탕나무　南山有栲(남산유구) 北山有杻(북산유뉴) 3 4
즐거우신 우리 님은 어찌 장수 않으리오　樂只君子(낙지군자) 遐不眉壽(하불미수) 5 6
즐거우신 우리 님은 칭송 소리 무성하네　樂只君子(낙지군자) 德音是茂(덕음시무)

남산에는 호깨나무 북산에는 유자나무　南山有枸(남산유구) 北山有楰(북산유유) 7 8
즐거우신 우리 님은 장생불사하실 거야　樂只君子(낙지군자) 遐不黃耈(하불황구) 9
즐거우신 우리 님아 영원토록 누리소서　樂只君子(낙지군자) 保艾爾後(보애이후)

1 臺 도롱이를 만드는 풀 또는 향부자라고 하지만, 확실하지 않다. 2 萊 명아주 3 栲 북나무 4 杻 감탕나무 5 遐 何와 통용 6 眉壽 오래 사는 것 7 枸 호깨나무 8 楰 유자나무 9 耇 늙은이, 오래 살다, 黃耇는 머리가 희어졌다 다시 노랗게 될 정도로 오래 사는 것

자연 앞에 서면 사람은 즐거워진다. 도시에서 경쟁하느라 찌들려 있다가도 오염되지 않은 산으로 순수한 사람끼리 소풍을 가면 저절로 즐거워진다. 산에서 자라고 있는 나무들은 모두 자연의 아름다움을 만끽하고 있는 듯하다. 이런 대자연 속에 있는 그대도 역시 자연과 마찬가지로 행복한 모습을 드러내고 있다. 그런 님을 존경하고 사모하는 시인의 마음은 그 님이 세상의 모범이 되고 있음을 알고 있다. 그런 님은 세상 사람들의 희망이다. 부디 만수무강하소서. 영원토록 누리소서.

잔치할 때 부르던 노래로 보인다.

유경 由庚(유경)

제목만 있고 가사가 없다.

숭구 崇丘

제목만 있고 가사가 없다.

유의 由儀

제목만 있고 가사가 없다.

돋아난 사철 쑥　蓼蕭(육소)

돋아난 사철 쑥에 이슬방울 맺혀 있네　蓼彼蕭斯(육피소사) 零露湑兮(영로서혜) 1–3
우리 님을 뵈었으니 내 속이 후련하네　旣見君子(기견군자) 我心寫兮(아심사혜) 4
말끝마다 웃음 피어 가슴속이 뿌듯하네　燕笑語兮(연소어혜) 是以有譽處兮(시이유예처혜)

돋아난 사철 쑥에 이슬방울 대롱대롱　蓼彼蕭斯(육피소사) 零露瀼瀼(영로양양) 5
우리 님을 만나보니 용처럼 찬란하네　旣見君子(기견군자) 爲龍爲光(위룡위광) 6
늠름한 그 모습을 영원토록 못 잊으리　其德不爽(기덕불상) 壽考不忘(수고불망) 7

돋아난 사철 쑥에 이슬방울 달려 있네　蓼彼蕭斯(육피소사) 零露泥泥(영로니니) 8
우리 님을 만나보니 어찌 이리 즐거울까　旣見君子(기견군자) 孔燕豈弟(공연개제) 9
형님 같고 동생 같아 그 마음 변치 않네　宜兄宜弟(의형의제) 令德壽豈(영덕수개)

돋아난 사철 쑥에 이슬방울 영롱하네　蓼彼蕭斯(육피소사) 零露濃濃(영로농농) 10
우리 님을 만나보니 고삐 줄도 늠름하네　旣見君子(기견군자) 鞗革忡忡(조혁충충) 11–13
방울소리 딸랑대어 만복이 다 모이네　和鸞雝雝(화란옹옹) 萬福攸同(만복유동) 14–18

1 蓼 길게 자라난 모양 2 零 이슬이 내리다 3 湑 이슬이 맺히다 4 寫 瀉와 통용, 후련해지는 것 5 瀼瀼 이슬이 많이 달려 있는 모양 6 龍 寵과 통용, 영광스러운 것 7 爽 어긋나다, 망가지다 8 泥泥 이슬에 젖어 있는 모양 9 豈 愷와 통용, 즐기다, 豈弟는 愷悌, 즐겁고 화락한 모양 10 濃濃 이슬이 짙은 모양 11 鞗 고삐 12 革 가죽으로 만든 고삐 줄 13 沖沖 말고삐가 늠름하게 늘어져 있는 모양 14 和 방울, 수레 앞 가로 나무에 달려 있는 방울 15 鸞 방울 16 雝雝 화락한 모양 17 攸 바, 所와 같은 뜻 18 同 한 곳에 모이는 것

풀잎 끝에 달려 있는 이슬방울을 보았는가! 영롱한 그 모습이 내 님처럼 신비롭다.

제후들이 천자를 알현하는 자리에서 불린 노래로 보인다.

듬뿍 내린 이슬방울 　湛露

듬뿍 내린 이슬방울 햇빛 없인 안 마르지 湛湛露斯 匪陽不晞[1,2]
즐겁도다 이 밤 주연 안 취하면 안 보내리 厭厭夜飮 不醉無歸[3]

듬뿍 내린 이슬방울 저 풀숲에 맺혀 있네 湛湛露斯 在彼豐草
즐겁도다 이 밤 주연 조상 제사 모신 뒤라 厭厭夜飮 在宗載考[4-6]

듬뿍 내린 이슬방울 버들에도 대추에도 湛湛露斯 在彼杞棘
밝고 참된 저 군자들 아름다운 덕 밝았네 顯允君子 莫不令德

오동나무 가래나무 주렁주렁 열매 맺어 其桐其椅 其實離離[7,8]
화락한 저 군자들 몸놀림도 아름다워 豈弟君子 莫不令儀[9]

1 湛湛 이슬이 듬뿍 내린 모양 2 晞 마르다 3 厭厭 편안한 모양, 즐거운 모양 4 宗 종실 종묘 등의 여러 해석이 있으나 여기서는 종묘로 보고 종묘에서 제사를 지낸 것으로 보았다. 잔치를 베풀기 위해서는 조상에게 제사부터 지낸 것으로 생각된다 5 載 머리에 얹다, 받들다, 싣다, 조상을 받든 것을 말하는 듯하다 6 考 조상 7 椅 가래나무 8 離離 주렁주렁 달려 있는 모양 9 豈弟 愷悌 화락한 모양

천자들이 제후들에게 연회를 베풀 때 부르던 노래로 보인다.

붉은 활　　彤弓(동궁)

풀어놓은 이 붉은 활 어서 받아 넣으시오 彤弓弨兮(동궁초혜) 受言藏之(수신장지) 1-3
내 훌륭한 손님 맞아 진심으로 내리나니 我有嘉賓(아유가빈) 中心貺之(중심황지) 4
종을 치고 북 두드려 어서 빨리 잔치하세 鐘鼓既設(종고기설) 一朝饗之(일조향지) 5

풀어놓은 이 붉은 활 어서 받아 실으시오 彤弓弨兮(동궁초혜) 受言載之(수언재지)
내 훌륭한 손님 맞아 진심으로 기쁘나니 我有嘉賓(아유가빈) 中心喜之(중심희지)
종을 치고 북 두드려 어서 빨리 술 권하세 鐘鼓既設(종고기설) 一朝右之(일조우지) 6

풀어놓은 이 붉은 활 어서 받아 싸십시오 彤弓弨兮(동궁초혜) 受言櫜之(수언고지) 7
내 훌륭한 손님 맞아 진심으로 좋아하니 我有嘉賓(아유가빈) 中心好之(중심호지)
종을 치고 북 두드려 어서 빨리 축수하세 鐘鼓既設(종고기설) 一朝醻之(일조수지) 8

1彤 붉다 2弨 활시위가 느슨한 것 3言 어조사 4貺 주다 5一朝 아침부터, 빨리 6右 권하다 7櫜 활집, 넣어두다, 싸다 8醻 술을 권하다

좌전左傳 문공文公 4년 조에 위나라의 사신이 노나라에 왔을 때 노공이 잔치를 베풀고 담로湛露와 동궁彤弓을 노래하게 했다. 그러자 위의 사신은 이 시는 천자가 제후에게 잔치를 베풀 때의 음악이라 하여 사양하고 받지 않았다고 기록되어 있다.

우거진 다북쑥 　菁菁者莪(정정자아)

다북쑥이 우거졌네 저 언덕 기슭에서 　菁菁者莪(정정자아) 在彼中阿(재피중아) [1-3]
님을 만나 뵙고 보니 즐겁고도 근엄하네 　旣見君子(기견군자) 樂且有儀(낙차유의)

다북쑥이 우거졌네 저 물가 언덕에서 　菁菁者莪(정정자아) 在彼中沚(재피중지) [4]
님을 이미 뵈었으니 내 마음이 흐뭇하네 　旣見君子(기견군자) 我心則喜(아심즉희)

다북쑥이 우거졌네 저 언덕 중턱에서 　菁菁者莪(정정자아) 在彼中陵(재피중릉)
님을 이미 뵈었으니 제일 큰 선물이네 　旣見君子(기견군자) 錫我百朋(석아백붕) [5 6]

조각배 둥실둥실 잠기는 듯 떠오르듯 　汎汎楊舟(범범양주) 載沈載浮(재침재부)
님을 이미 뵈었으니 내 마음이 느긋하네 　旣見君子(기견군자) 我心則休(아심즉휴) [7]

1 菁菁 무성한 모양 2 莪 다북쑥 3 阿 언덕 4 沚 물가 5 錫 주다 6 朋 조개 한 쌍 옛날 조개는 돈으로 쓰였다. 그러므로 朋은 돈을 말한다 7 休 느긋하다, 쉬다

손님을 맞아 잔치를 할 때 부르던 노래로 보인다.

유월　　六月

유월 녹음 우거질 때 병거 차비 이미 마쳐　六月棲棲 戎車既飭 1-3
네 필 말 버둥대고 군복도 실었어라　四牡騤騤 載是常服
험윤 세력 치열하여 나랏일이 다급하니　玁狁孔熾 我是用急
왕명으로 출정하사 나라를 바로잡네　王于出征 以匡王國

가지런한 네 필 말들 길이 잘 들어 있고　比物四驪 閑之維則 4-6
유월이 되었으니 입을 옷 지어졌네　維此六月 既成我服
입을 옷 지었으니 삼십 리씩 전진하자　我服既成 于三十里
왕명으로 출정하사 천자를 보좌하네　王于出征 以佐天子

크고 살진 네 필 말들 큰 몸이 듬직해라　四牡脩廣 其大有顒 7 8
험윤을 무찔러서 큰 공을 세우리라　薄伐玁狁 以奏膚公 9-12
위엄 있게 지휘하여 삼가 전쟁 종사하리　有嚴有翼 共武之服 13-15
삼가 전쟁 종사하여 나랏일을 평정하세　共武之服 以定王國

사나운 저 험윤이 초오를 점거하고　玁狁匪茹 整居焦穫 16 17
호와 방을 침입디니 경양까지 이르렀네　侵鎬及方 至于涇陽 18-20
새 무늬 깃발 들고 흰 깃발 펄럭이며　織文鳥章 白旆中央 21-24
열 대의 병거들이 앞서서 길을 여네　元戎十乘 以先啓行 25

병거들은 덜컹덜컹 든든하게 길을 가고　戎車既安 如輊如軒 26 27
건장한 네 필 말은 튼튼하고 순하구나　四牡既佶 既佶且閑 28 29

험윤을 쳐부수고 대원 땅에 이르렀네　薄伐玁狁 至于大原 (박벌험윤 지우대원)
문무 겸한 길보 장군 만방의 모범일세　文武吉甫 萬邦爲憲 (문무길보 만방위헌)[31]

길보 장군 기뻐하네 많은 복을 받으셨네　吉甫燕喜 旣多受祉 (길보연희 기다수지)
호땅에서 돌아오니 내 떠난 지 오래구려　來歸自鎬 我行永久 (래귀자호 아행영구)
마셔보세 여러 벗들 자라구이 잉어회로　飮御諸友 炰鱉膾鯉 (음어제우 포별회리)[32][33]
저 사람은 누구인가 효우롭던 장중일세　侯誰在矣 張仲孝友 (후수재우 장중효우)[34][35]

1 棲棲 萋萋와 통용, 녹음이 우거진 모양 2 戎車 兵車 3 飭 갖추다, 차비하다, 정비하다 4 比物 가지런한 물건 5 驪 검은 말 6 閑 막다, 말의 사나운 것을 막는 것은 길들이는 것이므로 여기서는 '길들이다'로 번역했다 7 脩 길다, 크다 8 顒 온화하다, 여기서는 '듬직하다'로 번역했다 9 薄 어조사 10 奏 아뢰다, 아뢰는 것은 공을 세워서 아뢰는 것이므로 여기서는 '이루다', '세우다'로 해석했다 11 膚 크다 12 公 功 13 翼 새가 날개를 치듯 지휘하는 것을 말한다, 지휘하다 14 共 恭과 통용, 삼가다 15 服 복무하다, 종사하다, 武之服은 服武의 도치된 형태, 之는 도치되었음을 나타낸다 16 茹 부드럽다 17 焦穫 땅 이름, 지금의 陝西省 涇陽縣境에 있었다 18 鎬 지금 19 方 지명 20 涇陽 涇水의 북쪽 21 織 幟와 통용, 織文은 무늬가 있는 기 22 鳥章 새 무늬가 있는 깃발 23 旆 기 24 央央 펄럭이는 모양 25 元戎 큰 兵車 26 輊 짐을 실어 앞이 낮은 수레 27 軒 뒤가 낮은 수레, 如輊如軒은 수레의 앞이 낮았다 뒤가 낮았다 하며 덜컹덜컹 가는 모양 28 佶 튼튼하다 29 閑 길이 들다, 순하다 30 御 대접하는 것 31 炰 굽다 32 鼈 자라 33 膾 회 34 侯 발어사 35 張仲 사람 이름, 함께 전쟁에 참여했던 사람이었거나 아니면 이 잔치에 초대되었던 한 사람으로 여겨진다

윤길보尹吉甫 장군이 험윤玁狁을 정벌할 때 종군했던 장수가 지은 노래다.

차조를 뜯고 있네　　采芑

차조를 뜯고 있네 저 새 밭서 뜯고 있네 薄言采芑 于彼新田 1 2
새로 일군 이 밭서도 차조를 뜯고 있네 于此菑畝 3 4
방숙께서 납시나니 그 수레가 삼천이라 方叔涖止 其車三千 5 6
따르는 군사들은 방패 솜씨 시험하네 師干之試
방숙께서 이끄시니 네 필 말이 수레 끄네 方叔率止 乘其四騏
수레 끄는 네 필 말들 가지런히 달려가네 四騏翼翼
장수의 붉은 수레 자리 덮개 어피 전통 路車有奭 簟茀魚服 7–11
말 가슴 띠 쇠갈고리 말고삐는 가죽이라 鉤膺鞗革 12–14

차조를 뜯고 있네 저 새 밭서 뜯고 있네 薄言采芑 于彼新田
이 마을 안에서도 차조를 뜯고 있네 于此中鄉
방숙께서 납시나니 그 수레가 삼천이라 方叔涖止 其車三千
각종의 깃발들이 힘차게 펄럭이네 旂旐央央 15 16
방숙께서 이끄시니 가죽 굴통 무늬 멍에 方叔率止 約軝錯衡 17–20
여덟 개의 방울소리 낭랑하게 들려오네 八鸞瑲瑲 21 22
하사받은 군복 입어 붉은 슬갑 눈부시고 服其命服 朱芾斯皇 23–25
푸른 패옥 딸랑딸랑 맑고 고운 소리나네 有瑲葱珩 26–28

펄펄 나는 빠른 새매 하늘 높이 날았다가 鴥彼飛隼 其飛戾天 29–31
나무 위에 내려와서 옹기종기 모여 앉네 亦集爰止
방숙께서 납시나니 그 수레가 삼천이라 方叔涖止 其車三千
따르는 군사들은 방패 솜씨 시험하네 師干之試

방숙께서 이끄시네 징을 치고 북을 치며 方叔率止(방숙솔지) 鉦人伐鼓(정인벌고)[32]
군사들을 벌려 놓고 한바탕 훈시하네 陳師鞠旅(진사국려)[33][34]
밝고 참된 방숙께서 북을 둥둥 치시면서 顯允方叔(현윤방숙) 伐鼓淵淵(벌고연연)[35]
군사들을 독려하니 사기가 충천하네 振旅闐闐(진려전전)[36]

꿈틀대는 오랑캐들 큰 나라를 원수 삼네 蠢爾蠻荊(준이만형) 大邦爲讎(대방위수)[37][38]
방숙께선 늙었어도 그 지모는 여전하이 方叔元老(방숙원로) 克壯其猶(극장기유)[39]
방숙께서 이끄시니 많은 적을 사로잡네 方叔率止(방숙솔지) 執訊獲醜(집신획추)[40][41]
병거가 달려가니 덜컹덜컹 우당탕탕 戎車嘽嘽(융거탄탄) 嘽嘽焞焞(탄탄퇴퇴)[42–44]
천둥치고 벼락 치듯 요란한 소리나네 如霆如雷(여정여뢰)[45]
밝고 참된 방숙께서 험윤을 정벌하니 顯允方叔(현윤방숙) 征伐玁狁(정벌험윤)
형주 땅의 오랑캐들 달려와서 무릎 꿇네 蠻荊來威(만형내위)[46]

1 薄言 어조사 2 芑 차조 3 菑 새로 일군 밭 4 畝 이랑 5 方叔 당시의 장수, 구체적으로 누구인지 알 수 없다 6 涖 임하다 7 路車 제후들이 타는 큰 戎車 8 奭 붉다 9 簟 대자리 10 茀 덮다, 덮개 11 魚服 물에 사는 짐승 가죽으로 껍질을 싼 전통, 화살집 12 鉤 쇠고리, 말 배 띠의 쇠고리 13 膺 말 배 띠 14 鞗 고삐 15 旂 청룡 황룡을 그린 기 16 旐 거북과 뱀을 그린 기 17 約 묶다 18 軝 수레 굴통의 대 19 錯 무늬를 새긴 것 20 衡 멍에 21 鸞 말 재갈 양편에 달린 방울 22 瑲瑲 방울 소리 23 命服 천자의 명령에 의해서 정해진 옷 24 芾 슬갑, 앞가리개 25 皇 煌과 통용, 눈부시다 26 瑲 딸랑딸랑 소리가 나다 27 葱 푸르다 28 珩 노리개 29 鴥 새가 휙 하고 빨리 나는 모양 30 隼 새매 31 戾 이르다, 戾天 하늘에 이르다 32 鉦 징, 옛날에는 북을 치면 진격하고 징을 치면 멈추었다 33 鞠 훈시하다 34 旅 군사 35 淵淵 북소리, 둥둥 36 闐闐 성한 모양, 가득한 모양, 사기가 충천한 모양 37 蠢 꿈틀거리다 38 爾 어조사 39 猶 猷와 통용, 지모 40 訊 생포자 41 醜 많은 무리 42 嘽嘽 수레가 덜컹거리며 가는 소리 43 焞焞 덜컹거리며 가는 소리 44 霆 천둥 45 雷 우레 46 威 위엄에 굴복하는 것

차조를 뜯는 풍경은 농민들의 성실한 모습이다. 이처럼 성실하게 군사 훈련을 해서 나라를 지키는 군사들을 노래했다.

새들이 다 함께 날아서 나무 위에 옹기종기 모여 앉는 것은 화목한 모습이다. 이에서 군사들이 서로 화합하여 전쟁터로 나가는 모습을 노래했다.

탄탄한 수레　　車攻(거공)

나의 수레 탄탄하고 나의 말들 가지런해　我車既攻(아거기공) 我馬既同(아마기동) 1
네 필 수말 건장하니 멍에 하고 동쪽 가세　四牡龐龐(사모농롱) 駕言徂東(가언조동) 2

사냥 수레 훌륭하고 네 필 수말 장대하이　田車既好(전거기호) 四牡孔阜(사모공부) 3
동에 있는 보전 땅에 멍에 하고 사냥 가세　東有甫草(동유보초) 駕言行狩(가언행수) 4

님께서 사냥 나가 몰이꾼을 물색터니　之子于苗(지자우묘) 選徒囂囂(선도효효) 5 6
각종 깃발 높이 들고 오 땅에서 짐승 잡네　建旐設旄(건조설모) 搏獸于敖(박수우오) 7–10

네 필 말 멍에 하니 네 필 말 잘 달리네　駕彼四牡(가피사모) 四牡奕奕(사모혁혁) 11
붉은 슬갑 황금 신발 꼬리 잇는 제후 회동　赤芾金舃(적불금석) 會同有繹(회동유역) 12 13

활깍지와 팔찌하고 활과 화살 잘 고르고　決拾既佽(결습기차) 弓矢既調(궁시기조) 14–16
사수들이 회동하여 짐승 쌓기 잘 거드네　射夫既同(사부기동) 助我舉柴(조아거시) 17

네 필 황마 멍에 하자 두 곁마는 가지런해　四黃既駕(사황기가) 兩驂不猗(양참불의) 18
제 길대로 말을 모니 쏜 살마다 명중한다　不失其馳(불실기치) 舍矢如破(사시여파) 19 20

히이이잉 말이 울고 펄럭이는 깃발 소리　蕭蕭馬鳴(소소마명) 悠悠旆旌(유유패정) 21–24
걷고 탄 자 조용하네 수라간이 꽉 차겠네　徒御不驚(도어불경) 大庖不盈(대포불영) 25

우리 님 사냥 가도 소리 하나 안 들리네　之子于征(지자우정) 有聞無聲(유문무성)
진실하신 님이시여 정말 큰 일 이루시리　允矣君子(윤의군자) 展也大成(전야대성) 26

1 攻 견고하다, 탄탄하다 2 龐龐 건장한 모양 3 阜 크다 4 甫草 땅 이름 甫田 나중에 鄭나라 땅이 되었지만, 당시에는 東都의 畿內에 있었다 5 苗 수렵, 사냥 6 囂囂 시끄러운 모양, 분주한 모양 7 旐 거북과 뱀을 그린 기 8 旄 쇠꼬리를 그린 기 9 搏 잡다 10 敖 산 이름, 땅 이름 11 奕奕 씩씩한 모양 12 舄 신발 13 繹 잇다 14 決 활깍지, 활을 당길 때 오른손 엄지손가락에 끼는 깍지 15 拾 활을 쏠 때 왼팔에 끼는 팔찌 16 佽 민첩하게 갖추다 17 柴 잡은 짐승을 쌓는 것 18 猗 쏠리다 19 舍 놓다, 舍矢는 화살을 놓는 것, 화살을 쏘는 것 20 破 깨질 듯이 힘차게 들어맞는 것 21 蕭蕭 말이 우는 소리 22 悠悠 펄럭이는 소리 23 旆 기 24 旌 기 25 不盈 '안 찰 것인가'라는 것은 꼭 찰 것이라는 뜻이다 26 展 진실로

「모시서毛詩序」에 의하면, 선왕宣王이 옛 것을 회복한 데 대해 노래한 시詩라 했다. 선왕宣王은 안으로 정사를 닦고, 밖으로 오랑캐를 물리쳐 문왕과 무왕의 영토를 회복했다. 거마를 닦고 기계를 정비한 뒤 다시 제후諸侯를 동도東都에 모아놓고 사냥을 하며 차도車徒를 골랐다. 그때 이 노래를 불렀다.

길일 吉日(길일)

길일이라 무일 날에 마신에게 제사했네 吉日維戊(길일유무) 旣伯旣禱(기백기도) 1
사냥 수레 튼튼하고 네 필 수말 씩씩하다 田車旣好(전거기호) 四牡孔阜(사모공부) 2
저 언덕에 빨리 올라 짐승 떼들 쫓아보세 升彼大阜(승피대부) 從其群醜(종기군추)

길일이라 경오 일에 좋은 말을 골라 타고 吉日庚午(길일경오) 旣差我馬(기차아마)
짐승 모인 곳에 가니 암수 사슴 그득하네 獸之所同(수지소동) 麀鹿麌麌(우록우우) 3 4
칠저에서 몰아가서 천자 계신 곳에 가세 漆沮之從(칠저지종) 天子之所(천자지소) 5

저 중원을 바라보니 우글우글 짐승 떼들 瞻彼中原(첨피중원) 其祁孔有(기기공유) 6
이리 뛰고 저리 뛰며 무리 짓고 짝을 짓네 儦儦俟俟(표표사사) 或群或友(혹군혹우) 7–10
좌우에서 몰아가세 우리 천자 즐기도록 悉率左右(실솔좌우) 以燕天子(이연천자)

활을 잡아당기고서 화살을 끼운 다음 旣張我弓(기장아궁) 旣挾我矢(기협아시)
작은 암퇘지 쏘아 잡고 이 큰 들소 넘어뜨려 發彼小豝(발피소파) 殪此大兕(에차대시) 11 12
손님들께 대접하고 술도 따라 올려보세 以御賓客(이어빈객) 且以酌醴(차이작례) 13 14

1 伯 말의 조상, 말의 신 2 田車 사냥용 수레 3 麀 암사슴 4 麌麌 사슴들이 우글거리는 모양 5 漆沮 물 이름 6 祁 많다, 많은 짐승 떼들 7 儦儦 우글우글 모여서 이리 뛰고 저리 뛰는 모양 8 俟俟 서성대는 모양 9 羣 세 마리 이상이 무리를 짓는 것 10 友 두 마리가 짝을 짓는 것 11 豝 암퇘지 12 殪 죽이다, 잡다 13 御 접대하다 14 醴 단술, 좋은 술

천자의 사냥하는 모습을 노래한 것이다.

홍안지습 鴻鴈之什

홍안鴻雁이라는 시로 시작하는 열 수의 시를 모아놓은 것이다.

기러기 떼　鴻雁(홍안)

기러기 떼 날아가네 푸덕푸덕 날개 치네　鴻雁于飛(홍안우비) 肅肅其羽(숙숙기우) 1 2
길을 떠난 우리 님이 들판에서 고생하네　之子于征(지자우정) 劬勞于野(구로우야) 3 4
어린 백성 생각하고 홀로 된 이 동정하네　爰及矜人(원급긍인) 哀此鰥寡(애차환과) 5

기러기 떼 날아가다 못 가운데 모여드네　鴻雁于飛(홍안우비) 集于中澤(집우중택)
그이가 담 쌓으면 길고 긴 담 이뤄지네　之子于垣(지자우원) 百堵皆作(백도개작) 6 7
고생이야 되겠지만 편한 집을 지어야지　雖則劬勞(수즉구로) 其究安宅(기구안택) 8

기러기가 날아가네 끼룩끼룩 슬피 우네　鴻雁于飛(홍안우비) 哀鳴嗸嗸(애명오오) 9
현명하신 사람들은 고생한다 날 달래도　維此哲人(유차철인) 謂我劬勞(위아구로)
어리석은 사람들은 교만타고 날 무시해　維彼愚人(유피우인) 謂我宣驕(위아선교) 10

1 鴻 큰기러기 2 肅肅 푸덕푸덕 날개 치는 소리 3 之子 그이, 그분 4 劬 수고하다
5 鰥 홀아비 鰥寡는 홀아비와 과부, 홀로 된 이 6 垣 담 7 堵 담 8 究 결국, 마침내
9 嗸嗸 끼룩끼룩 새가 우는 소리 10 宣 베풀다 宣驕는 교만한 정책을 편다는 뜻

현명한 정치가가 불쌍한 백성들을 위해 헌신하며 고생하는 모습을 그린 시로 보인다. 백성들의 고통을 덜어주기 위해 집을 짓고 길을 닦아도 그것을 헐뜯는 사람이 있다. 그러나 그 헐뜯음에 개의치 않고 하던 일을 계속해야 한다. 백성을 사랑하는 진정한 군자라야 그렇게 할 수 있다.

횃불 庭燎(정료)

밤이 어찌 되었는가 아직도 밤중이네	夜如何其 夜未央[1] (하여하기 야미앙)
뜰에 밝힌 횃불만이 밝게 타고 있구나	庭燎之光[2] (정료지광)
우리 님이 오는구나 방울소리 들리네	君子至止 鸞聲將將[3 4] (군자지지 난성장장)
밤이 어찌 되었는가 밤은 아직 한창이네	夜如何其 夜未艾[5] (하여하기 야미애)
뜰에 밝힌 횃불만이 활활 타고 있구나	庭燎晣晣[6] (정료제제)
우리 님이 오는구나 방울소리 커졌네	君子至止 鸞聲噦噦[7] (군자지지 난성홰홰)
밤이 어찌 되었는가 이제 동이 트는구나	夜如何其 夜鄉晨 (야여하기 야향신)
뜰에 밝힌 횃불들이 빛을 내며 타는구나	庭燎有煇 (정료유휘)
우리 님이 오는구나 저기 깃발 보이네	君子至止 言觀其旂[8] (군자지지 언관기기)

1 央 다하다, 끝장나다 2 燎 횃불 3 鸞 방울 4 將將 방울 소리, 쨍그렁쨍그렁 5 艾 끝나다, 그치다 6 晣 활활 타는 모양 7 噦噦 말방울 소리 將將보다 더 크게 들리는 소리 8 旂 기, 용을 그린 붉은 기

사람을 사랑하는 사람은 사람이 오는 것을 기다린다. 사람이 오는 날이 되면 잠도 잘 오지 않는다. 빨리 날이 밝기를 기다린다. 밤이 어떻게 되었나 하고 밖을 살펴보지만 여전히 한밤중이다. 그러다가 그럭저럭 밤이 가고 날이 밝아오기 시작한다. 반가운 사람들이 오는 소리가 들린다. 마음이 설렌다.

기다리는 사람의 마음을 잘 표현한 시로 보인다. 「모시서毛詩序」에서는 선왕이 조회하기 위해 제후들을 기다리는 모습을 노래한 것이라 했다.

넘실넘실 흐르는 물　沔水(면수)

넘실넘실 흐르는 물 바다로 흘러들고　沔彼流水(면피우수) 朝宗于海(조종우해) 1 2
휘익휘익 나는 새매 날다가는 모여드네　鴥彼飛隼(율피비준) 載飛載止(재비재지)
아아 형제여 동포여 친구들이여　嗟我兄弟(차아형제) 邦人諸友(방인제우)
세상 걱정 왜 않는가 부모 없는 사람 있나　莫肯念亂(막긍염란) 誰無父母(수무부모)

넘실넘실 흐르는 물 도도하게 흘러가고　沔彼流水(면피유수) 其流湯湯(기류상상)
휘익휘익 나는 새매 위로 날아 올라가네　鴥彼飛隼(율피비준) 載飛載揚(재비재양)
험한 세상 걱정 탓에 왔다갔다 해보지만　念彼不蹟(염피부적) 載起載行(재기재행) 3
마음 걱정 쌓여가네 잠시도 못 있겠네　心之憂矣(심지우의) 不可弭忘(불가미망) 4

휘익휘익 나는 새매 산 중턱에 비켜가네　鴥彼飛隼(율피비준) 率彼中陵(솔피중릉)
백성들의 뜬소문들 차라리 놓아두자　民之訛言(민지와언) 寧莫之懲(영막지징) 5–7
친구여 조심하세 유언비어 일어날라　我友敬矣(아우경의) 讒言其興(참언기흥) 8

1 沔 물이 흐르는 모양 2 朝宗 조정이나 종실로 삼는다는 뜻 3 蹟 자취, 도를 따르다 4 弭 그치다 5 訛 거짓말 6 寧 어차피, 차라리 7 懲 혼내다, 징계하다 8 讒 참소하다, 讒言는 유언비어

강물도 바다로 흘러들고 새들도 나무에 모여 앉는다. 이처럼 사람도 조국에 모여서 살게 마련이다. 그런데 지금 조국은 어려움에 처해 있건만 사람들은 걱정도 하지 않고 자기 욕심만 채우고 있다. 부모 없이 살 수 없듯이 조국 없이 살 수 없는 이치를 세상 사람들은 왜 모르는가? 바라보는 시인의 마음은 아프기만 하다.

강물도 미련 없이 흘러가고 새들도 미련 없이 날아오르는 것을 보면 세상을 걱정하고 미련을 갖는 것이 오히려 잘못이 아닌가 하고 자신을 탓해보지만 그러나 시인은 이 세상 걱정에 훌훌 털고 떠날 수 없다. 잠시도 잊지 못하고 시름하는 시인의 안타까운 마음을 읽을 수 있다.

그러나 아무리 안타까워한들 세상이 바뀌지는 않는다. 산중턱을 비켜나는 새들처럼 그냥 이 세상을 지나가면 어떨까? 백성들이 뜬소문을 퍼뜨려도 모른 체하고 놓아두는 것이 어떨까? 그렇게 생각해보지만 최소한 친구가 유언비어에 시달리는 것까지 모른 체할 수는 없다. 그것까지 외면할 수는 없는 것이 시인의 마음이다.

두루미 울면 　　鶴鳴(학명)

저 언덕 위에서 두루미 울면	鶴鳴于九皐(학명우구고)[1]
온 들판 끝까지 울려 퍼지고	聲聞于野(성문우야)
물고기 심연에 잠겼다가도	魚潛在淵(어잠재언)
물가에 나와서 놀기도 하지	或在于渚(혹재우저)[2]
저기 저 아름다운 동산 위에는	樂彼之園(낙피지원)
박달나무 한 그루 심어져 있고	爰有樹檀(원유수단)
그 아랜 개암나무 돋아나 있네	其下維蘀(기하유탁)[3]
쓸모없어 보이는 타산지석도	它山之石(타산지석)[4]
숫돌로 쓴다면 훌륭하지요	可以爲錯(가이위착)[5]
저 언덕 위에서 두루미 울면	鶴鳴于九皐(학명우구고)
온 하늘 끝까지 울려 퍼지고	聲聞于天(성문우천)
물고기 물가에서 노닐다가도	魚在于渚(어재우저)
심연 깊은 속으로 들어가지요	或潛在淵(혹잠재연)
저기 저 아름다운 동산 위에는	樂彼之園(낙피지원)
박달나무 한 그루 심어져 있고	爰有樹檀(원유수단)
그 아랜 닥나무가 돋아나 있네	其下維穀(기하유곡)[6]
쓸모없어 보이는 타산지석도	它山之石(타산지석)
옥 가는 돌로 쓰면 훌륭하지요	可以攻玉(가이공옥)

1 皐 물가, 언덕 九皐는 여러 언덕 2 渚 물가 3 蘀 檡과 통용, 개암나무 4 它 他와 같은 자 5 錯 숫돌 6 穀 닥나무 7 攻 갈다

학이 언덕 위에서 울면 저 하늘 끝까지 저 들판 끝까지 울려 퍼져서 산천초목이 다 알게 되는 것이 자연의 이치다. 그런데, 세상을 구제할 훌륭한 사람이 이 세상에 있어도 그의 존재가 널리 알려지지 않는 것은 무슨 탓일까? 사람들은 욕심에 눈이 어두워 훌륭한 사람을 알아보는 눈을 잃어버렸다. 자기가 남의 위에 올라가고자 할 때는 자기보다 훌륭한 사람이 눈에 들어오지 않는 법이다. 그래서 사람들은 자연의 이치대로 살지 못한다.

물고기들은 물가에서 놀다가도 깊은 곳으로 들어가기도 한다. 그런데 사람은 계급을 정해 놓고 그 계급에만 한정시킨다. 아무리 훌륭한 사람이 있어도 한번 초야에 묻히면 등용되지 못하고 비루한 사람이라도 벼슬에 올라 있으면 내려가질 않는다. 사람만이 자연의 이치에서 벗어나 있다.

저 아름다운 동산에는 박달나무와 개암나무, 닥나무 등이 서로 보호하고 보호받으며 사이좋게 자라고 있다. 그런데 사람들은 서로 다투며 남을 무시한다. 다른 산에 있는 쓸모없어 보이는 돌멩이도, 숫돌로 쓸 수도 있고 옥을 가는 도구로도 쓸 수 있다. 이와 마찬가지로 아무리 하찮게 보이는 사람이라 하더라도 장점이 있기 마련이다. 그 장점을 살려주면 훌륭한 사람으로 만들 수 있다. 그러니 서로 무시하지 말고 서로 존경하며 사는 것이 어떨까? 하물며 세상을 구제할 수 있는 훌륭한 사람이야 어떠하겠는가?

대장님　祈父(기보)

대장님 우리 대장님　祈父(기보)[1]
이 몸은 임금님의 근위병이옵니다　予王之爪牙(여왕지조아)[2]
그런데도 이 몸에게 이 고통을 주십니까　胡轉予于恤(호전여우휼)
편안하게 거처할 곳 하나도 없습니다　靡所止居(미소지거)

대장님 우리 대장님　祈父(기보)
이 몸은 임금님의 근위병이옵니다　予王之爪士(여왕지조사)
어째서 이 몸에게 이 고통을 주십니까　胡轉予于恤(호전여우휼)
머물러 쉴 곳이 하나도 없습니다　靡所底止(미소저지)[3]

대장님 우리 대장님　祈父(기보)
이 몸의 하소연이 아니 들리시옵니까　亶不聰(단불총)
어째서 이 몸에게 이 고통을 주십니까　胡轉予于恤(호전여우휼)[4][5]
아직도 노모더러 밥을 짓게 하십니까　有母之尸饔(유모지시옹)[6]

1 祈父 병사를 지휘하는 대장 2 爪 손톱, 발톱 爪牙는 임금님을 호위하는 근위병 3 厎 이르다, 다다르다 厎止 가서 머물러 쉬는 것 4 轉 굴러오게 만든다는 뜻 5 恤 고통 6 尸 주관하다, 尸饔은 직접 밥을 짓다

전쟁에 나가 온갖 고생을 다 겪는 군인들이 그 고통을 달래고 승화시키기 위해 만든 노래로 보인다. 같은 처지에서 고통받는 군인들이 다 함께 이 노래를 부르면 고통이 어느 정도 승화될 수 있을 것으로 보인다. 마치 흑인 영가와도 같은 것으로 이해할 수 있다.

"참모 총장님, 이 몸은 사회에서 존경받던 대학생. 어째서 나를 이렇게 고생시키십니까. 춥고 배고파 견딜 수가 없습니다. 아직도 어머님이 부엌에서 손수 밥을 지어야 하는 신세입니다. 제발 제대시켜 주십시오."

하얀 망아지 　　白駒(백구)

새하얀 망아지가 내 밭의 싹 뜯어먹네	皎皎白駒 食我場苗 (교교백구 식아장묘) [1,2]
붙들어 매고 싶어 오늘 아침 내내토록	縶之維之 以永今朝 (칩지유지 이영금조) [3]
내 마음의 귀한 손님 여기에서 놀아주오	所謂伊人 於焉逍遙 (소위이인 어언소요) [4]
희고 흰 저 망아지 내 밭의 콩 뜯어먹네	皎皎白駒 食我場藿 (교교백구 식아장곽) [5]
붙들어 매고 싶어 오늘 저녁 내내토록	縶之維之 以永今夕 (칩지유지 이영금석)
내 마음의 귀한 손님 여기에서 머무소서	所謂伊人 於焉嘉客 (소위이인 어언가객)
희고 흰 저 망아지 쏜살같이 달려오라	皎皎白駒 賁然來思 (교교백구 비연내사) [6]
공작 후작 봉하여서 기약 없이 즐기리니	爾公爾侯 逸豫無期 (이공이후 일예무기) [7,8]
노니는 일 신중하고 숨는 일을 조심하오	愼爾優游 勉爾遁思 (신이우유 면이둔사) [9,10]
희고 흰 저 망아지 저 골짝에 서성이네	皎皎白駒 在彼空谷 (교교백구 재피공곡)
한 단 꼴을 먹여줄까 옥같이 고운 사람	生芻一束 其人如玉 (생추일속 기인여옥)
그대 명성 중시하여 나를 멀리하지 마오	毋金玉爾音 而有遐心 (무금옥이음 이유하심) [11–13]

1 皎 희다 2 駒 망아지, 여기서는 귀여운 사람을 비유적으로 표현한 말이다 3 縶 매다 4 於焉 여기에서 5 藿 콩잎 6 賁 날래다, 빠르다 7 逸 편안하다 8 豫 즐기다 9 優游 한가롭게 노니는 것 10 勉 힘쓰다, 힘써서 조심하라는 말 11 金玉 중시하다, 금옥으로 여기다 12 爾音 너의 명성 13 遐心 나를 멀리하는 마음

은둔해 살아가는 선비들을 초빙하고 싶은 심정을 노래한 것이다. 은둔한 사람에게 숨는 일을 힘써서 그만두도록 권장한 것이다.

사람을 흠모하면 그를 자기 품에 넣어두고 싶다. 자기 품에 넣어놓고 온갖 사랑을 다 베풀고 싶어진다. 그러나 그럴수록 그는 더 벗어나고 싶어한다. 그래서 혼자서 남몰래 짝사랑을 한다.

선조가 퇴계를 흠모한 심정이라 할까?

꾀꼬리 黃鳥(황조)

꾀꼬리야 꾀꼬리야 닥나무에 앉지 마라	黃鳥黃鳥(황조황조) 無集于穀(무집우곡)[1,2]
우리 조를 쪼지 마라	無啄我粟(무탁아속)[3,4]
이 나라 사람들은 나를 무시하는구나	此邦之人(차방지인) 不我肯穀(불아긍곡)[5]
돌아가자 돌아가자 조국으로 돌아가자	言旋言歸(언선언귀) 復我邦族(복아방족)[6]
꾀꼬리야 꾀꼬리야 뽕나무에 앉지 마라	黃鳥黃鳥(황조황조) 無集于桑(무집우상)
우리 수수 쪼지 마라	無啄我粱(무탁아량)[7]
이 나라 사람들은 믿을 수 없는 것을	此邦之人(차방지인) 不可與明(불가여명)[8]
돌아가자 돌아가자 우리 형제들에게로	言旋言歸(언선언귀) 復我諸兄(복아제형)
꾀꼬리야 꾀꼬리야 참나무에 앉지 마라	黃鳥黃鳥(황조황조) 無集于栩(무집우허)[9]
우리 기장 쪼지 마라	無啄我黍(무탁아서)[10]
이 나라 사람들은 함께할 수 없는 것을	此邦之人(차방지인) 不可與處(불가여처)
돌아가자 돌아가자 우리 삼촌들에게로	言旋言歸(언선언귀) 復我諸父(복아제부)

1 黃鳥 꾀꼬리 2 穀 닥나무 3 啄 쪼다 4 粟 조 5 穀 착하다, 잘 지내다 6 言 어조사 7 粱 기장, 수수 8 明 盟과 통용, 믿다 9 栩 참나무 10 黍 기장

외국 생활을 하던 사람들이 차별 대우를 받고 고국 생각을 하는 마음을 노래한 시다.

꾀꼬리들이 닥나무·뽕나무·참나무 등에 모여드는 것은 단지 가만히 나무에 있기 위함이 아니다. 그 밑에 있는 밭에 심어 놓은 나의 곡식을 쪼아 먹기 위해서다. 그러니 괴롭히는 사람들이 접근해오는 것도 다 겁이 난다. 그럴수록 해치는 사람들이 없는 고국으로 돌아가고 싶은 마음이 간절해진다. 그러나 고국에는 갈 수가 없다. 고국이 망했거나 여타 사정으로 해서 고국에 갈 수가 없다. 그렇기 때문에 이 시를 지어서 부른 것이라 생각된다.

들판을 가노라니　我行其野(아행기야)

들판 길을 가노라니 가죽나무 우거졌네	我行其野 蔽芾其樗 (아행기야 폐패기저) 1-3
혼인식을 올린 터라 그대 집에 가건마는	昏姻之故 言就爾居 (혼인지고 언취이거)
나를 아니 반겨주니 돌아가리 고국으로	爾不我畜 復我邦家 (이불아휵 복아방가) 4
들판 길을 걸어가다 소리쟁이 뜯고 있네	我行其野 言采其蓫 (아행기야 언채기축) 5
혼인식을 올린 터라 그대 집에 가건마는	昏姻之故 言就爾宿 (혼인지고 언취이숙)
나를 아니 반겨주니 돌아가리 친정으로	爾不我畜 言歸斯復 (이불아휵 언귀사복)
들판 길을 걸어가다 우엉나물 뜯고 있네	我行其野 言采其葍 (아행기야 언채기복)
옛 인연을 생각 않고 새 짝을 찾고 있네	不思舊姻 求爾新特 (불사구인 구이신특) 6
부귀도 아니 찾고 다른 것만 찾는구려	成不以富 亦祗以異 (성불이부 역지이이) 7 8

1蔽 덮어 가리다 2芾 무성하다 3樗 가죽나무 4畜 기르다 5蓫 소리쟁이 葍 우엉 6特 배필, 짝 7成 진실로. 『논어』에서는 誠으로 되어 있다 8祇 다만

혼인식을 올리고 친정집에 있다가 신행新行을 한다. 신행을 하는데 이미 신랑은 다른 여인을 찾아다닌다. 그러니 가다 말고 친정집으로 돌아가고 싶은 생각이 굴뚝 같다. 그러나 그러지도 못하고 길에서 서성이며 공연히 나물만 뜯고 있다. 신랑이 부귀를 추구하는 것이라면, 그래서 날 사랑하지 않는 것이라면 함께 노력하여 돈을 벌 수 있을 텐데… 함께 노력하여 귀하게도 될 수 있을 텐데… 그러나 신랑은 오직 다른 여자만 찾아다니는 바람둥이이니 이를 어쩌면 좋을까?

시냇물이 흐르고　斯干(사간)

시냇물 졸졸 흐르고 남산이 그윽하네　秩秩斯干(질질사간) 幽幽南山(유유남산) 1–3
대나무가 빽빽하듯 소나무가 무성하듯　如竹苞矣(여죽포의) 如松茂矣(여송무의)
형제들은 사이좋고 우애도 있네　兄及弟矣(형급제의) 式相好矣(식상호의) 4
서로 주저하는 일은 있지도 않아　無相猶矣(무상유의) 5

옛 조상의 뜻을 이어 고대광실 지어야지　似續妣祖(사속비조) 築室百堵(축실백도) 6 7
서쪽과 남쪽으로 지게문을 내어놓고　西南其戶(서남기호)
여기에서 거처하며 담소하며 지내야지　爰居爰處(원거원처) 爰笑爰語(원소원어)

널빤지를 동여매고 흙을 꾹꾹 채웠으니　約之閣閣(약지각각) 椓之橐橐(탁지탁탁) 8–11
비바람을 막게 되고 새와 쥐도 사라지네　風雨攸除(풍우유제) 鳥鼠攸去(조서유거)
군자가 사는 저택 이제사 완성되네　君子攸芋(군자유후) 12

발 돋우고 팔 벌린 듯 화살 같은 모퉁이에　如跂斯翼(여기사익) 如矢斯棘(여시사극) 13–15
새처럼 나래 편 추녀 꿩처럼 나는 처마　如鳥斯革(여조사혁) 如翬斯飛(여휘사비) 16 17
군자가 오르는 집 아름답기 그지없네　君子攸躋(군자유제) 18

넉넉한 정원에다 쭉쭉 뻗은 기둥이라　殖殖其庭(식식기정) 有覺其楹(유각기영) 19–21
밝고 훤한 바깥채에 아늑하게 앉은 안채　噲噲其正(쾌쾌기정) 噦噦其冥(홰홰기명) 22–25
군자가 쉬는 저택 참으로 훌륭하네　君子攸寧(군자유녕)

돗자리 대자리 깔고 편안하게 잠자야지 下莞上簟(하관상점) 乃安斯寢(내안사침)[26][27]
잠자다가 일어나면 꿈의 내용 살펴야지 乃寢乃興(내침내흥) 乃占我夢(내점아몽)
무슨 길몽 꾸었을까 작은 곰 큰 곰일까 吉夢維何(길몽유하) 維熊維羆(유웅유비)
도마뱀을 꾸었을까 살무사를 꾸었을까 維虺維蛇(유훼유사)

경험 많은 어른들은 꿈 해몽을 잘도 하지 大人占之(대인점지)
작은 곰 큰 곰 꿈은 아들 낳을 징조이고 維熊維羆(유웅유비) 男子之祥(남자지상)[28]
도마뱀 살무사는 딸을 낳을 징조라네 維虺維蛇(유훼유사) 女子之祥(여자지상)[29]

아들을 낳았으니 침상에서 자게 하고 乃生男子(내생남자) 載寢之牀(재침지상)[30][31]
짧은 바지 입혀 주고 구슬 갖고 놀게 하네 載衣之裳(재의지상) 載弄之璋(재롱지장)[32]
울음소리 우렁차고 붉은 슬갑 눈부시니 其泣喤喤(기읍황황) 朱芾斯皇(주불사황)[33][34]
이 아이 자라나서 온 집안의 대장되지 室家君王(실가군왕)

딸아이 낳았으니 땅바닥서 자게 하고 乃生女子(내생여자) 載寢之地(재침지지)
저고리를 입혀 주고 실패 갖고 놀게 하네 載衣之裼(재의지체) 載弄之瓦(재롱지와)[35][36]
문채 나는 위의 보다 요리 솜씨 가르치니 無非無儀(무비무의) 唯酒食是議(유주식시의)[37][38]
부모 걱정 안 끼치는 얌전한 규수되네 無父母詒罹(무부모이리)[39][40]

1 秩秩 졸졸 흐르는 소리 2 干 澗과 통용, 시냇물 3 幽幽 그윽한 모양 4 式 어조사 5 猶 머뭇거리고 주저하다, 따지다, 우애 있는 형제들은 서로 돕는 일에 주저하거나 망설이는 일이 없다 6 似 嗣와 통용, 잇다 7 妣 죽은 어미 妣祖는 조상 8 約 묶는다 9 閣閣 담틀의 나무 판을 꼭꼭 동여매는 것 10 椓 흙을 쳐서 넣다 11 橐橐 흙을 채워 넣는 소리 12 芋 宇와 통용, 집 13 跂 발돋움하다 14 翼 새가 날개를 펴듯 팔을 벌리는 것 15 棘 모난 것, 모퉁이 16 革 나래 17 翬 꿩 18 躋 오르다 19 殖殖 번성한 모양, 넉넉한 모양 20 覺 쭉쭉 뻗은 모양 21 楹 기둥 22 噲噲 밝고 훤한 모양 23 正정채, 바깥 채 24 噦噦 아늑한 모양 25 冥 어두운 곳, 안채 26 莞 왕골, 돗자리 27 簟 대자리 28 羆 말곰 29 虺 살무사, 독사 30 載 어조사 31 牀 침상, 평상 32 璋옥으로 만든 구슬 33 喤 어린아이 울음 34 皇 煌과 통용, 빛나다 35 裼 저고리 36瓦 실패 37 非 斐와 통용, 문채 나다 38 儀 근엄하다 39 詒 끼치다 40 罹 근심, 걱정

형제가 단란하게 살아가는 우애로운 집에서 살던 사람이 독립하여 새로 집을 짓고 아들딸을 낳아 오순도순 살아가는 행복한 삶을 노래한 시다. 결혼식을 올릴 때 부르면 좋을 듯하다.

양이 없다 했는가　　無羊(무양)

누가 그대에게 양이 없다 했는가　誰謂爾無羊(수위이무양)
삼백 마리나 떼 지어 있는 것을　三百維羣(삼백유군)
누가 그대에게 소가 없다 했는가　誰謂爾無牛(수위이무우)
입 검은 황소들이 구십 마리나 있는 것을　九十其犉(구십기순) [1]
그대 양들 돌아오네 뿔들이 총총하네　爾羊來思 其角濈濈(이양내사 기각즙즙) [2]
그대 소들 돌아오네 귀들이 촉촉하네　爾牛來思 其耳濕濕(이우내사 기이습습) [3]

어떤 놈은 언덕에서 내려들 오고　或降于阿(혹강우아)
어떤 놈은 못에서 물을 마시네　或飮于池(혹음우지)
어떤 놈은 잠을 자고 어떤 놈은 서성이네　或寢或訛(혹침혹와) [4]
그대 목동 오고 있네 도롱이에 삿갓 썼네　爾牧來思 何蓑何笠(이목내사 하사하립) [5~7]
참 거리도 짊어지고 오는 것 같네　或負其餱(혹부기후) [8]
좋은 짐승 세어보니 서른 마리 되는구려　三十維物(삼십유물) [9]
제사상에 올리고도 남음이 있네　爾牲則具(이생즉구) [10]

그대 목동 돌아오네 땔나무를 해서 오네　爾牧來思 以薪以蒸(이목내사 이신이증) [11]
암새들 수새들을 잡아서 오네　以雌以雄(이자이웅) [12]
그대 양들 돌아오네 쫄랑쫄랑 돌아오네　爾羊來思 矜矜兢兢(이양내사 긍긍긍긍) [13 14]
안 처지고 안 흩어져 떼를 지어 돌아오네　不騫不崩(불건불붕) [15 16]
팔을 한 번 휘저으니 다 우리로 올라가네　麾之以肱 畢來旣升(휘지이굉 필래기승)

목동이 꿈을 꾸어 많은 물고기 보았다네　牧人乃夢(목인내몽) 衆維魚矣(중유어의)
펄럭이는 깃발들도 보았다 하네　旐維旟矣(조유여의)[17][18]
경험 많은 어른들이 해몽을 하니　大人占之(대인점지)
많은 물고기는 풍년들 징조이고　衆維魚矣(중유어의) 實維豐年(실유풍년)
펄럭이는 깃발들은 집 번창할 징조라네　旐維旟矣(조유여의) 室家溱溱(실가진진)[19]

1 犉 누르고 입이 검은 소 2 濈濈 뿔이 총총한 모양 3 濕濕 촉촉한 모양 4 訛 속이다, 소동하다 5 何 荷와 통용, 짊어지다 6 蓑 도롱이 7 笠 삿갓 8 餱 말린 밥 9 物 잡색 소란 설도 있으나, 여기서는 좋은 짐승으로 번역했다. 10 牲 제물로 쓸 희생 11 蒸 섶 12 雌雄 암컷과 수컷, 여기서는 암새와 수새로 번역했다 13 矜矜 신나게 쫄랑쫄랑 걸어오는 모양 14 兢兢 조심조심 걸어오는 모양 15 騫 이지러지다 16 崩 흩어지다 17 旐 거북과 뱀을 그린 기 18 旟 붉은 비단에 송골매를 그려넣은 기 19 溱溱 번성하는 모양, 왕성한 모양

목축을 하며 풍요롭게 살아가는 사람들의 이야기를 노래한 시다.

절남산지습 節南山之什

「절남산」을 시작으로 열 수의 시를 모아놓았다.

깎아지른 저 남산　　절남산
節南山

깎아지른 저 남산엔 바위들이 우뚝하네	절피남산 유석암암 節彼南山 維石巖巖 [1,2]
찬란하신 태사 윤씨 온 백성이 쳐다보네	혁혁사윤 민구이첨 赫赫師尹 民具爾瞻 [3–5]
근심 걱정 속이 타서 농담조차 할 수 없어	우심여담 불감희담 憂心如惔 不敢戲談 [6]
나라 이미 망했는데 어찌 아니 돌아보나	국기졸참 하용불감 國既卒斬 何用不監 [7,8]
깎아지른 저 남산은 참으로 아름다워	절피남산 유실기의 節彼南山 有實其猗 [9,10]
찬란하신 태사 윤씨 세상을 안 살피네	혁혁사윤 불평위하 赫赫師尹 不平謂何 [11]
하늘이 꾸짖어서 온갖 재앙 내려오고	천방천차 상란홍다 天方薦瘥 喪亂弘多 [12]
만백성이 소리쳐도 아랑곳도 아니하네	민언무가 참막징차 民言無嘉 憯莫懲嗟 [13–15]
저 윤씨 태사는 주나라의 주춧돌	윤씨태사 유주지저 尹氏大師 維周之氐 [16]
나라 고루 다스리면 사방이 편할 것을	병국지균 사방시유 秉國之均 四方是維 [17]
천자를 잘 도와서 백성들을 살펴야지	천자시비 비민불미 天子是毗 俾民不迷 [18]
무심하신 하늘이여 우리 백성 돌보소서	부조호천 不弔昊天
	불의공아사 不宜空我師 [19,20]
참된 사랑 아니 주면 백성들은 안 믿나니	불궁불친 서민불신 弗躬弗親 庶民弗信 [21]
백성에게 봉사 않고 군자들을 기망 마오	불문불사 물망군자 弗問弗仕 勿罔君子 [22]
잘 살피고 잘못 그쳐 백성들을 건지소서	식이식이 무소인태 式夷式已 無小人殆 [23,24]
조무래기 인척들은 등용해선 아니 되오	쇄쇄인아 즉무무사 瑣瑣姻亞 則無膴仕 [25–28]

무심하신 하느님이 온갖 고통 다 내리네 昊天不傭 降此鞠訩 29–31
무정하신 하늘이여 이 변괴가 웬 말인가 昊天不惠 降此大戾 32
윗사람이 훌륭하면 백성들이 잘 따르고 君子如屆 俾民心闋 33 34
윗사람이 어질다면 원망 소리 사라지리 君子如夷 惡怒是違 35

무심하신 하늘이여 나라 혼란 안 잡히고 不弔昊天 亂靡有定
다달이 더해가니 백성들이 못 살겠소 式月斯生 俾民不寧
술 취한 듯 속만 타네 누가 정권 잡았나 憂心如酲 誰秉國成 36
나라 정사 안 돌보고 백성들만 괴롭히네 不自爲政 卒勞百姓

네 필 말 멍에 하니 네 필 말 힘차건만 駕彼四牡 四牡項領 37
동서남북 돌아봐도 달려갈 곳 하나 없네 我瞻四方 蹙蹙靡所騁 38
미운 마음 복받치면 창을 겨누다가도 方茂爾惡 相爾矛矣
한 번 마음 풀어지면 서로 술잔 주고받지 旣夷旣懌 如相醻矣 39 40

불공평한 하늘이여 우리 임금 엉터리네 昊天不平 我王不寧
자기 마음 안 고치고 바른 사람 원망하네 不懲其心 覆怨其正
가보 님이 노래지어 임금 잘못 추궁하니 家父作誦 以究王訩 41–43
부디 마음 고쳐먹고 온 세상을 살피소서 式訛爾心 以畜萬邦 44

1 節 깎아지른 듯이 우뚝한 모양 2 巖巖 바위들이 우뚝한 모양 3 師 太師, 三公 중의 하나 4 尹 太師의 직책에 있는 尹氏, 尹吉甫의 후손이라는 설이 있다 5 具 모두 6 惔 속이 타다 7 斬 베다, 망하다 8 監 살피다 9 實 참으로, 실로 10 猗 아름답다 11 不平謂何 세상이 평화롭지 않으니 어찌하리오 12 薦瘥 재앙을 내리다, 하늘이 꾸짖다 13 無嘉 아름다운 말을 하지 않는다, 소리치다 14 憯 슬퍼하다 15 懲嗟 징계하거나 한탄하다 16 氐 근본, 주춧돌 17 維 유지하다, 편안하게 지탱하다 18 毗 돕다 19 弔 안부를 묻다, 不弔는 안부조차 묻지 않는 것, 즉 무심한 것 20 師 민중 21 仕 일 22 罔 속이다 23 式 어조사 24 夷 평화롭게 하다 25 瑣瑣 자질구레한 모양 26 亞 동서, 姻亞는 친척이나 동서, 인척 27 膴 두텁다 28 仕 벼슬시키다 29 傭 庸과 통용, 일정하다 30 鞠 곤궁하다 31 訩 어지럽다 32 戾 어그러지다 33 屆 극진하다, 바르다 34 闋 다하다, 극진해지다, 여기서는 '따르다'로 번역했다 35 違 없어지다, 풀어지다 36 酲 술병, 술로 인한 병 37 項 크다 38 蹙蹙 위축되는 모양 39 懌 기뻐하다, 마음이 풀어지다 40 醻 酬와 같은 뜻, 잔을 주고받다 41 家父 이 시를 지은 사람의 이름 42 究 추궁하는 것 43 訩 어지럽다 44 訛 고치다

훤하게 생긴 정치인이 정치를 잘못하여 백성들을 궁지에 몰아넣고 있다. 기대가 많을수록 실망도 크다. 이를 본 시인이 시를 지어 노래한다. 실망하게 만든 정치가를 몰아서 처형하라고 외친다면 시가 아니다. 끝까지 용서하며 뉘우치기를 바라는 마음이 바로 시인의 마음이다.

기대에서 원망으로 그리고 다시 기대로 이어지는, 용서하는 마음이 시인의 마음이다.

「모시서毛詩序」에서는 이 시를 유왕幽王 때의 나쁜 정치를 풍자한 것이라 했다.

정월 / 正月(정월)

사월달 된서리에 내 마음 쓰라리고	正月繁霜(정월번상) 我心憂傷(아심우상)	1
세상 사람 뜬소문은 흉흉하기 그지없어	民之訛言(민지와언) 亦孔之將(역공지장)	
나 홀로 생각타가 속절없이 속만 타고	念我獨兮(염아독혜) 憂心京京(우심경경)	2
내 마음 소심하여 근심타가 병이 됐네	哀我小心(애아소심) 癙憂以痒(서우이양)	3 4
아버지 어머니 왜 날 이때 낳으셨나요	父母生我(부모생아) 胡俾我瘉(호비아유)	5
앞서 나도 좋았고 뒤에 나도 좋았을걸	不自我先(부자아선) 不自我後(부자아후)	
좋은 말도 나쁜 말도 입에서 나오나니	好言自口(호언자구) 莠言自口(유언자구)	6
말 못하고 속만 끓다 온갖 모욕 다 받겠네	憂心愈愈(우심유유) 是以有侮(시이유모)	7
하염없이 속만 타네 내 살길이 막막하네	憂心惸惸(우심경경) 念我無祿(염아무록)	8
죄 없는 우리 백성 남의 종이 다 되겠네	民之無辜(민지무고) 并其臣僕(병기신복)	
불쌍한 우리 백성 어디 가서 먹고 사나	哀我人斯(애아인사) 于何從祿(우하종록)	
하늘 나는 저 까마귀 누구 집에 내려앉나	瞻烏爰止(첨오원지) 于誰之屋(우수지옥)	9
저 숲 속을 바라보니 온갖 나무 있건마는	瞻彼中林(첨피중림) 侯薪侯蒸(후신후증)	
위태로운 백성들은 하늘만을 바라보네	民今方殆(민금방태) 視天夢夢(시천몽몽)	10
바로잡자 노력하면 막을 사람 없건마는	既克有定(기극유정) 靡人弗勝(미인불승)	
위대하신 하늘이여 누구 미워 이러는가	有皇上帝(유황상제) 伊誰云憎(이수운증)	11 12
산을 보고 낮다지만 언덕 있고 등성 있어	謂山蓋卑(위산개비) 爲岡爲陵(위강이릉)	
백성들이 내는 소문 막으면 안 되는 법	民之訛言(민지와언) 寧莫之懲(영막지징)	13 14

저 원로들 불러놓고 해몽을 부탁하니　召彼故老(소피고로) 訊之占夢(신지점몽)
모두들 자기들이 제일이라 말하지만　具曰予聖(구왈여성)
암까마귀 수까마귀 누가 알리오　誰知烏之雌雄(수지오지자웅)

하늘이 높다 해도 머리를 들면 안 돼　謂天蓋高(위천개고) 不敢不局(불감불국) 15
땅이 비록 두터워도 조심해서 걸어야 해　謂地蓋厚(위지개후) 不敢不蹐(불감불척) 16
지금 내가 하는 말은 도에 맞고 조리 있지　維號斯言(유호사언) 有倫有脊(유륜유척) 17
불쌍하다 지금 사람 뱀들처럼 떨고 있네　哀今之人(애금지인) 胡爲虺蜴(호위훼역) 18

저 비탈진 밭을 보니 곡식 싹이 홀로 있네　瞻彼阪田(첨피판전) 有菀其特(유울기특) 19 20
하늘은 이 내 몸을 힘을 다해 뒤흔드네　天之扤我(천지올아) 如不我克(여불아극) 21 22
처음엔 이 몸 찾아 애태우며 애쓰더니　彼求我則(피구아측) 如不我得(여불아득)
이제는 원수 보듯 나를 아니 밀어주네　執我仇仇(집아구구) 亦不我力(역불아력) 23 24

마음에 서린 근심 얽어맨 듯 아파오네　心之憂矣(심지우의) 如或結之(여혹결지)
지금의 이 정치는 어찌 그리 사나운가　念茲之正(금자지정) 胡然厲矣(호연여의) 25
타오르는 불길이야 끌 수가 있건마는　燎之方揚(요지방양) 寧或滅之(영혹멸지)
찬란한 주나라를 저 포사가 다 망치네　赫赫宗周(혁혁종주) 褒姒威之(포사혈지) 26 27

오랜 걱정 잊으려도 장맛비가 괴롭히네　終其永懷(종기영회) 又窘陰雨(우군음우) 28
수레에 짐을 싣고 묶어두지 않았다가　其車旣載(기거기재) 乃棄爾輔(내기이보) 29
짐들이 쏟아지면 도와달라 말하겠지　載輸爾載(재수이재) 將伯助予(장백조여) 30 31

짐을 잘 단속하고 바퀴까지 손질하라 無棄爾輔(무기이보) 員于爾輻(운우이복)[32][33]
마부들을 잘 살피면 그대 짐은 안전하리 屢顧爾僕(누고이복) 不輸爾載(불수이재)[34]
험난한 길 넘어감이 의외로 쉬우리라 終踰絶險(종유절험) 曾是不意(증시불의)

연못 속의 물고기도 즐거울 수가 없어 魚在于沼(어재우소) 亦匪克樂(역비극락)
물속 깊이 잠겼어도 사람 눈에 뜨이는 걸 潛雖伏矣(잠수복의) 亦孔之炤(역공지소)[35]
쓰라린 가슴 안고 나라 폭정 염려하네 憂心慘慘(우심참참) 念國之爲虐(염국지위학)

저들은 좋은 술에 좋은 안주 차려놓고 彼有旨酒(피유지주) 又有嘉殽(우유가효)
이웃들 인척들과 잔치를 벌이건만 洽比其鄰(흡비기린) 昏姻孔云(혼인공운)[36–38]
외톨이 이내 신센 근심으로 속이 타네 念我獨兮(염아독혜) 憂心慇慇(우심은은)[39]

저들에겐 집이 있고 곳간도 차 있거늘 佌佌彼有屋(차차피유옥) 蔌蔌方有穀(속속방유곡)[40–42]
복 없는 백성들은 하늘 재앙 받았는가 民今之無祿(민금지무록) 天夭是椓(천요시탁)[43][44]
부유한 사람이야 걱정할 것 없지마는 哿矣富人(가의부인)[45]
갈 데 없는 이 사람들 불쌍해서 어찌하나 哀此惸獨(애차경독)[46][47]

1 正月 周나라의 正月은 夏曆의 四月에 해당한다 2 京京 근심이 많은 모양 3 癙 속 끓이다 4 痒 앓다 5 癒 병 6 莠 추하다 7 愈愈 점점 늘어나는 모양 8 惸惸 근심하는 모양 9 烏 중국의 옛말에 까마귀는 부잣집에 내려앉는다고 했다 10 夢夢 흐릿한 모양 11 伊 어조사 12 云 어조사 13 寧 이에 14 懲 막다 15 局 굽히다 16 蹐 발소리를 내지 않고 조심해서 걷는 것 17 脊 등뼈, 조리 18 蜴 도마뱀 19 菀 무성하다 20 特 특별하게 뻗어난 싹 21 扤 흔들다 22 如不我克 나를 이기지 못할 때 이기려고 노력하는 것처럼 힘을 쓰는 것 23 仇仇 원수를 대하는 모양 24 亦不我力 나에게 힘을 실어주지 않는다는 것 25 正 정치 26 褒姒 幽王의 처로 幽王을 홀려 정치를 망치게 한 장본인 27 烕 불을 끄다, 멸망시키다 28 窘 군색하다 29 輔 수레의 덧방나무, 짐을 싣기 위해 대어놓은 나무 30 輸 떨어뜨리다 31 伯 白과 통용, 말하다 32 員 수효를 늘임 33 輻 바퀴의 살 34 不意 의외로 35 炤 밝다, 뜨이다 36 洽 화합하다 37 比 친하다 38 云 친하다, 잔치하며 우의를 다지다 39 慇慇 괴로워하는 모양 40 佌佌 선명한 모양, 잇닿아 있는 모양, 정치하는 사람들은 집이 즐비하게 있다는 뜻 41 蔌蔌 돈을 꼬박꼬박 받는 모양 42 穀 월급, '월급을 꼬박꼬박 받는다'는 것인데, 여기서는 '곳간이 차 있다'로 번역했다 43 椓 형벌, 재앙 44 夭 재앙을 내리다, 夭夭는 韓詩에 天天로 되어 있다 45 哿 可와 통용 46 惸 외로운 이 47 獨 의지할 데 없는 사람

나라가 망해가는 것을 보고 속을 끓이는 시인의 슬픈 사연이다. 속을 끓이다 병을 얻고 보니 차라리 이때 태어나지 않았더라면 하는 생각까지 든다.

앞으로 나라가 망하면 어찌 먹고 살 것인지? 자기 자신이야 그렇다 치지만 불쌍한 이 백성들은 또 어찌 먹고 살 것인지? 숲에는 온갖 나무들이 어울려 자라지만, 백성들은 서로 어울려 살지 못해 희망을 잃고 하늘만 바라본다. 정치를 잘했다면 이런 일이 없었을 것이지만, 정치를 잘못 해서 이런 일이 생겼다. 그러나 정치를 잘못한 것은 한 사람의 정치인이다. 하늘이 그를 미워한다면 그만 벌주면 될 것이지, 백성들에게 고난을 주는 것은 또 무슨 이유인가?

산이 아무리 낮아도 등성이도 있고 언덕도 있는 법. 백성들이 아무리 무식해도 정치의 잘잘못을 알아보는 눈이 다 있게 마련이다. 그러므로 백성들이 내는 소문은 뜬소문으로 흘려들으면 안 된다. 원로 정치인들은 백성들의 소문을 모두 자기 식대로 해석하며 자기가 제일이라고 말하지만 그들은 서민들과 같이 호흡하지 못하기 때문에 서민들의 고통을 제대로 이해하지 못한다. '육식자비肉食者卑'라는 말이 있다. 시인은 지식인의 허상을 잘 알고 있다. 차라리 서민들에게서 나오는 소문이 더 진실성이 있는 것이다.

시월 초하루　十月之交(시월지교)

시월이 시작되는 초하룻날 신묘일에　十月之交(시월지교) 朔日辛卯(삭일신묘) 1 2
일식이 일어나니 이 무슨 변괴인가　日有食之(일유식지) 亦孔之醜(역공지추) 3
지난번엔 월식이고 이번에는 일식이네　彼月而微(피월이미) 此日而微(차일이미)
죄 없는 우리 백성 너무도 불쌍하다　今此下民(금차하민) 亦孔之哀(역공지애)

해와 달도 경고하네 제대로 안 한 것을　日月告凶(일월고흉) 不用其行(불용기행)
나라가 혼란함은 좋은 사람 안 쓰신 탓　四國無政(사국무정) 不用其良(불용기량)
저번의 월식은 늘상 있는 일이지만　彼月而食(피월이식) 則維其常(즉유기상)
이번의 일식은 무슨 잘못 때문일까　此日而食(차일이식) 于何不臧(우하부장) 4

번쩍번쩍 번개 치니 불안하고 무섭구나　爗爗震電(엽엽진전) 不寧不令(불녕불령) 5
강물들이 들끓더니 산봉우리 무너지고　百川沸騰(백천비등) 山冢崒崩(산총줄붕) 6 7
높은 언덕 골 되고 깊은 계곡 산 되도　高岸爲谷(고안위곡) 深谷爲陵(심곡위릉)
지금의 관리들은 아랑곳 않고 있네　哀今之人(애금지인) 胡憯莫懲(호참막징) 8 9

경사는 황보씨고 사도는 번씨이며　皇父卿士(황보경사) 番維司徒(번유사도) 10–12
총재는 가백이고 선부는 중윤이며　家伯維宰(가백유재) 仲允膳夫(중윤선부) 13–16
내사는 추씨이고 취마는 궤씨이며　棸子內史(추자내사) 蹶維趣馬(궤유취마) 17–20
사씨는 우씨인데 다들 기방놀이 하네　楀維師氏(구유사씨)
豔妻煽方處(염처선방처) 21–25

아아 황보씨여 어찌 잘못이라 하겠소만 抑此皇父 豈曰不時[26][27]
어찌 나를 부리면서 한 마디 말도 없나 胡爲我作 不卽我謀
내 집이 무너지고 내 논밭이 황량해도 徹我牆屋 田卒汚萊[28–30]
자기 탓이 아니라네 규정이 그렇다네 曰予不戕 禮則然矣[31][32]

슬기로운 황보씨가 상에 도읍 세우고서 皇父孔聖 作都于向[33]
삼경 자리 차지하고 많은 재물 챙기누나 擇三有事 亶侯多藏[34]
우리 임금 지킬 신하 한 사람쯤 남겨 놓지 不憖遺一老 俾守我王[35]
힘 있는 자 다 데리고 상 땅에 가서 사네 擇有車馬 以居徂向

힘든 일을 하면서도 고단하다 말 못하고 黽勉從事 不敢告勞
죄 없고 허물없이 온갖 욕을 먹고 있네 無罪無辜 讒口囂囂[36]
백성들이 받는 죄는 하늘이 안 내린 것 下民之孽 匪降自天[37]
이합집산 잘도 하는 관리들이 빚어낸 것 噂沓背憎 職競由人[38–43]

하염없는 나의 시름 너무나 뼈저리네 悠悠我里 亦孔之痗[44][45]
모두들 잘 사는데 나만 홀로 걱정하나 四方有羨 我獨居憂[46]
백성들은 편안치만 나만 홀로 쉬지 못해 民莫不逸 我獨不敢休
천명을 못 따르니 남의 흉내 낼 수 없어 天命不徹 我不敢傚[47]
지각없는 내 친구들 노는 데만 정신 파네 我友自逸

1 交 해와 달이 교차하는 월 초 2 辛卯 시인이 노래했던 10월 초하루의 간지 3 醜 추악한 일, 변괴, 옛날에는 일식·월식·지진 등을 잘못된 정치를 꾸짖는 하늘의 벌로 여겼다 4 臧 善과 같은 뜻 5 爗爗 번쩍번쩍 빛나다, 번개 치는 모양 6 冢 언덕, 산꼭대기 7 崒 猝과 통용, 갑자기, 『國語』「周語上」에는 幽王 2년에 '세 강이 마르고 기산이 무너졌다'고 했다 8 憯 무참하다, 여기서는 曾의 뜻으로 '일찍이'란 뜻이다 9 懲 고치다, 막다 10 皇父 사람의 자, 황보 11 卿士 六卿의 우두머리 12 番 사람의 氏 13 家伯 사람의 자 14 宰 宰夫 총재 15 仲允 사람의 자 16 膳夫 임금의 음식을 관리하는 관리 17 棸 사람의 氏 18 內史 작록과 생살여탈의 법을 관장하는 관리 19 蹶 궤, 사람의 씨 20 趣馬 임금의 말을 관장하던 관리 21 楀 사람의 씨 22 師氏 조정의 득실을 맡아보던 관리 23 豔妻 요염한 부인, 여기서는 褒姒라는 설이 있다. 그러나 반드시 褒姒라고 하기보다는 요염한 여인들, 즉 기생으로 보아도 될 것이다. 24 煽 부추기다, 꼬드기다 25 豔妻煽方處 시방 기생들이 꼬드기는 곳에 처하고 있다, 기생 놀이하고 있다 26 抑 감탄사, 아아 27 時 是와 통용 28 徹 무너지는 것 29 汚 웅덩이, 더러워지다 30 萊 밭이 묵혀져 잡초가 우거지다 31 戕 죽이다, 손상을 입히다 32 禮 예법, 규정 33 向 땅 이름 34 侯 어조사 35 慭 바라건대, 바라다 36 黽 힘쓰다 37 孽 죄를 받는 것 38 噂 僔과 통용, 모이다 39 沓 합하다 40 背 배신하다 41 憎 미워하는 것, 噂沓背憎은 좋아하여 모였다 미워하여 헤어졌다 하는 정치인들의 모양을 표현한 말 42 職 주로 하다, 오로지 하다 43 競 다투다, 職競은 '다투기만 주로 하는'이란 뜻이다 44 里 근심 45 痗 병 46 羨 잘살다 47 徹 통하다, 따르다

「모시서毛詩序」에서는 유왕幽王의 실정을 비방하는 시라 했다.

하염없이 오는 비 雨無正(우무정)

넓고 넓은 하늘이여 그 사랑 어디 가고 浩浩昊天(호호호천) 不駿其德(부준기덕)[1]
환란 기근 내리시어 온 나라를 벌하시네 降喪饑饉(강상기근) 斬伐四國(참벌사국)
무서우신 하느님은 우리 생각 전혀 안 해 旻天疾威(민천질위) 弗慮弗圖(불려부도)
죄 있는 자 놓아두어 죄들을 다 숨기고 舍彼有罪(사피유죄) 旣伏其辜(기복기고)
죄 없는 사람들만 도탄에서 신음하네 若此無罪(약차무죄) 淪胥以鋪(윤서이포)

주나라가 망했으니 머무를 곳도 없고 周宗旣滅(주종기멸) 靡所止戾(미소지려)
정대부들 떠났으니 우리 고생 몰라주네 正大夫離居(정대부이거) 莫知我勩(막지아예)[2]
삼공과 대부들도 노력 않고 빈둥대며 三事大夫(삼사대부) 莫肯夙夜(막긍숙야)
나라의 제후들도 천자에게 문안 않네 邦君諸侯(방군제후) 莫肯朝夕(막긍조석)[3]
착해질까 바라지만 도리어 악해지네 庶曰式臧(서왈식장) 覆出爲惡(복출위악)[4,5]

어째서 하느님은 바른 말을 물리치나 如何昊天(여하호천) 辟言不信(벽언불신)[6]
이대로 가다가는 갈 곳도 없어지리 如彼行邁(여피행매) 則靡所臻(즉미소진)
관리된 사람들은 자기 몸을 삼가야지 凡百君子(범백군자) 各敬爾身(각경이신)
어찌 저리 겁이 없나 하늘도 무시하네 胡不相畏(호불상외) 不畏于天(불외우천)

난리가 계속되고 기근도 해결 못해 戎成不退(융성불퇴) 飢成不遂(기성불수)
오직 우리 측근들만 나날이 슬퍼지네 曾我暬御(증아설어) 憯憯日瘁(참참일췌)[7,8]
관리된 사람들은 남들에게 묻지 않아 凡百君子(범백군자) 莫肯用訊(막긍용신)
아부하면 받아주고 호소하면 물리치네 聽言則答(청언즉답) 譖言則退(참언즉퇴)[9]

말 못하는 사람들이 불쌍하구나 哀哉不能言(애재불능언)
혀를 잘못 놀리다간 큰일이 나지 匪舌是出(비설시출)
속 타는 마음에다 몸조차 병이 드네 維躬是瘁(유궁시췌)
말 잘하는 사람들은 좋기도 하이 哿矣能言(가의능언)
교묘한 말솜씨가 물 흐르는 것 같구나 巧言如流(교언여류)
마음대로 살다보니 몸까지 편안하네 俾躬處休(비궁처휴)

이런 세상 벼슬살인 위태로운 가시밭길 維曰于仕(유왈우사) 孔棘且殆(공극차태)
못 하겠다 사표 내면 천자에게 죄를 짓고 云不可使(운불가사) 得罪于天子(득죄우천자)
해보겠다 버틴다면 친구들도 원망하네 亦云可使(역운가사) 怨及朋友(원급붕우)

그대들께 서울로 이사하길 권했더니 謂爾遷于王都(위이천우왕도)
우리들은 거기에 집도 없는 처지라서 曰予未有室家(왈여미유실가)
근심 걱정 앞을 가려 피눈물을 흘린다니 鼠思泣血(서사읍혈)[10]
무슨 말을 하더라도 마음 아파 못 듣겠네 無言不疾(무언부질)
옛날에 그대들이 나가 살 때엔 昔爾出居(석이출거)
그 누가 따라가서 집을 지어주었는가 誰從作爾室(수종작이실)

1駿 특별히 취급해 주다 2勩 수고로움 3朝夕 천자에게 문안하는 것 4式 어조사 5臧 善과 같은 뜻 6辟言不信 말을 물리치고 믿지 않는다. 辟은 闢과 통용되어 물리친다는 뜻 7暬御 측근 8憯憯 참혹한 모양 9聽言 듣기 좋은 말, 아부하는 말 10鼠思 근심하다. 思는 어조사

시인은 혼자 서울에 와서 출세를 하고 벼슬을 한다. 그러나 세상은 매우 혼탁하다. 그럼에도 임금의 측근에서 벼슬하면서 책임을 다해야 하건만 친구들은 나를 흔쾌하게 여기지 않는다. 친구들에게 권하여 서울에 와서 함께 일하자고 해보지만 그들은 집이 없다는 핑계로 오려고 하지 않는다. 그러나 그들은 옛정으로 나를 몹시 아끼는 사람들이다. 그들이 나에게 말할 때는 피눈물을 흘릴 만큼 진지하다. 그 말을 들으면 마음이 아프다. 그들을 제발 데려오고 싶지만 뜻대로 되지 않아 마음만 아프다.

하느님의 분노

하느님의 분노가 이 땅에 내렸도다
잘못된 나쁜 정치 어느 날에 그치려나
좋은 일 안 따르고 나쁜 일만 계속하네
돌아가는 꼴을 보니 가슴이 다 터진다

어울렸다 헐뜯었다 서글프기 짝이 없다
훌륭한 정책들은 모두들 등 돌리고
잘못된 정책들만 골라가며 시행하네
돌아가는 꼴을 보니 어찌될지 모르겠네

거북이도 싫었는지 바른 점괘 안 나오네
사공이 많은 배가 산으로 올라가니
말들만 무성하고 책임질 이 하나 없네
길 가는 사람에게 물어보지 않는다면
제 길 찾아간다는 건 애당초 무리로다

슬프도다 나라 정치 왜 이렇게 잘못되나
선민들을 안 본받고 대도에서 벗어났네
시원찮은 말만 듣고 말다툼만 계속하네
길손에게 물어가며 집을 짓는 얼간이들

나라가 흔들려도 옳고 그른 의견 있고
백성들이 흩어져도 지혜 있고 슬기 있어
저 흐르는 샘물처럼 신중한 사람 있고
다스리는 이 있으니 패망하진 않을 거야

맨손으론 범 못 잡고 맨발론 강 못 건너
하나만 아는 것들 다른 것은 알지 못해
전전긍긍 조심하자 절벽 위를 걸어가듯
살얼음을 밟고 가듯

소민
小旻

민천질위 부우하토
旻天疾威 敷于下土 [1-3]
모유회휼 하일사저
謀猶回遹 何日斯沮 [4 5]
모장부종 부장복용
謀臧不從 不臧覆用 [6 7]
아시모유 역공지공
我視謀猶 亦孔之邛 [8 9]

흡흡자자 역공지애
潝潝訿訿 亦孔之哀 [10 11]
모지기장 즉구시위
謀之其臧 則具是違
모지부장 즉구시의
謀之不臧 則具是依
아시모유 이우호저
我視謀猶 伊于胡底 [12-14]

아귀기염 불아고유
我龜既厭 不我告猶

모부공다 시용부집
謀夫孔多 是用不集 [15]

발언영정 수감집기구
發言盈庭 誰敢執其咎

여비행매모
如匪行邁謀 [16]

시용부득우도
是用不得于道 [17]

애재위유
哀哉爲猶 [18]

비선민시정 비대유시경
匪先民是程 匪大猶是經 [19–21]

유이언시청 유이언시쟁
維邇言是聽 維邇言是爭 [22–24]

여피책실우도모 시용불궤우성
如彼築室于道謀 是用不潰于成 [25]

국수미지 혹성혹비
國雖靡止 或聖或否 [26]

민수미무 혹철혹모
民雖靡膴 或哲或謀 [27]

혹숙혹예
或肅或艾 [28–30]

여피천류 무륜서이패
如彼泉流 無淪胥以敗 [31] [32]

불감포호 불감빙하
不敢暴虎 不敢馮河 [33] [34]

인지기일 막지기타
人知其一 莫知其他

전전긍긍 여림심연
戰戰兢兢 如臨深淵 [35]

여리박빙
如履薄冰

1 旻 아득히 먼 하늘 2 疾威 미워하고 위엄을 부리는 것, 분노 3 敷 펼쳐지다 4 謀猶 꾀, 정책 5 回遹 꼬이고 비뚤어지다 6 臧 善과 같은 뜻 7 覆 反과 같은 뜻, 도리어 8 孔 매우 9 邛 앓다, 지치다 10 潝潝 화합하다 11 訿訿 呰呰와 같은 자, 헐뜯다, 욕하다 12 伊 발어사 13 胡 어찌될까 14 厎 숫돌, 이르다, 다다르다 底로 되어 있는 판본도 있다 15 謀夫孔多 是用不集 정책을 논하는 자가 너무 많아서 그 때문에 하나로 모아지지 않는다. 여기서는 시상을 살리기 위해 '사공이 많은 배가 산으로 올라가니'로 번역했다. 16 行邁 길 가는 사람 17 用 以와 같은 뜻 18 爲猶 정치를 하는 것, 정책을 하는 것 19 程 본받다 20 大猶 大道 21 經 원칙으로 삼다 22 邇言 시원찮은 말, 경박한 말 23 是 邇言과 聽의 도치를 나타내는 역할을 한다. 聽邇言으로 해석하면 된다. 24 邇言是爭 경박한 말만을 경쟁적으로 하는 것 25 不潰于成 이루지 못한다. 이때의 潰는 이룬다는 뜻. 26 止 안정되는 것, 안정된 상태에 머무는 것 27 膴 두텁다, 아름답다 28 맥락을 살리기 위해 或肅或艾와 如彼泉流의 순서를 바꾸어서 번역했다. 신중한 사람과 잘 다스리는 사람이 샘물처럼 솟아나고 있다는 말 29 肅 신중한 사람 30 艾 다스리는 사람 31 淪 빠지다 32 胥 서로. 淪胥以敗는 늪지대 같은 데 빠져서 서로 잡아당기며 함께 망하는 것 33 暴虎 맨손으로 호랑이를 때려잡는 것 34 馮河 맨발로 황하를 건너는 것 35 如臨深淵 깊은 못가를 지나가듯 조심한다는 말이다. 느낌을 더 잘 표현하기 위해서 여기서는 '절벽 위를 걸어가듯'이라 번역했다.

정치가 매우 불안하다. 그것은 정치 담당자의 낮은 수준 때문이다. 불안한 정치를 바라보고 있는 시인의 가슴은 답답하다. 이대로 가다간 어떻게 될지 모르겠다. 사람들은 국가의 참다운 발전의 길이 어떠한 것인지를 알지 못한다. 그 지혜는 전통 속에 있다. 과거의 훌륭한 인물들의 행적 속에 남아 있다. 그러나 어리석은 사람들은 그런 것을 알지 못한다. 남의 나라 것을 흉내 내기도 하고 남의 나라 사람들에게 물어보기도 하며 남의 나라 사람들에게 맡기기도 한다. 그들은 남의 말만 들어가며 이랬다저랬다 우왕좌왕한다. 이러다간 배가 산으로 올라갈 지경이다.

참으로 지혜로운 사람이 있는데도 그 사람들의 의견은 묵살되고, 지혜를 사용하기 위해 나설 방도가 없다. 정치하는 사람들은 하나만 알고 둘은 알지 못한다. 눈앞의 경쟁에서 이기기 위해 나중에 망할 위험한 일이라도 서슴없이 하곤 한다. 그래서 지혜로운 사람들의 걱정은 더욱 쌓인다. 그렇다고 나섰다가 희생되어서도 안 된다. 조심조심 몸을 보존하면서 때가 올 때까지 준비해야 한다.

「모시서毛詩序」에서는 이 시를 유왕幽王의 나쁜 정치를 풍자한 것이라 했다.

조그만 산비둘기　小宛(소완)

조그만 산비둘기 하늘 위로 울며 가네　宛彼鳴鳩 翰飛戾天(완피명구 한비여천) 1-3
내 마음에 상처 입고 옛 조상을 생각하며　我心憂傷 念昔先人(아심우상 염석선인)
부모님 그리워서 새벽까지 뒤척이네　明發不寐 有懷二人(명발불매 유회이인) 4 5

슬기로운 사람들은 술 마셔도 점잖지만　人之齊聖 飮酒溫克(인지제성 음주온극) 6 7
어리석은 저 멍청이 늘 취해서 행패하네　彼昏不知 壹醉日富(피혼부지 일취일부) 8
각자 행동 삼갈지니 천명은 다시 안 와　各敬爾儀 天命不又(각경이의 천명불우)

벌판에 있는 콩을 서민들이 따고 있고　中原有菽 庶民采之(중원유숙 서민채지)
나방이 까놓은 알 나나니가 업어주네　螟蛉有子 蜾蠃負之(명령유자 과라부지) 9-11
자식들을 잘 가르쳐 모범으로 길러보세　教誨爾子 式穀似之(교회이자 식곡사지)

저 할미새 바라보니 날면서 지저귀네　題彼脊令 載飛載鳴(제피척령 재비재명) 12 13
나는 날로 힘을 쓰고 너는 달로 노력하자　我日斯邁 而月斯征(아일사매 이월사정)
아침 일찍 일어나서 밤늦도록 일을 해서　夙興夜寐(숙흥야매)
낳아주신 부모님을 욕되게 안 해야지　無忝爾所生(무첨이소생) 14 15

짹짹거리는 참새들도 마당 곡식 쪼건마는　交交桑扈 率場啄粟(교교상호 솔장탁속) 16-18
병들어 누운 이 몸 감옥살이 같은 신세　哀我塡寡 宜岸宜獄(애아전과 의안의옥) 19-21
쌀알 집어 점을 쳐서 살길 있나 찾아보네　握粟出卜 自何能穀(악속출복 자하능곡) 22

나무 위에 앉아 있듯 온유하고 공손하며 溫溫恭人(온온공인) 如集于木(여집우목)[23]
절벽 위를 걸어가듯 벌벌 떨며 마음 쓰고 惴惴小心(췌췌소심) 如臨于谷(여림우곡)[24]
살얼음을 밟고 가듯 전전긍긍 조심하세 戰戰兢兢(전전긍긍) 如履薄冰(여리박빙)

1 宛 조그맣다 2 鳴鳩 울며 나는 산비둘기 3 翰 날개 치는 것 4 明發 날이 샐 때 훤해지는 것 5 二人 부모 6 齊 갖추다, 총명하다 7 聖 슬기롭다 8 日富 날마다 넘친다 9 螟 뽕나무벌레 10 蛉 잠자리, 배추벌레 螟蛉 뽕나무벌레 나방이 11 蜾蠃 나나니벌. 孔疏에 의하면, 나방이 낳아놓은 뽕나무벌레를 나나니벌이 업어다가 7일 만에 자기 새끼로 만든다고 했는데, 이는 옛사람들이 나나니벌이 뽕나무벌레를 잡아먹는 것을 잘못 본 것으로 보인다. 12 題 보다 13 脊令 鶺鴒 할미새 14 忝 욕되게 하다, 더럽히다 15 爾所生 그대를 낳은 부모 16 交交 짹짹거리다 17 桑扈 메추리, 참새의 일종 18 率場 마당을 따라다닌다 19 塡 병들다 20 哀我塡寡 슬프다, 나는 병들고 덕이 모자라니 21 岸 감옥 22 穀 善과 같은 뜻, 自何能穀 무엇으로부터 해야 잘 될 수 있을까 23 如集于木 나무 위에 앉아 있듯. 나무 위에 올라앉아 있는 사람은 밑에 있는 사람이 흔들면 떨어지게 되어 있으므로 나무 아래에 있는 사람에게 공손하게 대한다는 뜻으로 이해할 수 있다. 24 如臨于谷 골짜기 낭떠러지에 다가가듯. 여기서는 '절벽 위를 걸어가듯'으로 번역했다.

난세를 살아가는 근심스런 삶을 노래한 시다. 외로운 산비둘기가 슬피 울며 하늘로 날아가는 것을 보면 꼭 나의 신세와 같다. 태어날 때는 조상들의 기운을 한 몸에 받고 태어났다. 내 한 몸 태어나기 위해 수많은 조상들이 공력

을 기울였다. 그런 이 몸이 이렇게 외톨이로 비참하게 살아가는 것을 보면 조상에게 부끄럽고 낳아준 부모님께 죄스럽다.

나라의 정치를 보면 더욱 한심하다. 나라의 임금은 술이 취해 술주정이나 하고 있는 멍청이다. 사람은 누구나 자기의 책임을 자기가 져야 한다. 남이 대신할 수는 없다. 조심하지 않았다가는 하늘이 다시는 봐주지 않는다.

난세라 해서 자포자기할 수는 없다. 장래의 희망은 자녀 교육을 제대로 하는 것에 있으니 자녀 교육을 게을리 하면 안 된다.

축 처져서 바라보니 할미새가 힘겹게 날아가면서도 열심히 지저귀고 있다. 저 할미새도 저렇게 열심히 노력하는데 하물며 사람이야 어떠해야 하겠는가.

난세에 살아남는 최대의 방법은 공손하고 조심하는 것뿐이다.

「모시서毛詩序」에서는 대부가 유왕幽王을 비방하여 읊은 것이라 했고 주자는 다만 대부가 어지러운 세상을 만나, 재앙을 피하려고 형제끼리 서로 경계하며 읊은 노래라 했다.

갈가마귀 小弁(소반)

푸덕푸덕 갈가마귀 떼 지어 날아가네 弁彼鸒斯(반피여사) 歸飛提提(귀비시시) 1-4
백성들은 무심한데 나 홀로 걱정하네 民莫不穀(민막불곡) 我獨于罹(아독우리) 5 6
하늘이 벌을 주네 내 죄가 무엇인가 何辜于天(하고우천) 我罪伊何(아죄이하) 7
마음에 서린 시름 어찌하면 좋을까요 心之憂矣(심지우의) 云如之何(운여지하) 8

넓게 뚫린 한길이 잡초로 뒤덮이니 踧踧周道(척척주도) 鞫爲茂草(국위무초) 9 10
내 가슴 도려내듯 쓰리고 아프구나 我心憂傷(아심우상) 惄焉如擣(역언여도) 11 12
잠 못 들며 탄식하고 걱정으로 늙어가네 假寐永歎(가매영탄) 維憂用老(유우용로)
내 마음에 쌓인 시름 깨질 듯 아픈 머리 心之憂矣(심지우의) 疢如疾首(진여질수) 13

가래나무 뽕나무도 공경함을 다하는 법 維桑與梓(유상여재) 必恭敬止(필공경지)
어디를 쳐다봐도 아버님의 얼굴 모습 靡瞻匪父(미첨비부) 14
언제나 안기고픈 어머님의 젖가슴 속 靡依匪母(미의비모) 15
터럭도 다 받았고 살결까지 이은 것을 不屬于毛(불속우모) 不離于裏(불리우리) 16
하늘이 날 낳았거니 내 편한 날 언제일까 天之生我(천지생아) 我辰安在(아신안재) 17

우거진 저 버들 숲엔 매미 소리 요란하고 菀彼柳斯(울피유사) 鳴蜩嘒嘒(명조혜혜) 18 19
깊고 깊은 연못가엔 갈대숲이 무성컨만 有漼者淵(유최자연) 萑葦淠淠(환위비비) 20-22
조각배 같은 이내 신세 어디로 흐르는지 譬彼舟流(비피주류) 不知所屆(부지소계) 23
걱정으로 속이 타서 잠도 한번 잘 수 없네 心之憂矣(심지우의) 不遑假寐(불황가매)

사슴들이 달릴 때도 발맞추어 함께 가고 鹿斯之奔(녹사지분) 維足伎伎(유족기기) 24
아침에는 장끼 울어 까투리를 찾건마는 雉之朝雊(치지조구) 尙求其雌(상구기자) 25
부러진 나무 신세 가지도 다 말랐다 譬彼壞木(비피회목) 疾用無枝(질용무지)
내 속이 다 타도록 아무도 몰라주네 心之憂矣(심지우의) 寧莫之知(영막지지) 26

쫓겨 가는 토끼 보면 숨겨주는 이가 있고 相彼投兎(상피투토) 尙或先之(상혹선지) 27 28
길에 있는 시체들도 묻는 사람 있건마는 行有死人(행유사인) 尙或墐之(상혹근지) 29
부모님의 마음 씀은 이다지도 잔인한가 君子秉心(군자병심) 維其忍之(유기인지) 30
근심으로 속이 타다 눈물 흘려 뺨 적시네 心之憂矣(심지우의) 涕旣隕之(체기운지)

부모님은 참언 믿네 술잔을 주고받듯 君子信讒(군자신참) 如或酬之(여혹수지)
부모님은 빡빡하네 천천히 안 살피고 君子不惠(군자불혜) 不舒究之(불서구지)
당기면서 나무 베고 결을 따라 장작 패지 伐木掎矣(벌목기의) 析薪扡矣(석신타의) 31-33
죄 있는 자 놓아두고 나만 보고 닥달하네 舍彼有罪(사피유죄) 予之佗矣(여지타의) 34

안 높으면 산 아니고 안 깊으면 샘 아니지 莫高匪山(막고비산) 莫浚匪泉(막준비천)
아아 아버님 어머님 함부로 말을 마오 君子無易由言(군자무이유언)
저기 저 담장에도 귀가 붙어 있는 것을 耳屬于垣(이속우원)
내 어살에 가지 마오 내 통발을 열지 마오 無逝我梁(무서아량) 無發我笱(무발아구)
내 몸조차 못 돌보니 뒷일 걱정 어이할까 我躬不閱(아궁불열) 遑恤我後(황휼아후) 35

1 弁 날개 치는 소리 2 鸒 갈가마귀, 떼까마귀 3 斯 어조사 4 提提 떼 지어 나는 소리 5 穀 善의 뜻 6 罹 근심하다 7 辜 허물 8 云 어조사 9 踧踧 편편하다 10 鞫 다, 모두 11 惄 근심하다, 마음 졸이다 12 擣 찧다, 때리다 13 疢 열병, 앓다 14 靡瞻匪父 쳐다보아 아버지 아님이 없다 16 裏 理와 통용, 살결 15 靡依匪母 안김에 어머니 아님이 없다 17 辰 때 18 菀 무성하다 19 嘒嘒 매미의 우는 소리 20 漼 깊다 21 萑 우거지다 22 淠淠 무성하다 23 屆 이르다, 도달하다 24 伎伎 나란히 걷는 모양 25 雊 장끼가 우는 소리 26 寧 이에, 발어사 27 投 내던지다, 온몸을 내던지듯 달아나는 것 28 先 먼저 달아나게 해준다 29 墐 파묻다 30 君子 여기서는 부모님을 지칭하는 것으로 볼 수 있다 31 掎 끌어당기다 32 薪 땔나무, 여기서는 장작 33 扡 끌어당기다, 唐의 石經에는 杝로 되어 있다, 나무의 결에 따라 쪼갠다는 뜻 34 佗 더하다 35 闋 보다

부모에게 버림받아 쓸쓸하게 살아가는 외로운 사람의 슬픈 노래다. 「모시서毛詩序」에서는 유왕幽王을 풍자한 시라 했다. 유왕幽王이 포사褒姒를 총애하여 태자 의구宜臼를 폐하였으므로 태자의 스승이 이 시를 지었다는 것이다. 주자는 의구宜臼의 자작시라 했고 『삼가시三家詩』에서는 윤길보尹吉甫의 아들 백기伯奇의 작作이라 했다.

가래나무는 관을 만드는 데 쓰고 뽕나무는 누에를 치는 데 쓴다. 그러므로 사람의 생사에 관계되는 데 쓰이므로 사람들이 중시한다. 그러나 부모님은 가래나무나 뽕나무 정도가 아니다. 언제 어디서나 잠시도 잊을 수가 없는 존재다다. 그런데도 부모님이 이러한 마음을 몰라주니 그 슬픔은 이루 말로 다할 수가 없다.

나무를 베려면 잡아당기며 베어야 하고 장작을 패려면 결을 따라 패어야 한다. 이처럼 모든 일에는 이치가 있는 법이다. 그런데 이 시 속의 부모님은 모든 것을 이치대로 처리하지 않는다. 술잔을 주고받듯 하는 온갖 참언을 믿고 아들을 돌보지 않는다.

산은 높고 못은 깊은 것인데 산보다 높고 못보다 깊은 부모님께서는 말을 너무 가볍게 하신다. 그렇게 말을 가볍게 하다가 다른 사람들이 들으면 체신이 떨어질까 걱정이다. 또 쫓겨난 아들의 살림살이 중에도 귀중한 것이 많이 있고, 평소에 애지중지하던 것이 참으로 많이 있건만, 함부로 다루는 것을 보니 참으로 통탄한 일이다. 그러나 돌이켜보면 자기 몸도 하나 간수하지 못하는 신세인데 그런 것을 생각해서 어쩔 것인가. 다 끝난 일이라며 체념하는 화자의 태도가 가슴 아프다.

교묘한 말 巧言

넓고 넓은 저 하늘은 부모 같다 하더니만 悠悠昊天 曰父母且
아무 잘못 없는 몸에 이 혼란이 웬 말인가 無罪無辜 亂如此幠 1
하느님이 겁을 줘도 나는 정말 죄 없어요 昊天已威 予愼無罪 2
크나크신 하느님아 나의 진실 살펴주오 昊天泰幠 予愼無辜 3

亂이 처음 생겨남은 참언에서 비롯되고 亂之初生 僭始既涵 4 5
亂이 다시 생겨남은 님이 참언 믿기 때문 亂之又生 君子信讒 6
님이 한 번 화를 내면 亂이 바로 그칠 테고 君子如怒 亂庶遄沮 7 8
님이 군자 좋아하면 亂이 바로 멈추지요 君子如祉 亂庶遄已 9

님이 맹세 자주하여 亂이 그리 자라나고 君子屢盟 亂是用長
님이 도둑 믿는 탓에 亂이 자꾸 난폭해져 君子信盜 亂是用暴
도둑들 말 달콤해서 亂이 더욱 늘어나요 盜言孔甘 亂是用餤 10
공손치도 않으면서 임금님만 괴롭혀요 匪其止共 維王之邛 11 12

웅장한 저 종묘는 나라님이 건설했고 奕奕寢廟 君子作之
위대한 이 법도는 성인께서 만들었지 秩秩大猷 聖人莫之 13~15
다른 이가 먹은 마음 내가 다 헤아려요 他人有心 予忖度之 16 17
날쌘돌이 토끼들도 개 만나면 잡히지요 躍躍毚兎 遇犬獲之

쓸모없는 저 나무를 님께서 심었지요 荏染柔木 君子樹之 18 19
오며가며 하는 말도 마음으로 헤아려요 往來行言 心焉數之

실속 없는 큰소리도 입에서 나오고요 蛇蛇碩言 出自口矣[20]
피리 불듯 매끈한 말 정말 낯이 두꺼워요 巧言如簧 顔之厚矣[21]

저 사람은 누구인가 황하 가에 산다면서 彼何人斯 居河之麋[22]
용력도 없는 것이 소란만 피워대네 無拳無勇 職爲亂階[23–25]
종기 난 몸을 하고 무슨 용기 있겠는가 旣微且尰 爾勇伊何[26 27]
요리조리 꾀를 내네 너의 무리 몇몇인가 爲猶將多 爾居徒幾何[28]

1 幠 크다, 憮로 되어 있는 곳도 있다 2 已 너무 3 泰 너무 4 僭 譖과 통용, 참언 5 涵 함양된다, 비롯된다 6 君子 임금을 가리킨다, 여기서는 '님'이라 번역했다 7 庶 거의 8 遄 바로 9 祉 복으로 여기다, 좋아하다 10 餤 늘어나는 것 11 共 恭과 통용 12 邛 지치다, 괴롭히다 13 猷 道와 같음 14 秩秩 질서정연한 것 15 莫 정하다 16 忖 헤아리다 17 度 헤아리다 18 荏 부드럽다, 荏染은 부드러운 모양 19 柔木 연약하여 쓸모없는 재목, 여기서는 소인배들을 지칭하는 듯 20 蛇蛇 큰소리로 세상을 속이는 모양 21 簧 생황, 악기의 일종, 여기서는 알기 쉽게 '피리'라 번역했다 22 麋 湄와 통용, 물가 23 拳 주먹, 힘 24 職 주로 25 亂階 어지러움이 계단을 오르듯이 증가한다는 뜻 26 微 정강이에 나는 종기 27 尰 붓다 28 居 어조사

정치를 한답시고 떠들어대는 저 패거리들이 다 나라님이 심어 놓은 잔당들이다. 그들이 오며가며 하는 허튼 소리도 내가 다 알아듣는다. 그들은 실속 없이 큰소리를 치기도 하고 피리를 불듯 매끄럽게 미사여구를 늘어놓기도 한다.

이 시는 소인배들의 교묘한 참언에 마음이 팔린 임금에게 밀려난 어진 선비가 자신의 슬픈 심정을 노래한 것이다. 사필귀정이라 했던가. 아무리 소인배들이 잔꾀를 내며 교묘한 말을 해도 결국은 패망하고 말 것이다. 무리가 많다 해도 진리를 당하진 못할 것이다. 선비가 마지막에 기대는 곳은 진리 바로 그것이다.

저이는 누구인가　何人斯(하인사)

저이는 누구인가 마음 아주 얄미웁네　彼何人斯 其心孔艱(피하인사 기심공간) 1
내 어살엔 가면서 우리 집엔 왜 안 오나　胡逝我梁 不入我門(호서아량 불입아문)
누구 따라 다니면서 난폭한 일 계속하나　伊誰云從 維暴之云(이수운종 수포지운) 2

두 사람이 다니더니 누가 이런 잘못 하나　二人從行 誰爲此禍(이인종행 수위차화) 3
내 어살엔 왜 가면서 위문하러 아니 오나　胡逝我梁 不入唁我(호서아량 불입언아) 4
처음엔 안 그랬는데 나를 좋다 아니하네　始者不如今 云不我可(시자불여금 운불아가)

저이는 누구기에 어찌 뜰을 지나가나　彼何人斯 胡逝我陳(피하인사 호서아진) 5 6
그 소리는 들리지만 그 모습 안 보이네　我聞其聲 不見其身(아문기성 불견기신) 7
남부끄럽지도 않나 하늘 아니 두려운가　不愧于人 不畏于天(불괴우인 불외우천)

저이는 누구인가 정처 없는 회오리바람　彼何人斯 其爲飄風(피하인사 기위표풍)
북에서도 아니 오고 남에서도 아니 오네　胡不自北 胡不自南(호불자북 호불자남)
내 어살엔 어찌 가서 내 마음을 휘젓는가　胡逝我梁 祇攪我心(호서아량 지교아심)

천천히 다닐 때도 쉴 틈이 없었으니　爾之安行 亦不遑舍(이지안행 역불황사)
급히 다닐 때에야 말해서 무엇하리　爾之亟行 遑脂爾車(이지극행 황지이거) 8 9
한번쯤 찾아주오 내 눈이 다 빠져요　壹者之來 云何其盱(일자지래 운하기우) 10

그대 와서 날 찾으면 내 마음 기쁘련만 爾還而入(이환이입) 我心易也(아심이야)[11]
와도 날 안 찾으니 그대 마음 알 길 없네 還而不入(환이불입) 否難知也(부난지야)[12]
한번쯤 찾아와서 내 마음을 달래주오 壹者之來(일자지래) 俾我祇也(비아지야)[13]

맏이는 훈을 불고 둘째는 지를 부네 伯氏吹壎(백씨취훈) 仲氏吹篪(중씨취지)[14][15]
그대와는 한 몸인데 정말 나를 몰라주네 及爾如貫(급이여관) 諒不我知(양불아지)[16][17]
세 가지 제물 차려 그대 오라 비옵니다 出此三物(출차삼물) 以詛爾斯(이조이사)[18][19]

귀신이나 물여우면 찾을 수가 없겠지만 爲鬼爲蜮(위귀위역) 則不可得(즉불가득)[20]
얼굴 두고 못 찾으니 남들 보기 민망하오 有靦面目(유전면목) 視人罔極(시인망극)[21]
좋은 노래 부르리니 빨리 내게 돌아와요 作此好歌(작차호가) 以極反側(이극반측)[22]

1 艱 어렵다, 얄밉다 2 云 어조사 3 二人 님과 나, 두 사람 4 唁 위로하다, 위문하다 5 陳 뜰, 마루에서 대문에 이르는 길 6 祇 마침, 다만 7 攪 휘젓다, 어지럽히다 8 亟 급하다 9 脂 기름 치다, 나에게 오기 위해 수레에 기름 치는 것 10 盱 부릅뜨다, 기다리느라 눈이 빠지다 11 易 편안해지다, 다스려지다 12 否 丕와 통용되어 '정말', '매우' 등의 뜻으로 쓰임 13 祇 편안하다 14 壎 질나팔. 흙을 구워 만든 악기. 거위 알만 한데 위는 뾰족하고 아래는 평평하여 저울추처럼 생겼다. 여섯 개의 구멍이 있다. 15 篪 저 이름. 대로 만든 악기. 길이 한 자 네 치, 둘레 세 치, 구멍이 일곱이고 한 구멍이 위쪽으로 나 있다. 옆으로 분다. 16 貫 하나로 꿰어 있는 것 같은 관계 17 諒 정말 18 三物 돼지와 개와 닭. 여기서는 세 가지의 제물을 말함 19 詛 저주, 맹세, 빌다 20 역 물여우, 귀신처럼 사람 눈에 띄지 않는 짐승 21 靦 부끄러워하다 22 側 내 곁에

님을 간절히 기다리는 마음을 노래한 시다. 여기서 님은 연인일 수도 있고 친구일 수도 있을 것이다. 전에는 잘 지내던 사이였다. 그런데 언제부터인가 서서히 내게서 떠나갔다. 떠난 님에게 섭섭해서 토라지기도 했다. 그러면 한번 위로해줄 법도 한데 소식조차 없는 님이 야속하다. 그래서 미워해보지만 결국 그리운 님을 미워할 수도 없다.

님은 몹시 바쁘다. 님은 회오리바람 같다. 그러나 종잡을 수 없는 그 회오리바람은 갑자기 북에서도 오고 남에서도 온다. 그러니 회오리바람 같은 님도 갑자기 나를 찾아줄 수 있을 텐데…

기다리다 지친 시인은 더 이상 탓할 기력도 없어졌다. 오직 님 오시기를 간절히 기도하는 일밖에는 아무런 방도가 없다

항백　巷伯(항백)

알록달록 무늬 내면 좋은 비단 만들건만　萋兮斐兮(처혜비혜) 成是貝錦(성시패금) 1~3
참언 내는 저 사람들 너무도 심하여라　彼譖人者(피참인자) 亦已大甚(역이태심)

말이 크고 관대하면 남기성이 되는 것을　哆兮侈兮(치혜치혜) 成是南箕(성시남기) 4~6
참언 내는 저 사람들 누굴 따라 꾸미는고　彼譖人者(피참인자) 誰適與謀(수적여모) 7

소곤소곤 속삭이며 누굴 참해하려는가　緝緝翩翩(즙즙편편) 謀欲譖人(모욕참인) 8 9
너는 말을 삼가라 너를 믿지 않을 거야　愼爾言也(신이언야) 謂爾不信(위이불신)

요리조리 조잘대며 나쁜 말만 꾸며대니　捷捷幡幡(첩첩번번) 謀欲譖言(모욕참언) 10 11
지금에야 통하지만 나중에는 너도 당해　豈不爾受(기불이수) 旣其女遷(기기여천) 12 13

교만한 잔 콧노래요 힘든 자는 속이 끓네　驕人好好(교인호호) 勞人草草(노인초초) 14
저 푸른 하늘이여 저 교만한 자 벌주시고　蒼天蒼天(창천창천) 視彼驕人(시피교인)
이 힘든 사람들을 부디 보살피소서　矜此勞人(긍차노인)

참언 내는 저 사람들 누굴 따라 꾸미는고　彼譖人者(피참인자) 誰適與謀(수적여모)
저 못된 자 잡아다가 승냥이에 던져주리　取彼譖人(취피참인) 投畀豺虎(투비시호) 16
승냥이가 안 먹으면 북극 땅에 내던지리　豺虎不食(시호불식) 投畀有北(투비유북)
북극 땅이 안 받으면 허공으로 내던지리　有北不受(유북불수) 投畀有昊(투비유호) 15

양원으로 가는 길은 길고 거친 언덕 길　楊園之道(양원지도) 猗于畝丘(의우묘구) 17~20

시인인 이 맹자가 이 시 지어 노래하니　寺人孟子 作爲此詩[21]
온 세상의 군자들은 옷깃 여며 들으시오　凡百君子 敬而聽之

1 萋 무성하다, 무늬가 아름답다 2 斐 무늬가 아름답다 3 貝錦 조개 모양의 무늬가 있는 비단 4 哆 입이 큰 모양 5 侈 입을 벌리고 있는 모양 6 南箕 네 개의 별로 구성되며 아래는 좁고 위가 넓어 입을 크게 벌린 모양을 하고 있음 7 適 마침, 주로 8 緝緝 소곤거리는 소리 9 翩翩 諞諞과 통용, 말을 교묘하게 하는 모양 10 捷捷 약삭빠른 말을 하는 모양 11 幡幡 말을 되풀이하는 모양 12 受 받아들여지다 13 遷 옮기다, 파면하다 14 草草 속을 끓이는 모양 15 畀 주다, 넘겨주다 16 豺虎 승냥이와 호랑이, 여기서는 리듬을 생각해서 '승냥이'로만 번역했다 17 楊園 園名이라고도 하고(「毛傳」) 낮은 땅이라고도 한다(주자). 그러나 확인할 길은 없다. 아마도 귀양가는 귀양지가 아닌가 하는 생각도 든다. 18 猗 길다 19 畝丘 언덕 이름이라고도 하지만(「毛傳」) 알 수 없다. 아마도 그냥 언덕이란 뜻으로 봄이 좋을 듯하다. 20 楊園之道 猗于畝丘 귀양지 양원으로 가는 길이 거친 언덕길로 길게 이어져 있다는 것으로 이해할 수 있다 21 寺 '절 사'자가 여기서는 '시'로 발음된다

소인들이 꾸며낸 참언에 의해 희생당한 사람의 억울한 심정을 노래한 것이다. 여기서는 시인寺人 맹자孟子라는 사람의 시로 되어 있다. 말은 아름답게 짜내면 비단이 되지만, 잘못 짜내면 참언이 된다. 남기성은 말과 관계 있는 별이다. 저 별처럼 관대하게 말을 할 수 있으련만, 참언하는 사람들은 저 별을 본받지 않고 누굴 본받고 참언만을 계속하는가. 이 시의 제목이 '항백巷伯'이지만 시의 내용에 항백巷伯은 나오지 않는다. 『정전鄭箋』에서는 항백巷伯을 시인寺人의 우두머리로 보았다. 시인寺人이 참언의 화가 우두머리에게까지 미칠까 염려하여 이 시를 지었다고 한다. 그러나 확실한지는 알 수 없다.

곡풍지습谷風之什

「곡풍谷風」이라는 시를 위시하여 열 개의 시를 묶어 ‘곡풍지습谷風之什’이라 했다.

산골바람 谷風(곡풍)

산들산들 산골바람 불어오더니	習習谷風(습습곡풍) [1]
어느덧 비바람이 되고 말았네	維風及雨(유풍급우)
두려움에 떨었던 지난 시절엔	將恐將懼(장공장구) [2]
둘이서 한 몸처럼 지내었건만	維予與女(유여여여)
편안하고 즐거운 날이 오니까	將安將樂(장안장락)
그대 마음 변하여 나를 버리네	女轉棄予(여전기여)
산들산들 산골바람 불어오더니	習習谷風(습습곡풍)
무서운 폭풍우로 변해버렸네	維風及頹(유풍급퇴)
두려움에 떨었던 지난 시절엔	將恐將懼(장공장구)
포근하게 품에 넣어 안아주더니	寘予于懷(치여우회) [3]
편안하고 즐거운 날이 되니까	將安將樂(장안장락)
헌신짝 버리듯 나를 버리네	棄予如遺(기여여유) [4]
산들산들 산골바람 불어오더니	習習谷風(습습곡풍)
거세게 산마루를 흔들고 있네	維山崔嵬(유산최외) [5] [6]
풀이란 풀들은 모두 마르고	無草不死(무초불사)
나무란 나무는 모두 시드네	無木不萎(무목불위)
내가 세운 큰 공들은 잊어버리고	忘我大德(망아대덕)
조그만 나의 잘못 다 기억하네	思我小怨(사아소원)

1 習習 바람이 산들산들 부는 모양 2 頹 사나워지다 3 寘 두다 4 遺 버리다. 여기서는 시상을 살리기 위해 '헌신짝 버리듯'으로 번역했다 5 崔 높은 모양 6 嵬 높은 모양. 崔嵬는 산마루, 산이 높은 모양

산들바람이 폭풍우 되어 휘몰아치는 것을 보고, 산들바람 같다가 폭풍우처럼 변해버린 남편을 연상한 이름 모를 시인의 슬픈 마음을 노래한 것이다.

다북쑥　　蓼莪(육아)

더부룩한 저 다북쑥 이제 보니 약쑥이네　蓼蓼者莪(육륙자아) 匪莪伊蒿(비아이호)[1-3]
애달프다 우리 부모 나를 낳아 애쓰셨네　哀哀父母(애애부모) 生我劬勞(생아구로)[4]

더부룩한 저 다북쑥 이제 보니 왕쑥이네　蓼蓼者莪(육륙자아) 匪莪伊蔚(비아이위)[5]
애달프다 우리 부모 나를 낳아 애타셨네　哀哀父母(애애부모) 生我勞瘁(생아노췌)[6]

술병이 비었으니 술독에 부끄러워　缾之罄矣(병지경의) 維罍之恥(유뢰지치)[7-9]
가난한 백성 살림 죽지 못해 사는 신세　鮮民之生(선민지생) 不如死之久矣(불여사지구의)[10-11]

아버님 안 계시니 누굴 믿고 살아가며　無父何怙(무부하호)[12]
어머님 안 계시니 누구에게 의지하리　無母何恃(무모하시)
바깥에 나가서도 걱정만 가득하고　出則銜恤(출즉함휼)[13]
집안에 들어와도 시름이 안 풀리네　入則靡至(입즉미지)[14]

아버님 날 낳으시고 어머님 날 기르셨네　父兮生我(부혜생아) 母兮鞠我(모혜국아)[15]
쓰다듬고 먹여주고 키워주고 찌우셨네　拊我畜我(부아휵아) 長我育我(장아육아)[16][17]

돌아보고 돌봐주고 나며 들며 품으셨네　顧我復我(고아복아) 出入腹我(출입복아)
은혜 좀 갚으려니 하늘이여 무정하다　欲報之德(욕보지덕) 昊天罔極(호천망극)[18]

우뚝한 저 남산에 거센 바람 몰아치네　　南山烈烈 飄風發發(남산열렬 표풍발발)[19][20]
사람들은 그럭저럭 잘들 살아가지만　　民莫不穀(민막불곡)[21]
어이하여 나만 홀로 풀이 죽었나　　我獨何害(아독하해)

늠름한 저 남산에 모진 바람 몰아치네　　南山律律 飄風弗弗(남산율률 표풍불불)[22][23]
사람들은 그럭저럭 잘들 살아가지만　　民莫不穀(민막불곡)
어이하여 나만 홀로 헤매고 있나　　我獨不卒(아독부졸)[24]

1 蓼蓼 풀이 더부룩한 모양 2 莪 다북쑥 3 蒿 약쑥, 다북쑥이 다 자라면 약쑥이 된다 4 劬 수고하다 5 蔚 왕쑥 6 瘁 파리하다 7 缾 缾의 속자, 두레박, 장군, 술통 8 罄 비다 9 罍 술독, 대야 10 鮮 드물다, 가난하다 11 不如死之久矣 죽는 것만 못한 지가 오래되었다 12 怙 믿다 13 銜恤 걱정만 머금고 있다, 걱정만 안고 있다 14 靡至이를 데가 없다, 마음 둘 데가 없다 15 鞠 기르다 16 拊 쓰다듬다 17 畜 기르다, 이 때의 음은 '휵' 18 罔極 그지없다, 무정하기 그지없다 19 烈烈 산이 우뚝한 모양 20 發發 바람이 몰아치는 모양 21 穀 善과 같은 뜻 22 律律 산이 우뚝한 모양 23 弗弗 바람이 몰아치는 모양 24 卒 마무리하다, 不卒은 일을 잘 처리하지 못하고 헤매다

별로 긴요하게 보이지 않던 다북쑥도 나중에 알고 보니 요긴한 약쑥이 되는 것을 알았다. 부모님 살아 계실 때는 그토록 귀중한 줄 몰랐지만 돌아가시고 안 계시니 가슴이 쓰리도록 그리워진다. 나를 낳아 기르시며 고생하신 것을 생각하면 애간장이 다 탄다. 부모님께서 그토록 아껴주신 이 몸인데, 세상에서 제일 귀중한 주인공이 되어야 하는 이 몸인데, 어이해서 부모님 제사상에 술 한 잔 변변히 올리지 못하는 가난한 신세가 되고 말았다. 빈 채로 놓여 있는 술병과 술독을 보니 부끄럽기 그지없다. 어이해서 이 지경이 되고 말았단 말인가.

그럴수록 부모님이 더욱 그립다. 밖에 나가도 의지할 사람 없고 집에 들어와도 기댈 곳이 없다. 그렇게 애지중지 키워주셨는데, 자신을 모두 희생하며 키워주셨는데, 그 큰 은혜를 조금도 갚지 못했는데, 이미 돌아가고 안 계시니 하늘도 무심하시다.

세상은 아직도 험하기 짝이 없다. 다른 사람들은 다 잘 살아가는 것처럼 보인다. 그러나 부모님 안 계시는 이 몸은 풀이 죽어서인지 제대로 살아가지 못한다. 그렇게 아끼시던 이 몸인데도…

동쪽 나라 사람들 大東(대동)

대그릇에 고봉밥 길다란 나무 숟갈 有饛簋飧(유봉궤손) 有捄棘匕(유구극비) 1–5
숫돌처럼 평탄한 길 화살처럼 뻗어 있네 周道如砥(주도여지) 其直如矢(기직여시) 6 7
관리들은 다니지만 우리들은 바라만 봐 君子所履(군자소리) 小人所視(소인소시) 8 9
지난날을 돌아보니 눈물이 난다 睠言顧之(권언고지) 潸焉出涕(산언출체) 10–12

동쪽 나라 사람들은 북과 바디 비워 두고 小東大東(소동대동) 杼柚其空(저축기공) 13–15
칡넝쿨 신 삼아 신고 된서리를 밟고 산다 糾糾葛屨(규규갈구) 可以履霜(가이리상) 16
저 한길을 나다니는 무정한 저 도령들 佻佻公子(조조공자) 行彼周行(행피주행) 17
왔다갔다 거닐면서 우리 속을 다 태운다 旣往旣來(기왕기래) 使我心疚(사아심구) 18

서늘하게 흐르는 저 산 샘물에 有洌氿泉(유렬궤천) 19 20
내가 해온 땔나무를 적시지 마오 無浸穫薪(무침확신)
한밤중에 잠이 깨어 탄식을 한다 契契寤歎(결결오탄) 21
불쌍하다 설움받는 우리 백성들 哀我憚人(애아탄인) 22
땔나무는 내가 해온 이 땔나무는 薪是穫薪(신시확신)
그래도 싣고 갈 수 있으련마는 尙可載也(상가재야)
불쌍하게 설움받는 우리 백성들 哀我憚人(애아탄인)
잠시도 아니 쉬고 어이하리오 亦可息也(역가식야) 23

동인지자 직로불래
동쪽 나라 사람들은 헛고생만 계속하고 東人之子 職勞不來 24 25
서인지자 찬찬의복
서쪽 나라 사람들은 화려한 옷 입고 사네 西人之子 粲粲衣服 26
주인지자 웅비시구
주나라 사람들은 곰 가죽 갖옷 입고 舟人之子 熊羆是裘 27–29
사인지자 백료시시
민간인 자녀들도 모든 벼슬 차지하네 私人之子 百僚是試

혹이기주 불이기장
맛있는 술 대접해도 장국만도 안 여기고 或以其酒 不以其漿
현현패수 불이기장
패옥 장식 선물해도 아랑곳도 하지 않네 鞙鞙佩璲 不以其長 30–32
유천유한 감역유광
저 하늘의 은하수는 은은하게 빛을 내고 維天有漢 監亦有光 33
기피직녀 종일칠양
하루에도 일곱 번씩 직녀성이 베를 짜네 跂彼織女 終日七襄

수즉칠양 불성보장
일곱 번 베를 짜도 베 한 필 못다 짜니 雖則七襄 不成報章 34–36
완피견우 불이복상
반짝이는 저 견우성 수레 끌 생각 않네 睆彼牽牛 不以服箱 37–39
동유계명 서유장경
동쪽에는 계명 뜨고 서쪽에는 장경 뜬다 東有啓明 西有長庚 40 41
유구천필 재시지행
길게 뻗은 천 필 별들 줄을 지어 벌려 있다 有捄天畢 載施之行 42

유남유기 불가이파양
남쪽 하늘에 키 있어도 까불 수 없고 維南有箕 不可以簸揚 43–45
유북유두 불가이읍주장
북쪽 하늘 북두 국자 국물도 못 떠 維北有斗 不可以挹酒漿 46
유남유기 재흡기설
남쪽에 있는 키는 이제 혀를 끌어내고 維南有箕 載翕其舌 47
유북유두 서병지갈
북쪽 하늘 북두 국자 서쪽으로 자루 드네 維北有斗 西柄之揭 48

1 饛 밥이 수북이 담겨 있는 모양 2 簋 제기 또는 대로 만든 밥그릇 3 飧 저녁밥 4 捄 가늘고 긴 모양 5 匕 숟가락, 棘匕는 대추나무로 만든 숟가락 6 周道 주나라 길, 큰길 7 砥 숫돌, 여기서는 숫돌처럼 평평한 모양 8 君子 주나라의 관리 9 小人 은나라의 후손들 10 睠 돌아보다 11 言 어조사 12 潸 눈물 흐르는 모양 13 小東 지금의 山東省 濮縣 일대에 해당하는 지방, 大東은 지금의 魯東 일대에 해당하는 지방(傅斯年의 大東小東說에 의함) 14 杼 북 15 柚 바디 16 糾糾 칡넝쿨 신이 짜여진 모양 17 佻佻 홀로 다니는 모양 18 疚 병들다 19 洌 물이 차다, 맑다 20 氿 샘 21 契契 근심하고 괴로워하는 모양 22 憚 고생하다 23 亦可息也 쉬어야 된다 24 職 주로 25 來 위로하다, 不來는 위로 받지 못한다 26 粲粲 깨끗하다 27 舟人 周人이라 해야 할 것이지만, 시인이 일부러 舟人이라 쓴 듯하다 28 羆 말곰 29 熊羆是裘 是는 도치를 나타낸다. 裘熊羆로 해석하면 될 것이다 곰이나 말곰 가죽으로 갖옷을 해 입다 30 鞙鞙 패옥의 모양 31 佩璲 패옥 32 不以其長 좋은 것으로 여기지 않는다 33 監 보다 34 跂 발돋움하다, 발돋움하고 바라보다 35 襄 오르다, 베틀에 오르다, 직녀성이 하루에 일곱 번 위치를 옮기는 것을 말한다. 이는 베를 짜며 고생하는 동쪽의 백성들에 비유한 것이다. 36 章 문장, 마디, 報章은 견우에게 보답하는 한 필 정도의 베 37 睆 반짝이다 38 服 복부하다, 수레를 복부하는 것은 수레를 끄는 것이다 39 箱 수레, 사람 타는 부분이 상자처럼 되어 있는 수레 40 啓明 금성, 샛별 41 長庚 샛별, 샛별이 동쪽에 있을 때에는 啓明, 서쪽에 있을 때는 長庚이라 한다 42 天畢 별자리 이름 43 箕 별자리 이름 44 簸 키로 까부는 것 45 揚 까불어서 날리는 것 46 挹 뜨다 47 翕 합하다, 혀를 끌어내어 입에 문다는 뜻 48 柄之揭 柄과 揭이 도치된 문장, 그러므로 이 문장은 '자루를 든다'로 해석해야 한다

서쪽 주나라에 정복을 당해 암울하게 살아가는 동쪽 나라 사람들, 그들은 동이족들이다. 그들은 아무런 희망이 없이 암울하게 살아간다. 그들의 희망은 오직 별자리를 살피는 것이다. 별자리가 약간씩 이동하는 것을 보고 광복할 그날을 기다린다.

이 시의 작자 역시 누구인지 확실하지 않다. 「모시서毛詩序」에서는 담대부譚大夫의 작이라 하나 알 수 없는 일이다.

사월

	사월 四月
사월달에 여름이 시작되더니	사월유하 四月維夏[1]
유월달엔 더위가 한고비 갔네	유월조서 六月徂暑[2]
선조들은 사람이 아니었던가	선조비인 先祖匪人
어이해서 이렇게 나를 버리나	호녕인여 胡寧忍予
가을이라 쌀쌀한 날씨 되더니	추일처처 秋日凄凄[3]
초목들이 다 함께 시들어가네	백훼구비 百卉具腓[4,5]
난리로 흩어져서 병든 이 몸이	난리막의 亂離瘼矣[6,7]
돌아가 쉴 곳은 그 어드메뇨	원기적귀 爰其適歸
겨울이라 살을 에는 매서운 추위	동일열렬 冬日烈烈
사나운 바람까지 불어닥치네	표풍발발 飄風發發
백성들은 그럭저럭 잘들 사는데	민막불곡 民莫不穀
어이해서 나 홀로 괴로워하나	아독하해 我獨何害
산에는 아름다운 초목이 있네	산유가훼 山有嘉卉
밤나무와 매화나무 어울려 사네	후률후매 侯栗侯梅[8]
백성들을 해치고 괴롭히면서	폐위잔적 廢爲殘賊
자기들의 허물은 모르고 있네	막지기우 莫知其尤
솟아나는 저 샘물을 바라보면은	상피천수 相彼泉水
때에 따라 맑았다 흐렸다 하네	재청재탁 載淸載濁

이 내 몸은 매일같이 화만 당하니　我日構禍(아일구화)[9]
언제쯤 좋은 날 돌아오려나　曷云能穀(갈운능곡)[10]

도도하게 흐르는 양자강과 한수는　滔滔江漢(도도강한)
남쪽 나라 살리는 젖줄이라네　南國之紀(남국지기)
부서져라 힘을 다해 섬겼건만　盡瘁以仕(진췌이사)
어이해서 나를 아니 챙겨주시나　寧莫我有(영막아유)

독수리가 아니냐 솔개 아니냐　匪鶉匪鳶(비단비연)[12]
날개 치며 하늘로 날아오르네　翰飛戾天(한비여천)
잉어가 아니던가 메기 아닌가　匪鱣匪鮪(비전비유)[13][14]
못 깊숙이 헤엄쳐 도망을 가네　潛逃于淵(잠도우연)

산에는 고사리와 고비가 있고　山有蕨薇(산유궐미)
들에는 구기자와 가시목 있네　隰有杞桋(습유기이)[14]
시인은 시를 짓고 노래 불러서　君子作歌(군자작가)
우리들 슬픈 사연 알려주오　維以告哀(유이고애)

1 四月 夏나라의 달력으로 四月은 여름이 시작되는 달이다 2 徂 간다 3 凄凄 쌀쌀한 모양 4 卉 풀 5 腓 시들다 6 瘼 병들다 7 爰 『孔子家語』에 奚로 되어 있다. 그러므로 여기서는 '어디로' 해석했다. 8 俟 어조사 9 構禍 화를 당한다, 화에 얽히다 10 曷 언제 11 鶉 메추리, 독수리 12 鱣 잉어 13 鮪 메기, 새들은 하늘로 날아가고 물고기는 못으로 달아나지만 시인은 도망갈 수도 없다는 것을 암시한다 14 棟 나무 이름, 뽕나무의 일종이라고도 하고 참나무와 닮았다고도 한다

자연은 만물을 길러준다. 그래서 만물은 자연에 의지해서 잘도 살아간다. 그러나 시인은 아무 데도 의지할 데가 없다. 이 외로운 심정을 노래라도 불러서 승화시키지 않고는 견딜 수가 없다.

북쪽 산에 올라가서 北山

저 북산에 올라가서 구기자를 따고 있네 陟彼北山 言采其杞
씩씩한 선비들이 밤낮 없이 일만 하네 偕偕士子 朝夕從事[1]
나랏일이 끝없으니 어찌할까 우리 부모 王事靡盬 憂我父母[2]

하늘 아래 땅은 모두 임금님의 땅이라네 溥天之下 莫非王土
모든 땅에 사는 사람 임금님의 신하라네 率土之濱 莫非王臣
대부들은 가지각색 일만 하는 나의 고생 大夫不均 我從事獨賢[3]

네 필 수말 건장하네 나랏일 끝없어라 四牡彭彭 王事傍傍[4 5]
다행히도 나는 젊어 지금 바로 한창이라 嘉我未老 鮮我方將
넘치는 정력으로 온 나라를 보살피자 旅力方剛 經營四方

어떤 이는 한가하게 쉬며 지내고 或燕燕居息
어떤 이는 초췌하게 나랏일 하네 或盡瘁事國
어떤 이는 침상에서 편안히 쉬고 或息偃在牀
어떤 이는 쉬지 않고 돌아다니네 或不已于行

어떤 이는 자기 고통 외치지 않고 或不知叫號
어떤 이는 뼈 빠지게 고생만 하네 或慘慘劬勞
어떤 이는 느긋하게 뒹굴고 있고 或棲遲偃仰
어떤 이는 나랏일에 여념이 없네 或王事鞅掌[6]

어떤 이는 술에 빠져 탐닉을 하고　　혹담락음주 或湛樂飮酒
어떤 이는 탈이 날까 두려워하네　　혹참참외구 或慘慘畏咎
어떤 이는 드나들며 입만 놀리고　　혹출입풍의 或出入風議
어떤 이는 닥치는 일 모두 다 하네　　혹미사불위 或靡事不爲

1 偕偕 씩씩한 모양 2 靡盬 끝이 안 남 3 獨賢 혼자만 훌륭한 것은 혼자만 일을 한다는 것이다 4 彭彭 힘이 있는 모양 5 傍傍 많은 모양 6 鞅掌 짐을 지고 물건을 들고 다닌다는 뜻으로 수고를 많이 함을 가리킴

부모를 섬기지도 못하고 나라의 부역에 불려가 혹사당하고 있는 참담한 시인의 슬픈 노래다.

사람의 고통은 '나'라는 의식을 갖는 데서 비롯된다. '나'라는 의식을 가지면 남과 비교하게 된다. 남과 비교하여 남보다 못한 자기를 알게 되면 슬퍼진다. 남은 부자인데 나는 가난하다. 남은 미인인데 나는 그렇지 못하다. 남은 젊은데 나는 늙었다. 남는 잘 살고 있는데 나는 죽어야 한다. 이처럼 비교를 할 때 사람은 슬퍼지게 마련이다.

바위 틈에서 자라난 한 그루의 나무가 비옥한 곳에서 자라고 있는 다른 나무와 자신의 처지를 비교하게 된다면 그 나무는 한없는 슬픔에 빠질 것이다. 그러나 나무는 슬픔에 빠지지 않는다. 나무는 다른 나무와 비교하지 않는다. 바위 틈에서 자라게 된 것도 자연현상이고 비옥한 곳에서 자라게 된 것도 자연현

상이다. 자연이라는 점에서는 양쪽 다 차이가 없다. 그래서 바위 틈에서 자라는 나무는 슬프지 않다.

사람도 이와 마찬가지다. '나'라는 의식을 강하게 가지고 아집에 빠져 있는 사람은 끊임없이 남들과 비교한다. 그리고 남들보다 못한 자신을 발견하고는 끝없는 슬픔에 빠진다. 그래서 자기보다 나은 사람들을 미워하고 자기보다 못한 사람들에게 으스댄다. 그러나 이러한 사람의 삶은 바람직하지 못하다.

시인은 그렇지 않다. 다른 사람과 차이가 있음을 알았다 하더라도, 그래서 불평등한 취급을 당하고 있다는 사실을 알았다 하더라도 '나'라는 의식을 희석시킴으로써 아집에서 벗어나려고 노력한다. 그것이 고통에서 벗어나는 길이고 순수해지는 길이다. 순수함에 도달할 수 있는 가장 빠른 방법은 승화를 통해 현실을 초월하는 것이다. 그 불평등한 현실을 승화할 수 있는 가장 좋은 방법은 노래를 통해 발산하는 것이다.

그래서 시인은 노래한다.

"어떤 이는 한가하게 쉬며 지내고, 어떤 이는 초췌하게 나랏일 하네, 어떤 이는 침상에서 편안히 쉬고, 어떤 이는 쉬지 않고 돌아다니네…"

큰 수레를 몰지 마오　無將大車(무장대거)

큰 수레를 몰지 마오 먼지만 일어나리　無將大車(무장대거) 祇自塵兮(지자진혜) 1 2
생각 마오 온갖 시름 자기 몸만 상하리니　無思百憂(무사백우) 祇自疧兮(지자기혜) 3

큰 수레를 몰지 마오 먼지만 자욱하리　無將大車(무장대거) 維塵冥冥(유진명명) 4
생각 마오 온갖 시름 고통 속에 빠지리니　無思百憂(무사백우) 不出于熲(불출우경) 5

큰 수레를 몰지 마오 먼지만 덮어쓰리　無將大車(무장대거) 維塵雝兮(유진옹혜) 6
생각 마오 온갖 시름 마음만 무거우리　無思百憂(무사백우) 祇自重兮(지자중혜)

1 將 끌고 가다 2 祇 마침, 다만 3 疷 앓다 4 冥冥 먼지가 자욱히 일어나는 모양 5 熲 빛나다 6 雝 막다, 먼지가 자욱하여 시야를 가리다

욕심을 가지면 욕심의 대상을 추구한다. 그래서 욕심은 욕구가 된다. 돈 욕심을 가지면 돈을 구하고, 명예욕을 가지면 명예를 구하며, 권력욕을 가지면 권력을 구한다. 욕구의 대상을 추구할 경우에는 두 가지 결론에 도달한다. 하나는 욕구를 충족하는 경우이고, 다른 하나는 욕구를 충족하지 못하는 경우이다. 욕구를 충족하는 경우는 행복을 느끼지만 충족하지 못하는 경우는 고통을 느낀다. 모든 고통은 욕구를 충족하지 못하는 데서 비롯된다. 그런데 욕구를 충족했을 경우에도 문제가 있다. 욕구를 충족하여 행복하다고 느끼는 순간 또다시 욕구가 커져버린다. 욕구는 충족하는 순간 커지고 마는 속성이 있다. 그러므로 욕구를 충족하는 순간 다시 더 큰 욕구불만이 생긴다. 마치 눈앞에 있는 산의 정상에 오르면 성공이라고 생각한 사람이 산의 정상에 올랐을 때, 그 산 너머에 더 큰 산이 나타나는 것과 같다. 그렇기 때문에 욕구를 충족하려고 노력하는 경우는 어떤 경우에라도 고통이다. 고통에서 벗어나는 방법은 결국 욕심을 없애는 것뿐이다.

이 시는 바로 이러한 이치를 노래한 것이다. 여기서 말하는 수레는 욕심의 수레다. 욕심을 채우려고 노력하는 것은 커다란 수레를 끌고 가는 것과 같다. 큰 수레를 끌면 힘만 들고 먼지만 뒤집어쓸 뿐이다. 수레를 끌지 않는 것이 최선이다.

온갖 걱정은 욕심을 채우려고 하는 데서 비롯된다. 욕심을 채우려고 할수록 걱정은 많아지고 그로 인해 고통은 커지게 마련이다. 욕심을 버리면 근심 걱정은 저절로 사라질 것이다.

밝은 하늘 小明(소명)

밝고 밝은 저 하늘이 이 땅을 비춰주네 明明上天(명명상천) 照臨下土(조림하토)
서쪽으로 출정 와서 거친 들에 이르렀네 我征徂西(아정조서) 至于艽野(지우구야) 1 2
이월 초하루였는데 추위 가고 더위 갔네 二月初吉(이월초길) 載離寒暑(재리한서) 3–5
마음의 시름이여 이 고생이 너무 쓰다 心之憂矣(심지우의) 其毒大苦(기독대고) 6
얌전한 님 생각하니 비 오듯이 눈물 흘러 念彼共人(염피공인) 涕零如雨(체령여우) 7 8
돌아가고 싶지만 이 법망이 두려워라 豈不懷歸(기불회귀) 畏此罪罟(외차죄고) 9

이전에 떠나올 땐 새봄이었건만 昔我往矣(석아왕의) 日月方除(일월방제) 10
돌아갈 날 그 언젠가 이 해가 기울었네 曷云其還(갈운기환) 歲聿云莫(세율운모) 11 12
외로운 이 내 신세 남은 일이 너무 많아 念我獨兮(염아독혜) 我事孔庶(아사공서)
돌아갈 틈 없음에 시름만 쌓이누나 心之憂矣(심지우의) 憚我不暇(탄아불가)
얌전한 님 생각하며 지나온 길 돌아보니 念彼共人(염피공인) 睠睠懷顧(권권회고) 13
돌아가고 싶지만 이 꾸지람 두려워라 豈不懷歸(기불회귀) 畏此譴怒(외차견노) 14

이전에 떠나올 땐 봄날이었건만 昔我往矣(석아왕의) 日月方奧(일월방욱) 15
나랏일이 촉급하니 돌아갈 날 그 언젠가 曷云其還(갈운기환) 政事愈蹙(정사유축) 16
한 해가 저무누나 쑥을 베고 콩 땄겠지 歲聿云莫(세율운모) 采蕭穫菽(채소확숙)
시름만 깊어지니 자책하며 슬퍼할 뿐 心之憂矣(심지우의) 自詒伊戚(자이이척) 17
얌전한 님 생각하니 자다 말고 서성이네 念彼共人(염피공인) 興言出宿(흥언출숙)
돌아가고 싶지만 누명 쓸까 두려워라 豈不懷歸(기불회귀) 畏此反覆(외차반복) 18

아아 높은 관리들아 편히 살 일 생각 마오　嗟爾君子(차이군자) 無恒安處(무항안처)
제자리를 지키면서 정직한 이 등용하면　靖共爾位(정공이위) 正直是與(정직시여)[19]
하늘이 도와주어 좋은 일이 생기리라　神之聽之(신지청지) 式穀以女(식곡이녀)[20]

아아 높은 관리들아 편히 쉴 생각 마오　嗟爾君子(차이군자) 無恒安息(무항안식)
제자리를 지키면서 정직한 이 좋아하면　靖共爾位(정공이위) 好是正直(호시정직)
하늘이 도와주어 크나큰 복 내리리라　神之聽之(신지청지) 介爾景福(개이경복)[21,22]

1 徂 간다 2 艽 거칠다 3 初吉 초하룻날 4 載 어조사 5 離 만나다 6 毒 고생 7 共 恭과 통용, 共人은 '얌전한 사람'이란 뜻으로 시인의 아내를 가리킴 8 零 떨어지다 9 罪罟 법망 10 除 묵은 기운이 가는 계절, 봄 11 聿 마침내 12 莫 暮와 통용, 저물다 13 睠 돌아보다 14 譴 꾸짖다 15 奥 燠과 통용, 따스하다 16 蹙 급하다 17 詒 끼치다 18 反覆 죄를 뒤집어쓰다, 덮어쓰다 19 靖 다스리다 20 式 어조사 21 介 단단히 내려주다 22 景福 큰 복

변방에 전쟁이 나서 부역을 나가 모진 고생을 한다. 그럴수록 두고 온 님 생각에 몸부림친다. 그렇다고 탈영을 할 수는 없다. 참담한 현실을, 사무치는 그리움을 노래로서 승화하지 않고는 견딜 수 없다. 그래서 시인은 노래를 한다.

그러나 이 슬픔은 시인 한 사람의 몫이 아니다. 많은 사람들이 이러한 고통 속에 허덕이고 있다. 생각이 여기에 미치자 시인은 이를 모두 해결할 수 있는 근본적인 대책을 생각하지 않을 수 없다. 그것은 정치하는 사람들이 정치를 단단히 하는 길밖에 없다. 그래서 정치하는 사람들에게 하소연을 한다.

"정치를 제대로 해서 다시는 이런 고통을 당하는 사람들이 없도록 하여 주소서…"

물론 이 하소연이 정치인의 귀에 들어갈 리는 없다. 그러나 시인은 그런 것을 생각할 수 없다. 시인은 마음 깊은 곳에서 솟아나는 것을 표현만 할 뿐, 그 결과에 대해서는 신경 쓰지 않는다.

종소리 　鼓鍾(고종)

종소리 울려 퍼지고 　鼓鍾將將(고종장장)[1]
회수 물결 넘실대도 　淮水湯湯(회수상상)[2]
내 마음이 아픈 것은 　憂心且傷(우심차상)
아리따운 님 탓이라 　淑人君子(숙인군자)[3]
그리워서 못 잊겠네 　懷允不忘(회윤불망)[4]

종소리 울려 퍼지고 　鼓鍾喈喈(고종개개)[5]
회수 물결 늠름해도 　淮水湝湝(회수해해)[6]
내 마음이 슬픈 것은 　憂心且悲(우심차비)
아리따운 님 탓이라 　淑人君子(숙인군자)
돌아서진 않을 테지 　其德不回(기덕불회)[7]

종을 치고 북을 치고 　鼓鍾伐鼛(고종벌고)[8]
회수 삼주 경치 봐도 　淮有三洲(회유삼주)[9]
내 마음이 타는 것은 　憂心且妯(우심차추)[10]
아리따운 님 탓이라 　淑人君子(숙인군자)
망설이진 않을 테지 　其德不猶(기덕불유)

종소리 땅땅 울리고 　鼓鍾欽欽(고종흠흠)[11]
슬을 뜯고 금을 타며 　鼓瑟鼓琴(고슬고금)
생과 경도 가락 맞춰 　笙磬同音(생경동음)[12][13]
雅와 二南 연주하네 　以雅以南(이아이남)[14]
피리 춤도 근사하네 　以籥不僭(이약불참)[15][16]

1 將將 종을 치는 소리, 땅땅 2 湯湯 물결치는 모양 3 淑人 아리따운 사람 4 允 진실로 5 喈喈 종을 치는 소리 6 湝湝 물결이 출렁이는 모양 7 回 돌아서다, 마음을 바꾼다 8 鼛 큰북 9 三洲 회수 안에 있는 세 개의 모래톱 10 妯 애도하다, 슬퍼하다 11 欽欽 종을 치는 소리 12 笙 생, 피리의 일종 13 磬 경, 돌로 만든 타악기 14 南 周南과 召南 15 籥 피리를 들고 추는 춤 16 僭 어지럽다

물결이 도도하게 흐르는 경치 좋은 곳에서 음악회가 열린다. 좋은 음악을 듣게 되니 님 생각이 더욱 간절하다. 님과 함께 들었으면 얼마나 좋을까. 그래서 좋은 음악이 도리어 아픔이 되어 마음속에 꽂힌다. 님이 그립기 때문이다.

님은 지금 여기에 없다. 님이 만약 다른 데로 가 버리면 어쩌나. 나에게 오는 것을 망설이면 어쩌나. 생각만 해도 마음이 불안해지고 쓸쓸해진다. 그러나 님은 그런 사람이 아니다. 그것은 기우에 지나지 않는다. 마음속에서 이렇게 작정하고 보니 그제사 아름다운 음악 소리가 귀에 들어오기 시작하고 춤사위도 눈에 들어온다. 춤과 노래가 어울려 한판의 커다란 조화를 연출하고 있다.

더부룩한 가시나무 楚茨(초자)

더부룩한 가시나무 가시들이 수도 없네 楚楚者茨(초초자자) 言抽其棘(언추기극) 1–4
예로부터 하던 일은 각종 기장 심는 거지 自昔何爲(자석하위) 我蓺黍稷(아예서직)
메기장 무성하고 차기장 우거지니 我黍與與(아서여여) 我稷翼翼(아직익익) 5 6
곡간이 그득하고 노적가리 산더미라 我倉旣盈(아창기영) 我庾維億(아유유억) 7
술과 음식 장만하여 조상들께 올리고서 以爲酒食(이위주사) 以享以祀(이향이사)
드시라고 권해보자 큰 복 내려주시겠지 以妥以侑(이타이유) 以介景福(이개경복) 8–10

몸과 마음 가다듬고 소와 양을 잡아다가 濟濟蹌蹌(제제창창) 絜爾牛羊(결이우양) 11–13
부엌으로 가져가서 벗겨내고 삶아내어 以往烝嘗(이왕증상) 或剝或亨(혹박혹팽) 14–16
제사상에 올려놓고 축관이 신 청하니 或肆或將(혹사혹장) 祝祭于祊(축제우팽) 17 18
제사일이 순조로워 조상님들 임하시네 祀事孔明(사사공명) 先祖是皇(선조시황) 19
신령들이 흠향하니 자손들에 경사 있어 神保是饗(신보시향) 孝孫有慶(효손유경) 20
큰 복을 받을지라 만수무강하리라 報以介福(보이개복) 萬壽無疆(만수무강)

불을 때어 장만하니 제사 음식 풍성하다 執爨踖踖(집찬척척) 爲俎孔碩(위조공석) 21–23
구워내고 지져내는 부인 손에 정성 어려 或燔或炙(혹번혹적) 君婦莫莫(군부막막) 24–26
저 풍성한 음식들은 빈객들을 위한 거지 爲豆孔庶(위두공서) 爲賓爲客(위빈위객) 27
술잔을 주고받는 예의범절 절도 있고 獻酬交錯(헌수교착) 禮儀卒度(예의졸도) 28
환담에도 격이 있네 신령들이 임하시니 笑語卒獲(소어졸획) 神保是格(신보시격) 29
큰 복을 받으리라 만수를 누리리라 報以介福(보이개복) 萬壽攸酢(만수유작) 30 31

정성으로 제사하여 예의에도 어김없네 我孔熯矣(아공선의) 式禮莫愆(식례막건) 32

자손에게 복 달라고 축관들이 기도하니 工祝致告(공축치고) 徂賚孝孫(조뢰효손) 33–35
향기로운 제사 음식 신령들이 누리시네 苾芬孝祀(필분효사) 神嗜飮食(신기음식) 36 37
만복을 주시겠지 소원대로 법식대로 卜爾百福(복이백복) 如幾如式(여기여식) 38–40
재계하고 가다듬어 올바르게 제사하니 旣齊旣稷(기제기직) 旣匡旣勅(기광기칙) 41 42
영원토록 복을 내려 억만 년을 창성하리 永錫爾極(영석이극) 時萬時億(시만시억) 43

예절대로 진행되어 종과 북을 두드리고 禮儀旣備(예의기비) 鍾鼓旣戒(종고기계) 44
자손들이 복위하면 축관들이 끝 알리네 孝孫徂位(효손조위) 工祝致告(공축치고)
신령들이 취했구나 시동이 일어나자 神具醉止(신구취지) 皇尸載起(황시재기)
북을 치고 종을 쳐서 시동을 전송하니 鼓鍾送尸(고종송시)
신령들도 마침내 집으로 돌아가네 神保聿歸(신보율귀)
시중꾼과 부인들이 손 빠르게 철상하니 諸宰君婦(제재군부) 廢徹不遲(폐철부지)
집안 여러 사람들이 모두 모여 음복하네 諸父兄弟(제부형제) 備言燕私(비언연사) 45 46

풍악을 방에 들여 연주를 하며 樂具入奏(악구입주)
편안한 마음으로 음복을 하네 以綏後祿(이수후록)
안주를 고루 갖춰 서로 권하며 爾殽旣將(이효기장)
원한 없이 서로들 치하를 하네 莫怨具慶(막원구경)
얼큰하게 술 취하고 배부른 뒤에 旣醉旣飽(기취기포)
젊은 사람 늙은 사람 서로 절하네 小大稽首(소대계수)
음식을 즐기시는 조상 덕분에 神嗜飮食(신기음식)
그대들 복 누리며 잘 살아가네 使君壽考(사군수고)

풍년들어 은혜로운 이때를 맞아	공혜공시 孔惠孔時
애오라지 힘을 다해 조상 받드니	유기진지 維其盡之
자자손손 이어가며 번성하리라	자자손손 물체인지 子子孫孫 勿替引之[44]

1 楚楚 무성한 모양 2 茨 가시나무, 찔레 3 抽 가시가 달려 있다 4 言 어조사 5 與與 풍성한 모양 6 翼翼 우거진 모양 7 庾 곳집, 노적가리 8 妥 편안하다, 편하게 드시도록 하다, 시동을 편안하게 앉도록 안내하는 것으로 볼 수도 있다 9 侑 권하다, 제사 음식을 흠향하도록 권하다 10 介 빌다 11 濟濟 가다듬는 모양 12 蹌蹌 조심스러운 모양 13 絜 헤아리다, 제사에 쓸 소와 양을 잘 골라서 잡다 14 烝 찌다 15 嘗 맛보다, 烝嘗은 찌고 맛보는 곳, 곧 부엌을 말한다 16 亨 烹과 통용, 삶다 17 肆 벌려놓다, 진설하다 18 祊 신을 청하는 제사 또는 신들이 있는 사당의 문전 19 皇 크다, 엄숙하다, 조상들이 엄숙하게 임하는 모양 20 神保 조상신들의 혼 21 爨 불 때다, 부뚜막, 執爨은 부엌일을 하다 22 踖踖 빠른 모양 23 俎 제기, 爲俎는 제기에 음식을 담는 것을 말한다 24 燔 굽다 25 炙 지지다 26 莫莫 정성스러운 모양 27 豆 제기 28 卒 다하다 29 格 임하다, 이르다 30 攸 所와 같다 31 酢 잔을 돌리다, 만수토록 잔을 돌린다는 것은 만수를 누린다는 말이다 32 熯 공경하다, 삼가다 33 工祝 축관 34 徂 가서 35 賚 주다, 徂賚는 하늘나라로 돌아가서 복을 내려주다 36 苾 향기 나다 37 芬 향기 38 卜 점지해주다, 내려주다 39 如幾 幾는 期와 통용되어 기대하다는 뜻이므로 如幾는 '바란 대로'란 뜻이다. 40 如式 법식대로 41 稷 가다듬다 42 勑 바르게 하다 43 極 최고로 좋은 것 44 戒 깨우치다 45 言 어조사 46 燕私 사적인 잔치를 하다, 여기서는 '음복한다'로 번역했다 47 替 침체하다

이 시는 제사를 받드는 모습을 노래한 것이다. 가시나무에 가시가 수없이 달려 있는 것을 보고 한 조상에서 나온 많은 자손들을 연상한다. 이 번성한 자손들이 조상을 잊지 않고 제사를 받든다.

조상이 그리워 제사를 받들지만 그로 인해 자손들이 복을 받아 서로 화합하며 잘 살게 된다. 그러므로 제사를 올릴 때는 모든 자손들이 참여하여 서로 한 핏줄임을 다짐하고, 한 핏줄인 자손들이 다 함께 잘 살도록 조상님께 비는 것이 제사의 목적이다.

길게 뻗은 저 남산은 信南山(신남산)

길다랗게 뻗어 있는 저 남산은　信彼南山(신피남산)[1]
그 옛날 우 임금이 다스리던 곳　維禹甸之(유우전지)[2]
언덕과 들판을 갈아엎어서　畇畇原隰(윤윤원습)[3]
후손들이 모여서 농사를 짓네　曾孫田之(증손전지)
경계를 정하여 정돈을 하니　我疆我理(아강아리)
남으로 동으로 이랑 뻗었네　南東其畝(남동기묘)

하늘에 구름 덮여 눈비가 날리더니　上天同雲(상천동운) 雨雪雰雰(우설분분)[4][5]
봄비가 오락가락 촉촉이 적셔주네　益之以霢霂(익지이맥목) 既優既渥(기우기악)[6][7]
밭마다 윤택하여 백곡이 싹이 텄네　既霑既足(기점기족) 生我百穀(생아백곡)[8]

가지런한 밭두둑에 곡식들이 그득하네　疆埸翼翼(강역익익) 黍稷彧彧(서직욱욱)[9][10]
후손들이 수확하여 술을 빚고 밥을 지어　曾孫之穡(증손지색) 以爲酒食(이위주식)
시동에게 제사하고 손 대접하며　畀我尸賓(비아시빈)[11]
만년토록 누리면서 살아가리라　壽考萬年(수고만년)

밭에는 무 있고 두둑엔 오이 있네　中田有廬(중전유로) 疆埸有瓜(강역유과)[12]
껍질을 벗기고 소금에 절여　是剝是菹(시박시저)[13]
조상님께 바쳐서 제사 지내면　獻之皇祖(헌지황조)
자손들이 오래 살고 수를 누려서　曾孫壽考(증손수고)
하늘이 주시는 복 다 받게 되리　受天之祜(수천지호)

맑은 술 땅에 부어 고수레하고	祭以清酒(제이청주)
붉은 황소 잡아 제물로 써서	從以騂牡(종이성모)[14][15]
조상님께 바치려고 올릴 때에는	享于祖考(향우조고)
방울 달린 식칼을 손에 잡고서	執其鸞刀(집기난도)[16]
터럭을 벗겨내고 피와 기름 받아내네	以啓其毛(이계기모) 取其血膋(취기혈료)[17][18]
이를 쪄서 제사상에 올려놓으니	是烝是享(시증시향)
향기가 그윽하게 피어오르네	苾苾芬芬(필필분분)
제사 일이 순조롭게 진행이 되니	祀事孔明(사사공명)
거룩하신 선조들이 흠향하셔서	先祖是皇(선조시황)[19]
크나큰 복을 내려 갚아주시리	報以介福(보이개복)
후손들은 복을 받아 만수무강하리라	萬壽無疆(만수무강)

1 信 伸과 통용, 길게 뻗는 것 2 甸 다스리다 3 畇畇 밭을 일구다, 개간하다 4 雨雪 눈이 오는 것 5 雰雰 눈이 날리는 모양 6 霢 가랑비 7 霂 가랑비 8 霑 적셔주다, 윤택하다 9 翼翼 가지런한 모양 10 彧彧 그득한 모양 11 畀 주다 12 廬 廬菔 무 13 菹 절이다 14 騂 붉은 소 15 牡 수컷 16 鸞 방울 17 啓 벗겨내다 18 膋 기름기 19 皇 밝게 임하다

이 시도 앞의 시와 같이 제사 지내는 모습을 노래한 것이다.

보전지습 甫田之什

「보전甫田」이란 시를 위시해서 열 개의 시를 묶어놓은 것이다.

큰 밭　甫田

해마다 저 큰 밭에 수도 없이 추수하네　倬彼甫田 歲取十千 [1] [2]
묵은 곡식 가져다가 우리 농부 먹여주니　我取其陳 食我農人 [3]
예로부터 계속해서 풍년이 드네　自古有年
남쪽 밭에 지금 가서 김을 매고 북돋우니　今適南畝 或耘或耔 [4]
메기장 차기장이 잘도 자라네　黍稷薿薿 [5]
튼튼하게 자라나서 열매 맺거든　攸介攸止 [6] [7]
우리네 좋은 농부 대접하리라　烝我髦士 [8] [9]

정성들인 제삿밥과 희생양으로　以我齊明 與我犧羊 [10] [11]
땅의 신과 사방 신께 제사 드리리　以社以方 [12] [13]
우리 밭이 이렇게 기름이 지니　我田旣臧
농부들의 경사로다 경사 났도다　農夫之慶
금과 슬을 뜯으면서 북을 치면서　琴瑟擊鼓
우리 밭의 수호신을 모셔놓고서　以御田祖 [14]
단비를 내려달라 치성 드리고　以祈甘雨
차기장 메기장 잘 되게 빌어　以介我稷黍 [15]
우리 모두 다 함께 잘 살아부세　以穀我士女 [16]

증손자가 찾아왔네 처자를 앞세우고　曾孫來止 以其婦子 [17]
남쪽 밭에 새참 오니 권농관도 기뻐하네　饁彼南畝 田畯至喜 [18] [19]
이것저것 집어다가 맛있는가 맛을 보네　攘其左右 嘗其旨否 [20]
길고 긴 밭이랑에 벼 이삭이 덮여지니　禾易長畝 [21]

마침내 보기 좋고 풍성하도다 　 終善且有(종선차유)
증손자 화낼 까닭 아예 없어라 　 曾孫不怒(증손불로)
농부들이 이토록 부지런하니 　 農夫克敏(농부극민)

증손자 집 거둔 곡식 지붕 같고 들보 같고 　 曾孫之稼(증손지가) 如茨如梁(여자여량)[22]
증손자 집 노적가리 언덕 같고 구릉 같아 　 曾孫之庾(증손지유) 如坻如京(여지여경)[23-25]
천 개 창고 준비하고 만 대 수레 대령하라 　 乃求千斯倉(내구천사창) 乃求萬斯箱(내구만사상)
각종 곡식 풍성함은 농부들의 경사로다 　 黍稷稻粱(서직도량) 農夫之慶(농부지경)[26]
큰 복을 받으시라 만수무강하시라 　 報以介福(보이개복) 萬壽無疆(만수무강)

1 倬 크다 2 十千 千의 열 배이므로 萬, 수많은 것을 의미함 3 陳 묵다, 여기서는 묵은 곡식 4 耔 북돋우다 5 薿 우거지다, 무성하다 6 介 튼튼해지다, 견고해지다 7 止 열매가 성장을 멈추다, 성장을 멈추는 것은 익는 것이다 8 烝 올리다, 대접하다 9 髦 준수하다, 髦士는 준수한 농부를 말한다 10 齊 제삿밥 11 明 盛의 뜻, 담는다 12 社 토지신에게 제사 지내는 것 13 方 사방의 신에게 제사 지내는 것 14 田祖 처음으로 밭농사를 시작하신 분, 신농씨 15 介 빌다 16 穀 먹여 살리다 17 曾孫 존경받던 부농의 증손으로 현재 그 부농의 주인이 된 사람 18 饁 들에서 점심을 먹이는 것, 들 밥 19 畯 권농관 20 攘 집다, 가져오다 21 易 바꾸다, 禾易長畝는 벼 이삭이 우거져 긴 밭이랑의 모습을 바꾸다 22 茨 지붕을 이다, 여기서는 지붕 23 庾 노적가리, 곳집 24 坻 언덕 25 京 구릉 26 箱 수레

수확의 기쁨을 노래한 시다. 이 시는 부농의 농사일을 감독하고 있는 사람의 시로 보인다. 부농은 부잣집의 후손인 증손曾孫이다.

한밭 | 大田(대전)

크나큰 이 한밭엔 많은 농사지어야지	大田多稼(대전다가) [1]
씨앗을 가리고 농구 갖추어	既種既戒(기종기계) [2,3]
준비가 끝났으면 일 시작하세	既備乃事(기비내사)
날카로운 쟁기로 밭을 일구어	以我覃耜(이아염사) [4,5]
남쪽의 이랑부터 다듬질하고	俶載南畝(숙재남묘) [6,7]
온갖 곡식의 씨를 뿌리니	播厥百穀(파궐백곡)
새싹이 곧게 터서 잘도 자라네	既庭且碩(기정차석) [8]
증손자 마음에도 흡족하겠네	曾孫是若(증손시약) [9]
이삭이 패더니만 여물어지네	既方既皁(기방기조) 既堅既好(기견기호) [10,11]
갖가지 잡초들을 안 나게 하고	不稂不莠(불랑불유) [12,13]
명충과 특충을 잡아 없애고	去其螟螣(거기명특) [14,15]
모충과 적벌레를 잡아 없애면	及其蟊賊(급기모적) [16,17]
우리 밭 어린 이삭 해가 없으리	無害我田穉(무해아전치) [18]
우리 밭 수호신은 신통하시니	田祖有神(전조유신)
벌레 잡아 불길 속에 던져 넣겠지	秉畀炎火(병비염화)
뭉게구름 일더니만 비가 되어 내리네	有渰萋萋(유엄처처) 興雨祈祈(흥우기기) [19,20]
우리 공전 적신 뒤에 사전에 내려주오	雨我公田(우아공전) 遂及我私(수급아사) [21]
저기에는 베지 않은 늦곡식 있고	彼有不穫穉(피유불확치) [22]
여기에는 걷지 않은 볏단이 있네	此有不斂穧(차유불렴제) [23]
저기엔 남아 있는 볏단이 있고	彼有遺秉(피유유병) [24]

여기엔 떨어진 이삭이 있네 此有滯穗(차유체수)[25]
불쌍한 과부더러 줍게 해야지 伊寡婦之利(이과부지리)

증손자가 찾아왔네 처자를 앞세우고 曾孫來止 以其婦子(증손내지 이기부자)[26]
남쪽 밭에 새참 오니 권농관도 기뻐하네 饁彼南畝 田畯至喜(엽피남묘 전준지희)
오자마자 곧바로 제사 준비 하시네 來方禋祀(내방인사)
붉은 소 검은 짐승 정갈히 잡고 以其騂黑(이기성흑)[27][28]
기장밥 메기장밥 정성껏 지어 與其黍稷(여기서직)
수호신께 올려놓고 제사 지내며 以享以祀(이향이사)
큰 복을 내려달라 기도하시네 以介景福(이개경복)

1 稼 농사짓다 2 種 씨앗을 가리다 3 戒 농구를 갖추다 4 覃 날카롭다, 날이 서다 5 耜 보습, 쟁기 6 俶 비로소 7 載 일을 시작하다 8 庭 싹이 곧게 트는 것 9 若 순조롭다 10 方 이삭이 패는 것 11 皁 이삭이 패서 여물기 전의 상태 12 稂 가라지 13 莠 가라지 14 螟 마디충, 식물의 줄기 속을 파먹는 해충 15 螣 박각시나방의 애벌레 16 蟊 蝥와 같은 자, 곡식의 뿌리를 잘라먹는 해충 17 賊 곡식의 마디를 먹는 해충 18 穉 어린 곡식 싹 19 渰 구름이 피어오르는 모양 20 萋萋 구름이 뭉게뭉게 일어나는 모양 21 公田 井田法이란 밭 하나를 가로 세로 각 셋으로 나누어 아홉 개를 만들어 그 한가운데 것을 公田이라 하고, 나머지 여덟 개의 私田을 여덟 사람에게 주어 하나씩 경작하여 가지게 하고, 公田은 여덟 사람이 공동으로 경작하여 그 수확한 곡식을 세금으로 바치는 제도이다. 22 穉 어린 벼 23 穧 볏단 24 秉 볏단, 벼의 다발 25 滯 빠지다, 남아, 滯穗는 떨어진 이삭 26 止 어조사 禋 정결히 제사 지내다 27 騂 붉은 소 28 黑 검은 짐승, 검은 소

앞 시와 마찬가지로 농사일에 대한 기쁨을 노래한 시다.

저 낙수를 바라보니 　瞻彼洛矣(첨피낙의)

저기 저 낙수를 바라다보니 　瞻彼洛矣(첨피낙의)
물결이 도도하게 출렁거리네 　維水泱泱(유수앙앙)[1]
장군님이 여기 와서 머무르시니 　君子至止(군자지지)[2]
복과 록이 지붕처럼 연이어지네 　福祿如茨(복록여자)[3]
붉은 가죽 슬갑을 멋지게 차고 　韎韐有奭(매겹유혁)[4-6]
모든 군사 일으키어 호령하시네 　以作六師(이작육사)

저기 저 낙수를 바라다보니 　瞻彼洛矣(첨피낙의)
물결이 도도하게 출렁거리네 　維水泱泱(유수앙앙)
장군님이 여기 와서 머무르시니 　君子至止(군자지지)
칼집의 옥 장식도 아름답구려 　鞞琫有珌(병봉유필)[7-9]
장군님은 만년토록 오래 사셔서 　君子萬年(군자만년)
길이길이 나라를 보전하소서 　保其家室(보기가실)

저기 저 낙수를 바라다보니 　瞻彼洛矣(첨피낙의)
물결이 도도하게 출렁거리네 　維水泱泱(유수앙앙)
장군님이 여기 와서 머무르시니 　君子至止(군자지지)
복과 록이 아울러 모여들었네 　福祿既同(복록기동)[10]
장군님은 만년토록 오래 사셔서 　君子萬年(군자만년)
길이길이 나라를 보전하소서 　保其家邦(보기가방)

1 泱泱 물이 출렁거리는 모양 2 君子 장군 3 茨 지붕 4 韎 붉은 가죽 5 韐 슬갑 6 奭 붉다 7 鞞 칼집 8 琫 칼집의 장식 9 珌 칼집의 옥 장식 10 同 하나로 모이다

만인에게 존경받는 장군은 강물이 출렁이듯 꿋꿋하고 힘이 있다. 그런 장군이 지휘를 하면 모든 부하들은 일사불란하게 움직인다. 그의 모습을 바라만 봐도 마음이 든든하고 자랑스럽다. 장군님이 계시는 한 나라는 걱정이 없을 것 같다. 장군에 대한 부하들의 마음은 한결같다. 부디 바라옵나니 오래오래 사셔서 영원토록 이 나라를 보존해 주옵소서.

화려한 꽃　裳裳者華

(상상자화)

번역	독음	원문
화려한 꽃이여 싱그러운 잎새여	상상자화 기엽서혜	裳裳者華 其葉湑兮[1,2]
우리 님을 만났으니 내 마음이 후련하다	아구지자 아심사혜	我覯之子 我心寫兮[3,4]
내 마음이 후련하니 이렇게 편한 것을	아심사혜 시이유예처혜	我心寫兮 是以有譽處兮
화려한 꽃이여 노랗게 반짝이네	상상자화 운기황의	裳裳者華 芸其黃矣[5,6]
우리 님을 만나보니 몸가짐이 의젓하네	아구지자 유기유장의	我覯之子 維其有章矣
몸가짐이 의젓하니 좋은 일이 이어지리	유기유장의 시이유경의	維其有章矣 是以有慶矣
화려한 꽃이여 노란 꽃잎 하얀 꽃잎	상상자화 혹황혹백	裳裳者華 或黃或白
우리 님 만나보니 네 말 끄는 수레 탔네	아구지자 승기사락	我覯之子 乘其四駱[7]
네 말 끄는 수레 타니 여섯 고삐 부드럽네	승기사락 육비옥약	乘其四駱 六轡沃若
좌로 갈 땐 좌로 가 군자로서 마땅하고	좌지좌지 군자의지	左之左之 君子宜之
우로 갈 땐 우로 가 군자 모습 잃지 않네	우지우지 군자유지	右之右之 君子有之
군자 모습 잃지 않아 그래서 근사하네	유기유지 시이사지	維其有之 是以似之

1 裳裳 꽃이 화려하게 핀 모양 2 湑 무성하다 3 覯 만나다 4 寫 시원하다 5 芸 무성하다, 싱그럽다. 여기서는 시상을 살려 '반짝이다'로 번역했다 6 章 교양미가 몸에서 배어 나오는 것 7 駱 검은 갈기의 흰말

주자는 이 시를 천자가 제후를 칭찬하며 부른 것이라 했다. 어쨌든 근사한 군자의 모습을 노래한 것임에는 틀림이 없다.

청작새　　桑扈(상호)

짹짹거리는 저 청작새 깃털도 아름다워　交交桑扈(교교상호) 有鶯其羽(유앵기우)[1,2]
즐거우신 우리 님은 하늘의 복 받았네　君子樂胥(군자낙서) 受天之祜(수천지호)[3]

짹짹거리는 저 청작새 목선도 아름다워　交交桑扈(교교상호) 有鶯其領(유앵기령)
즐거우신 우리 님은 만방 지킬 울타리라　君子樂胥(군자낙서) 萬邦之屛(만방지병)[4]

그 울타리 그 보호막 제후들의 모범이라　之屛之翰(지병지한) 百辟爲憲(백벽위헌)[5]
잘 거두고 조심하니 복 받음이 한량없네　不戢不難(부즙불난) 受福不那(수복불나)[6-8]

꾸부정한 뿔 술잔에 부드러운 술맛이라　兕觥其觩(시굉기구) 旨酒思柔(지주사유)[9-11]
사귀는 법 겸손하니 만복이 모여드네　彼交匪敖(피교비오) 萬福來求(만복내구)[12 13]

1 交交 짹짹거리며 우는 소리 2 鶯 깃의 아름다운 모양 3 樂胥 서로 즐긴다는 뜻 4 翰 보호막, 담 기둥 5 辟 임금, 제후 6 不戢 무기 등을 거두어들이지 않았는가? 거두어들였다는 뜻의 반어법 7 不難 어렵게 여기지 않았는가? 어렵게 여겼다는 뜻으로 조심했다는 뜻, 여기서도 반어법이다 8 不那 역시 반어법이다. '많지 아니한가.' 많다는 뜻이다. 9 觥 뿔로 만든 술잔 10 觩 뿔의 끝이 굽은 모양 11 思 어조사 12 敖 傲와 통용, 거만하다, 오만하다 13 求 逑와 통용, 모이다, 모여들다

주자는 이 시 역시 천자가 제후를 칭찬하며 부른 것이라 했다.

원앙 鴛鴦(원앙)

원앙새가 날아가면 그물 쳐서 잡아야지 鴛鴦于飛 畢之羅之(원앙우비 필지나지) 1–3
원앙 같은 우리 님아 영원토록 누리소서 君子萬年 福祿宜之(군자만년 복록의지) 4

원앙새가 어살에서 왼 깃 접고 편히 쉬네 鴛鴦在梁 戢其左翼(원앙재량 즙기좌익) 5 6
원앙 같은 우리 님아 큰 복을 받으소서 君子萬年 宜其遐福(군자만년 의기하복)

마구간에 말 있으니 꼴을 베어 먹이 주세 乘馬在廏 摧之秣之(승마재구 최지말지) 7–9
영원토록 우리 님아 복과 록을 거두소서 君子萬年 福祿艾之(군자만년 복록애지) 10

마구간에 있는 말에 먹이 주러 꼴을 베네 乘馬在廏 秣之摧之(승마재구 말지최지)
영원토록 우리 님아 복과 록을 즐기소서 君子萬年 福祿綏之(군자만년 복록수지) 11

1 鴛鴦 암수 사이가 좋기로 소문난 새 2 畢 그물 3 羅 새그물 4 宜 마땅하게 사는 것. 여기서는 '누리다'로 번역했다. 마땅하게 사는 것이 누리는 것이다. 5 梁 어살 6 戢 거두다, 날개를 접다 7 乘 네 마리 말이 끄는 전쟁 용 수레, 여기서는 네 마리를 의미한다 8 摧 꼴을 베다 9 秣 말에게 꼴을 먹이다 10 艾 기르다, 다스리다. 여기서는 '거두다'로 번역했다 11 綏 편안하다, 편안히 즐기다

원앙새는 둘이서 짝을 이루어 행복하게 산다. 그러다가 한 마리 원앙새가 날아가 버리면 남아 있는 원앙새는 더 이상 살지 못한다. 원앙 같은 우리 님도 떠나지 말고 여기서 나와 함께 영원토록 복과 록을 누리면서 살아야 한다.

사랑에는 두 가지가 있다. 하나는 존경심에서 우러나온 사랑이고 다른 하나는 소유하고 싶은 사랑이다. 전자의 사랑은 사랑이 결실을 맺어 함께 있더라도 존경심이 없어지지 않는다. 끝까지 자기를 낮추고 상대에게 헌신하는 그런 사랑을 지속한다. 그러나 후자의 사랑은 사랑이 결실을 맺어 함께 살게 되면 상대를 소유물로 생각한다. 이때는 존경심이 사라진다. 그리고 상대를 종 부리듯 하며 구속한다. 상대의 자유를 인정하지 않는다. 이러한 사랑은 천박한 사랑이다. 아름다운 사랑은 어디까지나 전자의 경우에 한한다. 그래서 시인은 노래한다. 날아가는 원앙새 같은 상대를 붙들어 함께 살더라도 끝까지 존경하고 헌신해야 한다고. 상대가 말이라면 말에게 열심히 꼴을 먹이는 헌신적인 사랑, 그런 사랑이 바람직한 사랑이다.

이 시는 가장 이상적인 결혼 생활을 노래한 것으로 보인다. 결혼식 때 연주하고 부르면 좋을 듯하다.

남루한 고깔 　頍弁(규변)

남루한 이 고깔은 무엇 하러 썼는가 　有頍者弁(유규자변) 實維伊何(실유이하) 1
맛 좋은 술에 좋은 안주 앞에 있네 　爾酒既旨(이주기지) 爾殽既嘉(이효기가)
어찌 우리 남남인가 다름 아닌 형제일세 　豈伊異人(기이이인) 兄弟匪他(형제비타)
담쟁이와 새삼 넝쿨 소나무를 감고 있네 　蔦與女蘿(조여여라) 施于松柏(이우송백) 2 3
그대 보지 못할 때엔 시름 가득 쌓였지 　未見君子(미견군자) 憂心弈弈(우심혁혁) 4
이제 그대 만났으니 마음껏 즐겨보세 　既見君子(기견군자) 庶幾說懌(서기열역)

남루한 이 고깔을 무엇 하러 썼는가 　有頍者弁(유규자변) 實維何期(실유하기) 5
맛 좋은 술에 철에 맞는 안주 있네 　爾酒既旨(이주기지) 爾殽既時(이효기시)
어찌 우리 남남인가 형제들이 다 모였네 　豈伊異人(기이이인) 兄弟具來(형제구래)
담쟁이와 새삼 넝쿨 소나무를 감고 있네 　蔦與女蘿(조여여라) 施于松上(이우송상)
그대 보지 못할 때엔 근심걱정 깊었지 　未見君子(미견군자) 憂心怲怲(우심병병) 6
이제 그대 만났으니 좋은 일만 누려보세 　既見君子(기견군자) 庶幾有臧(서기유장)

남루한 이 고깔을 왜 머리에 쓰고 있나 　有頍者弁(유규자변) 實維在首(실유재수)
맛있는 술에 안주 또한 푸짐하네 　爾酒既旨(이주기지) 爾殽既阜(이효기부)
어찌 우리 남남인가 형제들과 숙질이지 　豈伊異人(기이이인) 兄弟甥舅(형제생구)
큰 눈이 오기 전에 싸락눈이 내리는 법 　如彼雨雪(여피우설) 先集維霰(선집유산) 7
살면 얼마나 살랴 서로 볼 날 얼마인가 　死喪無日(사상무일) 無幾相見(무기상견)
오늘 밤에 술 즐기며 한바탕 놀아보자 　樂酒今夕(낙주금석) 君子維宴(군자유연)

1 頍 남루하다. 支는 찢어지고 갈라지는 것을 의미하므로 머리 부분이 갈라지고 찢어진 것을 의미하는 것으로 생각된다. 따라서 有頍者弁은 '위쪽이 갈라진 남루한 고깔'이란 뜻으로 볼 수 있다. 2 蔦 담쟁이 3 女蘿 댕댕이 넝쿨. 새삼 넝쿨. 넝쿨이 소나무나 측백나무를 감고 있는 모습을 보면 마음이 답답해진다. 그것을 걷어내어야 속이 시원한 법이다. 이는 형제를 만나지 못했을 때의 답답한 심정을 비유한 말이다. 4 弈弈 근심하는 모양 5 期 어조사 6 怲怲 근심하는 모양 7 霰 싸라기눈 8 큰 눈이 오기 전의 전조로 싸락눈이 내리듯, 사람이 죽기 전의 전조로 머리가 희어지고 노쇠해진다. 이제 우리들은 늙고 노쇠해졌으니 죽을 날이 그렇게 멀지 않았다.

집을 떠난 형세가 남루한 고깔을 쓰고 돌아왔나. 몰골을 보아하니 온갖 고생을 다한 모양이다. 형제들을 마다하고 집을 떠났을 때는 미운 마음도 들었지만 고생 끝에 돌아오니 측은하고 불쌍하다. 이것이 피를 나눈 형제들의 못 말리는 정이다. 생각해보니 세월도 많이 흘렀다. 이제 남은 세월도 얼마 되지 않는 것 같다. 그럴수록 형제의 정이 점점 되살아난다. 다른 형제들도 그가 왔다는 소식을 듣고 몰려왔다. 모든 것을 다 잊고 형제들과 어울려 옛정을 나누면서 마음껏 즐겨보고 싶다. 그리운 내 형제여.

덜커덩 굴대 빗장　車舝(거할)

덜커덩덜커덩 굴대 빗장 하면서　間關車之舝兮(간관거지할혜) [1,2]
사모하는 막내딸을 맞이하러 가옵니다　思孌季女逝兮(사련계녀서혜) [3,4]
굶주린 듯 목마른 듯 님 목소리 들어보면　匪飢匪渴 德音來括(비기비갈 덕음내괄) [5]
좋은 벗이 없다 해도 잔치하며 즐기지요　雖無好友 式燕且喜(수무호우 식연차희)

우거진 저 숲 속에 모여드는 예쁜 꿩들　依彼平林 有集維鷮(의피평림 유집유교) [6,7]
꿩같이 아리따운 우리 님이여　辰彼碩女(신피석녀) [8]
아름다운 덕으로 깨우쳐 주신다면　令德來敎(영덕내교)
잔치하며 즐기지요 길이길이 영원토록　式燕且譽 好爾無射(식연차예 호이무역)

맛있는 술이야 아니라 해도　雖無旨酒(수무지주)
부디 제발 마셔주오 부탁입니다　式飮庶幾(식음서기) [9]
맛있는 안주가 아니라 해도　雖無嘉殽(수무가효)
제발 부디 먹어주오 부탁입니다　式食庶幾(식식서기)
나의 매력 그대만은 못할지라도　雖無德與女(수무덕여녀)
그대 따라 노래하며 춤추고 싶소　式歌且舞(식가차무)

저 언덕에 올라가서 장작을 패옵니다　陟彼高岡 析其柞薪(척피고강 석기작신) [10]
신이 나서 장작 패니 잎새들도 싱그러워　析其柞薪 其葉湑兮(석기작신 기엽서혜)
우리 님을 만났으니 내 마음이 환하구려　鮮我覯爾 我心寫兮(선아구이 아심사혜) [11,12]

높은 산은 쳐다보고 한길은 가는 거지 高山仰止(고산앙지) 景行行止(경행행지)

네 필 말이 늠름하고 여섯 고삐 어울리네 四牡騑騑(사모비비) 六轡如琴(육비여금) 13

그대와의 신혼 생활 내 마음이 뿌듯해요 覯爾新昏(구이신혼) 以慰我心(이위아심) 14

1 間關 덜커덩거리는 소리 2 舝 수레 굴대 양편에 바퀴가 빠지지 않도록 꽂아놓은 빗장 3 思 발어사 4 孌 예쁘다 5 括 佸과 통용, 이르다, 만나다, 여기서는 님을 만나 님의 목소리를 듣는 것을 말한다 6 依 우거지다 7 鷮 꿩 8 辰 용, 용처럼 늘씬하고 아름답다 9 庶幾 바라다, 부탁하다 10 柞 떡갈나무 11 鮮 善과 같다, 기쁘다, 좋다 12 寫 瀉와 통용, 시원해지다 13 騑騑 말이 늠름하게 달리는 모양 14 昏 婚과 통용

수레를 몰아서 님을 맞이하러 갈 때보다 더 행복한 순간이 있을까? 배가 고픈 것도 아니고 목이 마른 것도 아니지만 어서 만나고 싶은 마음이 굶주리고 목 타는 듯 간절하다. 이제 친구가 없어도 전혀 외롭지 않을 것만 같다. 마치 세상을 다 얻은 것 같다.

마차를 달리면서 숲 속을 바라보니 꼬리를 늘어뜨린 아리따운 꿩들이 모여 있다. 그러나 그 꿩들보다도 새로 맞이하는 님이 더 아름답다. 그 아름다운 님은 훌륭한 교양과 덕을 갖추고 있어 우리 집을 훌륭하게 이끌어 나갈 것이다.

님이 집에 도착했다. 가장 맛있는 술과 안주를 대접하고 싶지만 형편이 그렇지 못하다. 맛이 없는 술이라도, 맛이 없는 안주라도 마음껏 마시고 먹었으면 좋겠다. 내 비록 님만큼 훌륭하진 못해도 함께 노래하며 덩실덩실 춤이라도 추고 싶다.

남자는 신이 나면 이리 뛰고 저리 뛰다가 언덕에 올라가서 장작을 팬다. 장작 패는 남자의 팔에 힘이 넘친다. 그를 바라보는 나뭇잎들도 더욱 싱그럽다.

님과 함께 즐거울 때는 말을 타고 함께 달려도 본다. 신랑 신부가 함께 사는 신혼 생활! 이렇게 좋을 수가 또 있을까? 마음이 뿌듯하여 어쩔 줄을 모르는 남자의 모습이 눈앞에 그려진다.

쉬파리 靑蠅

윙윙 나는 쉬파리들 울타리에 앉아 있네 營營靑蠅 止于樊[1]
단아하신 우리 님아 참언 믿지 마세요 豈弟君子 無信讒言[2]

윙윙 나는 쉬파리들 가시남게 앉아 있네 營營靑蠅 止于棘
간사한 사람들은 지독하기 그지없어 讒人罔極
온 나라를 휘저으며 어지럽혀 버리지요 交亂四國

윙윙 나는 쉬파리들 개암남게 앉아 있네 營營靑蠅 止于榛[3]
간사한 사람들은 지독하기 그지없어 讒人罔極
우리 둘을 얽어매어 빠뜨리고 만답니다 構我二人

1 營營 쉬파리가 날아다니는 소리, 윙윙 2 豈弟 愷悌와 통용, 단아하다, 점잖다 3 榛 개암나무

오뉴월에 윙윙 날아다니는 저 쉬파리들 극성스럽기 짝이 없다. 마치 남을 참소하기 좋아하는 간사한 무리들도 이 쉬파리처럼 지독하다. 언제나 나쁜 모의를 하면서 나라를 흔들어 놓고 애꿎은 님과 나를 모함하여 유언비어를 퍼뜨린다. 참으로 지독한 쉬파리 같은 놈들이다.

잔치에 오신 손님 賓之初筵(빈지초연)

손님들이 앉을 때는 좌로 우로 질서 있네 賓之初筵(빈지초연) 左右秩秩(좌우질질) 1 2
그릇들이 놓여 있고 안주도 푸짐하네 籩豆有楚(변두유초) 殽核維旅(효핵유려) 3–6
맛있는 술 빚어 있어 화락하게 술 마시네 酒旣和旨(주기화지) 飮酒孔偕(음주공해) 7
종과 북이 걸려 있고 술잔을 주고받네 鍾鼓旣設(종고기설) 擧酬逸逸(거수일일) 8
큰 과녁 걸어놓고 활에 살을 당겨보네 大侯旣抗(대후기항) 弓矢斯張(궁시사장) 9 10
활 쏘는 이 모인 뒤엔 활쏘기 시합하네 射夫旣同(사부기동) 獻爾發功(헌이발공) 11 12
과녁을 잘 맞추면 술잔 들어 축수하네 發彼有的(발피유적) 以祈爾爵(이기이작) 13

피리 춤에 생황과 북 풍악이 합주되네 籥舞笙鼓(약무생고) 樂旣和奏(악기화주) 14 15
조상들께 제사하니 예의범절 합당하네 烝衎烈祖(증간열조) 以洽百禮(이흡백례) 16–18
온갖 예절 다 갖추니 장엄하고 풍성하다 百禮旣至(백례기지) 有壬有林(유임유림) 19 20
큰 복을 내리시니 자손들이 즐기시네 錫爾純嘏(석이순가) 子孫其湛(자손기담) 21–23
모두들 즐거워서 제 재주를 발하는데 其湛曰樂(기담왈락) 各奏爾能(각주이능)
손님들이 짝을 짓자 주인들이 합류하네 賓載手仇(빈재수구) 室人入又(실인입우) 24–26
큰 잔에 술을 부어 맞힌 성적 읊어대네 酌彼康爵(작피강작) 以奏爾時(이주이시) 27 28

손님들이 앉을 때는 온화하고 공손터니 賓之初筵(빈지초연) 溫溫其恭(온온기공) 29
술 취하기 전까지는 위의를 갖추더니 其未醉止(기미취지) 威儀反反(위의반반) 30
술 취하고 난 뒤에는 위의가 무너지고 曰旣醉止(왈기취지) 威儀幡幡(위의번번) 31
이리저리 다니면서 너울너울 춤을 추네 舍其坐遷(사기좌천) 屢舞僊僊(누무선선) 32 33
술 취하기 전까지는 위의를 차리더니 其未醉止(기미취지) 威儀抑抑(위의억억) 34
술 취하고 난 뒤에는 위의 없이 방자하네 曰旣醉止(왈기취지) 威儀怭怭(위의필필) 35

그래서 술 취하면 질서 없다 말했었지 是曰旣醉(시왈기취) 不知其秩(부지기질)

손님들이 술 취하니 지껄이고 소리치네 賓旣醉止(빈기취지) 載號載呶(재호재노) 36
그릇들을 뒤엎으며 뒤뚱뒤뚱 춤을 추네 亂我籩豆(난아변두) 屢舞僛僛(누무기기) 37
그래서 술 취하면 제 잘못을 모른다지 是曰旣醉(시왈기취) 不知其郵(부지기우) 38
비스듬히 고깔 쓰고 비틀비틀 춤을 추네 側弁之俄(측변지아) 屢舞傞傞(누무사사) 39 40
술 취한 뒤 떠난다면 평판이 좋겠지만 旣醉而出(기취이출) 竝受其福(병수기복)
술 취해도 안 떠나면 인상을 흐려놓지 醉而不出(취이불출) 是謂伐德(시위벌덕)
술이란 좋은 건데 예의만 지킨다면 飮酒孔嘉(음주공가) 維其令儀(유기영의)

같은 술 마시고서 누군 취코 누군 아니 凡此飮酒(범차음주) 或醉或否(혹취혹부)
감시자를 세우고서 도와달라 할 일이지 旣立之監(기립지감) 或佐之史(혹좌지사) 41 42
술 취한 이 잘못하면 안 취한 이 창피당해 彼醉不臧(피취부장) 不醉反恥(불취반치)
말 받아주지 말고 주정하지 못하게 해 式勿從謂(식물종위) 無俾大怠(무비태태) 43–45
말 아닌 말 하지 말고 횡설수설 안 해야지 匪言勿言(비언물언) 匪由勿語(비유물어)
술 취한 사람 말을 들어주다간 由醉之言(유취지언)
새끼 염소 잡아 오라 강요당하지 俾出童羖(비출동고) 46
석 잔 술에 인사불성 되는 사람에게 三爵不識(삼작불식)
더 마시라 또 마시라 술 권할손가 矧敢多又(신감다우) 47

1 筵 대자리, 자리 2 秩秩 질서 있는 모양 3 籩豆 음식 그릇 4 楚 많은 모양 5 核 뼈가 붙어 있는 갈비 같은 육류 6 旅 진열되어 있음 7 偕 諧와 통용, 화해, 화합 8 逸逸 주거니 받거니 하는 모양 9 侯 과녁 10 抗 들어올리다 11 獻 권하다 12 發功 공을 세우는 것, 명중하는 것 13 的 과녁, 과녁에 적중하는 것 14 笙 관악기의 일종 15 和奏 합주 16 烝 어조사 17 衎 즐기다, 즐겁게 하다, 조상을 즐겁게 하는 것이 제사 드리는 것이므로 여기서는 '제사하다'로 번역했다 18 烈祖 공이 많은 조상 19 壬 크다, 장엄하다 20 林 숲처럼 풍성한 모습 21 純 크다 22 嘏 복 23 湛 즐기다 其湛曰樂은 즐거움이 무르익은 것을 말함 24 載 어조사 25 手 손, 손은 만드는 것이므로 여기서는 만든다는 뜻이 된다 26 仇 짝 手仇 짝을 만들다, 여기서는 활쏘기를 할 상대를 정한다는 뜻 27 康 크다 28 時 是와 통용, 화살이 명중한 성적 29 溫溫 공손한 모양 30 反反 신중한 모습 31 幡幡 비틀거리는 모양 32 舍 捨와 통용, 舍其坐遷은 자리를 버리고 옮겨 다니는 것 33 僊僊 춤을 추는 모양, 너울너울 34 抑抑 위의 있는 모양 35 怭怭 방자한 모양 36 呶 지껄이다, 떠들다 37 僛僛 취하여 춤추는 모양, 뒤뚱뒤뚱 38 郵 '지나가다'는 뜻의 過와 통용되어 '잘못'이란 뜻으로 쓰였다 39 俄 기울다 40 傞傞 취하여 춤추는 모양, 비틀비틀 41 監 감독, 감시자 42 史 일어나는 일을 기록하는 자, 일을 기록했다가 나중에 알려주는 역할을 했던 사람으로 보인다 43 式 어조사 44 俾 하여금 45 大怠 술주정하는 것 46 羖 검은 양, 염소, 술 취해 주정하는 사람들은 술안주로 염소 새끼라도 잡아오라고 떼를 쓴다 47 矧 하물며

주연이 벌어질 때 흔히 있는 광경이다. 그 광경이 상상 속에서 훤히 펼쳐지도록 사실적으로 읊은 시다. 과음하여 정신을 잃고 추태를 보이곤 하는 자들에게 경종이 된다.

어조지습 魚藻之什

「어조」를 위시하여 14편의 시를 묶은 것이다. 다른 편에서는 10수씩 묶었으나 여기에서는 남은 것을 다 포함하여 마지막으로 14편을 묶었다.

물고기 魚藻(어조)

물고기 있네 마름 풀 사이에 있네　魚在在藻(어재재조) 1
커다란 머리를 내밀고 있네　有頒其首(유분기수) 2
나라님 계시네 서울에 계시네　王在在鎬(왕재재호) 3
한가롭게 즐기시며 술을 마시네　豈樂飮酒(개락음주) 4

물고기 있네 마름 풀 사이에 있네　魚在在藻(어재재조)
기다란 꼬리를 내밀고 있네　有莘其尾(유신기미) 5
나라님 계시네 서울에 계시네　王在在鎬(왕재재호)
술 마시며 흔쾌하고 즐거우시네　飮酒樂豈(음주락개)

물고기 있네 마름 풀 사이에 있네　魚在在藻(어재재조)
부들 잎 의지하고 노닐고 있네　依于其蒲(의우기포) 6
나라님이 계시네 서울에 계시네　王在在鎬(왕재재호)
궁궐에서 편안하게 쉬며 계시네　有那其居(유나기거)

1 藻 마름 풀, 수초 2 頒 큰 머리 3 鎬 주나라의 서울 호경 4 豈 愷와 통용, 즐겁다
5 莘 길다랗다 6 蒲 부들

커다란 물고기가 유유히 물에서 헤엄치고 있다. 한가롭고 평화스럽다. 그 물고기는 싱싱하고 힘이 차다. 마치 늠름한 임금님 같은 기상이다. 그래서 시인은 임금님을 찬양하는 노래를 지어 불렀다.

콩을 따서　采菽(채숙)

콩을 따서 콩을 따서 광주리에 담고 있네　采菽采菽(채숙채숙) 筐之筥之(광지거지) [1]
제후들이 조회 오니 무슨 선물 내려줄까　君子來朝(군자래조) 何錫予之(하석여지)
내려줄 것 없다지만 수레하고 말은 있지　雖無予之(수무여지) 路車乘馬(노거승마) [2]
또 무엇을 내려줄까 현곤에다 보불 바지　又何予之(우하여지) 玄袞及黼(현곤급보) [3] [4]

솟아나는 샘물에서 미나리를 캐고 있네　觱沸檻泉(필불함천) 言采其芹(언채기근) [5–8]
제후들이 조회 오네 깃발들이 보이네　君子來朝(군자내조) 言觀其旂(언관기기)
깃발들이 펄럭펄럭 수레 방울 딸랑딸랑　其旂淠淠(기기패패) 鸞聲嘒嘒(난성혜혜) [9] [10]
네 마리 말 달려오네 제후들이 당도했네　載驂載駟(재참재사) 君子所屆(군자소계) [11–13]

무릎에는 붉은 슬갑 그 아래는 행전 쳤네　赤芾在股(적불재고) 邪幅在下(사폭재하) [14] [15]
단단하게 묶었구나 천자께서 주신 것을　彼交匪紓(피교비서) 天子所予(천자소여) [16]
즐거운 저 제후들 천자께서 임명했지　樂只君子(낙지군자) 天子命之(천자명지)
즐거운 저 제후들 복과 록이 거듭하네　樂只君子(낙지군자) 福祿申之(복록신지)

떡갈나무 가지 뻗어 잎새들이 무성하이　維柞之枝(유작지지) 其葉蓬蓬(기엽봉봉) [17]
즐거운 저 제후들 천자 나라 다스림에　樂只君子(낙지군자) 殿天子之邦(전천자지방)
즐거운 저 제후들 온갖 복이 다 모이네　樂只君子(낙지군자) 萬福攸同(만복유동)
훌륭한 신하들이 뒤따르며 돕고 있네　平平左右(평평좌우) 亦是率從(역시솔종) [19] [20]

둥실둥실 저 조각배 밧줄에 묶여 있네　汎汎楊舟(범범양주) 紼纚維之(불리유지) [21–24]
즐거운 저 제후들 천자께서 돌보시니　樂只君子(낙지군자) 天子葵之(천자규지) [25]

즐거운 저 제후들 복과 록이 두텁구나　樂只君子(낙지군자) 福祿膍之(복록비지) 26
넉넉하고 느긋하네 이제 다 당도했네　優哉游哉(우재유재) 亦是戾矣(역시려의) 27

1 筥 둥근 대광주리 2 路車 수레 3 玄袞 검은 천에 둥근 용이 그려져 있는 저고리 4 黼 도끼 무늬, 여기서는 도끼 무늬가 그려진 바지 5 觱 쌀쌀하다 6 沸 솟아나다 7 檻 난간, 샘물 가 8 芹 미나리 9 淠淠 깃발이 펄럭이는 모양 10 嘒嘒 방울소리, 딸랑딸랑 11 驂 곁마, 수레 끄는 네 마리 말 중에서 가장자리에 있는 말 12 駟 수레를 끄는 네 마리 말 13 屆 이르다 14 芾 슬갑 15 邪幅 행전 16 彼交匪紓 저 묶은 슬갑과 행전이 느슨하지 않다. 交는 합한다는 뜻이므로 여기서는 '묶는다'는 뜻으로 해석했다. 『經義述聞』에서는 彼交를 匪敖로 보아 '오만하지 않고'로 해석했다. 17 蓬蓬 무성한 모양 18 展 진압하다 19 平平 훌륭한 모양 20 左右 신하들 21 汎汎 배가 떠 있는 모양, 둥실둥실 22 楊舟 버드나무로 만든 배, 조각배 23 紼 뱃머리 밧줄 24 纚 붙들어 매다 25 葵 헤아리다, 돌보다 26 膍 포개다, 두껍게 하다 27 戾 당도하다

제후들이 조회에 참석하러 말을 타고 모여드는 광경을 본 시인이 그 늠름함과 훌륭함을 노래했다.

콩을 따서 광주리에 담아 놓았을 때의 풍요로움은 이루 다 말할 수 없다. 시인은 그 만족감을, 제후들이 천자에게 모여들 때의 풍요로움으로 비유했다. 또 미나리를 캐서 샘물에 씻을 때의 풍요로움도 이에 비유를 했다.

떡갈나무 가지 뻗어 잎새가 무성한 것을 보면 제후들이 사방에 퍼져 있고 백성들이 무성한 것에 비유가 된다. 버드나무로 만든 조그만 조각배들은 바람에 불려서 어디론가 떠내려가기 마련이지만 밧줄에 묶여 있어서 안전하게 보존되고 있다. 이는 마치 제후들을 천자가 보호하고 있는 것과도 같다.

뿔로 만든 활 角弓(각궁)

구부러진 저 각궁도 줄 늦추면 뒤집히니	騂騂角弓 翩其反矣(성성각궁 편기반의) [1,2]
형제와 친척들을 멀리하지 마세요	兄弟昏姻 無胥遠矣(형제혼인 무서원의)
그대가 멀리하면 백성들도 그러하고	爾之遠矣 民胥然矣(이지원의 민서연의)
그대가 가르치면 백성들도 본받아요	爾之教矣 民胥傚矣(이지교의 민서효의) [3]
훌륭한 형제들은 너그럽게 감싸지만	此令兄弟 綽綽有裕(차령형제 작작유유)
좋지 못한 형제들은 서로를 괴롭혀요	不令兄弟 交相爲瘉(불령형제 교상위유) [4]
좋지 못한 사람들은 남만 원망하면서	民之無良 相怨一方(민지무량 상원일방)
벼슬만 밝히다가 자기 신세 망치지요	受爵不讓 至于己斯亡(수작불양 지우기사망)
늙은 말이 도리어 망아지 행세하며	老馬反爲駒(노마반위구)
뒷일도 생각 않고 이리저리 설치네요	不顧其後(불고기후)
먹을 때는 게걸게걸 배부름을 탐하고	如食宜饇(여식의어) [5]
마실 때는 벌컥벌컥 만취하고 마네요	如酌孔取(여작공취)
원숭이에게 나무 타게 하지 마오	毋教猱升木(무교노승목) [6]
진흙에다 진흙 칠한 꼴이 되지요	如塗塗附(여도도부)
윗사람이 아름다운 도를 가지면	君子有徽猷(군자유휘유) [7,8]
아랫사람 휘하에서 본받는다오	小人與屬(소인여속) [9]

진눈깨비 퍼부어도 햇살 보면 녹는 것을 雨雪瀌瀌(우설표표) 見晛曰消(견현왈소) [10, 11]
몸 굽힐 줄 모르고 제 잘났다 교만하네 莫肯下遺(막긍하유) 式居婁驕(식거누교) [12–14]

진눈깨비 펑펑 와도 햇살 보면 녹는 것을 雨雪浮浮(우설부부) 見晛曰流(견현왈류) [15, 16]
오랑캐처럼 구니 내가 그래 걱정이네 如蠻如髦(여만여모) 我是用憂(아시용우) [17]

1 騂騂 활이 구부러진 모양 2 翩 뒤집히는 모양 3 傚 본받다 4 瘉 괴롭히다 5 饇 배부르다, 배불리 먹다 6 猱 원숭이 7 徽 아름다움 8 猷 道 9 屬 따른다 10 瀌瀌 눈이 펑펑 쏟아지는 모양 11 晛 햇살 12 遺 따르다, 下遺는 자기를 낮추고 남을 따르는 것 13 式 어조사 14 婁 여러 번, 늘 15 浮浮 눈이 날리는 모양, 펄펄 16 流 녹아 내리다 17 髦 서쪽 오랑캐의 별명

뿔로 만든 튼튼한 활도 줄을 늦추면 뒤집혀지듯이 웬만한 사람들은 멀리하면 다 돌아서게 되어 있다. 그러니 간사한 무리들이야 말할 것도 없다. 이 세상에는 간사한 무리들이 너무나 많다.

간사한 무리들은 벼슬만 탓하다가 결국은 나라를 망치고 자기 신세까지 망친다. 특히 나이 많은 사람이 노욕이 들어 벼슬을 탐하면 물불을 안 가리고 게걸스럽게 먹어대는 거지처럼 추하게 되고 만다.

원숭이를 나무에 올라가게 하면 온갖 재주를 다 부린다. 마찬가지로 간사한 무리에게 지위를 부여하면 온갖 나쁜 짓을 다하여 결국 진흙에다 진흙을 바른 꼴이 되어 헤어날 수가 없다. 반대로 윗사람이 도를 잘 실천하고 있으면 아랫사람들이 본을 받아 모두가 잘될 것이다.

진눈깨비가 펑펑 쏟아져도 햇빛을 보면 녹는다. 마찬가지로 간사한 무리들이 득세를 해도 새 세상이 오면 사라지게 마련이다. 그러한 이치도 모르고 좋지 못한 형제들이 계속 날뛰면서 오랑캐 짓을 하는 것을 보는 시인의 마음은 그저 걱정스러울 뿐이다.

늘어진 버드나무 菀柳(울유)

축축 늘어진 저 버드나무 有菀者柳(유울자류)[1]
그 아래에 누워서 쉬고 싶어도 不尙息焉(불상식언)[2]
하느님의 꾸짖음이 추상같으니 上帝甚蹈(상제심도)[3]
가까이 가기도 어려운 처지 無自暱焉(무자일언)[4]
나에게 이 난국을 맡긴다지만 俾予靖之(비여정지)[5]
나중에는 나 자신만 비참해지리 後予極焉(후여극언)

축축 늘어진 저 버드나무 有菀者柳(유울자류)
그 아래에 누워서 쉬고 싶어도 不尙愒焉(불상게언)[6]
하느님의 꾸짖음이 추상같으니 上帝甚蹈(상제심도)
아파도 의지할 수 없는 처지네 無自瘵焉(무자채언)[7]
나에게 이 난국을 맡긴다지만 俾予靖之(비여정지)
나중에는 나 자신만 괴로워지리 後予邁焉(후여매언)[8]

저 새들은 높이 날아 하늘 가지만 有鳥高飛(유조고비) 亦傅于天(역부우천)
저 사람들 마음은 어디로 가나 彼人之心(피인지심) 于何其臻(우하기진)[9][10]
어찌 해야 이 세상을 구하오리까 曷予靖之(갈여정지)
위태롭고 흉한 일이 닥쳐오리니 居以凶矜(거이흉긍)[11]

1 菀 무성하다 2 不尙息焉 '거기에서 쉬는 것을 숭상하지 않겠는가?'라는 의문문이다. 거기에서 쉬고 싶다는 말이다 3 蹈 밟다, 실천하다, 上帝甚蹈는 '하느님은 매우 확실하게 실천하신다'는 뜻 4 暱 가까이 가다 5 靖 안정시키다, 다스리다 6 愒 쉬다 7 瘵 앓다, 피곤해지다 8 邁 멀리 가다, 멀리 가는 것은 고생하는 것이므로 여기서는 '괴로워지다'로 번역했다 9 彼人 선각자가 구제해야 될 사람들 10 臻 이르다 11 矜 괴로운 일, 위태로운 일, 居以凶矜은 '흉하고 괴로운 일에 처하게 된다'는 말이다

이 시는 세상을 구제하느라 고생하는 선각자의 고달픈 심경을 노래한 것으로 보인다.

축축 늘어진 버드나무를 보면 그 밑에서 낮잠 자며 쉬고 싶어진다. 세상에 힘든 일을 하고 싶은 사람은 없다. 그러나 선각자는 세상 사람들을 깨우쳐야 하는 사명이 있다. 그것은 하늘의 뜻이다. 하늘의 뜻은 따르지 않을 수 없다. 그 하늘의 뜻은 추상같이 엄격하다. 그러므로 선각자는 한가하게 나무 밑에서 쉴 수만은 없다. 그래서 이 세상을 구제한다고 돌아다녀보지만 뜻대로 되지는 않는다. 결국 선각자만 고달프게 되고 마는 것이 아닌가.

새들은 날아서 하늘을 향해 간다. 새들도 제 갈 길을 찾아가는데, 사람들의 마음은 왜 이렇게 자꾸 타락하는지… 이 타락한 사람들을 어떻게 구제할 수 있을까. 괜히 헛고생만 하다가 흉한 꼴을 당하고 말 것이란 예감이 들기도 한다.

선각자는 외롭다. 선각자의 길은 고난의 길이다. 그만두고 싶어 많이 망설이기도 한다. 그러다가도 고난의 길을 다시 가는 그런 사람이 선각자다.

서울 신사　都人士(도인사)

노란 외투 입고 있는 저기 저 서울 신사　彼都人士(피도인사) 狐裘黃黃(호구황황) 1
해맑은 얼굴에다 교양 있는 말솜씨　其容不改(기용불개) 出言有章(출언유장) 2
주나라로 돌아가면 만백성이 바라보리　行歸于周(행귀우주) 萬民所望(만민소망)

풀 삿갓에 검은 두건 저기 저 서울 신사　彼都人士(피도인사) 臺笠緇撮(대립치촬) 3 4
저분에게 따님 있네 묶은 머리 삼단 같네　彼君子女(피군자녀) 綢直如髮(주직여발) 5
이제 다시 볼 수 없어 내 마음 울적하네　我不見兮(아불견혜) 我心不說(아심불열)

옥돌로 귀를 막은 저기 저 서울 사람　彼都人士(피도인사) 充耳琇實(충이수실) 6 7
저분에게 따님 있네 윤길이라 이름하네　彼君子女(피군자녀) 謂之尹吉(위지윤길)
이제 다시 볼 수 없어 내 마음 답답하네　我不見兮(아불견혜) 我心菀結(아심울결) 8

헐렁하게 띠 드리운 저기 저 서울 신사　彼都人士(피도인사) 垂帶而厲(수대이려) 9
저분에게 아리따운 따님이 있네　彼君子女(피군자녀)
말아 올린 머리가 전갈꼬리 같아라　卷髮如蠆(권발여채) 10
이제 다시 못 보네 그때 따라 갈 것을　我不見兮(아불견혜) 言從之邁(언종지매) 11 12

늘어뜨린 게 아니라 띠가 커서 그런 거네　匪伊垂之(비이수지) 帶則有餘(대즉유여)
말아 올린 게 아니라 머리칼이 위로 났네　匪伊卷之(비이권지) 髮則有旟(발즉유여) 13
다시는 볼 수 없네 바라만 봐도 좋으련만　我不見兮(아불견혜) 云何盱矣(운하우의) 14

1 都 서울 2 不改 이랬다저랬다 바뀌지 않는 것 3 臺 삿갓을 만들 수 있는 왕골의 일종인 듯 4 撮 두건, 상투를 싸는 작은 관 5 綢 묶다, 綢直如髮은 '묶은 것이 곧게 뻗어 삼단 같다'는 뜻, 髮은 삼단처럼 보이는 머리털 6 充耳 귀막이 7 琇 옥돌, 琇實은 옥돌로 만든 귀막이 8 菀結 답답하다 9 厲 띠가 늘어져 있는 모양 10 蠆 전갈 11 言 어조사 12 邁 가다 13 旟 위로 오르다, 머리가 말려 올라간 모양 14 盱 쳐다보다

서울에서 멋있는 분이 부임을 해왔다. 그는 순수한 얼굴을 하고 교양 있는 말을 한다. 그러나 그도 매력 있지만 그의 따님이 더욱 매력 있다. 그의 따님을 한 번 본 총각은 가슴이 울렁거린다. 그런데 서울에서 온 분이 임기를 마치고 서울로 돌아가니 그 따님도 함께 가버린다. 한 마디 감정을 표현해 보지도 못하고 혼자서 짝사랑을 하고 있었던 총각은 그만 가슴이 미어진다.

'그냥 그녀를 따라가기라도 할 수 있다면, 그럴 용기라도 있다면…'

총각은 마음속으로 중얼거린다. 그러나 그것은 마음일 뿐, 실현 가능성이 전혀 없다. 그저 냉가슴만 앓고 있을 뿐이다.

부녀가 떠나고 난 뒤에도 그들의 모습은 눈앞에 선하다. 이제 생각해보니 그분이 늘어뜨린 허리띠는 일부러 늘어뜨린 것이 아니라 허리띠가 길어서 늘어뜨린 것처럼 보인 것이다. 그녀의 머리가 전갈의 꼬리처럼 올라간 것은 일부러 올린 것이 아니라 머리카락이 위로 나서 그렇다는 것도 알게 되었다. 그러나 그때는 그런 생각을 할 겨를도 없었다. 그저 바라만 봐도 황홀했기 때문이다. 그런데 이제 자꾸 생각하다보니 그런 것을 깨닫게 되기도 한다. 그러나 아무리 생각해도 그들은 눈앞에 나타나지 않는다. 한 번만이라도 다시 볼 수 있다면… 사랑하는 사람은 멀리서 보는 것만으로도 행복하다. 꼭 사랑을 이루어야 한다는 것은 소유하려는 욕심이다. 소유욕이 발동하면 그것은 순수한 사랑을 오염시킨다. 그래서 사랑은 바라만 보고 행복해 하는 짝사랑이 가장 순수하고 아름답다.

녹두 따기 采綠(채록)

아침 내내 녹두 따도 한 줌도 차지 않네 終朝采綠(종조채록) 不盈一匊(불영일국) 1-3
내 머리가 뒤엉켰네 머리 감고 빗어야지 予髮曲局(여발곡국) 薄言歸沐(박언귀목) 4

아침 내내 쪽을 베도 앞치마에 차지 않네 終朝采藍(종조채람) 不盈一襜(불영일첨) 5
닷새 만에 온다더니 엿새 되도 아니 오네 五日爲期(오일위기) 六日不詹(육일불첨) 6

님께서 사냥 가면 활을 넣어드리겠고 之子于狩(지자우수) 言韔其弓(언창기궁) 7
님께서 낚시 가면 낚싯줄을 챙기겠소 之子于釣(지자우조) 言綸之繩(언륜지승) 8 9

무슨 고기 낚으실까 방어와 연어겠지 其釣維何(기조유하) 維魴及鱮(유방급서) 10
방어 연어 낚으시면 구경 간다 말하겠소 維魴及鱮(유방급서) 薄言觀者(박언관자)

1 終朝 아침 내내 2 綠 녹두 3 匊 줌, 움켜 뜨다 4 曲局 머리가 헝클어져 있는 모양 5 襜 앞치마, 행주치마 6 詹 이르다, 도달하다 7 韔 활집 8 綸 낚싯줄을 간추리다 9 繩 낚싯줄 10 鱮 연어

그리운 님이 떠나가서 돌아오지 않는다. 님이 보고파, 너무 보고파 일이 손에 잡히지 않는다. 녹두를 따도 쪽 풀을 베도 일이 진척되지 않는다. 님을 그리기만 하다가 자기 몸 가꾸는 일에 소홀했다. 오늘은 님이 오시기로 약속한 날이다. 언뜻 정신을 차리고 보니 머리카락이 헝클어져 있는 자신의 모습을 발견한다. 빨리 집에 가서 머리를 감고 빗어야지.

그러나 약속한 닷새가 지나고 엿새가 되어도 님은 오시지 않는다. 기다리는 것은 너무 힘겹다. 그래서 다음부터는 님이 떠날 때 따라나설 방도를 생각해본다. 님이 사냥 갈 때는 화살을 활통에 넣어드리고 님이 낚시 갈 때는 낚싯줄을 챙겨드려서 님을 기쁘게 해드려야지. 그리고 님이 물고기를 잡으시면 물고기 구경 간다 핑계 삼고 님을 만나러 가야지. 혼자서 이리저리 님을 즐겁게 해드릴 수 있는 방법을 생각해본다.

그러다가 막상 만나면 부화가 나서 퉁명스럽게 대할지라도 님을 그리며 기다릴 때는 언제나 반성하며 사는 것이 사랑하는 사람들의 모습이런가?

기장 싹

서묘
黍苗

	봉봉서묘 음우고지
무성한 기장 싹을 보슬비가 적셔주네	芃芃黍苗 陰雨膏之 1
	유유남행 소백노지
지루한 남쪽 부역 소백께서 위로하네	悠悠南行 召伯勞之 2
	아임아련 아거아우
수레에 짐을 싣고 수레에다 멍에 하니	我任我輦 我車我牛 3
	아행기집 합운귀재
행차 준비 끝이 났네 이제는 돌아가자	我行旣集 蓋云歸哉 4-6
	아도아어 아사아려
걷는 사람 탄 사람 많은 무리 적은 무리	我徒我御 我師我旅 7
	아행기집 합운귀처
우리 행렬 이어졌네 돌아가 쉬어야지	我行旣集 蓋云歸處
	숙숙사공 소백영지
빈틈없이 사읍 일을 소백께서 진행했고	肅肅謝功 召伯營之 8 9
	열렬정사 소백성지
씩씩하게 가는 무리 소백께서 지휘했네	烈烈征師 召伯成之 10
	원습기평 천류기청
온 들판이 화평하고 시냇물도 맑아졌네	原隰旣平 泉流旣淸
	소백유성 왕심즉녕
소백께서 이루셨네 임금님도 편안하리	召伯有成 王心則寧

1 芃芃 풀이 무성한 모양 2 召伯 召나라의 穆公 虎 3 輦 짐을 싣다. 我車我牛는 내 수레에 내가 소를 끌고 가 멍에 하는 것을 말한다 4 集 이루다 5 蓋 盍과 통용. 어찌 아니하리오 6 云 어조사 7 師 군대의 무리. 500인을 旅, 5旅를 師라 한다 8 肅肅 엄숙한 모양 9 謝 땅 이름 10 烈烈 씩씩한 모양

오랜 행역을 끝마치고 돌아가는 모습을 노래한 것이다. 부슬부슬 지루하게 내리는 비가 기장 싹을 적시고 있다. 이를 보니 마치 지루하게 계속되던 행역의 일을 감독관인 소백이 위로해주고 있는 것과도 같다. 각자 수레에 소를 매고 짐을 챙겨 돌아오는 길에 보니 그간에 이루어놓은 일들이 새삼스러워진다. 그간에 힘든 일도 많았을 테지만 원망하지 않고, 이룬 공들을 감독관인 소백에게 돌리는 소박한 시인의 마음은 무척이나 순수하다.

벌판의 뽕나무 — 隰桑(습상)

저 벌판의 뽕나무 아름답구나	隰桑有阿(습상유아) [1,2]
그 잎새도 무성함을 자랑하누나	其葉有難(기엽유나) [3]
우리 님을 이렇게 만나게 되니	旣見君子(기견군자) [4]
이 즐거움 어떻게 말로 다 하리	其樂如何(기락여하)
저 벌판의 뽕나무 아름답구나	隰桑有阿(습상유아)
그 잎새도 반질반질 윤이 나누나	其葉有沃(기엽유옥) [5]
우리 님을 이렇게 만나게 되니	旣見君子(기견군자)
어이해서 즐겁지 않을 수 있나	云何不樂(운하불락) [6]
저 벌판의 뽕나무 아름답구나	隰桑有阿(습상유아)
그 잎새도 검푸르게 우거져 있네	其葉有幽(기엽유유) [7]
우리 님을 이렇게 만나 뵈오니	旣見君子(기견군자)
그 목소리 내 가슴에 울려 꽂히네	德音孔膠(덕음공교) [8,9]
마음으로 이렇게 사랑하면서	心乎愛矣(심호애의)
어이해서 말 한 마디 하지 못하나	遐不謂矣(하불위의) [10]
마음속에 사랑 가득 남아 있으니	中心藏之(중심장지)
얼마나 세월 가야 잊을 수 있나	何日忘之(하일망지)

1 隰 진펄, 벌판 2 阿 아름다운 모양 3 難 무성하다, 우거지다 4 君子 사랑하는 님 5 沃 윤택하다 6 云 어조사 7 幽 그윽하다, 잎이 그윽하다는 말은 검푸르고 싱싱하다는 말이다 8 德音 아름다운 님의 말 9 膠 굳다, 마음속에 견고하게 와서 꽂히는 것을 표현한 것이다 10 遐 何와 통용, 어이해서

사랑하는 사람이 생겼다. 먼발치에서 바라만 봐도 가슴이 울렁거린다. 세상이 사랑으로 충만한 것 같다. 예사롭던 나무 한 그루도 이제는 예사롭지 않다. 한 그루의 나무도 사랑이 충만해서 싱그러워 보인다. 이런 가슴을 안고 님을 보게 되었으니 얼마나 신나는 일이겠는가!

님의 말을 들으면 천상에서 내려오는 선녀의 말처럼 하나하나 황홀하게 내 가슴에 와서 꽂힌다.

이렇게 사랑하면서두 이렇게 가슴이 울렁거리면서두 정작 님 앞에 서면 마음이 떨리기만 할 뿐, 사랑한다는 말을 하지 못한다. 사랑하는 사람은 나의 모든 것이다. 그래서 그는 나에게 하느님이다. 그러므로 '사랑한다'고 쉽게 말할 수 없다.

'사랑한다'는 말을 함부로 하는 사람은 울렁거리는 마음을 가지고 있지 않다. 그는 상대를 애완동물 대하듯 가볍게 대하는 사람이다. 그러한 사랑은 소유욕이다. 그러므로 '사랑한다'는 말을 가볍게 하는 것은 상대를 소유하기 위한 수단으로 하는 것이다.

진심으로 순수한 사랑을 하는 사람은, 울렁거리는 마음으로 님을 사랑하는 사람은 님에게 한 마디 말도 하지 못한다. 그러고는 집에 와서 속을 태운다. 속을 태우기만 하는 것은 괴롭다. 그래서 차라리 잊어보려고 노력해 보기도 한다. 그러나 님 생각으로 마음이 꽉 차 있으니 어떻게 잊을 날이 있을까?

순수한 사랑이란 이런 사랑이다. 최고의 사랑이란 이런 사랑이다.

하얀 꽃　　白華(백화)

하얗게 피어나는 왕골 꽃이여　　白華菅兮(백화관혜)[1,2]
새하얀 띠 풀들이 묶여 있구나　　白茅束兮(백모속혜)
님이여 멀리 떠난 나의 님이여　　之子之遠(지자지원)
내 마음 이렇게 외롭습니다　　俾我獨兮(비아독혜)

두둥실 떠다니는 저 흰 구름도　　英英白雲(영영백운)[3]
이슬 되어 왕골 띠 풀 적셔주는데　　露彼菅茅(노피관모)
시국이 어려워서 그러한가요　　天步艱難(천보간난)[4]
내 님은 내 곁에 아니 계시네　　之子不猶(지자불유)[5]

못물도 북쪽으로 콸콸 흘러서　　滮池北流(퓨지북류)[6]
벼 심은 저 논들을 적셔주건만　　浸彼稻田(침피도전)
슬픈 노래 불러요 가슴 태우며　　嘯歌傷懷(소가상회)
저 크나 큰 사람을 사랑하기에　　念彼碩人(염피석인)

뽕나무 베어서 장작 만들어　　樵彼桑薪(초피상신)[7]
속절없이 화덕에다 불만 지피네　　卬烘于煁(앙홍우심)[8-10]
아아 저 크나큰 나의 님께선　　維彼碩人(유피석인)
내 마음을 이다지도 괴롭히는가　　實勞我心(실로아심)

집 안에서 북을 치고 종을 치면은　　鼓鍾于宮(고종우궁)
그 소리가 밖에까지 들려가건만　　聲聞于外(성문우외)

나는 그대 잊지 못해 가슴 졸여도　念子懆懆(염자조조)[11]
나를 보는 그대 눈은 시큰둥하네　視我邁邁(시아매매)[12]

물새들은 어살에서 포식하지만　有鶖在梁(유추재량)[13]
학들은 숲 속에서 굶주리지요　有鶴在林(유학재림)
애오라지 크나크신 우리 님께선　維彼碩人(유피석인)
참으로 내 마음을 괴롭히시네　實勞我心(실로아심)

원앙새는 어살에 있으면서도　鴛鴦在梁(원앙재량)
왼쪽 날개 거두고서 함께 노는데　戢其左翼(즙기좌익)
약속하신 우리 님은 우리 님께선　之子無良(지자무량)
이리 했다 저리 했다 마음 변하네　二三其德(이삼기덕)

돌이여 돌이여 납작 돌이여　有扁斯石(유변사석)[14]
얼마나 밟혔기에 이리 되었나　履之卑兮(이지비혜)
님이여 멀리 떠난 나의 님이여　之子之遠(지자지원)
견딜 수가 없습니다 너무 아파서　俾我疧兮(비아저혜)[15]

1 白華 골풀의 일종, 가을에 억새처럼 하얀 꽃이 피어난다 2 菅 골풀 3 英英 구름이 떠다니는 모양 4 天步 시국 5 猶 머무르다 6 滮池 못 이름, 豐과 鎬京 사이에 있었다 한다(通釋) 7 樵 땔나무 8 卬 나 9 烘 불을 놓다 10 煁 화덕, 아궁이 11 懆懆 애를 태우는 모습 12 邁邁 거들떠보지도 않는 모양, 시큰둥하다 13 鶖 물새, 두루미 14 扁 납작하다 15 疧 앓다

가을이 되었다. 언덕에 억새꽃이 하얗게 피고 하얀 띠 꽃은 다발로 피었다. 하얗게 된 가을 언덕을 보니 왠지 마음이 쓸쓸해진다. 이 외롭고 쓸쓸한 계절이 되니 님을 보내고 홀로 있는 나는 더욱 외롭다.

두둥실 흘러가는 흰 구름도 때로는 비가 되어 논밭을 적셔주는데, 멀리 떠난 님은 돌아올 기미가 없다. '언제나 나를 적셔주실까?' 생각할수록 야속하다.

못에 저장한 물도 흘러서 논으로 들어가는데, 내 가슴이 얼어붙어도 떠난 님은 돌아오지 않는다. "빨리 돌아와 얼어붙은 내 가슴을 녹여주세요."

님 생각을 떨칠 수 없어 님 만났던 뽕밭으로 땔나무 한다 핑계 대고 찾아가지만 님을 만날 길은 여전히 없다. 그래서 돌아와 애꿎은 땔나무만 화덕에 넣고 있다. 님은 내 마음을 아는지 모르는지…

집 안에서 울리는 풍악 소리는 집 밖에까지 들리게 마련이다. 그러나 속을 태우는 내 마음을 님은 조금도 알아주지 않는다. 야속한 님이다.

물새들은 어살에서 물고기를 잡아먹으면서 즐겁게 살아가지만 학들은 숲 속에서 굶주리며 살고 있다. 님은 물새처럼 잘도 살아가시만 님 그리는 나는 학처럼 고달프게 살아간다.

원앙새는 왼쪽 날개를 드리우고 쌍쌍이 즐겁게 노닐고 있지만 님은 마음이 자주 변해서 함께 어울려주질 않는다. 원앙새를 보아도 여인은 마음이 아프다.

얼마나 짓밟혔으면 저 단단한 돌이 이렇게 납작하게 되어버렸을까? 납작해진 돌을 보는 여인의 마음은 마치 자기 신세 같아 연민을 느낀다. 님에게 이렇게 짓밟히다가 납작해져버린 나의 신세여…

꾀꼴꾀꼴 綿蠻(면만)

꾀꼴꾀꼴 꾀꼬리 산언덕에 머무네	綿蠻黃鳥 止於丘阿 [1-3]	면만황조 지어구아
먼 길을 가노라니 내 고생이 얼마일까	道之云遠 我勞如何	도지운원 아로여하
마실 것 준비하고 먹을 것 챙겨주오	飮之食之	임지사지
제 길을 가르쳐주고 깨우쳐주오	教之誨之	교지회지
뒤 수레에 짐 실어라 명령해주오	命彼後車 謂之載之	명피후거 위지재지
꾀꼴꾀꼴 꾀꼬리 산모롱이에 머무네	綿蠻黃鳥 止于丘隅	면만황조 지우구우
가기가 꺼려지네 못 이를까 두려워서	豈敢憚行 畏不能趨	기감탄행 외불능추
마실 것 준비하고 먹을 것 챙겨주오	飮之食之	임지사지
제 길을 가르쳐주고 깨우쳐주오	教之誨之	교지사지
뒤 수레에 짐 실어라 명령해주오	命彼後車 謂之載之	명피후거 위지재지
꾀꼴꾀꼴 꾀꼬리 산비탈에 머무네	綿蠻黃鳥 止于丘側	면만황조 지우구측
가기가 꺼려지네 못 이를까 두려워서	豈敢憚行 畏不能極 [4]	기감탄행 외불능극
마실 것 준비하고 먹을 것 챙겨주오	飮之食之	임지사지
제 길을 가르쳐주고 깨우쳐주오	教之誨之	교지회지
뒤 수레에 짐 실어라 명령해주오	命彼後車 謂之載之	명피후거 위지재지

1 綿蠻 꾀꼬리의 울음소리 2 黃鳥 꾀꼬리 3 阿 언덕, 언덕이 구부러져 움푹한 곳 4 極 목적지에 이르는 것, 도달하는 것

길 떠나기로 작정한 사람이 마음속에 다짐하는 그 뜻을 노래한 것이다. 전쟁터나 죽음의 길 등 어려운 길을 떠날 때의 심정을 노래한 것으로 추측된다.

꾀꼬리가 가장 이상적인 장소인 산모롱이에 모여 앉아 있다. 이를 보니 나도 이 고향 땅에 머물러 있고 싶다. 그러나 나는 길을 떠나야 한다. 큰일을 이루기 위해서… 나는 떠나기로 작정했으니 나에게 먹을 것, 마실 것, 제대로 된 지도, 길을 그르치기 쉬운 부분 등을 상세히 깨우쳐 주세요.

박의 잎새 　瓠葉(호엽)

나부끼는 박의 잎새 삶아내어 요리하세 　幡幡瓠葉(번번호엽) 采之亨之(채지팽지) [1][2]
주인에게 술 있으니 잔 기울여 마셔보세 　君子有酒(군자유주) 酌言嘗之(작언상지)

토끼 잡아 머리 채로 지글지글 구워보세 　有兎斯首(유토사수) 炮之燔之(포지번지) [3][4]
주인에게 술 있으니 술을 따라 권해보세 　君子有酒(군자유주) 酌言獻之(작언헌지)

토끼 잡아 머리 채로 지글지글 구워보세 　有兎斯首(유토사수) 燔之炙之(번지적지) [5]
주인에게 술 있으니 술을 따라 돌려보세 　君子有酒(군자유주) 酌言酢之(작언자지) [6]

토끼 잡아 머리 채로 지글지글 구워보세 　有兎斯首(유토사수) 燔之炮之(번지포지)
주인에게 술 있으니 술을 따라 반배하세 　君子有酒(군자유주) 酌言酬之(작언수지) [7]

1 幡幡 잎새가 나부끼는 모양 2 亨 烹과 통용, 삶다 3 炮 굽다 4 燔 굽다 5 炙 굽다 6 酢 잔 돌리다 7 酬 갚다, 返杯하다, 받은 잔의 술을 마시고 준 사람에게 술을 권하다

주연을 베풀 때 불리던 노래로 보인다.

빼쭉빼쭉 솟은 바위 　 漸漸之石(참참지석)

빼쭉빼쭉 솟은 바위 높이도 솟아 있네 　 漸漸之石(참참지석) 維其高矣(유기고의)[1]
가도가도 산과 내뿐 이 고생길 끝없어라 　 山川悠遠(산천유원) 維其勞矣(유기노의)
전쟁 나온 군인이라 한나절도 쉴 수 없네 　 武人東征(무인동정) 不皇朝矣(불황조의)[2]

빼쭉빼쭉 솟은 바위 높이도 솟아 있네 　 漸漸之石(참참지석) 維其卒矣(유기졸의)[3]
가도가도 산과 내뿐 언제나 없어지나 　 山川悠遠(산천유원) 曷其沒矣(갈기몰의)
전쟁 나온 군인이라 빠져나갈 틈이 없네 　 武人東征(무인동정) 不皇出矣(불황출의)

하얀 발톱 멧돼지가 물결 헤쳐 건너가고 　 有豕白蹢(유시백적) 烝涉波矣(증섭파의)[4,5]
필성에 달 걸렸으니 큰비 내릴 징조이네 　 月離于畢(월리우필) 俾滂沱矣(비방타의)[6-8]
전쟁 나온 군인이라 딴전 필 겨를 없네 　 武人東征(무인동정) 不皇他矣(불황타의)

1 漸漸 바위가 솟아난 모양, 빼쭉빼쭉 2 皇 遑과 통용, 겨를 3 卒 崒과 통용, 험한 모양 4 蹢 발굽 5 烝 어조사 6 畢 별 이름, 옛부터 달이 필성을 만나면 큰비가 올 징소라고 한다 7 滂 비가 퍼붓다 8 沱 물이 흐르는 모양

동쪽으로 정벌 나간 군인의 고달픈 사연을 노래한 것이다.

능소화　　苕之華(초지화)

능소화 예쁜 꽃이 노랗게 피어나도　　苕之華(초지화) 芸其黃矣(운기황의)[1,2]
내 마음에 서린 시름 쓰리고 아프구나　　心之憂矣(심지우의) 維其傷矣(유기상의)

능소화 꽃잎이여 싱그러운 잎새여　　苕之華(초지화) 其葉青青(기엽청청)
내 이럴 줄 알았다면 태어나지 않을 것을　　知我如此(지아여차) 不如無生(불여무생)

암양은 머리 커서 새끼도 못 낳겠고　　牂羊墳首(장양분수)[3,4]
삼성이 통발 비춰 고기도 안 들겠네　　三星在罶(삼성재류)[5]
먹고는 산다만 배부른 이 하나 없네　　人可以食(인가이식) 鮮可以飽(선가이포)

1 苕 능소화 2 芸 무성하다 3 牂 암양 4 墳 크다, 제방, 둑, 여기서는 둑처럼 크다는 뜻 5 罶 통발

매우 어려운 시대를 살아가는 시인의 노래다. 능소화 꽃은 나무를 타고 높이 올라가 아름다운 꽃을 마음껏 피우고 싱그러운 잎을 있는 대로 자랑하지만, 잘못된 세상을 만나서 살아가는 사람들은 마음껏 살아가지 못한다. 살아도 사는 것이 아니다. 세상에 되는 일이라고는 하나도 없다. 이럴 줄 알았더라면 차라리 태어나지 말 것을… "어머니 왜 날 낳으셨나요?"하고 원망도 해본다.

암양이란 살이 쪄서 새끼를 낳아야 하건만 머리만 커다랗고 몸은 비쩍 말랐으니 암양의 역할을 할 수가 없다. 통발은 어두운 곳에 처져 있어야 고기가 들어가는데, 밝은 별빛이 비치고 있어 고기들이 들어가질 않는다. 이처럼 이 세상의 일이 마음대로 되는 것이 없다. 굶주리며 살아가는 이 사람들, 불쌍하다.

시드는 풀　何草不黃

시들지 않는 풀이 어디 있으며　何草不黃 [1]
흐르지 않는 세월 있으랴마는　何日不行
어느 누구 할 것 없이 끌려나와서　何人不將 [2]
사방으로 부역하며 돌아다니네　經營四方 [3]

마르지 않는 풀이 어디 있으며　何草不玄 [4]
불쌍하지 않은 사람 있으랴마는　何人不矜
참으로 불쌍하다 우리 군사들　哀我征夫
사람으로 사람대접 받지 못하네　獨爲匪民 [5]

고뿔소 아닌가 범이 아닌가　匪兕匪虎
광야를 서성이며 다니는 것들　率彼曠野
불쌍도 하여라 우리 군사들　哀我征夫
아침저녁 잠시라도 쉬지 못하네　朝夕不暇

꼬리 많고 텁수룩한 여우 한 마리　有芃者狐 [6]
무성한 저 풀밭을 오고 가는데　率彼幽草 [7]
판자로 만들어진 짐수레 끌고　有棧之車 [8]
덜컹덜컹 한길을 끌고 다니네　行彼周道

1 黃 누렇게 변하여 시드는 것 2 將 거느리다, 통솔하다. 여기서는 피동으로 '통솔당하다'는 뜻이므로 '끌려나오다'로 번역했다 3 經營 경영하다. 여기서는 부역하는 것을 말한다 4 玄 검게 시들다 5 匪 非와 통용. 兕虎가 들판을 돌아다닌다는 것은 무서운 감독관들이 돌아다닌다는 말로 이해할 수 있다 6 芃 무성하다, 더부룩하다 7 幽草 그윽한 풀밭 8 棧 판자

풀은 가을이 오면 시들고 세월도 쉬지 않고 흐르는 것이라서 사람도 어차피 늙어가고 죽어간다. 그렇다고 아무렇게나 살아도 되는 것은 아니다. 행역에 끌려나와 고생하는 군사들을 보니 '이건 아니다'는 생각이 든다. 모든 풀은 마르고 늙어 죽을 수밖에 없는 운명을 받아 태어난 사람은 모두 불쌍하다고들 하지만 지금 전쟁터에서 고생하는 이 사람들처럼 불쌍하지는 않다.

꾀 많은 여우는 안전한 풀숲으로 조심조심 돌아다니지만 전쟁 나온 군사들은 판자로 만들어진 너덜너덜한 짐수레를 끌고 꾸물꾸물 한길을 돌아다닌다. 적이 공격해오면 모두 당할 수밖에 없다. 여우 목숨보다 못한 군사들이다. 이를 바라보는 시인의 마음은 아프기만 하다.

대아 大雅

소아小雅가 연회나 잔치 때 주로 불린 노래라면 대아는 주로 조회나 정치적인 집회 때 불린 노래로 보인다

문왕지습 文王之什

「문왕」이라는 시를 위시하여 10편의 시를 모아놓았다.

문왕   文王(문왕)

저 위에 계시는 문왕이시여	文王在上(문왕재상)
하늘에서 찬란히 빛나는도다	於昭于天(오소우천) [1]
주나라는 오래된 나라이지만	周雖舊邦(주수구방)
그 기상이 자꾸만 새로워지네	其命維新(기명유신)
찬란하지 아니한가 주나라의 덕	有周不顯(유주불현)
때맞지 아니한가 하느님의 명	帝命不時(제명불시)
문왕께선 하늘을 오르내리며	文王陟降(문왕척강)
언제나 하느님 곁에 계시네	在帝左右(재제좌우)
언제나 애쓰시던 문왕이시여	亹亹文王(미미문왕) [2]
아름다운 소문이 끝나지 않네	令聞不已(영문불이)
주나라에 많은 복 내려주셔서	陳錫哉周(진석재주) [3]
문왕의 자손들이 누리고 있네	侯文王孫子(후문왕손자) [4]
문왕의 자손들이 이어받으니	文王孫子(문왕손자)
본손이여 지손이여 영원하소서	本支百世(본지백세) [5] [6]
주나라를 따르는 선비들까지	凡周之士(범주지사)
대대로 이어가며 빛이 나소서	不顯亦世(불현역세) [7]
대대로 빛이 나는 밝은 덕이여	世之不顯(세지불현)
그 계획 그 생각이 이루어지네	厥猶翼翼(궐유익익) [8]
슬기롭고 훌륭한 많은 인재들	思皇多士(사황다사) [9]
자꾸자꾸 생겨나네 이 왕국에서	生此王國(생차왕국)

왕국에서 인재들을 낳고 낳아서 王國克生(왕국극생)
오로지 주나라의 기둥 만드네 維周之楨(유주지정) [10]
씩씩한 이 인재들 계속 나오니 濟濟多士(제제다사)
문왕께서 이를 보면 든든하시리 文王以寧(문왕이녕)

근엄하고 거룩하신 문왕이시여 穆穆文王(목목문왕) [11]
아아 계속 밝으시며 경건하시네 於緝熙敬止(오즙희경지) [12] [13]
참으로 위대할손 천명이시여 假哉天命(가재천명) [14]
상나라의 자손에게 내리셨도다 有商孫子(유상손자)
상나라의 자손들이 적지 않아서 商之孫子(상지손자)
그 수효가 수십만을 헤아리건만 其麗不億(기려불억) [15]
하느님이 이렇게 명령하시니 上帝既命(상제기명)
모두가 주나라에 복종을 하네 侯于周服(후우주복) [16]

모두가 주나라에 복종을 하니 侯服于周(후복우주)
하느님의 명령은 일정치 않네 天命靡常(천명미상) [17]
은나라를 대표하는 큰 선비들이 殷士膚敏(은사부민) [18] [19]
주나라 서울에서 제사 일 돕네 祼將于京(관장우경) [20] [21]
그렇게 제사 일을 돕고 있을 때 厥作祼將(궐작관장)
언제나 은나라 갓 쓰고 있구나 常服黼冔(상복보후) [22] [23]
충성스런 주나라의 신하 됐으니 王之藎臣(왕지신신) [24]
그대들의 조상일랑 생각지 마오 無念爾祖(무념이조)

그대들의 조상일랑 생각지 말고 無念爾祖(무념이조)
오로지 덕 닦기만 생각을 하세 聿修厥德(율수궐덕)
영원히 하느님과 함께 하여서 永言配命(영언배명)
스스로 많은 복을 구할지어다 自求多福(자구다복)
은나라가 민심을 안 잃었을 땐 殷之未喪師(은지미상사)[25]
잘도 하느님 말 따랐었건만 克配上帝(극배상제)
마땅히 은나라를 거울삼아라 宜鑒于殷(의감우은)
하느님 뜻 따르기란 쉽지 않으니 駿命不易(준명불이)

하느님 뜻 따르기가 쉽지 않으니 命之不易(명지불이)
그대의 몸에서 끝내면 안 돼 無遏爾躬(무알이궁)
명예로운 소문일랑 널리 펼치자 宣昭義問(선소의문)[26]
생각하자 은의 멸망 하늘 뜻임을 有虞殷自天(유우은자천)
하느님은 이 세상을 사랑하지만 上天之載(상천지재)[27]
소리도 안 들리고 냄새도 없어 無聲無臭(무성무취)
그러니 애오라지 문왕 본받자 儀刑文王(의형문왕)
그래야 이 세상에 평화가 오지 萬邦作孚(만방작부)

1 於 탄식하는 말, 이때 발음은 '오' 2 亹亹 힘쓰는 모양, 애쓰는 모양 3 陳 펴다, 묵다, 오래되다, 陳錫은 '펼쳐서 내려주다', '듬뿍 주다' 등의 뜻 4 侯 어조사 5 本 본손 6 支 지손 7 不顯亦世 빛나지 않겠는가 또한 대대로 빛나지 않겠는가 8 翼翼 잘 이루어지는 모양 9 思 어조사 10 楨 기둥 11 穆穆 근엄한 모양 12 緝 계속하다, 잇다 13 止 어조사 14 假 크다 15 麗 수효 16 侯 어조사 17 靡常 하늘이 한 사람에게 일정하게 계속 임금 노릇을 시키지 않고, 덕 있는 사람에게로 그 자리를 옮긴다는 말 18 膚 아름답다 19 敏 빠르다 20 祼 강신제, 강신을 청하는 제사 21 將 받들다 22 黼 도끼 모양의 무늬 23 冔 관, 은나라 때 썼던 관 24 藎 나아가다, 충성으로 나아가다 25 師 군중, 백성 26 義問 영예로운 소문, 問은 聞과 통한다 27 載 일, 작용, 하느님의 일은 세상을 사랑하는 것이므로 여기서는 '사랑하신다'고 번역했다

문왕이 천명을 받아 주나라를 건설하는 내용을 읊은 것이다. 『여씨춘추呂氏春秋』 「고악古樂」 편篇에서는 이 시를 주공周公의 작作이라 했다.

대명 大明(대명)

지상에서 밝아져야 천상에서 찬란한 법 明明在下(명명재하) 赫赫在上(혁혁재상) 1 2
하늘 섬김 어렵고 임금 노릇 쉽지 않아 天難忱斯(천난침사) 不易維王(불이유왕) 3
천자였던 은의 적자 사방을 못 다스려 天位殷適(천위은적) 使不挾四方(사불협사방) 4–6

지의 둘째 임씨께서 은나라에 계시다가 摯仲氏任(지중씨임) 自彼殷商(자피은상) 7–9
주나라에 시집와서 서울에서 예 올렸네 來嫁于周(내가우주) 曰嬪于京(왈빈우경) 10 11
왕계와 배필 되어 좋은 덕을 행하시고 乃及王季(내급왕계) 維德之行(유덕지행) 12 13
복을 받아 잉태하셔 우리 문왕 낳으셨네 大任有身(대임유신) 生此文王(생차문왕) 14 15

태어나신 우리 문왕 조심하고 삼가셔서 維此文王(유차문왕) 小心翼翼(소심익익) 16 17
하느님을 밝게 섬겨 많은 복을 얻으시고 昭事上帝(소사상제) 聿懷多福(율회다복) 18
베푸신 덕 훌륭하여 온 나라를 받으셨네 厥德不回(궐덕불회) 以受方國(이수방국) 19 20

하늘이 아래 살펴 명을 벌써 내리셨네 天監在下(천감재하) 有命既集(유명기집) 21
문왕이 첫 일 할 때 하늘이 배필 주네 文王初載(문왕초재) 天作之合(천작지합) 22 23
흡수의 북쪽에서 위수의 물가에서 在洽之陽(재흡지양) 在渭之涘(재위지사) 24
문왕도 기뻐했네 새 나라의 규수감을 文王嘉止(문왕가지) 大邦有子(대방유자) 25

새 나라의 규수감은 하느님의 누이동생 大邦有子(대방유자) 俔天之妹(견천지매) 26
상서로운 점괘 얻어 위수에서 맞이하네 文定厥祥(문정궐상) 親迎于渭(친영우위) 27
배를 이어 만든 다리 찬란하게 빛나도다 造舟爲梁(조주위량) 不顯其光(불현기광)

말씀이 하늘에서 문왕에게 내려와서　有命自天 命此文王(유명자천 명차문왕)
주나라 서울에서 다스려라 하시고　于周于京(우주우경)
천사 같은 신나라의 따님에게는　纘女維莘(찬녀유신) [28]
문왕을 사랑하여 무왕을 낳게 하고　長子維行 篤生武王(장자유행 독생무왕) [29]
하늘의 뜻을 도와 은을 치라 하시네　保右命爾 燮伐大商(보우명이 섭벌대상) [30–32]

은나라의 많은 군사 수풀처럼 모여들자　殷商之旅 其會如林(은상지려 기회여림)
드디어 목야에서 맹세하시네　矢于牧野(시우목야) [33] [34]
"내가 이제 때가 되어 일어났노라　維予侯興(유여후흥) [35]
하느님이 너희들을 굽어보시니　上帝臨女(상제임녀)
너희들은 추호도 의심치 말라"　無貳爾心(무이이심)

드넓은 목야는 아득하게 펼쳤는데　牧野洋洋(목야양양)
박달나무 수레가 찬란하고 화려하네　檀車煌煌(단거황황) [36]
수레 끄는 네 필 말들 씩씩하게 달리는데　駟騵彭彭(사원방방) [37] [38]
태사인 태공망은 새매 날 듯 날렵하여　維師尙父 時維鷹揚(유사상보 시유응양) [39]
무왕을 돕는 솜씨 마음껏 발휘해서　涼彼武王(양피무왕) [40]
은나라의 군사들을 마음대로 무찌르네　肆伐大商(사벌대상) [41]
청명한 아침 되니 밝은 태양 떠오르네　會朝淸明(회조청명) [42]

1 下 지상 2 上 천상 3 忱 정성, 참마음, 믿음 4 天位 천자의 지위 5 適 嫡孫 여기서는 은나라의 紂王을 가리킴 6 挾 끼다, 끼고 돈다는 말은 다스린다는 말이다 7 摯 은나라 畿內에 있던 작은 나라 8 仲氏 둘째 딸, 任은 그의 성 9 殷商 商나라는 盤庚 임금 때 殷으로 도읍을 옮기고 국호도 殷으로 고쳤다. 그래서 여기서는 殷商이라 한다. 10 曰 어조사 11 嬪 아내, 여기서는 '아내가 되다', '예를 올리다' 등의 뜻으로 쓰였다. 12 王季 문왕의 아버지 13 維德之行 오직 덕을 행했다, 之는 덕과 행의 도치를 나타내는 역할을 한다 14 大任 문왕의 어머니 임씨 15 身 임신하다 16 小心 조심하다 17 翼翼 공경하고 삼가는 모양 18 聿 마침내 19 回 마음을 돌리다, 바꾸다 20 方國 사방의 나라, 온 나라 21 集 모이다, 천명이 문왕에게 모였다는 말 22 載 일 23 合 배필 24 洽 강 이름, 현재의 陝西省 大荔縣에 있었고 옛날 莘國이 있던 곳(屈萬里의 『詩經釋義』) 25 大邦 莘나라를 가리킴 26 俔 비유하다 27 文 예법 28 纘 곱다 29 行 사랑하다 30 右 佑와 통용, 돕다 31 爾 이조사 32 燮 벌어사 33 矢 맹세하다, 옛날 맹세를 할 때 화살을 입에 대고 하던 습관에서 유래되어 맹세한다는 뜻이 되었다 34 牧野 지명, 지금의 河南省 淇縣 근처 35 侯 어조사 36 煌煌 선명한 모양 37 騵 배가 희고 갈기는 검고 몸은 붉은 말 38 彭彭 강성한 모양 39 尙父 太公望의 호 40 涼 돕다 41 肆 발어사 42 會 마침

문왕과 무왕이 주나라를 일으킨 역사적 사실을 찬양하며 읊은 것이다.

주렁주렁 달린 오이 綿(면)

오이들이 주렁주렁 달리어 있네	綿綿瓜瓞(면면과질) [1,2]
백성들이 처음으로 생겨나서는	民之初生(민지초생)
저강과 칠강 가의 흙에 살았지	自土沮漆(자토저칠) [3]
고공단보께서도 동굴속살이	古公亶父(고공단보) 陶復陶穴(도복도혈) [4–6]
그 옛날 처음에는 집이 없었지	未有家室(미유가실)
고공단보 어느 아침 말을 달려서	古公亶父(고공단보) 來朝走馬(내조주마)
서수 가를 따라서 기산에 와서	率西水滸(솔서수호) 至于岐下(지우기하) [7]
강녀와 더불어서 터 잡으셨네	爰及姜女(원급강녀) 聿來胥宇(율래서우) [8,9]
주나라의 벌판은 기름진 옥토	周原膴膴(주원무무) [10]
쓴 나물 씀바귀도 꿀맛 같았네	堇荼如飴(근도여이) [11–13]
사람에게 물어보고 거북점 쳐도	爰始爰謀(원시원모) 爰契我龜(원계아귀) [14]
지금 여기 머물러라 결론이 나니	曰止曰時(왈지왈시) [15]
드디어 이 자리에 집을 지었네	築室于茲(축실우자)
안심하고 머물면서 좌우로 살펴	迺慰迺止(내위내지) 迺左迺右(내좌내우) [16]
경계 긋고 도랑 파고 이랑을 내며	迺疆迺理(내강내리) 迺宣迺畝(내선내묘)
서쪽에서 동쪽까지 다스리셨네	自西徂東(자서조동) 周爰執事(주원집사)
사공을 불러오고 사도도 불러	乃召司空(내소사공) 乃召司徒(내소사도) [17,18]
집들을 짓게 하니 먹줄이 반듯	俾立室家(비립실가) 其繩則直(기승즉직)

판축으로 담을 싸니 종묘 근사해　　축판이재 작묘익익 縮版以載 作廟翼翼

들것에 흙을 담아 판축에 넣어　　구지잉잉 탁지횡횡 捄之陾陾 度之薨薨 19–22
흙 다지고 높은 곳을 깎아내리니　　축지등등 삭루빙빙 築之登登 削屢馮馮 23 24
담장들이 한꺼번에 다 세워지네　　백도개흥 百堵皆興
격려하는 북소리가 못 따라 하네　　고고불승 鼛鼓弗勝 25

바깥문을 세우니 우뚝해지고　　내립고문 고문유항 迺立皐門 皐門有伉 26 27
응문을 세우니 짱짱해지네　　내립응문 응문장장 迺立應門 應門將將 28
제단 세워 군사들이 행진을 하네　　내립총토 융추유행 迺立冢土 戎醜攸行 29–31

노여운 마음이 없진 않아도　　사부진궐온 肆不殄厥慍 32
위로하는 그 정성은 여전했었네　　역불운궐문 亦不隕厥問 33 34
가시나무 베어내고 길 뚫으시니　　작역발의 행도태의 柞棫拔矣 行道兌矣 35–37
곤이들이 달아나네 숨이 차도록　　곤이태의 유기훼의 混夷駾矣 維其喙矣 38–40

우와 예가 찾아와서 화해 청하니　　우예질궐성 虞芮質厥成 41–43
문왕에게 생민들이 감동한 때문　　문왕궤궐생 文王蹶厥生 44 45
소원하던 이들도 가까이 와서　　여왈유소부 予曰有疏附 46
앞서거니 뒤서거니 서로 따르며　　여왈유선후 予曰有先後
너도나도 앞을 다퉈 문왕을 도와　　여왈유분주 予曰有奔奏
우리를 모욕하는 외적 막았네　　여왈유어모 予曰有禦侮

1綿綿 주렁주렁 달린 모습 2瓞 조그만 외 3沮漆 둘 다 강 이름으로 보인다. 저수와 칠수 4古公亶父 고공은 호, 단보는 자로서 태왕을 가리킨다 5陶 掏와 통용, 파내다 6復 복과 통용되어 굴을 뜻함 滸 물의 가 7岐 기산, 지금의 陝西省 岐山縣에 있음, 태왕은 狄人의 난을 피해 豳의 서쪽 漆水 가를 따라 남쪽으로 梁山을 넘고 다시 서쪽으로 가 岐山에 당도한 것이다 8爰 이에 9姜女 姜氏 姓을 가진 여자 10膴膴 기름지고 아름다운 모양 11堇 쓴 나물의 일종 12荼 씀바귀 13飴 엿 14契 점을 치기 위해 거북에 새기는 것 15時 是와 통용, 이곳이 좋다는 결과가 나옴 16迺 이에 17司空 토목 공사를 맡은 관리 18司徒 백성들을 부리는 일을 맡은 관리 19捄 흙을 담다 20陾陾 흙을 담는 소리 21度 흙을 판에 담는 것 22薨薨 빨리 담는 소리 23屢 높이 나온 곳 24馮馮 흙을 치는 소리 25鼛 큰북 26皐門 왕이 사용하는 넓은 문 27伉 우뚝한 모양 28應門 왕궁의 정문 29冢土 토지의 신을 제사 지내는 곳 30戎 크다는 뜻 31醜 무리 32殄 끊다, 다하다 33隕 떨어지다, 잃다 34問 위로하다, 위문하다, 문왕이 오랑캐를 섬길 때 오랑캐의 잘못에 대해 화가 났지만 그러나 끝까지 참고 그들을 위로했다. 그 내용이 맹자에 자세하게 나온다. 35柞 갈참나무 36棫 두릅나무, 가시가 달려 있는 나무 37兌 통하다 38混夷 서북쪽에 살던 오랑캐 39駾 날리나, 내빼나 40喙 가쁘게 숨을 쉬는 모양 41虞 우나라, 지금의 山西省 解縣에 있었다 42芮 예나라, 지금의 山西省 芮城縣에 있었다 43質 질정하다, 청하다, 묻다 44우나라의 임금과 예나라의 임금은 오랫동안 밭의 경계를 두고 다투었다. 그러던 중 문왕이 어질다는 소문을 듣고 가서 재판을 의뢰하기로 하고 찾아갔다. 가서 보니 밭 가는 사람은 밭두둑을 양보하고 길 가는 사람은 서로 길을 양보하며, 모두가 서로 양보하며 살아가는 모습을 목격했다. 이를 보고 부끄러워진 두 사람이 스스로 뉘우친 뒤 화해하고 돌아간 일을 읊은 것이다. 45蹶 감동시키다 46予曰 시인 스스로 말하길. 여기서는 어조사로 생각해도 좋을 듯하다 47疎 소원해진 사람들

문왕의 치적을 노래한 것이다.

떡갈나무

역복
棫樸

떡갈나무 베어다가 장작을 패네	봉봉역복 신지유지 芃芃棫樸 薪之槱之 1–3
거룩하신 임금님께 다 모여드네	제제벽왕 좌우취지 濟濟辟王 左右趣之 4
임금님의 좌우에서 홀을 받드네	제제벽왕 좌우봉장 濟濟辟王 左右奉璋 5
공손하게 홀 받드니 근사하도다	봉장아아 모사유의 奉璋峨峨 髦士攸宜 6 17
두둥실 떠 있는 저 경수의 배	비피경주 淠彼涇舟 8 9
수많은 사공들이 노 저어 가네	증도즙지 烝徒楫之
주나라 임금님이 가실 때에는	주왕우매 周王于邁
육군이 호위하며 뒤따라가네	육사급지 六師及之
은하수가 하늘에 수를 놓으니	탁피운한 위장우천 倬彼雲漢 爲章于天 10 11
주나라 임금님은 장수하시며	주왕수고 周王壽考
골고루 인재들을 세우시겠지	하불작인 遐不作人 12
무늬의 결을 따라 쪼아내려면	퇴탁기장 追琢其章 13
쇠와 옥의 바탕을 잘 살펴야지	금옥기상 金玉其相
백성 위해 힘쓰는 임금이기에	면면아왕 勉勉我王
천하를 고루고루 다스리시네	강기사방 綱紀四方

1 芃芃 무성한 모양 2 棫 두릅나무, 상수리나무, 여기서는 음률을 생각하여 '떡갈나무'로 번역했다 3 槱 나무를 쌓다, 장작을 쌓다 4 濟濟 공경하는 모양 5 璋 반쪽 홀 6 峨峨 홀을 공손하게 받드는 모양 7 髦 준수하다 8 淠 배가 떠 있는 모양 9 涇 강 이름, 경수 10 倬 밝다, 크다 11 雲漢 은하수 12 遐 何와 통용 13 追琢 무늬의 결을 따라 쪼아내는 것

주나라의 훌륭한 임금님의 치덕을 노래한 것이다.

한산의 기슭　　旱麓(한록)

저 한산의 기슭을 바라보면	瞻彼旱麓(첨피한록) [1]
개암나무 싸리나무 울창하도다	榛楛濟濟(진호제제) [2–4]
우아하고 고상하신 우리 님께선	豈弟君子(개제군자)
벼슬하신 그 모습도 고상하셨네	干祿豈弟(간록개제) [5]
산뜻하게 만들어진 저 옥돌 술잔	瑟彼玉瓚(슬피옥찬) [6 7]
그 속에서 노란 술이 흘러넘치네	黃流在中(황류재중)
우아하고 고상하신 우리 님에게	豈弟君子(개제군자)
복과 록이 아울러 내리었도다	福祿攸降(복록유강)
솔개는 날아서 하늘에 가고	鳶飛戾天(연비여천)
물고기는 뛰면서 연못에 있네	魚躍于淵(어약우연)
우아하고 고상하신 우리 님께선	豈弟君子(개제군자)
적재적소 인재를 고루 쓰시네	遐不作人(하부작인) [8]
맑은 술 빚어다 올려놓고서	淸酒旣載(청주기재)
붉은 수소 잡아다 갖추어놓고	騂牡旣備(성모기비)
신들과 조상에게 제사 받들어	以享以祀(이향이사)
크나큰 복을 달라 소원하셨네	以介景福(이개경복)
두릅나무 떡갈나무 우거진 것을	瑟彼柞棫(슬피작역) [9]
백성들이 베어다가 땔나무하네	民所燎矣(민소료의) [10]

우아하고 고상하신 우리 님에게 豈弟君子(개제군자)
신령들도 위로하고 치하하리라 神所勞矣(신소로의)

싱싱하게 돋아난 칡넝쿨들이 莫莫葛藟(막막갈류)[11][12]
나뭇가지 사이로 뻗어 오르네 施于條枚(이우조매)[13][14]
우아하고 고상하신 우리 님께서 豈弟君子(개제군자)
덕을 닦아 구한 복이 어김없으리 求福不回(구복불회)[15]

1 旱 산 이름, 지금의 陝西省에 있다 2 榛 개암나무 3 楛 나무 이름, 줄기가 싸리나무 비슷하며 화살을 만드는 데 쓰인다 4 濟濟 우거진 모양 5 干祿 녹을 구하는 것 벼슬살이 하는 것 6 瑟 산뜻한 모양 7 玉瓚 옥돌로 만들어진 술잔 8 遐 何와 통용 9 瑟 우거진 모양 10 燎 불을 놓다 11 莫莫 무성한 모양, 싱싱한 모양 12 藟 덩굴 13 施 뻗다 14 枚 나무 줄기 15 回 변하다

주나라 임금의 덕을 기린 것이다.

정숙함 — 思齊(사재)

정숙하신 태임께선 문왕의 모친	思齊大任 文王之母(사재태임 문왕지모) [1,2]
인자하신 주강께선 주나라 종부	思媚周姜 京室之婦(사미주강 경실지부) [3-6]
아리따운 덕을 이은 태사께서는	大姒嗣徽音(태사사휘음) [7]
수많은 아들들을 낳으셨도다	則百斯男(즉백사남)
조상신을 잘 받들고 순종을 하니	惠于宗公(혜우종공) [8,9]
신령들이 흡족하여 원망을 않고	神罔時怨(신망시원) [10,11]
신령들이 원망 않아 두루 편하니	神罔時恫(신망시통) [12]
처음에는 부인에게 모범이 되고	刑于寡妻(형우과처) [13]
다음으로 형제들에 모범 되더니	至于兄弟(지우형제)
온 나라 사람들을 인도하시네	以御于家邦(이어우가방)
궁궐에선 온화하고 은근하셔도	雝雝在宮(옹옹재궁)
종묘에선 엄숙하고 근엄하시네	肅肅在廟(숙숙재묘)
드러내지 않으시고 임하시오며	不顯亦臨(불현역림)
싫증내지 않으시고 살펴주시네	無射亦保(무역역보)
크나큰 걱정거리 남아 있어도	肆戎疾不殄(사융질부진)
이루신 큰 공적엔 흠집 없어라	烈假不瑕(열가불하) [14,15]
말해주지 아니해도 법식 따랐고	不聞亦式(불문역식) [16]
일러주지 아니해도 받아들였네	不諫亦入(불간역입)

그리하여 어른들은 덕을 갖췄고 肆成人有德(사성인유덕)
자제들은 하나같이 잘 자랐네 小子有造(소자유조)
옛 님께선 조금도 싫증 안 내고 古之人無斁(고지인무역)[17]
빼어난 선비들을 길러내셨네 譽髦斯士(예모사사)[18][19]

1 思 어조사 2 齊 齋와 통용, 정숙함 3 媚 아름답다, 인자하다 4 周姜 태왕의 부인이고 왕계의 어머니인 太姜 5 京室 왕실 6 婦 종부 7 大姒 太姒로도 쓴다, 문왕의 부인 8 惠 順과 같은 뜻, 순종하는 것 9 宗公 先公 조상들의 신 10 罔 無와 같은 뜻 11 時 是와 통용 12 恫 아프다 13 刑 모범이 되다 14 烈 공 15 假 크다 16 不聞 들려주는 것, 말해주는 것 17 斁 싫증내다 18 髦 빼어나다, 고르다 19 斯士

정치인들은 어떤 행사를 할 때 의전 담당관이 말해주는 것을 따라서 하는 법인데, 문왕은 말해주지 아니해도 법식대로 행동했다. 또 잘못하고 있는 것을 깨우쳐주면 물론 받아들이지만, 깨우쳐주기 전에 벌써 알아채고 받아들이고 고치는 사람이었다. 깨우쳐줄 때 받아들이기만 해도 훌륭한 것인데, 깨우쳐주기 전에 고치는 그 훌륭함이야 두말할 것이 없다.

거룩하심 　 皇矣(황의)

거룩하신 저 하늘의 하느님께서	皇矣上帝(황의상제)
밝고 밝게 이 세상에 임하셔서	臨下有赫(임하유혁)
사방 백성 살피시어 구해주셨네	監觀四方(감관사방) 求民之莫(구민지막) [1]
정치를 잘못하는 두 나라 있어	維此二國(유차이국) 其政不獲(기정불획)
온 천하 구석구석 다 살피셨네	維彼四國(유피사국) 爰究爰度(원구원탁)
하느님이 대신할 자 지정하시어	上帝耆之(상제기지) [2]
그의 능력 미리부터 키워주시고	憎其式廓(증기식곽)
서쪽 땅을 고루고루 돌아보신 뒤	乃眷西顧(내권서고)
이 땅에 집 자리를 정해주셨네	此維與宅(차유여택)

베어내고 걷어내사 죽은 나무 누운 나무	作之屛之(작지병지) 其菑其翳(기치기예) [3–6]
잘라내고 정리하사 떨기나무 몹쓸 나무	脩之平之(수지평지) 其灌其栵(기관기례) [7]
뽑아내고 밭 일구사 버드나무 느티나무	啓之辟之(계지벽지) 其檉其椐(기정기거) [8 9]
가지 치고 다듬으사 산뽕나무 들뽕나무	攘之剔之(양지척지) 其檿其柘(기염기자) [10–12]
하느님이 덕 있는 이 옮겨놓으니	帝遷明德(제천명덕)
관이 같은 오랑캐 다 물러가고	串夷載路(관이재로) [13]
하느님이 배필감을 정해주시니	天立厥配(천립궐배)
천명을 받은 몸이 더욱 견고해	受命旣固(수명기고)

하느님이 그 산들을 살펴보시니	帝省其山(제성기산)
두릅나무 떡갈나무 모두 뽑혔고	柞棫斯拔(작역사발)
소나무 측백나무 잘도 자람에	松柏斯兌(송백사태)

하느님이 나라와 군주 세우니　帝作邦作對(제작방작대)
태백과 왕계에서 시작이 되네　自大伯王季(자태백왕계)
그 중에서 오직 우리 왕계께서는　維此王季(유차왕계)
우애로운 마음으로 형님 받들며　因心則友 則友其兄(인심즉우 즉우기형)
많은 경사 만들고 영광을 얻어　則篤其慶 載錫之光(즉독기경 재석지광)
복을 받아 온 사방을 보호하시네　受祿無喪 奄有四方(수록무상 엄유사방)[14][15]

하느님이 헤아리사 왕계 마음을　維此王季 帝度其心(유차왕계 제탁기심)
아름다운 소문을 펼치셨네　貊其德音(맥기덕음)[16]
거룩한 그 마음이 잘도 드러나　其德克明(기덕극명)
본마음을 밝히시고 선악 가리어　克明克類(극명극류)
어른 노릇 임금 노릇 잘도 하시니　克長克君(극장극군)
이 큰 나라 왕으로서 손색이 없네　王此大邦 克順克比(왕차대방 극순극비)[17]
문왕에게 이르러도 한결같아서　比于文王 其德靡悔(비우문왕 기덕미회)
하느님께 받은 복을 자손이 잇네　既受帝祉 施于孫子(기수제지 이우손자)

하느님이 문왕에게 당부하셨네　帝謂文王(제위문왕)
사람을 차별 말고 편 두지 말며　無然畔援(무연반원)[18][19]
자기 것을 챙기거나 탐내지 말며　無然歆羨(무연흠선)[20]
맨 먼저 송사부터 다스리라고　誕先登于岸(탄선등우안)[21–23]
밀나라 사람들이 불손하여서　密人不恭(밀인불공)
함부로 큰 나라에 덤벼들면서　敢距大邦(감거대방)

완 땅을 침공하고 공 땅에 오니　侵阮徂共(침완조공)
왕께서는 발끈하고 화를 내시어　王赫斯怒(왕혁사노)[24]
군사들을 정돈하여 적병을 막고　爰整其旅(원정기려) 以按徂旅(이알조려)[25]
주나라에 내린 복을 다 받아들여　以篤于周祜(이독우주호)
온 세상의 바람에 부응하셨네　以對于天下(이대우천하)[26]

문왕께선 의젓하게 서울 계실 제　依其在京(의기재경)[27]
완나라 국경에서 쳐들어오니　侵自阮疆(침자완강)
높은 산에 올라가서 살펴보시며　陟我高岡(척아고강)
우리 산 우리 언덕 보호하시고　無矢我陵(무시아릉) 我陵我阿(아릉아아)[28]
우리의 샘물 못물 안 주셨네　無飮我泉(무음아천) 我泉我池(아천아지)
아름다운 언덕을 찾아내어서　度其鮮原(탁기선원)
기산의 남쪽 땅에 터 잡으시니　居岐之陽(거기지양)
위수의 물줄기가 흐르는 그곳　在渭之將(재위지장)[29]
그리하여 만 나라의 모범 되었고　萬邦之方(만방지방)
만백성이 좋아하는 왕이 되셨네　下民之王(하민지왕)

하느님이 문왕에게 당부하셨네　帝謂文王(제위문왕)
밝은 덕 가진 이가 나는 좋으니　予懷明德(여회명덕)
소리치며 화낸 얼굴 보이지 말며　不大聲以色(부대성이색)
회초리로 때리는 일 오래 안 하며　不長夏以革(부장하이혁)[30][31]
아는 체하지 말고 잘난 체 말며　不識不知(불식부지)

이 하늘의 섭리만을 따를지어다　順帝之則(순제지측)

하느님이 문왕에게 당부하셨네　帝謂文王(제위문왕)
그대의 우방국에 자문을 하고　詢爾仇方(순이구방)[32]
그대의 형제국과 한뜻이 되어　同爾兄弟(동이형제)
성 오르는 사다리 성 넘는 수레　以爾鉤援(이이구원)[33]
성문 뚫는 충거 등을 어서 만들어　與爾臨衝(여이임충)[34][35]
숭나라의 저 성벽을 넘을지어다　以伐崇墉(이벌숭용)

임거 충거 덜컹덜컹 쳐들어가니　臨衝閑閑(임충한한)[36]
숭나라의 저 성벽이 높다고 해도　崇墉言言(숭용언언)[37]
생포되는 적병들이 줄을 이었고　執訊連連(집신연련)[38][39]
잘려오는 귀의 수가 그득하도다　攸馘安安(유괵안안)[40][41]
전장에서 유제 마제 제사 올리고　是類是禡(시류시마)[42][43]
백성들을 오게 하여 어루만지니　是致是附(시치시부)
온 사방의 사람들이 얕보지 않네　四方以無侮(사방이무모)
임거 충거 늠름하게 진격을 하니　臨衝茀茀(임충불불)[44]
숭나라의 성벽이 높다고 해도　崇墉仡仡(숭용흘흘)[45]
벌떼 같은 그 공격을 당하지 못해　是伐是肆(시벌시사)[46]
간단히 무너지고 함락이 되네　是絶是忽(시절시홀)[47]
그 뒤론 온 세상이 어기지 않네　四方以無拂(사방이무불)[48]

1 菑 瘼과 통용 2 耆 지정하다 3 作 柞과 통용, 베다 4 屛 치우다 5 菑 나무가 선 채로 죽은 것 6 翳 나무가 쓰러져 죽은 것 7 栵 나무 등걸에 움이 터 있는 몹쓸 나무 8 檉 버드나무의 일종 9 椐 영수나무 또는 느티나무 10 揚 제거하다 11 檿 산뽕나무 12 柘 산뽕나무 13 串夷 관이, 서쪽에 있는 오랑캐인 곤이를 지칭한다 14 受祿無喪 받은 녹을 잃지 않았다는 말 15 奄 덮어 가리다, 보호하다 16 貊 펼치다 17 比 이르다 18 畔 밭두둑, 경계, 사람을 내 사람 네 사람 등으로 구별하는 것 19 援 자기 편을 끌어주고 당겨주는 것 20 歆 받다, 챙기다 21 誕 발어사 22 登 공평하게 처리하는 것 23 岸 犴과 통용, 옥, 송사 24 赫斯 발끈 화를 내는 모양 25 按 누르다, 『孟子』에는 遏로 되어 있다 26 對 부응하다 27 依 의젓한 모양 28 矢 屎와 통용, 더럽히다, 無矢는 언덕을 더럽히지 못하게 했다는 뜻 29 將 물줄기가 흐르다 30 夏 회초리, 회초리로 때리다 31 革 채찍 32 詢 묻다 33 鉤援 갈고리로 성에 걸치고 올라가는 사다리 34 臨 성벽을 넘어갈 수 있도록 성 높이만큼 높게 만든 수레, 행을 시적으로 만들기 위해서 번역문을 윗줄에다 실었다 35 衝 충거, 성문을 부수는 수레 36 閑閑 덜컹거리며 나아가는 모양 37 言言 높고 큰 모양 38 執訊 포로들 39 連連 연이은 모습 40 馘 적의 왼쪽 귀를 자르는 것, 적을 죽인 수효에 따라 나중에 상을 주는데 이때 베어온 적의 왼쪽 귀의 수로 계산한다 41 安安 그득한 모양 42 類 군대가 출정할 때 올리는 제사 43 禡 군대가 머문 곳에서 올리는 제사 44 茀茀 늠름하게 진격하는 모양 45 仡仡 높고 큰 모양 6 肆 무찌르는 것 47 忽 갑자기 무너지는 것 48 拂 어기다

태왕, 왕계의 덕을 노래하고, 문왕이 밀나라와 숭나라를 정벌한 일을 노래한 것이다.

영대

靈臺(영대)

영대를 지으려고 계획하시어	經始靈臺(경시영대) [1][2]
이리저리 땅을 재고 푯말 세우니	經之營之(경지영지) [3]
서민들이 나서서 일하는지라	庶民攻之(서민공지) [4]
며칠이 아니 가서 완성되었네	不日成之(불일성지) [5]
서둘지 말라고 당부했으나	經始勿亟(경시물극) [6]
서민들이 아들처럼 와서 도왔네	庶民子來(서민자래) [7]
왕께서 동산을 거니실 때는	王在靈囿(왕재영유) [8]
사슴들이 다가와 엎드려 있네	麀鹿攸伏(우록유복) [9]
사슴들은 포동포동 살이 쪘고	麀鹿濯濯(우록탁탁) [10]
백조들은 새하얗게 반짝거리네	白鳥翯翯(백조학학) [11]
왕께서 연못가를 거니실 때는	王在靈沼(왕재영소)
그득한 물고기들 뛰며 노니네	於牣魚躍(오인어약) [12][13]
악기를 매다는 나무틀에는	虡業維樅(거업유총) [14-16]
큰북과 큰 종이 걸려 있네	賁鼓維鏞(분고유용) [17][18]
드디어 북과 종이 연주되누나	於論鼓鍾(오륜고종) [19][20]
참으로 즐겁구나 연못가 궁전	於樂辟廱(오락벽옹) [21]
아아 북소리 종소리 들려오네	於論鼓鍾(오륜고종)
참으로 즐겁구나 연못가 궁전	於樂辟廱(오락벽옹)
악어가죽 북소리 둥둥 울리며	鼉鼓逢逢(타고봉봉) [22][23]
장님 악사 신이 나서 연주를 하네	矇瞍奏公(몽수주공) [24-26]

1 經始 땅을 재기 시작함, 經은 재는 것 2 靈臺 훌륭한 臺란 뜻으로 문왕의 대를 말함 3 營 짓다, 만들다 4 攻 일하다, 적을 공격할 때처럼 집중하여 일을 하는 것을 말한다 5 不日 며칠 가지 않아서 6 亟 빠르다, 급하다 7 子來 아들이 아버지의 일을 돕기 위해서 오듯 오다 8 囿 동산, 새와 짐승을 기르는 공원 9 麀 암사슴 10 濯濯 포동포동 살이 찐 짐승들의 피부가 반질거리는 모양 11 翯翯 새의 흰 날개가 반짝거리는 모양 12 於 감탄사, 오오 13 牣 그득하다, 차다 14 虡 악기를 거는 틀의 기둥, 악기를 거는 틀의 가로지른 횡목은 栒이라 한다 15 業 악기를 거는 틀의 가로로 된 나무, 즉 栒에 대어놓은 무늬를 새긴 큰 판 16 樅 業 위에 있는 鐘이나 磬을 매다는 곳 17 賁 크다, 賁鼓는 큰북 18 鏞 큰 종 19 於 아아, 감탄사 20 論 진술하다, 여기에서 악기를 진술한다는 것은 악기를 연주한다는 것으로 보아야 할 것이다 21 辟廱 사각으로 된 집터 주위에 물이 둘러싸고 있도록 만든 건축 구조물, 辟은 璧과 통용되어 속에 사각의 구멍이 뚫려 있는 둥근 옥을 의미한다. 이 옥 모양으로 건축되어 있는 것이 辟廱이다. 후대에는 천자가 공부하는 학교 혹은 천자가 경영하는 학교를 지칭하게 되었다. 22 鼉 악어, 鼉鼓는 악어가죽으로 만든 북 23 逢逢 북이 울리는 소리, 둥둥 24 矇 눈이 안 보이는 사람 25 瞍 소경 26 公 工·功 등의 뜻으로 일을 의미한다, 奏公은 연주하는 것을 말한다

문왕을 찬양한 시다.

뒤를 이음 下武(하무)

무궁하게 이어갈 주나라이기에 下武維周(하무유주)[1]
대대로 밝은 임금 나타나시네 世有哲王(세유철왕)
천상에 계시는 세 임금님 뜻 三后在天(삼후재천)[2]
서울의 임금님이 잘 받드시네 王配于京(왕배우경)[3]

서울의 임금님이 잘 받드시어 王配于京(왕배우경)
대대로 덕을 갖춰 노력하시네 世德作求(세덕작구)
길이길이 하늘의 뜻을 받들어 永言配命(영언배명)[4]
임금님의 미더움을 잘 이루시네 成王之孚(성왕지부)[5]

임금님은 미더움을 잘 이루시어 成王之孚(성왕지부)
이 세상 사람들의 모범 되셨네 下土之式(하토지식)[6]
길이길이 조상에 효도하시어 永言孝思(영언효사)[7][8]
효도하는 본보기를 드리우셨네 孝思維則(효사유칙)

오로지 이 한 분을 사랑하노니 媚兹一人(미자일인)[9][10]
마땅히 하늘 뜻을 따르시기를 應侯順德(응후순덕)[11]
길이길이 조상에 효도하시어 永言孝思(영언효사)
이어받은 위업을 밝히시기를 昭哉嗣服(소재사복)[12]

밝으신 후계자 나타나시어 昭兹來許(소자내허)[13]
조상들의 발자취 이으신다면 繩其祖武(승기조무)[14][15]

천년만년 하늘의 복 받으시리라　　於萬斯年(오만사년) 受天之祜(수천지호)

하늘이 내려주신 복 받으시니　　受天之祜(수천지호)
사방에서 모여들어 치하를 하네　　四方來賀(사방내하)
천년만년 멀리까지 도움 있으리　　於萬斯年(오만사년) 不遐有佐(불하유좌)

1下武 뒤를 이음. 下는 뒤, 武는 잇는 것 2三后 돌아가신 세 임금. 태왕·왕계·문왕의 세 임금으로 보아야 할 것이다 3配 짝을 이루다, 따르다 4言 어조사 5孚 믿음 6式 모범 7言 어조사 8思 어조사 9媚 사랑하다 10一人 무왕을 가리키는 것으로 보아야 할 것이다 11侯 어조사 12服 일. 嗣服은 잇는 일 13來許 후계자. 許는 가담하는 것을 말하므로 來許는 장래에 가담하는 자이다. 곧 후계자를 말한다. 14繩 면면히 이어지는 모양 15武 발자취

무왕이 선왕들의 유업을 잘 받았음을 칭송한 시로 보인다. 성왕成王을 찬미한 시라는 설도 있다.

문왕의 영광 文王有聲(문왕유성)

문왕께서 얻으셨네 빼어난 명예	文王有聲(문왕유성) 遹駿有聲(휼준유성) [1]
평화로운 세상을 추구하시어	遹求厥寧(휼구궐녕) [2]
살기 좋은 세상 됨을 지켜보셨네	遹觀厥成(휼관궐성)
참으로 훌륭하신 문왕이시여	文王烝哉(문왕증재) [3]

문왕께서 천명받아 무공 세우고	文王受命(문왕수명) 有此武功(유차무공)
숭을 치고 풍에다 도읍하셨네	旣伐于崇(기벌우숭) 作邑于豐(작읍우풍) [4]
참으로 훌륭하신 문왕이시여	文王烝哉(문왕증재)

성을 쌓고 해자 파서 풍읍 이루니	築城伊淢(축성이혁) 作豐伊匹(작풍이필) [5–7]
욕심 채운 것 아니라 효도하신 것	匪棘其欲(비극기욕) 遹追來孝(휼추래효) [8]
참으로 훌륭하신 임금이시여	王后烝哉(왕후증재)

위대하신 임금님이 풍성 쌓았네	王公伊濯(왕공이탁) 維豐之垣(유풍지원) [9] [10]
사방의 사람들이 한마음 됨은	四方攸同(사방유동)
신바람을 일으키신 임금님 덕분	王后維翰(왕후유한) [11]
참으로 훌륭하신 임금이시여	王后烝哉(왕후증재)

풍수가 동쪽으로 흐르는 것은	豐水東注(풍수동주)
애오라지 우 임금의 공적이지만	維禹之績(유우지적)
사방의 사람들이 한마음 됨은	四方攸同(사방유동)
마음을 열어주신 임금님 덕분	皇王維辟(황왕유벽) [12]

참으로 훌륭하신 임금이시여　皇王烝哉(황왕증재)

서울에 지어놓은 궁궐을 향해　鎬京辟廱(호경벽옹)
서쪽 동쪽 남쪽에서 북쪽에서도　自西自東 自南自北(자서자동 자남자북)
복종하지 않은 이 하나도 없네　無思不服(무사불복)
참으로 훌륭하신 임금이시여　皇王烝哉(항왕증재)

임금님이 점치시어 정하신 서울　考卜維王 宅是鎬京(고복유왕 택시호경)[13]
거북점이 하나하나 인도를 하니　維龜正之(유귀정지)[14]
무왕께서 지시 따라 이루셨네　武王成之(무왕성지)
참으로 훌륭하신 무왕이시여　武王烝哉(무왕증재)

풍수의 물가에 차조가 있네　豐水有芑(풍수유기)[15]
무왕께서 이렇게 큰일 하셨네　武王豈不仕(무왕기불사)
후손에게 훌륭한 계책을 남겨　詒厥孫謀(이궐손모)
편안하게 후손들을 보호하셨네　以燕翼子(이연익자)[16][17]
참으로 훌륭하신 무왕이시여　武王烝哉(무왕증재)

1 聲 명성, 영광 2 遹 어조사 3 烝 많다, 훌륭하다 4 豐 문왕이 도읍했던 곳으로 지금의 陝西省 鄠縣에 있었다 5 伊 어조사 6 淢 해자, 성 밑에 파놓은 도랑 7 匹 어울리다 8 棘 極과 통용, 다하다, 채우다 9 公 功의 뜻 10 濯 크다 11 翰 幹의 뜻, 일을 주관하다 12 辟 闢과 통용, 열어주다, 인도하다 13 鎬京 주나라의 서울 14 正 바르게 인도하다 15 芑 차조 16 燕 한가하다, 편안하다 17 翼 돕다

문왕과 무왕의 업적을 칭송한 시다.

생민지습生民之什

「생민生民」이란 시를 위시하여 10개의 시를 모아놓았다.

백성 낳으심 生民

태초에 백성 낳으신 강원이시여	厥初生民 時維姜嫄 [1]
빌고 빌어 이 백성을 낳으셨도다	生民如何 克禋克祀 [2]
자식 없는 나쁜 징조 털어내시고	以弗無子 [3]
하느님의 자취 밟고 마음 동하니	履帝武敏歆 [4–6]
하느님의 은총 받아 뜻 이루셨네	攸介攸止 [7 8]
잉태하신 뒤로는 몸 더욱 삼가시고	載震載夙 [9 10]
아기 낳아 기르시니 바로 후직이라네	載生載育 時維后稷 [11]
이윽고 아기 낳을 달이 되니까	誕彌厥月 [12]
아기 염소 낳듯이 순산하셨네	先生如達 [13 14]
터지거나 찢어지는 일조차 없고	不拆不副 [15 16]
재난이나 해로움도 아예 없었네	無菑無害
이것으로 영험함을 드러내시니	以赫厥靈
하느님은 어이 아니 편안하실까	上帝不寧
편안한 마음으로 제사 받들어	不康禋祀
번듯하게 이런 아들 낳으셨으니	居然生子
그 아이를 좁은 길에 버려두니까	誕寘之隘巷 [17]
소와 양이 밟지 않고 보호하였고	牛羊腓字之 [18 19]
그 아이를 숲 속에다 버려두니까	誕寘之平林
나무 베는 사람들이 구해 왔으며	會伐平林
그 아이를 얼음 위에 버려두니까	誕寘之寒冰

새들이 덮어주고 보호했었네　鳥覆翼之(조복익지)
새들이 날아가자 후직께서 우시었네　鳥乃去矣 后稷呱矣(조내거의 후직고의) [20]
참으로 우렁차고 길게 퍼지니　實覃實訏(실담실우) [21 22]
울음소리 한길까지 가득 울렸네　厥聲載路(궐성재로) [23]

기어 다닐 무렵부터 총명하고 영리터니　誕實匍匐 克岐克嶷(탄실포복 극기극억) [24 25]
혼자 밥을 먹게 될 땐 콩을 심으셨네　以就口食 蓺之荏菽(이취구식 예지임숙) [26]
콩이 쑥쑥 자라고 벼가 쭉쭉 자랐으며　荏菽旆旆 禾役穟穟(임숙패패 화역수수) [27–29]
삼 보리 우거지고 오이 넝쿨 잘 뻗었네　麻麥幪幪 瓜瓞唪唪(마맥몽몽 과질봉봉) [30 31]

후직의 농사법은 땅의 성질 따르는 것　誕后稷之穡 有相之道(탄후직지색 유상지도) [32]
무성한 풀 베어내고 좋은 곡식 심으셨네　茀厥豐草 種之黃茂(불궐풍초 종지황무) [33–35]
뾰족뾰족 싹이 트고 쑤욱쑤욱 자라나서　實方實苞 實種實褎(실방실포 실종실유) [36–39]
이삭 패고 꽃 피더니 탐스럽게 알이 들고　實發實秀 實堅實好(실발실수 실견실호) [40–43]
이삭마다 여물어져 태에 집을 가지셨네　實穎實栗(실영실률)
卽有邰家室(즉유태가실) [44–46]

하느님이 좋은 씨앗 내려주시니　誕降嘉種(탄강가종)
차기장 검은 기장 붉은 기장 흰 차조라　維秬維秠 維穈維芑(유거유비 유문유기) [47–50]
차기장 검은 기장 널리 심어서　恒之秬秠(궁지거비) [51]
수확하여 밭에다 쌓아두시고　是穫是畝(시확시묘)
붉은 기장 흰 차조를 널리 심어서　恒之穈芑(궁지문기)

어깨에 메고서 등에 지고서　是任是負(시임시부)
집으로 돌아와서 제사 모셨네　以歸肇祀(이귀조사)[52]

어떻게 우리 제사 받드셨을까　誕我祀如何(탄아사여하)
어떤 것은 찧으시고 어떤 것은 빻으시며　或舂或揄(혹용혹유)[53]
어떤 것은 까부르고 어떤 것은 밟으시어　或簸或蹂(혹파혹유)[54]
그것들을 일으시고 모락모락 쪄내신 뒤　釋之叟叟(석지수수) 烝之浮浮(증지부부)[55-57]
날을 가려 받으시어 몸을 삼가시고서　載謀載惟(재모재유)[58]
기름 바른 쑥을 태워 하늘에 알리시고　取蕭祭脂(취소제지)
숫양 잡아 길의 신께 고하시고서　取羝以軷(취저이발)[59]
굽고 지진 고기 바쳐 새해를 맞네　載燔載烈(재번재렬) 以興嗣歲(이흥사세)[60]

각종의 제기에다 제물을 담으셨네　卬盛于豆(앙성우두)[61]
접시에도 담으시고 대접에도 담으셨네　于豆于登(우두우등)[62]
그 향기 올라가니 하느님이 즐기시네　其香始升(기향시승) 上帝居歆(상제거흠)[63]
어떻게 그 내음이 이렇게도 훌륭할까　胡臭亶時(호취단시)[64]
후직께서 제사 모신 때문이라네　后稷肇祀(후직조사)
죄짓는 일도 없이 후회할 일도 없이　庶無罪悔(서무죄회)
바라던 바대로 지금까지 이르렀네　以迄于今(이흘우금)

1 姜嫄 주나라의 시조인 后稷의 어머니 2 禋 정결히 제사 지내다 3 弗 拂과 통용, 제거하다, 떨쳐내다 4 武 발자국 5 敏 바로 6 歆 기쁘게 받다, 기쁘다, 여기서는 '임신하다'는 뜻으로 쓰였다 7 介 돕다, 빌다, 여기서는 '도움을 받다', '은총을 받다' 등의 뜻 8 止 은총이 거기에 머물렀다는 뜻 9 震 娠의 뜻 10 夙 肅과 통용, 엄숙한 모양, 공경하다 11 后稷 주나라의 시조, 농사짓는 법을 가르쳤다 12 誕 발어사 13 先生 처음 낳다 14 達 양이 새끼를 낳다 15 坼 터지다 16 副 찢어지다 17 寘 버려두다, 놓아두다, 姜嫄이 后稷을 처음 낳았을 때, 아버지 없는 자식이라 하여 갖다 버린 사실을 말함 18 腓 보호하다 19 字 사랑하다 20 呱 울다, 어린아이의 울음 21 覃 퍼지다, 길다 22 訏 크다 23 載 싣다, 길에 실렸다는 것은 길에까지 퍼졌다는 뜻 24 岐 지각이 있는 모양 25 嶷 영리하다 26 荏 콩 27 旆旆 잘 자라는 모양, 쑥쑥 28 役 列의 뜻, 禾役은 벼의 줄 29 穟穟 잘 자라는 모양, 쭉쭉 30 幪幪 무성한 모양 31 唪唪 넝쿨이 뻗는 모양 32 相 본다 33 茀 제거하다 34 豐草 많은 잡초 35 黃茂 좋은 곡식 36 方 房과 통용, 씨가 부푸는 것 37 苞 싹이 트다 38 種 자라다 39 褎 우거지다 40 發 발아하다 41 秀 꽃이 피어나다 42 堅 결실하다, 알이 차다 43 好 보기 좋게 알곡이 달리다 44 穎 알곡이 익어 수그러드는 것 45 栗 알곡이 여물다 46 邰 姜嫄의 나라 47 秬 찰기장 48 秠 검은 기장 49 穈 기상 50 芑 흰 차조 51 恒 누루두루 심다 52 肇 어조사 53 揄 절구에 찧은 곡식을 끄집어내다 54 簸 키에 까부르다 55 釋 곡식을 물에 일다 56 叟叟 곡식을 물에 이는 소리, 살랑살랑 57 浮浮 김이 오르는 모양, 모락모락 58 惟 일을 추진하다, 여기서는 제사를 지내기 위해 마음을 가다듬는다는 뜻 59 軷 길의 신에게 지내는 제사 60 烈 고기를 꼬챙이에 꿰어 불에 굽다 61 卬 나 62 登 대접 63 居 어조사 64 時 때와 장소에 어울리다, 또는 是와 통용되어 좋다

농사법을 가르친 선조 후직을 칭송한 시다.

길가의 갈대　行葦(행위)

빽빽이 자라난 저 길가 갈대　敦彼行葦(단피행위) 1
소나 양이 밟는 일 없도록 하면　牛羊勿踐履(우양물천리)
더부룩이 자라서 모양 갖추고　方苞方體(방포방체) 2
싱그러운 잎새들이 무성해지리　維葉泥泥(유엽니니)
인정 많은 우리 집안 여러 형제들　戚戚兄弟(척척형제) 3
멀리 아니 떨어지고 함께 모이니　莫遠具爾(막원구이)
멍석 깔고 안석 드려 편히 모시리　或肆之筵(혹사지연) 或授之几(혹수지궤) 4

멍석 깔고 그 위에 돗자리 펴서　肆筵設席(사연설석) 5
안석 드려 함께 모여 어울리시네　授几有緝御(수궤유즙어)
술잔을 주고받고 잔을 씻어 술 올리고　或獻或酢(혹헌혹작) 洗爵奠斝(세작전가) 6–9
젓갈류도 권해보고 불고기도 권해보네　醓醢以薦(담해이천) 或燔或炙(혹번혹자) 10 12
훌륭한 안주는 비장과 순대로다　嘉殽脾臄(가효비갹)
노래하는 이도 있고 북 치는 이도 있네　或歌或咢(혹가혹악) 13

붉은 활 단단하니 화살 넷씩 나눠 갖고　敦弓既堅(조궁기견) 四鍭既鈞(사후기균) 14–16
고루고루 화살 쏘아 성적으로 가려보자　舍矢既均(사시기균) 序賓以賢(서빈이현) 17–20
붉은 활을 잡아당겨 네 화살 끼어 쏘고　敦弓既句(조궁기구) 既挾四鍭(기협사후) 21
네 화살 다 꽂히니 차례 매김 공평하네　四鍭如樹(사후여수) 序賓以不侮(서빈이불모) 22

증손자가 주인이라 술에 단술 전국술에　曾孫維主(증손유주) 酒醴維醹(주례유유) 23 24
큰 국자로 술을 떠서 노인들의 수를 비네　酌以大斗(작이대두) 以祈黃耇(이기황구) 25 26

꾸부정한 노인들을 인도하고 부축하며 　　 黃耇台背(황구태배) 以引以翼(이인이익)[27]
오래오래 사시도록 큰 복을 빌어주네 　　 壽考維祺 以介景福[28]

1 敦 빽빽이 무리를 지어 있는 모양 2 苞 무성하다 3 戚戚 정다운 모양 4 肆 베풀어 주다, 깔아주다 5 緝御 모여서 잘 처리하다, 함께 잘 어울리다 6 獻 주인이 손님에게 술을 올리는 것 7 酢 손님이 주인에게 답배를 올리는 것 8 奠 잔을 드리다 9 斝 술잔, 옥으로 만든 술잔 10 醓 고기 절임, 젓갈, 醢보다 국물이 약간 많은 것 11 醢 젓갈 12 臄 순대 13 咢 북을 치다 14 敦 붉게 채색하다 15 鍭 화살, 살촉 16 鈞 균등하다, 화살 넷씩 골고루 나눠 갖는다 17 舍 捨와 통용, 화살을 놓는 것, 쏘는 것 18 均 골고루 쏘다 19 序賓 손님의 순서를 정하다 20 賢 화살을 많이 맞힌 사람 21 句 彀와 통용, 활을 잔뜩 당기다 22 如樹 과녁에 꽂힌 화살이 나뭇가지처럼 꽂혀 있는 모양 23 曾孫 이날 연회의 주인, 아마 유명한 사람의 曾孫인 것으로 보인다 24 醹 진한 술, 전국술 25 斗 자루가 달린 국자 26 黃耇 노인 27 台背 大老 台는 鮐와 통용되어 복어 껍질을 뜻한다. 노인이 나이가 들면 등에 복어 껍질처럼 무늬가 생김 28 祺 즐기다, 여기서는 음률을 맞추기 위해 번역을 생략했다

형제와 노인들을 청하여 활쏘기 대회를 하며 주연을 베푸는 장면을 노래한 것이다.

술에 취하고 덕에 배불러　既醉(기취)

술에 이미 취하였고 덕에 이미 배불렀네　既醉以酒 既飽以德 (기취이주 기포이덕)
님께서는 천만년을 크나큰 복 누리소서　君子萬年 介爾景福 (군자만년 개이경복)

술에 이미 취하였고 안주 또한 잘 먹었네　既醉以酒 爾殽既將 (기취이주 이효기장) 1
님께서는 천년만년 밝은 빛이 나시기를　君子萬年 介爾昭明 (군자만년 개이소명)

밝고 맑게 진행되고 높고 밝게 끝마치네　昭明有融 高朗令終 (소명유융 고랑영종) 2
아름답게 끝마치니 시동들이 말을 하네　令終有俶 公尸嘉告 (영종유숙 공시가고) 3 4

무어라 말하는가? 제물들 아름답고　其告維何 籩豆靜嘉 (기고유하 변두정가)
제사 돕는 사람들도 위의 갖춰 진행했네　朋友攸攝 攝以威儀 (붕우유섭 섭이위의) 5

장엄하고 알맞으니 군자에게 효자 있네　威儀孔時 君子有孝子 (위의공시 군자유효자)
효자가 이어지네 길이길이 복을 주네　孝子不匱 永錫爾類 (효자불궤 영석이류) 6-8

그 복은 무슨 복 집안 번창하는 복　其類維何 室家之壼 (기류유하 실가지곤) 9
님에게 영원토록 복과 자손 내려주리　君子萬年 永錫祚胤 (군자만년 영석조윤) 10

그 자손은 어떤 자손 하늘 녹을 받는 자손　其胤維何 天被爾祿 (기윤유하 천피이록)
님에게 영원토록 하늘이 짝을 주네　君子萬年 景命有僕 (군자만년 경명유복) 11

그 짝은 어떤 짝 요조숙녀 훌륭한 짝　其僕維何 釐爾女士 (기복유하 이이여사) 12-14
훌륭한 부인께서 자손 낳아 뒤를 잇네　釐爾女士 從以孫子 (이이여사 종이손자)

1 將 먹다 2 融 무르녹아서 원만해지는 것, 원만하게 진행되는 것 3 令終有俶 아름답게 끝마치니 참 좋다는 말, 俶은 잘 정돈되어 있음을 말함 4 公尸 시동, 公的으로 시동 역할을 하는 사람을 일컫는 듯 5 攝 일을 맡아 돕는 것 6 匱 다하다, 끝나다 7 錫 주다 8 類 좋은 것, 복 9 壼 화목하다, 번창하다 10 胤 후손, 자손 11 景命 큰 명, 천명 12 僕 짝 13 釐 주다 14 女士 훌륭한 여자

제사에 참여한 손님들이 술에 취한 뒤 주인에게 답으로 부른 노래로 보인다.

물오리와 갈매기　鳧鷖

물오리와 갈매기가 경수에서 놀고 있네　鳧鷖在涇[1,2]
제사 받던 시동들이 잔치하며 편히 쉬네　公尸來燕來寧
그대 술이 향기롭고 그대 안주 기름지니　爾酒旣清 爾殽旣馨
시동들이 즐겨 마셔 복과 록을 잘 이루네　公尸燕飮 福祿來成

물오리와 갈매기가 모래밭에 놀고 있네　鳧鷖在沙
제사 받던 시동들이 잔치하며 어울리네　公尸來燕來宜
그대 술이 풍족하고 그대 안주 맛 좋으니　爾酒旣多 爾殽旣嘉
시동들이 즐겨 마셔 복과 록을 쏟아내네　公尸燕飮 福祿來爲

물오리와 갈매기가 모래톱에 놀고 있네　鳧鷖在渚
제사 받던 시동들이 잔치하며 머무르네　公尸來燕來處
그대 술이 걸러졌고 그대 안주 저 포이니　爾酒旣湑 爾殽伊脯[3]
시동들이 즐겨 마셔 복과 록이 내려오네　公尸燕飮 福祿來下

물오리와 갈매기가 합수에서 놀고 있네　鳧鷖在潨[4]
제사 받던 시동들이 잔치하네 종묘에서　公尸來燕來宗
종묘에서 잔치하니 복과 록이 내려오네　旣燕于宗 福祿攸降
시동들이 즐겨 마셔 복과 록이 거듭되네　公尸燕飮 福祿來崇[5]

물오리와 갈매기가 수문에서 놀고 있네　鳧鷖在亹[6]
시동들이 머무르니 흐뭇하고 훈훈하네　公尸來止熏熏[7]

기름진 술 향기롭고 구운 고기 구수하니　旨酒欣欣 燔炙芬芬

시동들이 즐겨 마셔 두고두고 편안하네　公尸燕飮 無有後艱

1 鳧 물오리 2 鷖 갈매기 3 湑 거르다, 술을 거르다 4 潨 물이 합류되다 5 崇 거듭되다 6 亹 물의 문, 수문 7 熏熏 8 欣欣 향기롭다 9 芬芬 구수하다

제사를 지낸 다음 날 손님들과 시동에게 예를 베풀며 잔치를 하는 장면을 노래한 것이다.

즐거우신 군자　假樂

즐거우신 저 군자여 아름다운 덕 밝았네　假樂君子 顯顯令德[1,2]
민인들이 흡족하니 하늘 록을 받으셨네　宜民宜人 受祿于天
백성들을 도와주고 인도하시니　保佑命之[3]
하늘에서 녹을 거듭 내려주셨네　自天申之

록과 복을 얻었으니 자손들이 천 억이네　干祿百福 子孫千億
근엄하고 온화하여 임금 노릇 잘하시고　穆穆皇皇 宜君宜王[4]
허물 않고 잊지 않아 옛 법도를 따르시네　不愆不忘 率由舊章

위엄 있고 거동 있고 말씀마다 조리 있네　威儀抑抑 德音秩秩[5-7]
원망 않고 미움 없이 인민 대중 따르시니　無怨無惡 率由群匹[8]
받으신 복 한량없네 온 천하의 벼리되네　受福無疆 四方之綱

기강을 잡으시니 신하들이 즐겨하고　之綱之紀 燕及朋友
제후들과 경사들도 천자에게 잘 따르네　百辟卿士 媚于天子
임금 자리 잘 지키니 온 백성이 편안하네　不解于位 民之攸塈[9,10]

1 假 『중용』과 『좌전』에 다 嘉로 되어 있다. 아름답다 2 顯顯 환히 드러나는 모습 3 保佑命之 많은 주석가들이 '하늘이 도와 임금으로 지명한 것'으로 해석했으나 문맥상 '임금이 백성들을 돕고 인도하는 것'으로 보는 것이 좋을 듯하다 4 皇皇 온화한 모양 5 抑抑 위엄 있는 모양 6 德音 훌륭한 말씀 7 秩秩 조리 있는 모양 8 群匹 군중 9 解 懈와 통용. 게으르다 10 塈 쉬다. 편안하다

어느 임금님을 칭송한 노래로 보인다.

하늘은 백성들에게 어울리는 훌륭한 임금님, 백성을 잘 돕고 잘 깨우쳐주는 임금님에게 거듭 복록을 내려준다.

공류　　公劉(공류)

돈독하신 공류께선 편히 계실 겨를 없이	篤公劉 匪居匪康 (독공류 비거비강)	1
밭 고르고 경계 긋고 노적 쌓고 저장한 뒤	迺埸迺疆 迺積迺倉 (내역내강 내적내창)	2 3
말린 양식 넣고 싸네 전대에다 자루에다	迺裹餱糧 于橐于囊 (내과후량 우탁우낭)	4-7
민심 모아 빛내려고 활과 화살 준비하고	思輯用光 弓矢斯張 (사즙용광 궁시사장)	
방패와 창 도끼 들고 바야흐로 떠나셨네	干戈戚揚 爰方啓行 (간과척양 원방계행)	8
돈독하신 공류께서 빈 땅 벌판 살피시어	篤公劉 于胥斯原 (독공류 우서사원)	
사람 많고 순박하니 여기 산다 선포했네	旣庶旣繁 旣順迺宣 (기서기번 기순내선)	
사람들의 탄식 소리 길이길이 끊어졌네	而無永歎 (이무영탄)	
높은 봉에 올랐다가 벌판으로 내려왔네	陟則在巘 復降在原 (척즉재헌 복강재원)	9
올라가고 내려올 때 무슨 장식 차시었나	何以舟之 (하이주지)	10
옥을 갖고 곱게 꾸민 칼집에다 칼 차셨네	維玉及瑤 鞞琫容刀 (유옥급요 병봉용도)	11-13
돈독하신 공류께서 샘솟는 곳 다가가서	篤公劉 逝彼百泉 (독공류 서피백천)	
저 넓은 들 보시고 남쪽 언덕 오르시어	瞻彼溥原 迺陟南岡 (첨피부원 내척남강)	14
서울 자리 살피시니 거기가 서울의 들	乃覯于京 京師之野 (내구우경 경사지야)	16
여기에 모여 살며 여기에 집을 짓자	于時處處 于時廬旅 (우시처처 우시려려)	15 17
여기에서 얘기하며 여기에서 담소하자	于時言言 于時語語 (우시언언 우시어어)	
돈독하신 공류께서 이 서울에 거하시니	篤公劉 于京斯依 (독공류 우경사의)	
그 모습이 당당하고 품격까지 갖추셨네	蹌蹌濟濟 (창창제제)	
자리 깔고 안석 두니 모두 올라 자리 잡네	俾筵俾几 旣登乃依 (비연비궤 기등내의)	

돼지 떼에 다가가서 우리에서 돼지 잡고 乃造其曹 執豕于牢 (내조기조 집시우뢰) [18][19]
바가지로 술을 떠서 마시도록 하셨으니 酌之用匏 食之飮之 (작지용포 사지음지)
우리들의 임금 되고 모범 되셨네 君之宗之 (군지종지)

돈독하신 공류께선 넓고 긴 땅에다 篤公劉 旣溥旣長 (독공류 기부기장)
그림자로 방향 재고 언덕에 오르시어 旣景迺岡 (기정내강) [20]
응달과 양지 쪽을 두루 살펴 헤아리고 相其陰陽 (상기음양)
흐르는 샘물 방향 꼼꼼히 살피시며 觀其流泉 (관기유천)
군대를 정돈하여 삼군으로 정하셨네 其軍三單 (기군삼단) [21]
진펄 들판 구분하여 밭 일구어 양식 삼고 度其隰原 徹田爲糧 (탁기습원 철전위량) [22]
서쪽 땅도 헤아리사 빈 땅 거처 넓어졌네 度其夕陽 豳居允荒 (탁기석양 빈거윤황) [23][24]

돈독하신 공류께서 빈에 집을 지으시네 篤公劉 于豳斯館 (독공류 우빈사관)
위수 물을 건너가서 큰 돌 잔돌 취하시어 涉渭爲亂 取厲取鍛 (섭위위란 취려취단) [25–27]
터를 닦고 다스리니 모든 것이 풍성하네 止基迺理 爰衆爰有 (지기내리 원중원유) [28]
황의 강물 옆에 끼고 과의 물로 올라와서 夾其皇澗 遡其過澗 (협기황간 소기과간) [29–31]
많은 사람 무리 지어 여기저기 모여들어 止旅乃密 (지려내밀) [32]
예수 강물 밖에까지 빽빽하게 들어찼네 芮鞫之卽 (예국지즉) [33][34]

1 公劉 后稷의 자손. 公劉는 夏나라의 폭군 桀을 피하여 豳으로 이주했다 2 迺 이에 3 埸 밭두둑, 밭의 경계 4 裹 싸다 5 餱 말린 양식 6 糧 양식. 餱糧은 말린 양식. 길 떠날 때 먹는 미숫가루 같은 종류 7 橐 전대 8 戚 도끼 9 巘 산봉우리 10 舟 허리에 차다. 服이라고 써야 할 것을 傳寫者가 잘못하여 한쪽에 있는 月로 썼고 이것이 다시 舟로 변형된 것으로 생각된다 11 瑤 아름다운 옥 12 鞞 칼집 13 琫 칼집에 한 장식 14 溥 넓다 15 時 是와 통용. 여기 16 京師 서울 17 廬旅 많은 사람이 살 집 18 曹 무리. 여기서는 돼지 떼 19 牢 우리 20 景 影과 통용. 그림자 21 三單 단위가 셋으로 맞아떨어짐 22 徹 뚫다. 환하다. 徹田은 밭을 일구어 환하게 한다는 뜻 23 夕陽 해가 지는 서쪽 땅 24 荒 커지다. 넓어지다 25 亂 물을 가로질러 건너는 것 26 厲 礪와 통용. 굵은 돌 27 鍛 碫과 통용. 작은 돌 28 止는 址와 통용. 터 29 皇 시냇물의 이름 30 澗 산골 물. 시냇물 31 過 시냇물의 이름 32 止 머물러 살다 33 芮 시냇물의 이름 34 鞫 물가의 굽어들어간 곳. 물굽이의 바깥쪽

주나라의 선조인 공류가 후직이 봉해진 태邰라는 곳에서 빈豳으로 옮겨와 살게 된 경위를 읊은 것이다.

윗물을 길어서 泂酌(형작)

길바닥에 고인 물도 윗물만을 길어다가 泂酌彼行潦(형작피행료)[1][2]
맑은 부분 떠내어서 이곳에 담아 두면 挹彼注茲(읍파주자)[3][4]
고두밥을 쪄내는 덴 손색이 없네 可以餴饎(가이분치)[5][6]
인자하신 우리 님은 백성들의 부모로다 豈弟君子 民之父母(개제군자 민지부모)

길바닥에 고인 물도 윗물만을 길어다가 泂酌彼行潦(형작피행료)
맑은 부분 떠내어서 이곳에 담아 두면 挹彼注茲(읍피주자)
술독들을 씻는 데도 손색이 없네 可以濯罍(가이탁뢰)[7]
인자하신 우리 님은 백성들의 귀의처라 豈弟君子 民之攸歸(개제군자 민지유귀)

길바닥에 고인 물도 윗물만을 길어다가 泂酌彼行潦(형작피행료)
맑은 부분 떠내어서 이곳에 담아 두면 挹彼注茲(읍피주자)
술통들을 씻는 데도 손색이 없네 可以濯漑(가이탁개)[8]
인자하신 우리 님은 백성들의 휴식처라 豈弟君子 民之攸塈(개제군자 민지유기)[9]

1 泂 멀다, 물의 바닥에서 먼 부분은 윗부분이다. 그래서 '윗물만을 길어다가'로 번역했다 2 行潦 길바닥에 고인 물 3 挹 뜨다, 물을 푸다 4 彼 길러온 물, 윗물만을 떠온 것이므로 그 물은 맑은 부분의 물이다 5 餴 찌다 6 饎 고두밥 7 罍 술독 8 溉 槪와 통용되어 술통이란 뜻이다. 술통 또는 칠한 술통 9 塈 쉬다

맑은 물이 원래부터 따로 있는 것이 아니고 흐린 물이 원래부터 따로 있는 것이 아니다. 진흙탕에 있으면 흐린 물이 되고 진흙을 가라앉히면 맑은 물이 된다. 사람도 이와 같아 원래부터 성인이 따로 있는 것이 아니고 원래부터 악한 이가 따로 있는 것이 아니다. 흙탕물도 진흙을 가라앉히면 맑은 물 되듯, 사람들도 욕심을 가라앉히면 모든 사람들을 인도하는 구세주도 될 수 있다.

세상 사람을 구제하는 성인은 태어날 때부터 성인으로 태어난 것이 아니다. 오히려 어렵고 비천한 환경에서 태어나서 그것을 극복하여 성인이 되는 것이다. 어려운 사람만이 어려운 사람을 구할 수 있고, 외로운 사람만이 외로운 사람을 구할 수 있다. 그러므로 세상의 모든 사람을 구하는 성인은 가장 어렵고 가장 외로운 환경에서 태어나 그것을 극복한 사람이다.

둘러쳐진 언덕　卷阿(권아)

둘러쳐진 언덕 위로 남쪽 바람 불어오네	有卷者阿(유권자아) 飄風自南(표풍자남)[1,2]
인자하신 우리 님은 노니시며 노래하사	豈弟君子(개제군자) 來游來歌(내유내가)
여러 가지 하실 말씀 늘어놓고 계시네	以矢其音(이시기음)[3]
태평스레 노니시고 유유하게 쉬시는 님	伴奐爾游矣(반환이유의) 優游爾休矣(우유이휴의)[4]
인자하신 우리 님은 오래오래 사시어서	豈弟君子(개제군자) 俾爾彌爾性(비이미이성)[5,6]
조상들의 이루신 일 더욱더욱 빛내시리	似先公酋矣(사선공추의)[7,8]
님의 영토 넓고 크며 비옥하기 그지없네	爾土宇昄章(이토우판장) 亦孔之厚矣(역공지후의)[9-11]
인자하신 우리 님은 오래오래 사시어서	豈弟君子(개제군자) 俾爾彌爾性(비이미이성)[12]
천상천하 모든 신령 오래오래 모시겠네	百神爾主矣(백신이주의)
긴 수명을 받으신 님 복록까지 누리시네	爾受命長矣(이수명장의) 茀祿爾康矣(불록이강의)[13]
인자하신 우리 님은 오래오래 사시어서	豈弟君子(개제군자) 俾爾彌爾性(비이미이성)
티 없는 맑은 복을 영원토록 누리시리	純嘏爾常矣(순가이상의)[14,15]
듬직한 신하들과 보좌하는 신하들	有馮有翼(유빙유익)
효도하는 신하들과 덕이 있는 신하들이	有孝有德(유효유덕)
인도하고 도웁나니 인자하신 우리 님은	以引以翼(이인이익) 豈弟君子(개제군자)
온 세상 사람들이 한결같이 본받겠네	四方爲則(사방위칙)

온화하고 거룩하사 옥돌 홀과 같으시니	顒顒卬卬 如圭如璋(옹옹앙앙 여규여장)[16][17]
명성 덕망 영예로운 인자하신 우리 님은	令聞令望 豈弟君子(영문영망 개제군자)
온 세상 사람들의 본보기가 되시겠네	四方爲綱(사방위강)
봉황들이 날아서 푸덕푸덕 나래 치다	鳳皇于飛 翽翽其羽(봉황우비 홰홰기우)[18]
또다시 모여들어 이곳에 머물렀네	亦集爰止(역집원지)[19][20]
길사들이 임금님께 주렁주렁 늘어섰네	藹藹王多吉士(애애왕다길사)[21]
그이들은 모두가 군자다운 신하라서	維君子使(유군자사)[22]
오로지 충성으로 임금님을 잘 따르네	媚于天子(미우천자)
봉황들이 날아서 푸덕푸덕 나래 치다	鳳皇于飛 翽翽其羽(봉황우비 홰홰기우)
허공 높이 날아서 하늘에 이르렀네	亦傅于天(역부우천)
길인들이 임금님께 주렁주렁 늘어섰네	藹藹王多吉人(애애왕다길인)
그이들은 모두가 군자다운 명 받들어	維君子命(유군자명)
애오라지 사랑으로 백성들을 인도하네	媚于庶人(미우서인)
봉황들이 울고 있네 저 높은 언덕에서	鳳皇鳴矣 于彼高岡(봉황명의 우피고강)
오동나무 자라났네 아침 해가 돋는 곳에	梧桐生矣 于彼朝陽(오동생의 우피조양)[23]
오동나무 잎새들이 무성하게 우거지니	菶菶萋萋(봉봉처처)[24][25]
봉황새 울음소리 조화롭게 들려오네	雝雝喈喈(옹옹개개)[26][27]

님이 끄는 수레는 많기도 하거니와	군자지거 기서차다 君子之車 既庶且多
님이 모는 말들은 한가롭게 잘 달리네	군자지마 기한차치 君子之馬 既閑且馳
하고 싶은 노래는 수도 없이 많지만	시시부다 矢詩不多[28]
애오라지 이 노래만 불러드리옵니다	유이수가 維以遂歌

1 卷 빙 둘러쳐져 있음 2 飄風 회오리바람, 회오리치는 바람, 일정하지 않은 바람 3 矢 벌여놓다, 늘어놓다 4 伴奐 태평스러운 모양 5 彌 오래가다, 오래 살다 6 性 生과 같은 뜻 7 似 근사하게 만든다 8 酋 猷와 통용, 진리, 도, 꾀, 계책 9 土宇 나라, 국토 10 昄 크다 11 章 빛남 12 茀 복 13 康 편안하게 누리다 14 純 크다, 순수하다 15 嘏 복 16 顒顒 온화한 모습 17 卬卬 거룩한 모습 18 翽翽 날개 치는 소리 19 集 새가 모여 앉는 것 20 止 머무르다 21 藹藹 주렁주렁 많이 달려 있는 모양 22 傅 附와 통용되어 '닿다', '이르다' 등의 뜻 23 朝陽 아침 해가 돋는 곳 24 菶菶 무성한 것 25 萋萋 우거진 모양 26 雝雝 조화로운 모양 27 喈喈 새 울음소리 28 矢 늘어놓다.

천자의 조정에 와 있는 제후들을 칭송한 시로 보인다.

백성들이 지쳤으니 民勞(민로)

백성들이 지쳤으니 편케 하여 주옵소서 民亦勞止(민역노지) 汔可小康(흘가소강) 1
서울부터 사랑하사 온 나라에 펼치소서 惠此中國(혜차중국) 以綏四方(이수사방) 2
속이는 자 안 따르고 불량한 자 물리소서 無縱詭隨(무종궤수) 以謹無良(이근무량) 3 4
잔학한 자 막으시고 무모한 자 물리소서 式遏寇虐(식알구학) 憯不畏明(참불외명)
먼 데 사람 위로하고 가까운 이 보살펴서 柔遠能邇(유원능이)
부디 우리 임금님을 안정시켜 주옵소서 以定我王(이정아왕)

백성들이 지쳤으니 쉬게 하여 주옵소서 民亦勞止(민역노지) 汔可小休(흘가소휴)
이 서울을 사랑하사 백성들의 벗 되소서 惠此中國(혜차중국) 以爲民逑(이위민구)
속이는 자 안 따르고 다투는 자 물리소서 無縱詭隨(무종궤수) 以謹惛怓(이근혼노) 5 6
잔학한 일 막으시고 백성 고통 덜어주오 式遏寇虐(식알구학) 無俾民憂(무비민우)
수고로움 아끼거나 사리지 말고 無棄爾勞(무기이로)
부디 우리 임금님을 빛나도록 해주소서 以爲王休(이위왕휴)

백성들이 지쳤으니 쉬게 하여 주옵소서 民亦勞止(민역노지) 汔可小息(흘가소식)
서울 사람 사랑하고 온 나라를 살피소서 惠此京師(혜차경사) 以綏四國(이수사국)
속이는 자 안 따르고 지나친 자 물리소서 無縱詭隨(무종궤수) 以謹罔極(이근망극)
잔학한 일 막으시고 간특한 일 마옵소서 式遏寇虐(식알구학) 無俾作慝(무비작특)
삼가 위의 갖추어서 덕 있는 자 접하소서 敬愼威儀(경신위의) 以近有德(이근유덕)

백성들이 지쳤으니 쉬게 하여 주옵소서 民亦勞止(민역노지) 汔可小愒(흘가소게) 7
서울부터 사랑하사 백성 걱정 없애소서 惠此中國(혜차중국) 俾民憂泄(비민우예) 8

속이는 자 안 따르고 사나운 자 물리소서 無縱詭隨(무종궤수) 以謹醜厲(이근추려) [9][10]
잔학한 일 막으시고 바른 도리 지키소서 式遏寇虐(식알구학) 無俾正敗(무비정패) [11]
그대 비록 어리지만 큰 영향을 아옵소서 戎雖小子(융수소자) 而式弘大(이식홍대) [12]

백성들이 지쳤으니 편케 하여 주옵소서 民亦勞止(민역노지) 汔可小安(흘가소안)
이 서울을 사랑하사 나쁜 이를 없애소서 惠此中國(혜차중국) 國無有殘(국무유잔)
속이는 자 안 따르고 정성을 다하소서 無縱詭隨(무종궤수) 以謹繾綣(이근견권) [13]
잔학한 자 막으시고 바른 길을 지키소서 式遏寇虐(식알구학) 無俾正反(무비정반) [14]
임금님은 그대들을 보배처럼 여기시니 王欲玉女(왕욕옥녀) [15]
그리하여 이다지도 간곡하게 간합니다 是用大諫(시용대간) [16]

1 汔 幾와 같은 뜻, 바라다 2 中國 서울, 당시에는 중앙에 있는 서울 지역을 中國이라 했다 3 縱 놓아두다 4 隨 악을 따르는 자, 세속을 따르는 자 5 憯 참혹하다, 냉정하게 물리치다 6 惛怓 말다툼을 잘하는 사람 7 愒 쉬다 8 泄 흩다, 없애다 9 醜 악 10 厲 사납다 11 正敗 정도를 그르치는 것 12 戎 너, 그대 13 繾綣 간곡하게 정성을 들임 14 正反 정도를 위반하는 것 15 玉女 그대를 옥처럼 중시하는 것 16 是用 是以 用은 以와 통용

정치하는 사람들에게 간곡하게 부탁하는 시로 추측된다.

하느님이 버리시니　　板(판)

하느님이 버리시니 백성들이 고달프고　上帝板板(상제판판) 下民卒癉(하민졸단) [1][2]
하는 말 다 틀리고 하는 일 다 꼬이며　出話不然(출화불연) 爲猶不遠(위유불원)
성인들이 버려지고 일마다 부실하여　靡聖管管(미성관관) 不實於亶(불실어단) [3][4]
일마다 잘못되니 크게 한번 간합니다　猶之未遠(유지미원) 是用大諫(시용대간)

하느님이 이 세상을 어렵도록 하시는데　天之方難(천지방난)
그렇게 느긋하면 어찌하려나　無然憲憲(무연헌헌) [5]
하느님이 이 세상을 무너뜨리시는데　天之方蹶(천지방궤) [6]
그렇게 태평하면 어찌하려나　無然泄泄(무연예예) [7]
하시는 말 화목하면 백성들이 융화되고　辭之輯矣(사지즙의) 民之洽矣(민지흡의) [8]
하시는 말 기꺼우면 백성들이 안정되리　辭之懌矣(사지역의) 民之莫矣(민지막의) [9][10]

내 하는 일 다르지만 그대들과 같은 동료　我雖異事(아수이사) 及爾同寮(급이동료)
내 그대와 의논해도 내 말을 흘려듣네　我卽爾謀(아즉이모) 聽我囂囂(청아효효) [11]
내 하는 말 긴급하니 우스개로 듣지 마오　我言維服(아언유복) 勿以爲笑(물이위소)
옛 분들이 말했지요 나무꾼에 물으라고　先民有言(선민유언) 詢于芻蕘(순우추요)

하느님이 이 세상을 학대하고 계시거늘　天之方虐(천지방학)
그렇게 장난하면 어찌하려나　無然謔謔(무연학학) [12]
늙은 내가 성심으로 말하는데도　老夫灌灌(노부관관) [13][14]
젊은 그대 교만하여 들으려 않네　小子蹻蹻(소자갹갹) [15][16]
내 말은 망령된 말 아니언마는　匪我言耄(비아언모) [17]

그대들은 걱정거릴 장난질 치네 爾用憂謔[18]
말 많으면 성만 내니 약으로도 못 고치리 多將熇熇 不可救藥[19]

하느님이 이 세상에 화를 내고 계시거늘 天之方懠[20]
그렇게 자만하면 어찌하려나 無爲夸毗[21][22]
위의는 빛을 잃고 선인들은 발 묶였네 威儀卒迷 善人載尸[23][24]
백성들이 신음하며 울부짖는데 民之方殿屎[25]
나에게는 한번도 의논 없구나 則莫我敢葵
나라가 혼란하여 살 길이 막막해도 喪亂蔑資
우리 백성 고달픔을 아랑곳 않네 曾莫惠我師[26]

하느님이 이 세상을 인도하심은 天之牖民
나팔 피리 소리처럼 온화하시며 如壎如篪[27][28]
반쪽 홀을 합치듯이 미더우시며 如璋如圭
밀어주듯 끌어주듯 자상하시니 如取如攜[29]
백성을 이끄는 일 막지만 않는다면 攜無曰益[30–32]
백성들 이끌기란 어려운 일 아니지요 牖民孔易
백성 중에 간사한 자 많다고 해도 民之多辟[33]
저절로 간사해진 것이 아니오 無自立辟

착하고 어진 이는 나라 울타리 价人維藩[34]
수많은 백성들은 나라의 담장 大師維垣[35]

제후들은 나라의 병풍들이고 — 大邦維屏(대방유병)
종친들은 나라의 기둥들이라 — 大宗維翰(대종유한) 36
덕 있는 사람들이 나라 안정시키고 — 懷德維寧(회덕유녕) 37
임금의 맏아들은 나라를 지키는 성 — 宗子維城(종자유성)
이 성이 무너지지 않게 하여서 — 無俾城壞(무비성괴)
애오라지 두려운 일 없게 하소서 — 無獨斯畏(무독사외)

하느님의 노여움을 경건하게 살피시어 — 敬天之怒(경천지노)
희희낙락 즐기는 일 아예 마소서 — 無敢戲豫(무감희예)
하느님의 화내심을 경건하게 살피시어 — 敬天之渝(경천지투) 38
마음대로 치닫는 일 아예 마소서 — 無敢馳驅(무감치구)
넓고 넓은 하느님은 밝고 밝아서 — 昊天曰明(호천왈명)
그대와 나고 듦을 함께 하시고 — 及爾出王(급이출왕) 39
넓고 넓은 하느님은 환하고 환해 — 昊天曰旦(호천왈단) 40
그대가 노는 곳에 함께 계시네 — 及爾游衍(급이유연) 41

1 板板 멀리하는 모양 2 癉 앓다, 괴로워하다 3 管管 근심하는 모양 4 亶 믿음, 진실 5 憲憲 느긋하다, 크다 6 蹶 무너뜨리다 7 泄泄 태평스러운 모습 8 輯 화목하다 9 懌 기뻐하다 10 莫 안정되다 11 囂囂 남의 말을 듣지 않는 모양 12 謔謔 장난하다 13 老夫 늙은이, 여기서는 시인 자신을 가리킨다 14 灌灌 성실한 모양 15 小子 젊은 관리 16 蹻蹻 교만한 모양 17 耄 늙은이, 망령들다 18 憂謔 걱정거리를 가지고 장난하다 19 熇熇 성질을 부리다, 화를 내다 20 懠 성내다, 화내다 21 夸 자만하다 22 毗 쓸모없이 되다 23 迷 헷갈리다 24 載尸 비로소 시체처럼 되다, 시체처럼 꼼짝 못하다 25 殿屎 신음하며 끙끙거리다 26 師 군중들 27 壎 흙으로 만든 악기 28 篪 옆으로 부는 피리 29 璋 반쪽 홀, 옥으로 만든 홀 중에서 반쪽, 반쪽씩 된 홀을 합쳐서 꼭 맞을 경우 서로 믿는 징표로 쓴다 30 攜 이끌다, 인도하다 31 曰 어조사 32 益 搤과 통용, 붙잡다, 막다 33 辟 僻과 통용되어 간사함, 편벽됨 등을 나타낸다 34 价 착하다 35 大邦 제후들의 나라 36 翰 幹과 통용, 줄기, 기둥 37 懷德 덕을 지닌 사람 38 渝 변덕을 부리다 39 王 往과 통용, 가다 40 旦 아침, 밝다 41 衍 가다, 그대가 놀고 있으면 거기에 하늘이 함께 가 있다는 말

정치하는 사람들의 잘못을 질타한 시다. 시인은 나이 많은 선비로 보인다.

탕지습 蕩之什

「탕蕩」이라는 시를 위시해서 11수首의 시를 모아놓았다.

넓고 크신 하느님　　蕩(탕)

넓고 크신 하느님은 백성들의 임금이라　蕩蕩上帝 下民之辟(탕탕상제 하민지벽) 1 2
위엄 있는 하느님은 명하심이 안 일정해　疾威上帝 其命多辟(질위상제 기명다벽)
백성 낳은 하늘 뜻이 한결같지 않은지라　天生烝民 其命匪諶(천생증민 기명비심) 3 4
시작은 잘했어도 잘 끝맺기 어려운 법　靡不有初 鮮克有終(미불유초 선극유종)

문왕께서 이르셨지 아아 그대 은상이여　文王曰咨 咨汝殷商(문왕왈자 자여은상) 5
포악한 사람들과 가렴주구 하는 이가　曾是彊禦 曾是掊克(증시강어 증시부극) 6 7
벼슬자리 차지하고 정사를 담당하니　曾是在位 曾是在服(증시재위 증시재복)
하늘이 내린 악덕 그대 더욱 힘쓰다니　天降慆德 女興是力(천강도덕 여흥시력) 8

문왕께서 이르셨지 아아 그대 은상이여　文王曰咨 咨女殷商(문왕왈자 자녀은상)
그대들은 착한 이를 등용하여 썼어야지　而秉義類(이병의류) 9 10
포학한 자 등용하여 원망 많이 받게 되자　彊禦多懟(강어다대) 11
헛소문을 퍼뜨려서 가까스로 대처하니　流言以對(유언이대)
도적들이 이를 틈타 궁궐 안에 가득 차서　寇攘式內(구양식내)
서로서로 원망하고 저주함이 계속되니　侯作侯祝(후작후축) 12–14
이 재앙 끝날 날이 언제인지 모르겠네　靡屆靡究(미계미구) 15

문왕께서 이르셨지 아아 그대 은상이여　文王曰咨 咨女殷商(문왕왈자 자녀은상)
그대들은 서울에서 큰소리치며　女炰烋于中國(여포효우중국) 16
백성들의 원망소릴 칭송으로 착각하네　斂怨以爲德(염원이위덕)
그대들의 타고난 덕 아니 밝으니　不明爾德(불명이덕)

뒤에도 곁에도 참된 신하 없으며　時無背無側(시무배무측)
그대들의 타고난 덕 밝지 않으니　爾德不明(이덕불명)
참된 신하 참된 경사 하나도 없네　以無陪無卿(이무배무경)[17]

문왕께서 이르셨지 아아 그대 은상이여　文王曰咨 咨女殷商(문왕왈자 자녀은상)
하늘은 그대들을 술에 안 빠뜨리셨거늘　天不湎爾以酒(천불면이이주)[18]
그대들은 나쁜 짓만 골라가며 따라 하네　不義從式(불의종식)
흐트러진 모습으로 밤낮으로 마셔대며　旣愆爾止 靡明靡晦(기건이지 미명미회)
소리치고 떠들면서 낮이 와도 계속하네　式號式呼 俾晝作夜(식호식호 비주작야)[19]

문왕께서 이르셨지 아아 그대 은상이여　文王曰咨 咨女殷商(문왕왈자 자녀은상)
백성들의 원성은 울어대는 매미 소리　如蜩如螗(여조여당)[20][21]
백성들의 불만은 부글부글 끓는 국　如沸如羹(여비여갱)
늙은이도 젊은이도 쓰러지는데　小大近喪(소대근상)
관리들은 제 행실 고치지 않고　人尙乎由行(인상호유행)
노여움이 나라 안에 넘쳐흘러서　內奰于中國(내비우중국)[22]
오랑캐 나라까지 퍼져 나가네　覃及鬼方(담급귀방)[23]

문왕께서 이르셨지 아아 그대 은상이여　文王曰咨 咨女殷商(문왕왈자 자녀은상)
하느님이 돌봐주지 않는 것이 아니로다　匪上帝不時(비상제불시)[24]
은나라가 옛 법도를 안 따르기 때문이지　殷不用舊(은불용구)
원로대신 없다 해도 옛 법도는 남았거늘　雖無老成人 尙有典刑(수무노성인 상유전형)

그걸 아니 따랐으니 천명이 기울었네　　曾是莫聽 大命以傾 (증시막청 대명이경)

문왕께서 이르셨지 아아 그대 은상이여　　文王曰咨 咨女殷商 (문왕왈자 자녀은상)
사람들은 이렇게 말들을 하지　　人亦有言 (인역유언)
넘어지고 뽑혀서 뿌리가 드러나면　　顚沛之揭[25][26] (전패지게)
가지와 잎이 아직 안 상했어도　　枝葉未有害 (지엽미유해)
뿌리가 이미 먼저 망가졌다고　　本實先撥 (본실선발)
은나라의 거울이 멀리 있지 아니하니　　殷鑒不遠 (은감불원)
하나라 망할 때를 거울삼았어야지　　在夏后之世 (재하후지세)

1 蕩蕩 넓고 큰 모양 2 辟 임금 3 烝民 많은 백성 4 諶 믿다, 믿음 5 咨 탄식하다, 아아 6 彊禦 포악한 신하 7 掊克 가렴주구 하는 사람 8 慆德 거만한 덕, 악덕 9 而 너 10 義類 착한 사람, 의로운 무리 11 懟 원망함 12 侯 어조사 13 作 詐와 통용, 사기 치다 14 祝 저주하다 15 靡屆靡究 재앙이 다하지도 않고 끝나지도 않는다 16 炰烋 咆哮와 통용, 소리치는 것 17 陪 배신, 천자의 신하의 신하 18 湎 술에 빠지다 19 俾晝作夜 낮을 밤으로 삼는다, 낮에도 밤인 것처럼 술을 마시는 것을 말한다 20 蜩 매미 21 螗 씽씽매미 22 奰 성내다 23 覃 뻗어나가다 24 時 是와 통용, 옳게 여기는 것 25 沛 자빠지다 26 揭 뿌리가 높이 드러나다

주나라 초기에 문왕의 말을 빌려 은나라 사람들의 잘못을 꾸짖고 주나라가 은나라를 복속하게 된 정당성을 밝히려고 한 것이다.

장엄함　抑(억)

장엄한 저 위의는 인품에서 나온 일각　抑抑威儀(억억위의) 維德之隅(유덕지우)[1]
사람들이 말하기를 철인들이 바보라네　人亦有言(인역유언) 靡哲不愚(미철불우)
서인들이 바보 됨도 잘못된 것이지만　庶人之愚(서인지우) 亦職維疾(역직유질)[2]
철인들이 바보 됨은 있어서는 안 되는 일　哲人之愚(철인지우) 亦維斯戾(역유사려)

경쟁 않고 느긋한 이 사방에서 본을 보고　無競維人(무경유인) 四方其訓之(사방기훈지)
덕행 있는 선각자는 온 나라가 따르는 법　有覺德行(유각덕행) 四國順之(사국순지)
위대한 계책으로 나라 운명 바로잡고　訏謨定命(우모정명)[3]
원대한 계책으로 때맞게 훈계하며　遠猶辰告(원유신고)[4]
경건하고 신중하게 위의를 갖추어야　敬愼威儀(경신위의)
백성들이 본을 보고 따르게 되는 거지　維民之則(유민지칙)

지금에 있어서는 정치가 혼란하여　其在于今(우재우금) 興迷亂于政(홍미란우정)
타고난 덕 버리고서 술에 빠졌네　顚覆厥德(전복궐덕) 荒湛于酒(황담우주)
그대 비록 즐거움에 빠졌다 해서　女雖湛樂從(여수담락종)[5][6]
조상 뜻 이을 생각 않을 수 있나　弗念厥紹(불념궐소)
선왕의 숭고한 덕 널리 구해서　罔敷求先王(망부구선왕)[7]
또다시 밝은 법도 받들어야지　克共明刑(극공명형)

이러면 하느님도 돕지 않고서　肆皇天弗尙(사황천불상)
흐르는 저 물처럼 떠나가리라　如彼泉流(여피천류)
그러니 서로 끌어 망하지 말라　無淪胥以亡(무륜서이망)

아침 일찍 일어나고 밤늦게 자며 夙興夜寐(숙흥야매)
조정 안을 쓸고 닦아 백성들의 모범 되고 洒埽廷內(쇄소정내) 維民之章(유민지장)
그대의 거마 닦고 활과 화살 병기 갖춰 修爾車馬(수이거마) 弓矢戎兵(궁시융병)
행여나 전쟁 날라 경계하면서 用戒戎作(용계융작)
남쪽 나라 오랑캐를 쫓아내야지 用逷蠻方(용적만방)

인민들을 잘 살피고 제후 법도 잘 지켜서 質爾人民(질이인민) 謹爾侯度(근이후도)
예기치 않은 일에 대비하고 경계하며 用戒不虞(용계불우)
입으로 말을 할 때 특히 더 조심하고 愼爾出話(신이출화)
그대의 위의를 경건하게 간직하면 敬爾威儀(경이위의)
그대의 모든 것이 부드럽고 아름답지 無不柔嘉(무불유가)
백규에 흠집 나면 갈기라도 하려니와 白圭之玷(백규지점) 尙可磨也(상가마야)[8]
뱉은 말에 흠집 나면 돌이킬 수 없는 법 斯言之玷(사언지점) 不可爲也(불가위야)

가벼이 말을 말고 구차하다 하지 말라 無易由言(무이유언) 無曰苟矣(무왈구의)
아무도 내 혓바닥 붙잡을 수 없으리니 莫捫朕舌(막문짐설)[9][10]
입 밖으로 나간 말은 따라가서 못 붙잡지 言不可逝矣(언불가서의)[11]
말 한마디 잘못으로 원수 되는 수가 있고 無言不讎(무언불수)
덕을 잠깐 베풀어도 보답받는 수가 있지 無德不報(무덕불보)
친구들 서민들과 아이까지 사랑하면 惠于朋友(혜우붕우) 庶民小子(서민소자)
자손들이 이어가며 만민에게 존중되리 子孫繩繩(자손승승) 萬民靡不承(만민미불승)

군자들을 사귀는 그대의 모습 보니　視爾友君子(시이우군자)
그대의 얼굴이 온화하고 부드럽네　輯柔爾顔(즙유이안)[12]
그러니 허물들이 멀리 가지 아니하리　不遐有愆(불하유건)
방에 있는 그대의 모습을 보니　相在爾室(상재이실)[13]
구석방에 있더라도 부끄러운 일을 않네　尙不愧于屋漏(상불괴우옥루)[14][15]
어두운 곳이라서 날 보는 이 없다 말라　無曰不顯(무왈불현) 莫予云覯(막여운구)[16]
신께서 이르심은 예측할 수 없음이니　神之格思(신지격사) 不可度思(불가탁사)[17][18]
하물며 그것을 싫어할 수 있을 건가　矧可射思(신가역사)[19][20]

그대를 본받아서 덕을 행하면　辟爾爲德(벽이위덕)[21]
백성들은 착하고도 아름다워져　俾臧俾嘉(비장비가)
그대의 행동거지 잘도 삼가서　淑愼爾止(숙신이지)[22][23]
그대의 거동에 잘못됨이 없어지고　不愆于儀(불건우의)
어긋나지 아니하고 해치지 아니하면　不僭不賊(불참부적)
백성들의 본보기가 아니 됨이 없으리니　鮮不爲則(선불위칙)
나에게 복숭아를 던져 주면은　投我以桃(투아이도)
나는야 오얏으로 보답을 하지　報之以李(보지이리)
저 새끼 염소들이 뿔 있는 듯 덤비듯이　彼童而角(피동이각)[24]
참으로 어린애들 헷갈리고 있도다　實虹小子(실홍소자)[25]

부드럽고 결이 고운 나무 잘라서　荏染柔木(임염유목)[26]
줄을 걸어 거문고 비파 만들 듯　言緡之絲(언민지사)[27]

따스하고 부드럽고 공손한 사람　溫溫恭人(온온공인)
덕 쌓을 수 있게 하는 터전이 되지　維德之基(유덕지기)
애오라지 현명하고 어진 사람은　其維哲人(기유철인)
그들에게 좋은 말을 일러주면은　告之話言(고지화언)
덕을 따라 순조롭게 행동하지만　順德之行(순덕지행)
그야말로 어리석고 못난 사람은　其維愚人(기유우인)
도리어 나를 보고 속인다 하니　覆謂我僭(복위아참) [28]
사람들의 마음은 이처럼 각각이네　民各有心(민각유심)

아아 선과 악을 모르는 어린애들은　於乎小子(오호소자) 未知臧否(미지장부)
손으로 끌어주고 일로써 지시하며　匪手攜之(비수휴지) 言示之事(언시지사) [29]
면전에서 알려주고 귀를 잡아끌어야지　匪面命之(비면명지) 言提其耳(언제기이) [30]
설사 아직 아무것도 모른다 해도　借曰未知(차왈미지) [31]
이미 벌써 아이 낳아 안고 있잖아　亦既抱子(역기포자) [32]
백성들은 만족하지 아니 하나니　民之靡盈(민지미영)
누가 일찍 그걸 알아 공을 이루리　誰夙知而莫成(수숙지이모성) [33]

넓은 하늘이 저리 밝아도　昊天孔昭(호천공소)
우리의 삶은 즐겁지 않네　我生靡樂(아생미락)
그대들을 바라보니 멍청하구나　視爾夢夢(시이몽몽) [34]
그래서 내 마음이 처참해지네　我心慘慘(아심참참) [35]
그대들을 하나하나 깨우치지만　誨爾諄諄(회이순순) [36]

나의 말을 건성건성 흘려버리고　聽我藐藐(청아막막)[37]
중요한 교훈으로 아니 여기며　匪用爲教(비용위교)[38]
도리어 농담으로 받아들이네　覆用爲虐(복용위학)[39]
아직도 철이 들지 않았다지만　借曰未知(차왈미지)
이미 벌써 늙어서 망령 들었네　亦聿既耄(역률기모)

아아 너희들 어린애들아　於乎小子(오호소자)
그대들에게 옛 법도 알려주리라　告爾舊止(고이구지)
내가 일러주는 것 잘만 들으면　聽用我謀(청용아모)
뒷날에 후회할 일 없을 것이네　庶無大悔(서무대회)
하늘이 지금 재앙 크게 내리니　天方艱難(천방간난)
당장에 이 나라가 망한다 하네　曰喪厥國(왈상궐국)
비유하여 이해함은 어렵지 아니하니　取譬不遠(취비불원)
하늘이 하는 일은 어긋나지 않기 때문　昊天不忒(호천불특)
어찌하여 비뚤어진 덕을 가지고　回遹其德(회율기덕)
이토록 백성들을 아프게 하나　俾民大棘(비민대극)[40]

1 抑抑 장엄한 모양 2 職 실로, 주로 3 訏 크다 4 辰 때, 때맞게 5 湛 탐닉하다, 빠지다 6 樂從 즐거움을 따르는 일 7 罔 無의 뜻, 반어법으로 '~하지 않겠는가!' 8 圭 서옥, 홀 9 捫 붙잡다, 잡다 10 朕 나 11 逝 가다, 따라가다 12 輯 온화하다 13 相 보다 14 尙 오히려 15 屋漏 방의 서북쪽 모퉁이, 어두침침하여 잘 보이지 않는 곳 16 云 어조사 17 格 이르다 18 思 어조사 19 矧 하물며 20 射 싫어하다 21 辟 본받다 22 止 행동거지 23 僭 어긋나다 24 童 뿔이 나지 않은 어린 양, 어린 양들은 뿔이 나지 않았는데도 뿔이 난 양들처럼 떠받고 싸우곤 한다 25 虹 무지개, 무지개는 색이 많아 헷갈리므로 여기서는 '헷갈린다'로 번역했다 26 荏染 부드러운 모양 27 緡 낚싯줄, 줄을 걸다, 입히다 28 僭 속이다 29 言 어조사 30 命 일어주다 31 借 가령 32 抱子 자식을 낳아 안고 있다, 아무것도 모르는 사람도 자식 낳고 기르기 마련이다, 아무것도 모르는 아이라 해서 가만두면 안 됨을 말한다. 그들은 금방 어른이 되고 말 것이기 때문이다 33 莫 謨와 통용, 꾀, 공 34 夢夢 멍청한 모양 35 慘慘 처참한 모양 36 諄諄 하나하나 말해주는 모양 37 藐藐 건성으로 듣는 모양 38 用 以와 같은 뜻 39 虐 謔과 통용, 농담, 해학 40 棘 아프게 하다

난세를 살아가는 지혜를 노래한 것이다. 특히 정치하는 군자들은 더욱 경계해야 할 내용이다. 시인은 나이가 많은 현인이기 때문에 정치 담당자를 어린이처럼 여기고 있는 듯하다.

부드러운 뽕나무 桑柔(상유)

우거진 저 뽕나무 그 그늘이 널찍터니 菀彼桑柔(울피상유) 其下侯旬(기하후순) [1-3]
남은 잎을 따버리니 밑의 백성 고달프네 捋采其劉(날채기류) 瘼此下民(박차하민) [4-6]
근심 걱정 다함없고 슬픈 마음속 메이네 不殄心憂(부진심우) 倉兄塡兮(창황전혜) [7 8]
위대한 저 하늘이 어찌 나를 안 돌보나 倬彼昊天(탁피호천) 寧不我矜(영불아긍) [9]

네 필 수말 달리나니 깃발들이 펄럭이네 四牡騤騤(사모규규) 旟旐有翩(여조유편) [10-13]
난리가 일어나서 평정되지 아니하니 亂生不夷(난생불이) [14]
어지럽지 않은 곳이 하나도 없네 靡國不泯(미국불민) [15]
난리에 살아남은 많지 않은 백성들도 民靡有黎(민미유려) [16]
모두가 화를 입어 타다 남은 재와 같네 具禍以燼(구화이신)
아아 슬프도다 위급한 국운이여 於乎有哀(오호유애) 國步斯頻(국보사빈) [17 18]

나라의 운명이 뿌리째 흔들리니 國步蔑資(국보멸자)
하늘이 우리를 도와주지 않는도다 天不我將(천불아장) [19]
머물러 쉴 곳이 어디에도 없어서 靡所止疑(미소지응) [20]
떠나자 해보지만 어디로 가야 하나 云徂何往(운조하왕)
그런데도 정치하는 저 관리들은 君子實維(군자실유)
마음 씀이 안이하여 무사태평들이네 秉心無競(병심무경)
누가 이 고통 길을 만들었는가 誰生厲階(수생여계) [21]
지금에 이르러서 가시밭길 되었네 至今爲梗(지금위경) [22]

근심 걱정 괴로워도 우리나라 생각하네 憂心慇慇(우심은은) 念我土宇(염아토우) [23]

좋은 별자리를 타고나지 못한 나는　我生不辰(아생불신)
하늘의 진노함을 겪고 있다네　逢天僤怒(봉천탄노)[24]
서쪽에서 동쪽까지 안정된 곳 없으니　自西徂東(자서조동) 靡所定處(미소정처)
나에게 많은 고통 있다고 해도　多我覯痻(다아구민)[25]
우리나라 영토가 너무 다급해　孔棘我圉(공극아어)[26 27]

계책을 세우고 신중하다면　爲謀爲毖(위모위비)[28]
혼란한 이 상황이 줄어들겠지　亂況斯削(난황사삭)[29]
너희에게 걱정할 일 말을 해주고　告爾憂恤(고이우휼)
작위 주는 방법을 깨우쳐야지　誨爾序爵(회이서작)
뉘라서 뜨거운 것을 잡고서　誰能執熱(수능집열)
찬물에 넣지 않고 견딜 수 있나　逝不以濯(서불이탁)
어떻게 이 난국을 헤쳐 나갈까　其何能淑(기하능숙)
서로 끌고 진흙탕에 빠져드는 걸　載胥及溺(재서급익)

바람 안고 달려가듯 힘이 들어 흐느끼네　如彼遡風(여피소풍) 亦孔之僾(역공지애)[30]
백성들은 착한 미음 갖고 있어도　民有肅心(민유숙심)[31]
그 마음 지니도록 아니 놓아두고서　荓云不逮(병운불체)[32]
백성들이 심은 곡식 이 좋은 것을　好是稼穡(호시가색)
백성들을 괴롭히고 그 대가로 먹고 있네　力民代食(역민대식)[33]
백성들의 곡식만을 보배로 여겨　稼穡維寶(가색유보)
대신으로 먹는 밥 그것만을 좋아하네　代食維好(대식유호)

하늘이 이 세상에 어지러움 내리시어 天降喪亂(천강상란)
우리가 세운 임금 멸망시키네 滅我立王(멸아입왕)
해로운 벌레들을 내려 보내서 降此蟊賊(강차모적)[34]
농사지은 곡식들이 병들게 했네 稼穡卒痒(가색졸양)[35]
슬프고 애통하다 우리나라는 哀恫中國(애통중국)
황폐하지 않은 곳이 하나도 없네 具贅卒荒(구췌졸황)[36]
백성들의 기력이 하나도 없어 靡有旅力(미유여력)
오로지 저 하늘만 생각을 하네 以念穹蒼(이념궁창)[37]

은혜로운 임금만을 백성들은 바라보네 維此惠君(유차혜군) 民人所瞻(민인소첨)
마음잡고 도리 따라 제상들을 골라야지 秉心宣猶(병심선유) 考慎其相(고신기상)
저 불순한 임금께선 혼자서만 잘한답시고 維彼不順(유피불순) 自獨俾臧(자독비장)
제 맘대로 하는 탓에 백성들은 다 미치네 自有肺腸(자유폐장) 俾民卒狂(비민졸광)[38]

저 숲 속을 바라보니 사슴들이 떼를 짓네 瞻彼中林(첨피중림) 甡甡其鹿(신신기록)[39]
신하들도 떼를 지어 속이고 참소하며 朋友已譖(붕우이참)[40]
서로를 이끌고서 좋은 길로 아니 가네 不胥以穀(불서이곡)
사람들은 말을 하네 진퇴유곡이라고 人亦有言(인역유언) 進退維谷(진퇴유곡)

오직 이 성인께선 백 리 앞을 보건마는 維此聖人(유차성인) 瞻言百里(첨언백리)
어리석은 사람들은 이익 좇는 미치광이 維彼愚人(유피우인) 覆狂以喜(복광이희)
말을 할 수 없는 건가 무엇이 두려운가 匪言不能(비언불능) 胡斯畏忌(호사외기)

이 좋은 사람을 찾지 않고 등용 않고 　 維此良人 弗求弗迪(유차양인 불구부적)[41]
저 잔인한 사람만을 반복하여 돌봐주네 　 維彼忍心 是顧是復(유피인심 시고시복)[42]
백성들이 탐려하고 어지러운 까닭은 　 民之貪亂(민지탐란)
오히려 그들을 해롭히기 때문이지 　 寧爲荼毒(영위도독)[43]

큰바람이 불어오네 커다란 저 골짜기서 　 大風有隧 有空大谷(대풍유수 대공대곡)[44][45]
이 좋은 사람은 착한 일만 하지만 　 維此良人 作爲式穀(유차양인 작위식곡)
거역하는 저 사람은 더러운 곳을 가네 　 維彼不順 征以中垢(유피불순 정이중구)

큰바람이 불어오듯 욕심쟁이 선인 치네 　 大風有隧 貪人敗類(대풍유수 탐인패류)
듣기 좋은 말에는 대답을 하고 　 聽言則對(청언즉대)[46]
간하는 좋은 말은 취한 척 듣지 않네 　 誦言如醉(송언여취)
착하고 좋은 사람 쓰지를 않아 　 匪用其良(비용기량)
또다시 나를 반골로 만드누나 　 覆俾我悖(복비아패)

아아 친구여 나의 친구여 　 嗟爾朋友(차이붕우)
내 어찌 모르면서 이러겠는가 　 予豈不知而作(여기부지이작)
때로는 저 나는 새도 주살에 잡히듯이 　 如彼飛蟲 時亦弋獲(여피비충 시역익획)
그대를 덮어줘도 발각되는 수가 있네 　 旣之陰女(기지음녀)[47]
그렇다고 내게 와서 화를 내면 어이하나 　 反予來赫(반여래혁)[48]

백성들의 고통이 그지없음은 　 民之罔極(민지망극)

임금이 덕이 없어 변덕을 하기 때문　職涼善背(직량선배) [49]
백성에게 이롭지 않은 짓만 하면서　爲民不利(위민불리)
백성에게 못 이길까 그것만을 두려워해　如云不克(여운불극)
백성들이 이처럼 비뚤어지는 것은　民之回遹(민지회율) [50]
윗사람이 다투어서 권력 남용하기 때문　職競用力(직경용력)

백성들이 아직도 안정이 아니 됨은　民之未戾(민지미려) [51]
윗사람이 훔치고 노략질을 하기 때문　職盜爲寇(직도위구)
덕 없으면 안 된다고 말을 하니까　涼曰不可(양왈불가) [52]
돌아서서 등 뒤에서 온갖 욕을 다 하네　覆背善詈(복배선리) [53]
자기 죄가 아니라고 말들을 하겠지만　雖曰匪予(수왈비여)
나는 이미 그대들의 노래 지었네　既作爾歌(기작이가)

1 菀 무성한 모양 2 侯 어조사 3 旬 그늘이 넓고 고른 것 4 捋 따다 5 劉 잎새가 조금밖에 남지 않은 것 6 瘼 병 7 倉兄 愴怳과 통용, 슬프고 마음이 언짢은 것 8 塡 가슴이 미어지다 9 倬 크다 10 騤騤 말 달리는 모습 11 旟 붉은 비단에 송골매를 그려 넣은 기 12 旐 거북과 뱀을 그려 넣은 기 13 翩 펄럭이다 14 夷 평정되다 15 泯 멸망하다 16 黎 살아남은 백성 17 國步 국운 18 頻 급박하다, 절박하다 19 將 돕다 20 疑 안정하다, 쉬다 21 厲階 사나운 길로 가는 계단, 고통 길 22 梗 가시나무, 가시밭길 23 慇慇 걱정이 많은 모양 24 僤 두텁다 25 瘏 병, 앓다 26 棘 다급하다 27 圉 영토, 국토 28 毖 삼가다 29 況 정황, 상황 30 僾 흐느껴 울다 31 肅 착한 마음 32 荓 使와 같은 뜻 33 力 힘들게 하다 34 蟊賊 해로운 벌레 35 痒 병듦 36 贅 힘이 부치다 37 穹蒼 하늘 38 肺腸 제 맘대로 하는 것 39 甡甡 떼를 지어 어울리는 것 40 譖 무고하다, 헐뜯다 41 迪 등용하다 42 復 돌아보다, 돌봐주다 43 荼 씀바귀 44 隧 구멍, 바람이 구멍에서 불어 나오듯 '쏴' 하고 불어 나오는 것 45 空 텅 빈 허공 같은 넓고 큰 것 46 聽言 귀에 잘 들어오는 말 47 陰 그늘, 가리어 보호하다 48 赫 불끈 화를 내다 49 涼 참으로 50 回遹 비뚤어지는 것 51 戾 좋은 상태에 이르다 52 涼 참으로 53 詈 욕하다

난세를 만나 망해가는 나라의 운명을 한탄하며 읊은 시다. 『좌전』 문공 원년에는 이 시의 '대풍유수大風有隧'를 인용하여 예량보芮良父의 작이라 했다.

은하수 雲漢(운한)

밝고 환한 저 은하수 하늘에 둘러 있네	倬彼雲漢 昭回于天(탁피운한 소회우천) [1,2]
임금께서 기도하시네 다음과 같이	王曰(왕왈)
지금의 백성에게 무슨 죄가 있습니까	於乎 何辜今之人(오호 하고금지인) [3]
하늘이 벌을 내려 기근 자꾸 닥칩니다	天降喪亂 饑饉薦臻(천강상란 기근천진) [4]
모든 신들에게 빌고 또 빌었으며	靡神不擧(미신불거) [5]
제물도 안 아끼고 모두 바쳤습니다	靡愛斯牲(미애사생) [6]
가진 보물도 이젠 바닥이 났습니다	圭璧旣卒(규벽기졸)
어찌하여 내 소원을 아니 들어주시나요	寧莫我聽(영막아청)
가뭄이 심하고 열기가 후끈거립니다	旱旣大甚 蘊隆蟲蟲(한기태심 온륭충충) [7,8]
교외에서 종묘에서 제사를 받들었고	不殄禋祀 自郊徂宮(부진인사 자교조궁) [9,10]
천지에 제사하여 제물까지 묻었으며	上下奠瘞(상하전예) [11]
받들지 않은 신은 하나도 없습니다	靡神不宗(미신부종)
후직 조상께서는 어쩔 수 없는가요	后稷不克(후직불극)
하느님께서는 왜 안 돌봐주시나요	上帝不臨(상제불림)
이 세상을 이렇게 벌을 주시는가요	耗斁下土(모두하토) [12]
차라리 놓아두고 이 몸을 벌하소서	寧丁我躬(영정아궁) [13,14]
가뭄이 하 심하여 물리칠 수 없습니다	旱旣大甚 則不可推(한기태심 즉불가퇴)
천둥치고 벼락치듯 두렵고 떨립니다	兢兢業業 如霆如雷(긍긍업업 여정여뢰)
주나라에 남은 백성 하나도 없겠으니	周餘黎民 靡有孑遺(주여여민 미유혈유) [15]
높고 넓은 하늘이여 이 몸 버리십니까	昊天上帝 則不我遺(호천상제 즉불아유) [16]

어찌 아니 두려울 수 있겠습니까 胡不相畏
조상을 모신 제사 여기서 끝납니다 先祖于摧[17]

가뭄이 하 심하여 막을 수 없습니다 旱旣大甚 則不可沮
불타는 듯 뜨거워서 몸 둘 곳도 없습니다 赫赫炎炎 云我無所
나라 운이 끝나나요 희망 미련 없는가요 大命近止 靡瞻靡顧[18]
옛날의 공신들은 나를 아니 돕는대도 群公先正 則不我助[19]
아버님 어머님 조상님들까지 父母先祖
어찌 이리 잔인하게 이 몸 버리십니까 胡寧忍予

가뭄이 하 심하여 산천초목 다 말랐고 旱旣大甚 滌滌山川[20]
가뭄 귀신 날뛰어서 불타는 듯합니다 旱魃爲虐 如惔如焚[21][22]
더위에 지친 마음 걱정으로 속 탑니다 我心憚暑 憂心如熏[23][24]
옛날의 공신들은 내 소원을 안 들어도 群公先正 則不我聞
높고 넓은 하늘이여 어찌 날 버리십니까 昊天上帝 寧俾我遯[25]

가뭄이 하 심하여 떠난 수도 없습니다 旱旣大甚 黽勉畏去[26]
어이하여 가뭄으로 이 몸 고통 주십니까 胡寧瘨我以旱
이토록 참혹해도 까닭을 모릅니다 憯不知其故[27]
풍년제도 일찍 했고 사직제도 했지만 祈年孔夙 方社不莫[28]
높고 넓은 하느님이 돌봐주지 않습니다 昊天上帝 則不我虞[29]
천지신명께 비옵니다 이제 그만 노하세요 敬恭明神 宜無悔怒[30]

가뭄이 하 심하여 기강조차 없습니다 旱既大甚 散無友紀 (한기대심 산무우기) 31 32
장관들은 고통받고 총재는 앓습니다 鞫哉庶正 疚哉冢宰 (국재서정 구재총재) 33 34
추마와 사씨와 선부와 좌우 신하 趣馬師氏 膳夫左右 (추마사씨 선부좌우) 35⋯38
하나같이 아픕니다 이제 그만 해주세요 靡人不周 無不能止 (미인부주 무불능지) 39−41
하느님께 비옵니다 어찌하면 좋습니까 瞻卬昊天 云如何里 (첨앙호천 운여하리) 42 43

저 하늘을 쳐다보니 별빛 반짝거립니다 瞻卬昊天 有嘒其星 (첨앙호천 유혜기성) 44
대부들 군자들이여 다시 제사 드립시다 大夫君子 昭假無贏 (대부군자 소격무영) 45 46
나라 운이 끝난대도 포기하면 안 됩니다 大命近止 無棄爾成 (대명근지 무기이성) 47
날 위한 것 아닙니다 다 살리는 길입니다 何求爲我 以戾庶正 (하구위아 이려서정) 48 49
하느님께 비옵니다 제발 살게 해주세요 瞻卬昊天 曷惠其寧 (첨앙호천 갈혜기녕) 50

1 倬 밝은 모양 2 雲漢 은하수 3 於乎 아아, 음률을 맞추기 위해 번역하지 않았다 4 薦 거듭 5 擧 제사 지내다 6 愛 아끼다 7 蘊隆 열기가 달아오르다 8 蟲蟲 후끈거리는 모양 9 殄 끊다 10 禋 정결히 제사 지내다 11 瘞 묻다, 제사에 쓰인 물건을 땅속에 묻다 12 耗斁 못 살고 망하게 함 13 寧 차라리 14 丁 당하다 15 孑 외롭다, 남다, 孑遺는 남은 자 16 不我遺 우리들을 남겨 놓지 않는다 17 摧 꺾이어 끊어지는 것 18 近止 멈추는 데 가까움 19 先正 여러 선공들의 관리들 20 滌滌 메마른 모양 21 旱魃 가뭄 귀신 22 惔 타다, 불이 타다 23 憚 지치다 24 熏 불사르다 25 遯 달아나다 26 黽勉 힘을 써도, 아무리 힘을 써도 27 憯 참혹하다 28 莫 暮와 통용, 늦다 29 虞 헤아리다, 염려하다 30 悔 유감스럽다 31 散 어지럽다 32 友 有와 같은 뜻 33 鞫 국문하다, 고통받다 34 庶正 장관들 35 趣馬 말을 관리하는 신하 36 師氏 임금을 수호하는 군사들을 관리하는 신하 37 膳夫 음식을 책임진 관원 38 左右 좌우의 신하 39 周 두루, 靡人不周는 '두루 아프지 않은 사람이 없다는 뜻 40 無不 이중 부정이므로 두 글자를 빼고 해석하면 될 것이다 41 止 그만두다, 그만하다 42 卬 仰과 통용 43 里 어조사로 보는 것이 좋을 듯하다, 많은 주석들에서는 悝와 통용되어 '근심하다'로 해석하고 있다 44 嘒 暳와 통용, 반짝이다 45 昭假 신령이 임하는 것 또는 신령이 임하도록 제사하는 것 46 贏 남다, 無贏은 '남김없이 정성을 다해'라는 뜻이다 47 成 성공한다는 희망 48 戾 편케 하다 49 庶正 여러 장관 50 曷惠其寧 언제 편안하게 살 수 있는 혜택을 주시겠습니까?

극심한 가뭄으로 인해 온 천지가 메말라버린 상태에서 비를 내려달라고 천지신명에게 기도하는 기도문으로 보인다.

높다란 산봉우리　崧高

높다란 저 산봉우리 하늘에 닿아 있네　崧高維嶽 駿極于天 [1-3]
저 산에서 강신하사 보와 신을 낳으셨네　維嶽降神 生甫及申 [4 5]
오직 저 신과 보는 주나라의 기둥이고　維申及甫 維周之翰 [6]
모든 나라 울타리며 온 천하의 담장일세　四國于蕃 四方于宣 [7]

부지런한 신백에게 옛일 잇게 하시어　亹亹申伯 王纘之事 [8 9]
사에다 도읍하여 남국 모범 되게 했네　于邑于謝 南國是式 [10]
왕께선 소백에게 신백 집을 짓게 하고　王命召伯 定申伯之宅
남쪽 나라 가게 해서 공 세우게 하셨네　登是南邦 世執其功 [11-13]

왕께서 신백에게 남방 모범 되게 했네　王命申伯 式是南邦
이 사 땅 사람으로 그의 나라 열게 했네　因是謝人 以作爾庸 [14]
왕께서 소백에게 하명하시네　王命召伯
미리 가서 신백 논밭 정리하라고　徹申伯土田 [15]
왕께서 부어에게 하명하시네　王命傅御 [16]
사사로운 사람들을 옮기라 하고　遷其私人 [17]

나라 여는 신백의 일 소백이 맡아 했네　申伯之功 召伯是營
보기 좋게 성 쌓았고 침전 사당 완성했네　有俶其城 寢廟旣成 [18]
모두 다 완성되니 신백에게 하사하네　旣成藐藐 王錫申伯 [19]
네 필 수말 씩씩하고 고리 배 띠 반짝이네　四牡蹻蹻 鉤膺濯濯 [20-23]

임금께서 신백에게 당부하시네　王遣申伯
큰 수레와 네 필 말로 보내시면서　路車乘馬 [24]
그대 있을 곳을 보니 남쪽 땅이 제일이라　我圖爾居 莫如南土
그대에게 큰 홀 주니 그대 보물 삼으세요　錫爾介圭 以作爾寶 [25]
잘 가세요 외삼촌 남쪽 나라 지키세요　往近王舅 南土是保 [26]

신백께서 길 떠나니 임금님이 전송하네　申伯信邁 王餞于郿 [27]
신백께선 남쪽 땅 사읍으로 가신다네　申伯還南 謝于誠歸
임금께선 소백 시켜 신백 땅을 살피시고　王命召伯 徹申伯土疆
양식을 쌓아 놓고 수월하게 가게 하네　以峙其粻 式遄其行 [28–31]

신백께서 늠름하게 사 땅으로 들어가니　申伯番番 既入于謝 [32]
걷는 자도 말 탄 자도 씩씩하기 짝이 없어　徒御嘽嘽 [33]
온 나라 사람들이 모두 다 기뻐하며　周邦咸喜
좋은 제후 오셨다고 싱글벙글 야단이네　戎有良翰 [34 35]
환하신 신백께선 임금님의 외삼촌　不顯申伯 王之元舅
문덕 무덕 모두 갖춰 드러내시네　文武是憲

신백께서 지니셨네 훌륭한 인품　申伯之德
부드럽고 은혜롭고 정직하시니　柔惠且直
만방을 어루만져 온 나라에 소문났네　揉此萬邦 聞于四國 [36]
이 길보가 지은 노래 가사도 훌륭하고　吉甫作誦 其詩孔碩 [37–39]

곡조 또한 좋습니다 신백님께 바칩니다　其風肆好 以贈申伯 40

1 崧 우뚝 솟다 2 嶽 吳嶽 또는 吳山이라고도 한다. 지금의 陝西省 隴縣 서남쪽에 있다 3 駿 빼어나다 4 甫 甫나라의 제후 5 申 申나라의 제후 6 翰 幹과 통용, 기둥 7 宣 垣으로 보아야 할 것이다, 담 8 亹亹 부지런한 모양 9 纘 잇다 10 謝 나라 이름, 지금의 河南省 信陽縣에 있었다. 이 시는 申伯을 申나라에서 謝나라로 옮겨 봉할 때 지어진 것이다 11 登 나아가다, 가다 12 世 대대로 13 功 다스리는 일 14 爾庸 주자는 '너의 성', '너의 나라' 등으로 번역했다 15 徹 환하게 하다, 깨끗하게 정리하다 16 傅御 가까이에 있는 신하, 비서 등을 말함 17 私人 申伯이 거느리고 있던 노비 등의 사사로운 사람들 18 俶 정돈하다, 여기서는 '보기 좋게 쌓다'의 뜻이다 19 藐藐 보기 좋은 모양 20 蹻蹻 씩씩한 모양 21 鉤 띠의 고리 22 膺 말의 배 띠 23 濯濯 반짝이는 모양 24 路車 제후들이 타는 큰 수레 25 介 크다 26 近 어조사 27 郿 땅 이름 28 峙 언덕, 쌓다, 곧고루 저장하다 29 粻 식량 30 式 어조사 31 遄 빠르게, 수월하게 32 番番 늠름하다 33 嘽嘽 씩씩하다 34 戎 融과 통용되어 화락함을 뜻한다 35 翰 幹과 통용, 기둥, 여기서는 제후를 의미한다 36 揉 어루만지다, 주무르다 37 吉甫 이 시의 작자 38 誦 노래 39 碩 크다, 훌륭하다 40 風 곡조

선왕宣王이 그의 외숙인 신백申伯을 사謝나라로 보냈는데, 이때 윤길보尹吉甫가 사謝나라로 떠나는 신백申伯을 보며 지어 바친 노래다.

뭇 백성　烝民

하늘이 뭇 백성을 낳으셨으니	天生烝民
모든 것엔 제각각 법칙 있도다	有物有則
그러기에 백성들의 떳떳한 본성	民之秉彝[1]
아름다운 인품을 좋아한다네	好是懿德[2]
하늘이 주나라를 살펴보시고	天監有周
잠깐 동안 이 땅으로 내려오시어	昭假于下[3]
이렇게 밝은 천자 보호하고자	保玆天子
중산보 그 사람을 낳으셨도다	生仲山甫[4]
중산보 그 사람의 사람 됨됨은	仲山甫之德
부드럽고 아름답고 법도가 있네	柔嘉維則
아름다운 거동에다 고운 용모에	令儀令色
꼼꼼한 마음씨에 조심성까지	小心翼翼
옛날의 가르침을 본받으면서	古訓是式
위의 있는 몸가짐에 정성 다하며	威儀是力
천자의 거룩한 뜻 잘도 받들어	天子是若[5]
거룩한 그 뜻 밝혀 세상에 펴네	明命使賦[6]
임금님이 중산보께 하명하셨네	王命仲山甫
모든 제후들의 모범이 되고	式是百辟
그대의 조상 뜻을 이어받아서	纘戎祖考[7]
언제나 임금 몸을 보살펴주고	王躬是保

임금의 명령을 받들 때에는　出納王命(출납왕명)
임금의 목이 되고 혀가 되어서　王之喉舌(왕지후설)[8]
바깥으로 좋은 정치 펼쳐내어서　賦政于外(부정우외)
온 천하에 두루두루 행하게 하라　四方爰發(사방원발)

엄숙하고 지엄하신 임금 명령을　肅肅王命(숙숙왕명)[9]
중산보 그 사람이 도맡아 하네　仲山甫將之(중산보장지)
제후들 나라들의 잘잘못들을　邦國若否(방국약비)[10]
중산보 그 사람은 알고 있었네　仲山甫明之(중산보명지)
현명하고 지혜롭게 처신하여서　旣明且哲(기명차철)[11]
자기 한 몸 무사히 보존을 하고　以保其身(이보기신)
아침부터 밤늦도록 정성을 다해　夙夜匪解(숙야비해)
애오라지 한 사람을 섬겨내었네　以事一人(이사일인)

세상의 사람들이 흔히 말하길　人亦有言(인역유언)
부드러운 것이면 삼키는 거고　柔則茹之(유즉여지)[12]
딱딱한 것이면 뱉는 거라고　剛則吐之(강즉토지)
그러나 중산보 그 사람만은　維仲山甫(유중산보)
부드러운 것이라도 삼키지 않고　柔亦不茹(유역불여)
딱딱한 것이라도 뱉지를 않네　剛亦不吐(강역불토)
홀아비 과부라도 깔보지 않고　不侮矜寡(불모환과)[13]
난폭한 무리라고 두려워 않네　不畏彊禦(불외강어)

세상의 사람들이 흔히 말하길 人亦有言
덕이란 터럭같이 가볍거늘 德輶如毛[14]
그것을 드는 사람 드물다 하네 民鮮克擧之
그러나 조심조심 살펴보니까 我儀圖之[15]
중산보 그 사람은 들고 있도다 維仲山甫擧之
그를 사랑하지만 도울 수 없네 愛莫助之
임금님 하는 일에 결함 있으면 袞職有闕[16]
중산보 그 사람은 보완을 하네 維仲山甫補之

중산보 길 떠나며 제사 드리네 仲山甫出祖[17]
네 필 수말 건장하고 늠름하구나 四牡業業[18]
함께 가는 부하들 날래게 걸어 征夫捷捷[19]
행여나 늦을세라 서두는구나 每懷靡及[20]
네 필 수말 가지런히 잘들 달리고 四牡彭彭[21]
여덟 개의 방울소리 딸랑거리네 八鸞鏘鏘[22]
임금께서 중산보께 하명하시어 王命仲山甫
지 동쪽 나라에 성을 쌓게 하셨네 城彼東方

네 필 수말 씩씩하게 잘도 달리고 四牡騤騤[23]
여덟 개의 방울 소리 쩔렁거리네 八鸞喈喈[24]
중산보여 제나라에 가시더라도 仲山甫徂齊
하루빨리 일 마치고 돌아오소서 式遄其歸[25] [26]

이 길보가 노래 지어 부르옵나니	길 보 작 송 吉甫作誦
산들바람 불어오듯 훈훈합니다	목 여 청 풍 穆如淸風
중산보를 길이길이 그리워하며	중 산 보 영 회 仲山甫永懷
외로울사 그대 마음 달래봅니다	이 위 기 심 以慰其心

1 彛 彝의 俗字, 떳떳한 진리, 영구히 변치 않는 진리 2 懿 아름답다 3 昭假 밝게 이르다 4 仲山甫 宣王 때의 사람 5 若 順의 뜻, 따르다 6 賦 펴다, 펼치다 7 戎 너 8 喉 목구멍, 喉舌은 대변인의 뜻 9 肅肅 엄격하다 10 若 순조로운 것, 잘되는 것 11 解 懈와 통용, 게으르다 12 茹 먹다 13 矜 늙은 홀아비 14 輶 가볍다 15 儀 예의, 조심스럽게 16 袞 곤룡포, 곤룡포는 임금이 입는 옷이므로 袞은 임금을 상징한다. 따라서 袞職은 임금의 일 17 祖 길을 떠날 때 지내는 제사 18 業業 늠름하다 19 捷捷 날랜 모습 20 懷 생각한다, 걱정한다 21 彭彭 나란히 달리는 모양 22 鏘鏘 방울 소리, 딸랑딸랑 23 騤騤 말이 씩씩하게 달리는 모양 24 喈喈 방울 소리, 쩔렁쩔렁 25 式 어조사 26 遄 빠르다

중산보의 사람됨에 흠뻑 취한 시인 윤길보가 중산보를 그리는 노래다. 이 시를 통해 짐작되는 중산보의 사람됨은 참으로 우러를 만하다.

위대한 한나라 韓奕

우뚝하게 솟아 있는 저 양산은 奕奕梁山 1 2
그 옛날 우 임금이 다스리던 곳 維禹甸之 3
길다랗게 뻗어 있는 이 큰길은 有倬其道 4
한후가 명을 받고 찾아오는 길 韓侯受命
왕께서 직접 나와 하명하시네 王親命之
그대의 조상들의 뒤를 이어서 纘戎祖考
짐의 명을 저버리지 않도록 하라 無廢朕命
아침부터 밤늦도록 정성을 다해 夙夜匪解 5
경건하게 그대 자리 지켜낸다면 虔共爾位 7
짐의 명령 바뀌는 일 아예 없으리 朕命不易
내조하지 않는 나라 바로잡아서 榦不庭方 8 9
그대의 임금인 날 보좌케 하라 以佐戎辟 6

수레 끄는 네 필 수말 씩씩하여라 四牡奕奕
쭉쭉 뻗은 큰 키에다 힘이 넘치네 孔脩且張 10
배알하러 들어오는 한후를 보니 韓侯入覲
커다란 홀을 들어 신표 삼았네 以其介圭
임금님께 들어와 배알을 하니 入覲于王
임금님이 한후에게 하사하시네 王錫韓侯
훌륭한 깃발과 술 달린 기장에다 淑旂綏章 11 12
대자리 수레 덮개 무늬 새긴 멍에 簟茀錯衡 13–15
검은색 용포에다 붉은색 신발 玄袞赤舃

고리 달린 배띠에 무늬 당로에　鉤膺鏤錫(구응루양) [16] [17]
가로막이 감는 가죽 호피 덮개에　鞹鞃淺幭(곽굉천멱) [18–21]
고삐용의 가죽하고 황금의 고리　鞗革金厄(조혁금액) [22] [23]

한후가 길을 떠나 길 제사하고　韓侯出祖(한후출조) [24]
도라는 땅에서 일박을 하니　出宿于屠(출숙우도) [25]
주나라 현부들이 전송을 하네　顯父餞之(현부전지)
향기로운 술들이 얼마든지 있으니　清酒百壺(청주백호)
걸맞은 안주에는 무엇이 있나　其殽維何(기효유하)
신선한 물고기에 자라구이라　炰鼈鮮魚(포별선어) [26]
나물의 종류에는 무엇이 있나　其蔌維何(기속유하) [27]
갓 나온 죽순에다 부들 싹이네　維筍及蒲(유순급포)
천자에게 받은 선물 무엇이 있나　其贈維何(기증유하)
튼튼한 네 필 말과 큰 수레라네　乘馬路車(승마로거)
음식 담은 그릇들을 벌여 놓으니　籩豆有且(변두유저) [28]
제후들이 잔치하며 서로 즐기네　侯氏燕胥(후씨연서) [29]

한후가 드디어 장가를 드네　韓侯取妻(한후취처)
분왕의 생질이요 궤보의 따님　汾王之甥(분왕지생) 蹶父之子(궤보지자) [30] [31]
궤라는 마을에서 신부를 맞네　韓侯迎止(한후영지) 于蹶之里(우궤지리)
무수히 많은 수레 줄지어 가고　百兩彭彭(백량방방) [32]
말방울 소리가 딸랑거리네　八鸞鏘鏘(팔란장장)

훤하게 빛이 나는 그 모습이여　不顯其光(불현기광) 33
여러 동생들이 뒤따라오니　諸娣從之(제제종지) 34
풍성한 그 모습이 구름 같구나　祁祁如雲(기기여운) 35
한후가 힐끔힐끔 뒤돌아보네　韓侯顧之(한후고지)
찬란한 서기가 문에 가득하도다　爛其盈門(난기영문)

궤보는 씩씩하고 용감하신 분　蹶父孔武(궤보공무)
가보지 않은 나라 하나도 없네　靡國不到(미국부도)
따님에게 좋은 혼처 살펴보다가　爲韓姞相攸(위한길상유) 36
한나라가 제일인 줄 알았더라네　莫如韓樂(막여한락)
참으로 즐거운 한나라의 땅　孔樂韓土(공락한토)
냇물 못물 찰랑찰랑 넘쳐흐르고　川澤訏訏(천택우우) 37
방어 연어 유유히 헤엄쳐 놀며　魴鱮甫甫(방서보보) 38–40
사슴들이 우글우글 떼 지어 놀고　麀鹿噳噳(우록우우) 41 42
곰들과 말곰들이 어울려 놀며　有熊有羆(유웅유비) 43
살쾡이와 범들도 함께 사는 곳　有貓有虎(유묘유호)
경사롭게 이 땅에 살게 하며우　慶既令居(경기영거)
따님은 영예롭게 살아가리라　韓姞燕譽(한길연예)

저기 저 거대한 한나라 성은　溥彼韓城(부피한성)
연나라 백성들이 쌓아놓은 것　燕師所完(연사소완)
선조들의 뜻에 따라 왕명 받들어　以先祖受命(이선조수명)

수많은 오랑캐를 다스려왔네	因時百蠻(인시백만) [44]
왕께서 한후에게 하사하셨네	王錫韓侯(왕석한후)
추족과 맥족이 사는 땅까지	其追其貊(기추기맥) [45] [46]
북쪽의 나라들을 모두 맡아서	奄受北國(엄수북국)
그곳의 우두머리 노릇을 하네	因以其伯(인이기백)
성을 다시 높이고 해자 더 파고	實墉實壑(실용실학)
밭이랑을 실측해서 세금 정하고	實畝實籍(실묘실적) [47]
맹수의 가죽으로 조공 바치네	獻其貔皮(헌기비피) [48]
붉은 표범 가죽에다 누런 곰 가죽	赤豹黃羆(적표황비)

1 奕奕 크고 높은 모양 2 梁山 산 이름, 韓나라에 있는 산의 이름 3 甸 다스리다 4 倬 크다, 여기서는 '길다랗게'로 번역했다 5 解 懈와 통용, 게으름 6 戎 너 7 共 恭과 통용, 공손하게 지키다 8 榦 바로잡다 9 不庭方 조정에 내조하지 않는 나라, 庭은 조정이고 方은 나라, 脩 키가 크다 10 張 힘이 넘치다 11 綏 緌과 통용, 갓끈, 술 12 章 기장, 깃발 윗부분에 꽂는 장식한 나무 13 簟 대자리 14 茀 수레 덮개, 簟茀은 대자리로 만든 수레의 덮개 15 錯衡 무늬를 새긴 멍에 16 鏤 새기다 17 錫 당로, 말 앞이마의 장식 18 鞹 다룬 가죽 19 鞃 수레 앞턱 나무의 가운데 20 淺 호피, 호랑이 가죽 21 幭 수레 덮개 22 鞗 고삐 23 厄 멍에 밑에 달린 고리, 金厄은 멍에 밑에 달린 쇠로 만든 고리 24 祖 길 떠날 때 지내는 제사 25 屠 지명 26 炰 굽다, 炰鼈는 구운 자라 고기 27 蔌 나물 28 且 많은 모양 29 侯氏 제후들 30 汾王 厲王을 말한다, 厲王은 汾水 가에 귀양 갔으므로 사람들이 汾王이라 불렀다 31 蹶父 주나라의 卿士 32 彭彭 멋있게 줄지어 가는 모양 33 不顯其光 '그 빛이 드러나지 않는가'의 뜻, 반어법이므로 드러난다는 뜻 34 娣 옛날 여자가 제후에게 시집갈 때는 여동생, 질녀 등을 데리고 갔는데, 이를 媵이라 한다. 여기서의 娣는 媵을 말한다 35 祁祁 풍성한 모양 36 爲韓姞相攸 한길을 위해서 장소를 살펴보는 것, 韓姞은 한나라 임금에게 시집온 蹶父의 딸, 당시에는 일반적으로 여자들이 시집을 가면 남편의 성이나 남편이 다스리는 나라 이름이 자기의 姓이 되고 자기의 姓은 자기의 이름이 된다. 그러므로 蹶父의 성이 姞임을 알 수 있다. 攸는 所와 같은 뜻 37 訏訏 물이 가득 넘쳐흐르는 모양, 찰랑찰랑 38 魴 방어 39 鱮 연어 40 甫甫 많이 모여 헤엄치는 모양 41 麀 암사슴 42 噳噳 사슴들이 많이 모여 있는 모양 43 羆 말곰 44 時 是와 통용, 옳게 인도하다, 옳게 만들다. 여기서는 '다스리다'로 번역했다 45 追 종족 이름, 추족 46 貊 종족 이름, 맥족 47 籍 세금을 정하는 것 48 貔 비휴, 맹수의 일종

한韓나라의 제후가 조회에 왔다 갈 때 시인이 이 시를 지어 노래한 것으로 보인다.

양자강과 한수 江漢(강한)

양자강 한수 물이 넘실거리고 江漢浮浮(강한부부) [1]
용사들 걸음걸이 늠름하도다 武夫滔滔(무부도도) [2]
편안하게 쉬지 않고 놀 틈도 없이 匪安匪遊(비안비유)
회이를 평정하러 찾아가도다 淮夷來求(회이내구)
전쟁터 가는 수레 꺼내놓았고 旣出我車(기출아거)
우리의 깃발들도 세워놓았네 旣設我旟(기설아여)
편안하고 느긋하게 쉬지도 않고 匪安匪舒(비안비서)
회이를 정벌하러 찾아가도다 淮夷來鋪(회이내포) [3]

양자강 한수 물이 출렁거리고 江漢湯湯(강한상상) [4]
용사들 걸음걸이 씩씩하도다 武夫洸洸(무부광광) [5]
사방을 두루두루 평정하고는 經營四方(경영사방)
왕에게 보고하네 이루었다고 告成于王(고성우왕)
사방의 나라들이 평정됐으니 四方旣平(사방기평)
임금님의 나라도 안정되리라 王國庶定(왕국서정)
이제는 전쟁이 없어졌으니 時靡有爭(시미유쟁)
임금님은 마음이 편안하겠네 王心載寧(왕심재녕)

양자강과 한수의 물가에 서서 江漢之滸(강한지호)
임금님이 소호에게 명령하시네 王命召虎(왕명소호) [6]
사방을 평정하여 따르게 하고 式辟四方(식벽사방) [7]
우리의 강토를 통하게 하라 徹我疆土(철아강토)

백성들 괴롭히는 일을 말아서　匪疚匪棘(비구비극)[8,9]
우리의 왕국을 번성케 하라　王國來極(왕국내극)
경계를 나누고 땅을 다스려　于疆于理(우강우리)
남쪽의 바다까지 이르게 하라　至于南海(지우남해)

왕께서 소호에게 명령하시네　王命召虎(왕명소호)
두루두루 좋은 정치 펼치게 하라　來旬來宣(내순내선)[10]
문왕과 무왕께서 천명 받들 때　文武受命(문무수명)
그대 조상 소공께선 기둥이었소　召公維翰(소공유한)[11]
능력 없는 사람이라 말하지 말고　無曰予小子(무왈여소자)[12]
그대 조상 소공을 닮을지어다　召公是似(소공시사)
지혜롭게 군대 일을 빨리 마치면　肇敏戎公(조민융공)[13-15]
그대에게 큰 복이 내릴 것이라　用錫爾祉(용석이지)[16]

그대에게 아름다운 옥 술잔하고　釐爾圭瓚(이이규찬)[17,18]
검은 기장 술 한 통을 하사하노니　秬鬯一卣(거창일유)[19-21]
무덕 있는 조상에게 제사 받들라　告于文人(고우문인)[22]
그대에게 산과 땅을 하사하노니　錫山土田(석산토전)
주나라에 달려와서 명을 받들어　于周受命(우주수명)
조상이 이룬 업을 잇도록 하라　自召祖命(자소조명)[23]
소호는 무릎 꿇고 머리 조아려　虎拜稽首(호배계수)
천자의 만수무강 축원을 하네　天子萬年(천자만년)

소호가 무릎 꿇고 머리 조아려　　虎拜稽首(호배계수)
임금님의 좋은 덕을 칭송하면서　　對揚王休(대양왕휴)[24]
조상의 공 이으리라 다짐을 하고　　作召公考(작소공고)[25]
천자의 만수무강 축원을 하네　　天子萬壽(천자만수)
밝고 밝은 덕을 지닌 천자께서는　　明明天子(명명천자)
아름다운 소문이 그치질 않네　　令聞不已(영문불이)
거룩한 은덕을 널리 펼치니　　矢其文德(시기문덕)[26]
온 세상 모든 곳에 두루 미치네　　洽此四國(흡차사국)[27]

1 浮浮 많은 물이 흐르는 모양 2 滔滔 늠름한 모양 3 鋪 정벌하다 4 湯湯 물결치는 모양 5 洸洸 씩씩하다 6 召虎 召穆公, 虎는 召穆公의 이름, 召公奭의 16세 손 7 辟 임금, 모범을 보이다, 따르게 하다 8 疚 병, 아프게 하다 9 棘 급박하다 10 旬 두루두루 미치게 하다 11 翰 幹과 통용, 줄기, 기둥 12 日予小子 나는 작은 사람이라고 겸손하게 말하다 13 肇 꾀, 지혜 14 敏 빨리 마치다 15 公 功과 통용, 일 16 用 以와 통용 17 釐 다스리다, 하사하다 18 圭瓚 옥 술잔 19 秬 찰기장, 검은 기장 20 鬯 울창주, 신에게 바치는 술 21 一卣 술통 22 文人 문덕 있는 사람, 여기서는 '문덕 있는 조상'을 가리킨다 23 召 紹와 통용, 잇다 24 對揚 대하여 칭송하다 25 作召公考 作考召公의 倒文, 考는 '밝힌다'는 뜻이고, 召는 紹와 통용되어 '잇는다'는 뜻이며, 公은 功과 통용된다. 그러므로 이 문장은 '조상의 공을 잇겠다고 밝히는 것'이다. 26 矢 施와 통용, 베풀다 27 洽 두루 퍼지다

주周나라 선왕宣王이 소호召虎에게 명하여 회이淮夷를 평정케 했다. 이를 본 시인이 선왕宣王의 선정善政과 소호召虎의 공로를 찬양한 것이 이 시의 내용이다.

상무 常武(상무)

밝고도 분명하게 임명하셨네 赫赫明明(혁혁명명)
왕께서 태조에서 임명하셨네 王命卿士(왕명경사) 南仲大祖(남중태조)[1-3]
남중을 경사로 황보를 태사로 大師皇父(태사황보)[4,5]
우리의 모든 군사 정비하시어 整我六師(정아육사)
우리 군사 전투력을 높이셨도다 以脩我戎(이수아융)
공경함을 다하고 경계 잘하여 旣敬旣戒(기경기계)
은혜롭게 남쪽 나라 보살피셨네 惠此南國(혜차남국)

왕께서 윤씨더러 분부하셨네 王謂尹氏(왕위윤씨)
정백인 휴보에게 명령을 하여 命程伯休父(명정백휴보)
군사의 행군을 담당케 하라 左右陳行(좌우진행)
우리 군사 가는 길을 잘 경계하며 戒我師旅(계아사려)
회수의 물가를 따라 내려가 率彼淮浦(솔피회포)[6]
서주의 토지를 살피게 하라 省此徐土(성차서토)
우물쭈물하지 말고 지체치 말고 不留不處(불류불처)
세 경사들 맡은 일을 잘하게 하라 三事就緖(삼사취서)[7,8]

환하고도 늠름하네 위엄 갖춘 천자시여 赫赫業業(혁혁업업) 有嚴天子(유엄천자)
왕께서 쉬엄쉬엄 느긋하게 움직여도 王舒保作(왕서보작)
늘어진 것 아니고 노는 것도 아니라 匪紹匪遊(비소비유)
서나라가 소란하여 서나라 진압하니 徐方繹騷(서방역소) 震驚徐方(진경서방)[9]
번개 같고 벽력 같아 서나라 진동하네 如雷如霆(여뢰여정) 徐方震驚(서방진경)

왕께서 용맹 한번 떨치고 일어나니 王奮厥武(왕분궐무)
천둥 치듯 화가 난 듯 무섭구나 如震如怒(여진여노)
호랑이 같은 신하 진격시키니 進厥虎臣(진궐호신)
노려보는 모습이 포효하는 호랑이라 闞如虓虎(함여효호) 10 11
회수의 물가에서 진을 치시고 鋪敦淮濆(포돈회분) 12–14
흉칙한 포로들을 수없이 잡아 仍執醜虜(잉집추로)
회수의 언저리를 안정시키니 截彼淮浦(절피회포) 15
왕사들이 주둔하는 장소 되었네 王師之所(왕사지소)

임금님 군사들의 드높은 사기 王旅嘽嘽(왕려탄탄) 16
하늘을 나는 듯 날개 치는 듯 如飛如翰(여비여한)
넘실대는 양자강 한수 같으며 如江如漢(여강여한)
끄떡도 아니하는 산 밑둥 같고 如山之苞(여산지포) 17
줄기차게 흐르는 강물 같아서 如川之流(여천지류)
면면히 이어지며 더욱 힘차서 綿綿翼翼(면면익익) 18
헤아릴 수 감당할 수 없는 힘으로 不測不克(불측불극)
기세게 서주 나라 정벌하셨네 濯征徐國(탁정서국) 19

왕께서 내신 계책 참으로 치밀하여 王猶允塞(왕유윤색) 20
서주의 나라가 다가와서 항복했네 徐方旣來(서방기래)
서주의 나라와 하나된 것은 徐方旣同(시방기동) 21
천자님이 세우신 공 때문이지 天子之功(천자지공)

사방의 나라들이 평정되니까 四方既平(서방기평)
서주의 나라들이 임금 앞에 다가왔네 徐方來庭(서방내정)
서주의 나라들이 변덕하지 않게 되니 徐方不回(서방불회)
이제는 돌아가자 왕께서 명하시네 王曰還歸(왕왈환귀)

1 卿士 대장 2 南仲 宣王 때 사람 3 大祖 太祖의 사당 4 大師 三公의 하나로 군사를 관장하는 관리 5 皇父 역시 宣王 때의 사람 6 淮浦 淮水의 물가 7 三事 세 卿士들 8 緖 일 9 繹騷 소란하다 10 闞 노려보다, 바라보다 11 虓 울부짖다, 虓虎는 포효하는 호랑이 12 鋪 늘어놓다 13 敦 진을 치다 14 淮濆 회수의 물가, 濆은 물가를 말한다 15 截 다스리다 16 嘽嘽 사기가 높은 모양 17 苞 밑둥 18 翼翼 힘이 찬 모양 19 濯 씻다, 여기서는 정벌한다는 뜻이다 20 塞 가득하다, 빈틈이 없다 21 回 어기다

선왕宣王이 서徐나라를 정벌하여 평정한 내용을 칭송한 것이다.

우러름　瞻卬(첨앙)

드넓은 저 하늘만 바라보는데	瞻卬昊天(첨앙호천)[1]
어찌해서 우리를 안 살피시나	則不我惠(즉불아혜)
온천지에 편안한 곳 하나 없도록	孔填不寧(공진불녕)[2]
이렇게 큰 재앙을 내려주시나	降此大厲(강차대려)
이 나라 안정될 날 그 언제련가	邦靡有定(방미유정)
백성들은 지치고 병이 들었네	士民其瘵(사민기채)
좀도둑이 설쳐서 난장판인데	蟊賊蟊疾(모적모질)
안정될 기미라곤 보이지 않네	靡有夷屆(미유이계)
법망이 그물처럼 펼쳐 있어도	罪罟不收(죄고불수)
망가진 이 세상을 고칠 길 없네	靡有夷瘳(미유이추)
그대는 남의 토지 잘도 빼앗고	人有土田(인유토전) 女反有之(여반유지)
그대는 남의 백성 잘도 빼앗네	人有民人(인유민인) 女覆奪之(여복탈지)
그대는 죄 없는 자 잡아들이고	此宜無罪(차의무죄) 女反收之(여반수지)
그대는 죄 있는 자 풀어주누나	彼宜有罪(피의유죄) 女覆說之(여복탈지)[3]
현명한 남자들은 성을 쌓지만	哲夫成城(철부성성)
똑똑한 여인들은 성을 허무네	哲婦傾城(철부경성)
아아 저토록 똑똑한 저 여인은	懿厥哲婦(의궐철부)
간악한 그 모습이 올빼미 같네	爲梟爲鴟(위효위치)[4][5]
여인에게 기다란 혀가 있음은	婦有長舌(부유장설)
재난을 부르는 통로가 되지	維厲之階(유려지계)

혼란은 하늘에서 온 것 아니라　亂匪降自天(난비강자천)
간악한 저 여인이 만들어낸 것　生自婦人(생자부인)
가르침도 깨우침도 소용없음은　匪教匪誨(비교비회)
오로지 저 부인과 내시 탓인가　時維婦寺(시유부시)[9]

남의 잘못 따질 때는 간특하여서　鞫人忮忒(국인기특)
참언으로 시작하다 끝장을 보네　譖始竟背(참시경배)
이보다 더 심한 일 어디 있으랴　豈曰不極(기왈불극)
어찌해서 이다지도 간악해졌나　伊胡爲慝(이호위특)
세 곱 정도 이익을 보려 한다면　如賈三倍(여고삼배)
군자들도 그것을 용납하련만　君子是識(군자시식)
공적인 일도 없는 저 여인만은　婦無公事(부무공사)
누에 치고 베 짜는 일 하지도 않아　休其蠶織(휴기잠직)

하늘은 어찌해서 고통을 주고　天何以刺(천하이자)
어찌하여 신들은 복을 안 주나　何神不富(하신불부)
그대의 큰 원수를 놓아두고서　舍爾介狄(사이개적)
오로지 우리들만 닦달을 하네　維予胥忌(유여서기)[10]
위로도 안 해주고 복도 안 주니　不弔不祥(부조불상)
행동거지 하나도 옳은 게 없어　威儀不類(위의불류)
그래서 사람들이 망해버리면　人之云亡(인지운망)
나라도 멸망하여 초췌하리라　邦國殄瘁(방국진췌)[11]

하늘이 이 세상에 내리신 그물　天之降罔(천지강망)
넉넉하고 촘촘하여 빈틈이 없네　維其優矣(유기우의)
그래서 사람들이 망해버리면　人之云亡(인지운망)
마음의 근심 걱정 어이하리오　心之憂矣(심지우의)
하늘이 이 세상에 내리신 그물　天之降罔(천지강망)
도무지 근사하여 흠 하나 없네　維其幾矣(유기기의)
그래서 사람들이 망해버리면　人之云亡(인지운망)
마음의 이 슬픔을 어이하리오　心之悲矣(심지비의)

콸콸콸 솟아나는 저 샘의 물은　觱沸檻泉(필불함천) [12-14]
아무도 그 깊이를 알 수 없어라　維其深矣(유기심의)
한없이 깊고 깊은 마음의 근심　心之憂矣(심지우의)
지금의 이 순간서 비롯되었네　寧自今矣(영자금의)
우리들 선조들의 탓이 아니고　不自我先(부자아선)
우리들 후손들의 탓도 아니라　不自我後(부자아후)
아득히 크고 넓은 저 하늘이여　藐藐昊天(막막호천) [15]
하는 일 빈틈없이 견고하도다　無不克鞏(무불극공)
거룩한 조상들을 욕뵈지 말고　無忝皇祖(무첨황조) [16]
그대의 자손들을 어서 구하라　式救爾後(식구이후)

1 卬 仰과 통용, 우러러보다 2 塡 瘨과 통용, 앓다 3 說 脫과 같은 뜻, 풀어주다 4 梟 올빼미 5 鴟 올빼미, 솔개 6 時 是와 통용 7 寺 내시 8 忮忒 사납고 간특하다 9 介狄 큰 원수, 큰 오랑캐 10 胥忌 서로 미워하다, 忌는 미워한다는 뜻 11 瘁 병들다 12 觱 쌀쌀하다 13 沸 콸콸 솟아나다 14 檻 난간, 檻泉은 막 솟아나고 있는 샘물 15 藐藐 아득한 모양 16 忝 더럽히다

이 시는 유왕幽王이 그의 비 포사褒姒를 지나치게 총애하여 나라를 어지럽힌 것을 풍자한 시다. 유왕幽王의 실정으로 인해 유왕幽王 자신도 죽고 주나라가 동천하게 되었다.

하늘이 내려준 그물은 양심이다. 어떤 사람도 양심에서 벗어날 수 없다. 그런데 자꾸 양심을 저버리면 하늘의 그물에 걸려 살아남지 못한다. 지금 사람들은 양심을 지키지 않기 때문에 하늘의 그물에 걸려 살아남지 못할 것이다.

소공과 하늘　召旻(소민)

하늘이 이다지도 노하시었나
旻天疾威(민천질위)
하늘이 이토록 재앙을 내리시네
天篤降喪(천독강상) [1]
기근으로 우리들을 괴롭히시어
瘨我饑饉(전아기근) [2]
백성들이 뿔뿔이 흩어져가니
民卒流亡(민졸유망)
우리 국토 마침내 황량해졌네
我居圉卒荒(아거어졸황) [3]

하늘이 죄 그물을 내리시어서
天降罪罟(천강죄고)
좀도둑들 집안에서 서로 헐뜯네
蟊賊內訌(모적내홍) [4] [5]
멍청하게 치고 박고 분열하여서
昏椓靡共(혼탁미공) [6–8]
어지러이 무너지고 비뚤어져서
潰潰回遹(궤궤회휼) [9]
그리하여 이 나라를 망치려드네
實靖夷我邦(실정이아방) [10]

서로서로 소리치고 비방하면서
皐皐訿訿(고고자자) [11] [12]
자기들의 잘못을 전혀 모르네
曾不知其玷(증부지기점)
조심조심 애를 쓰고 몸을 삼가도
兢兢業業(긍긍업업)
천하에 편안한 곳 하나 없으니
孔塡不寧(공진불녕) [13]
나의 자리조차도 부지 못하네
我位孔貶(아위공폄) [14]

이렇게 가뭄이 심한 해에는
如彼歲旱(여피세한)
풀 한 포기 제대로 자라지 못해
草不潰茂(초불궤무) [15]
나무에 걸려 있는 부평초 신세
如彼棲苴(여피서저) [16] [17]
이 나라 되어가는 꼴을 보자니
我相此邦(아상차방)

무너져 내리지 않을 수 없네　無不潰止(무불궤지)

옛날에 살기 좋은 그 시절에는　維昔之富(유석지부)
일찍이 이런 일은 없었는데　不如時(불여시)[18]
작금에 문제가 많았을 때도　維今之疚(유금지구)
이처럼 심하지는 않았는데　不如茲(불여자)
높은 자리 차지한 저 소인배들은　彼疏斯粺(피소사패)[19]
어찌하여 군자들과 바뀌지 않고　胡不自替(호불자체)
자꾸자꾸 힘을 얻어 연장해가네　職兄斯引(직형사인)[20]

못물이 가뭄에 마를 때에는　池之竭矣(지지갈의)
가부터 말라간다 하지 않던가　不云自頻(불운자빈)
샘물이 가뭄에 마를 때에는　泉之竭矣(천지갈의)
가운데서 말라간다 하지 않던가　不云自中(불운자중)
소인들이 안팎에서 끼친 악폐가　溥斯害矣(부사해의)[21]
자꾸자꾸 힘을 얻어 불어나가니　職兄斯弘(직형사홍)
재앙이 내 몸까지 닥치려 하네　不烖我躬(부재아궁)

옛날에 선왕께서 천명 받을 땐　昔先王受命(석선왕수명)
소공 같은 어진 이가 나타나서서　有如召公(유여소공)[22]
하루에 백 리씩을 넓혔건만　日辟國百里(일벽국백리)[23]
지금은 하루에 백 리씩 주네　今也日蹙國百里(금야일축국백리)[24]

아아 이 슬픔을 어이하리오 　　 於乎哀哉(오호애재)

지금의 사람들은 이 사람들은 　　 維今之人(유금지인)

어이하여 옛 사람을 아니 본받나 　　 不尙有舊(불상유구)

1 喪 재앙 2 瘨 앓다 3 居圉 중앙의 거처와 변방, 곧 전 국토 4 蟊賊 해충 같은 도적, 좀도둑 5 內訌 안에서 집안싸움하다 6 昏 어둡다, 멍청하다 7 椓 치다, 때리다 8 共 함께 하다, 靡共은 분열하다 9 潰潰 어지러이 무너지는 모양 10 靖夷 오랑캐처럼 다스리다, 망치다 11 皐皐 소리치는 모양 12 訿訿 헐뜯고 비방하는 모양 13 塡 瘨과 통용, 병들다 14 貶 떨어뜨리다, 물리치다 15 潰 이루어지다 16 棲 나무에 걸려 있다, 나무에 깃을 틀다 17 苴 마른 풀, 말라버린 풀, 棲苴는 나무에 걸려 말라버린 풀. 여기서는 시상을 높이기 위해 '나무에 걸려 있는 부평초 신세'로 번역했다. 18 時 是와 통용 19 彼疏斯粺 저들은 거친 곡식이고 우리들은 정미이다. 자리를 차지하고 있는 자는 소인배이고 우리들은 군자들이라는 말이다. 여기서는 '자리를 차지하고 있는 저 소인배들은'이라고 번역했다. 20 兄 나은 것, 우수한 것, 힘이 센 것 21 溥 두루두루 안팎에서 22 召公 召公奭을 말함 23 辟 闢과 통용, 넓힘 24 蹙 오그라들다

유왕幽王이 소인을 임용하여 나라를 어려움과 기근에 빠뜨렸음을 한탄하며 읊은 것이다.

송 頌

주송 31편, 노송 4편, 상송 5편으로 되어 있다.
송은 제사에서 연주된 것이므로, 조상의 공덕을 찬미하고
자손의 공경함을 찬미하며, 제사에 참여한
제후들을 칭송한 것이 많다.

주송周頌

주송周頌은 주周나라의 덕德을 칭송하는 노래다. 청묘지습淸廟之什 · 신공지습臣工之什 · 민여소자지습閔予小子之什이 있다.

청묘지습淸廟之什

「청묘淸廟」라는 시를 비롯한 10개의 시를 모아놓은 것이다.

청아한 사당 　청묘 清廟

아아 근엄하고 청아한 사당 　오목청묘 於穆清廟 [1][2]
고요하고 조화로운 뛰어난 재상 　숙옹현상 肅雝顯相 [3]
기라성같이 빛나는 많은 선비들 　제제다사 濟濟多士 [4][5]
몸에 가득 교양미를 갖추고 있네 　병문지덕 秉文之德 [6]
하늘에 계신 님을 받들기 위해 　대월재천 對越在天 [7]
사당에서 분주하게 오고 가도다 　준분주재묘 駿奔走在廟 [8]
환하게 드러난 덕 전하여오니 　불현불승 不顯不承 [9]
사람들은 길이길이 님을 기리네 　무역어인사 無射於人斯 [10][11]

1 於 오오 2 廟 사당, 여기서는 문왕의 사당을 말한다 3 雝 조화롭다 4 濟濟 많은 모양 5 士 여기서는 '제사에 참여하는 선비들'을 지칭함 6 文之德 文德, 교양미 7 對越 대하다, 맞이하다, 받들다, 越은 於와 같다 8 駿 빠르게 9 不顯不承 드러나지 아니한가! 전해지지 않는가! 크게 드러나고 잘 전해진다 10 射 싫증나다 11 無射於人斯 사람들이 싫증내는 일을 당하지 않는다. 斯는 어조사

문왕을 제사 지낼 때 부른 노래로 보인다.

하느님의 명령 維天之命(유천지명)

하늘이 이 세상을 명령하심은	維天之命(유천지명)
아아 꿋꿋하여 쉼이 없도다	於穆不已(오목불이)
아아 어찌 이리 밝으랴	於乎不顯(오호불현)
지극히 순수한 문왕의 덕이여	文王之德之純(문왕지덕지순)
그 큰 사랑 우리에게 넘쳐흐르니	假以溢我(가이일아) [1]
우리들은 오로지 받기만 하네	我其收之(아기수지) [2]
문왕께서 이루신 공 이어받아서	駿惠我文王(준혜아문왕) [3]
자자손손 돈독하게 보존하기를	曾孫篤之(증손독지) [4]

1 假 크다 2 收 거두다, 받다 3 惠 順과 같음, 따르다, 이어받다 4 曾孫 후대의 왕들

문왕을 제사 지낼 때 연주하던 노래다.

맑은 기운 　　維淸(유청)

맑은 기운 계속해서 빛을 발하네	維淸緝熙(유청즙희)[1]
문왕께서 다스리던 그 법식들이	文王之典(문왕지전)
처음으로 하늘에 제사한 뒤로	肇禋(조인)
지금까지 그것으로 이루었나니	迄用有成(흘용유성)[2 3]
애오라지 주나라의 복이옵니다	維周之禎(유주지정)

1 緝 잇다, 계속해서 2 迄 지금까지 3 用 문왕의 법식을 사용하다 4 禎 복

문왕을 제사 지낼 때 연주하던 노래다.

빛나고 교양 있음　　烈文(열문)

빛나고 교양 있는 제후들이여　　烈文辟公(열문벽공)[1]
조상들이 이 큰 복을 내려주셨네　　錫茲祉福(석자지복)
끝없는 은혜로움 우리에게 베푸시고　　惠我無疆(혜아무강)
자손들이 이어가게 살펴주셨네　　子孫保之(자손보지)
그대들 나라에서 정치 잘하면　　無封靡于爾邦(무봉미우이방)[2]
황제께선 그대들을 존중하리니　　維王其崇之(유왕기숭지)
조상들의 위대한 공 잊지를 말고　　念茲戎功(염자융공)[3]
그 업적을 이어받아 빛나게 하라　　繼序其皇之(계서기황지)[4]
남과 나를 구별 않는 사람이기에　　無競維人(무경유인)
온 사방 사람들이 그를 따르고　　四方其訓之(사방기훈지)
이처럼 빛나는 덕 가지셨기에　　不顯維德(불현유덕)
온 천하 제후들이 그를 본받네　　百辟其刑之(백벽기형지)
아아 전왕의 일을 어이 잊으리　　於乎前王不忘(오호전왕불망)

1 辟公 제후들 2 封靡 따지거나 쓰러뜨리다, 괴롭히다 3 戎 크다 4 序 緒와 통용, 실마리, 업적

천자가 제후들과 함께 제사를 드릴 때 연주하던 노래로 보인다.

하느님의 지으심　天作(천작)

하느님이 높은 산을 만드셨음에	天作高山(천작고산)
태왕께서 이 산을 다스리셨네	大王荒之(태왕황지)[1]
태왕께서 일으키신 이 큰 업적을	彼作矣(피작의)
문왕께서 편안하게 계승하셨네	文王康之(문왕강지)
태왕께서 이 산으로 옮겨가시니	彼徂矣(피조의)
기산에는 평탄하게 길이 열렸네	岐有夷之行(기유이지행)[2]
자손들은 길이길이 보전할지니	子孫保之(자손보지)

1 荒 治의 뜻 2 夷 평탄하다

태왕을 제사 지낼 때, 또는 기산에 제사 지낼 때 연주하던 노래로 보인다.

하늘에서 정하신 천명 있음에　昊天有成命

하늘에서 정하신 천명 있음에　昊天有成命
문왕과 무왕께서 받으셨도다　二后受之[1]
성왕께선 조금도 쉬지를 않고　成王不敢康
천명을 다지려고 밤낮으로 애쓰셨네　夙夜基命宥密[2]
아아 면면히 이어지는 밝은 빛으로　於緝熙
그 마음을 다지고 또 다져서　單厥心[3]
마침내 태평성세 이루시었네　肆其靖之

1 二后 문왕과 무왕 2 宥密 너그럽고 치밀하게 하다 3 單 변치 않고 한결같이 유지하는 것

성왕을 제사 지낼 때 연주하던 노래로 보인다.

제사 받들어 　我將(아장)

제사를 받들어 올리옵나니	我將我享(아장아향)[1]
양과 소의 제물을 받으시옵고	維羊維牛(유양유우)
하늘이여 이 몸을 도와주소서	維天其右之(유천기우지)[2]
문왕께서 행하시던 법도에 따라	儀式刑文王之典(의식형문왕지전)
날마다 온 나라를 다스립니다	日靖四方(일정사방)
저토록 거룩하신 문왕께서도	伊嘏文王(이가문왕)[3]
이 몸 도와 흠향을 하셨습니다	旣右饗之(기우향지)
아침 일찍 일어나서 밤늦게까지	我其夙夜(아기숙야)
하늘의 위엄을 두려워하며	畏天之威(외천지위)
길이길이 그 명을 지키옵니다	于時保之(우시보지)

1 將 받들다 2 右 佑와 통용, 돕다 3 嘏 크다

하늘에 제사하며 다짐하는 뜻으로 연주하던 노래로 보인다.

때맞은 순수 時邁(시매)

때맞추어 여러 나라 순수하시니　時邁其邦(시매기방)[1]
하늘도 우리 임금 사랑하시고　昊天其子之(호천기자지)
주를 도와 질서를 세워주셨네　實右序有周(실우서유주)
때때로 위엄을 떨치실 때엔　薄言震之(박언진지)[2]
두려워 떨지 않는 사람 없어라　莫不震疊(막부진첩)
여러 신을 어루만져 위로하면서　懷柔百神(회유백신)
황하에서 태산까지 이르시나니　及河喬嶽(급하교악)[3]
참으로 임금께선 임금다우셔　允王維后(윤왕유후)
밝고도 환하도다 우리 주나라　明昭有周(명소유주)
순서대로 능력 따라 벼슬을 하네　式序在位(식서재위)
천하의 방패 창을 모두 거두고　載戢干戈(재즙간과)
활과 화살 자루에 넣어두시네　載櫜弓矢(재고궁시)
좋은 덕 가진 자를 널리 구하여　我求懿德(아구의덕)
고루고루 화하 땅에 베푸시나니　肆于時夏(사우시하)[4]
임금님은 천명 잘도 보존하시네　允王保之(윤왕보지)

1 邁 순수하다. 주나라의 제도에 천자는 12년에 한 번씩 순수하는 것으로 되어 있다 2 薄言 둘 다 어조사 3 喬嶽 높은 산, 태산, 태산의 신 4 夏 화하, 오늘의 중국

천자가 순수할 때 제후를 모아 곳곳에서 제사를 드리면서 연주하던 노래로 보인다.

한결같이 애쓰심 執競(집경)

한결같이 애쓰시던 무왕께서는	집경무왕	執競武王
비길 데 없는 공을 이루셨도다	무경유렬	無競維烈
빛나지 아니한가 성왕과 강왕	불현성강	不顯成康
하느님의 영광을 이루셨으니	상제시황	上帝是皇
성왕과 강왕 계시던 그때서부터	자피성강	自彼成康
사방으로 넓은 땅을 차지하시고	엄유사방	奄有四方
밝은 지혜 사방으로 발휘하셨네	근근기명	斤斤其明[1]
종소리 북소리 둥둥 울리고	종고황황	鐘鼓喤喤
경소리 피리 소리 땅땅 울리니	경관장장	磬筦將將
내리시는 그 복이 풍성하여라	강복양양	降福穰穰[2]
내리시는 그 복이 크면 클수록	강복간간	降福簡簡[3]
위엄 있는 거동 더욱 근사해지네	위의반반	威儀反反
거나하게 술 취하고 배불렀다면	기취기포	既醉既飽
복과 녹을 거듭해서 내려주소서	복록내반	福祿來反

1 斤斤 밝게 살피는 모양 2 穰穰 풍성한 모양 3 簡簡 큰 모양

무왕武王·성왕成王·강왕康王을 제사 지낼 때 연주하던 노래로 보인다.

드높으신 문덕 思文(사문)

문덕이 드높으신 후직께서는	思文后稷(사문후직)[1]
능히 하늘의 짝이 되셨네	克配彼天(극배피천)
우리들 만백성을 살리신 것은	立我烝民(입아증민)
지극하신 님의 덕 아님이 없네	莫匪爾極(막비이극)
하느님이 밀과 보리 내려주시고	貽我來牟(이아내모)[2,3]
후직더러 길러라 명령하시니	帝命率育(제명솔육)
이 경계 저 경계를 안 따지시고	無此疆爾界(무차강이계)
화하 땅에 떳떳한 법 베푸시었네	陳常于時夏(진상우시하)[4]

1 思 어조사 2 來 밀 3 牟 보리 4 時 是와 통용

후직을 제사 드릴 때 연주하던 노래로 보인다.

신공지습 臣工之什

「신공」을 위시하여 10수의 시를 모아놓았다.

신하와 백관　　臣工(신공)

아아 여러 신하여 백관들이여	嗟嗟臣工(차차신공)
경건하게 직무를 다할지어다	敬爾在公(경이재공) [1]
임금님은 그대들 공 살피시리니	王釐爾成(왕리이성)
물어보며 헤아려서 최선을 하오	來咨來茹(내자내여) [2,3]
아아 농사일을 맡아보는 보개여	嗟嗟保介(차차보개) [4]
바야흐로 때는 이제 늦은 봄이니	維莫之春(유모지춘) [5]
지금 해야 하는 일은 또 무엇인가	亦又何求(역우하구)
개간한 저 새 밭은 어쩔 셈인가	如何新畬(여하신여) [6]
아아 싱그러운 밀과 보리여	於皇來牟(오황내모)
하늘의 은혜 받아 풍년 들겠네	將受厥明(장수궐명)
밝고 밝은 하느님의 보살핌으로	明昭上帝(명소상제)
마침내 좋은 한 해 맞이하겠네	迄用康年(흘용강년) [7]
우리의 백성에게 명령을 해서	命我衆人(명아중인)
가래와 호미를 마련케 하여	庤乃錢鎛(치내전박) [8,9]
가을걷이 하는 일을 살필지어다	奄觀銍艾(엄관질예) [10,11]

1 在公 공직 2 來 是와 같이 쓰인다 3 茹 헤아리다 4 保介 임금이 모범으로 친히 경작을 할 때 도와주는 관리 5 莫 暮와 통용 6 畬 새로 개간한 밭 7 庤 갖추다 8 錢 가래 9 鎛 호미 10 銍 베다, 수확하다 11 艾 刈와 통용, 베다

봄에 풍년을 기원하여 제사를 드릴 때 연주하던 노래로 보인다.

아아　噫嘻

아아 거룩하신 성왕이시여	噫嘻成王[1]
님에게 밝은 천명 이르시었네	旣昭假爾[2]
솔선하여 농부들을 거느리시고	率時農夫
백곡의 씨앗들을 파종하시네	播厥百穀
님이 먼저 사전을 갈아엎어서	駿發爾私[3]
삼십 리 밭 가는 일 마치시었네	終三十里
그대가 밭 가는 일 열중하시니	亦服爾耕
짝을 지워 밭 가는 이 무수히 많네	十千維耦

1 噫嘻 아아, 감탄사 2 昭假 하늘의 뜻이 밝게 이르다 3 私 친히 경작하는 사유지

성왕이 솔선하여 경작하는 모습을 찬양하며 부른 노래로 추측된다.

떼 지어 나는 백로　　　振鷺

	진 로
백로들이 떼를 지어 날고 있구나	진 로 우 비 振鷺于飛 [1]
서쪽에 자리 잡은 늪지대에서	우 피 서 옹 于彼西雝 [2]
기다리던 우리 손님 이제 오시네	아 객 려 지 我客戾止 [3] [4]
백로같이 우아한 모습 하고서	역 유 사 용 亦有斯容
거기서도 미움 하나 받지 않았고	재 피 무 오 在彼無惡
여기서도 싫어하는 사람이 없네	재 차 무 역 在此無斁
바라건대 밤낮으로 노력을 해서	서 기 숙 야 庶幾夙夜
길이길이 영예롭게 마칠지어다	이 영 종 예 以永終譽

1 振 떼 지어 나는 모양 2 雝 岐周의 서쪽에 있었던 늪의 이름 3 戾 이르다 4 止 어조사

손님을 맞이하여 부르던 노래로 보인다. 「모시서毛詩序」에서는 하나라의 후손과 은나라의 후손이 제사를 도우러 왔음을 기려 부른 노래라 했다.

풍년 豐年(풍년)

풍년이라 벼와 기장 풍성하구나	豐年多黍多稌(풍년다서다도)[1]
높다랗게 지어 올린 창고 있으니	亦有高廩(역유고름)
곡식 넣은 가마니가 억만이라네	萬億及秭(만억급자)[2]
이제는 술을 빚고 단술을 담아	爲酒爲醴(위주위례)
조상들께 먼저 바쳐 대접을 하고	烝畀祖妣(증비조비)[3][4]
이어서 갖가지 예를 다하니	以洽百禮(이흡백례)[5]
하늘도 큰 복 내려 축원해주네	降福孔皆(강복공개)[6]

1 稌 벼 2 秭 부피의 단위, 뭇, 16斛, 한 斛은 열 말. 여기서는 알기 쉽게 '가마니'로 번역했다 3 烝畀 바쳐서 올리는 것, 烝은 올리는 것이고 畀는 드리는 것 4 祖妣 돌아가신 조상 5 洽 다 갖추다 6 皆 두루 미치다, 여기서는 알기 쉽게 '축원해주네'로 번역했다

추수를 감사하는 제사를 드릴 때 부른 노래로 보인다.

장님 　　有瞽(유고)

앞 못 보는 장님들이 악사 되어서	有瞽有瞽(유고유고)
주나라의 뜰에서 연주를 하네	在周之庭(재주지정)
종과 경을 다는 틀을 세워놓고서	設業設虡(설업설거)[1][2]
숭아에는 오색 깃털 꽂아놓았네	崇牙樹羽(숭아수우)[3]
작은북과 큰북에 달아놓은 북	應田顯鼓(응전현고)[4][5]
손북과 경쇠와 축과 어	鞉磬柷圉(도경축어)[6]
고루 다 갖추고서 연주를 하네	旣備乃奏(기비내주)
퉁소와 피리 소리 함께 울려서	簫管備擧(소관비거)
아름답게 어울리는 풍악 소리여	喤喤厥聲(황황궐성)
고요하고 부드럽게 울려 퍼지니	肅雝和鳴(숙옹화명)
선조의 혼령들도 들어주시고	先祖是聽(선조시청)
우리들의 고운 손도 여기 오셔서	我客戾止(아객여지)
오래도록 연주 장면 보아주시네	永觀厥成(영관궐성)

1 業 종과 경을 매다는 나무를 덮은 판자 2 虡 종과 경을 다는 틀의 세로로 된 양쪽의 나무 3 崇牙 종이나 경을 매다는 곳 4 應 작은북 5 田 큰북 6 鞉磬柷圉 손북·경·축·어, 모두 악기 이름

「모시서毛詩序」에서는 음악을 지어 태조의 사당에서 합주하는 모습을 노래한 것이라 했다.

물속　　潛(잠)

아아 출렁이며 흐르는 칠수와 저수	猗與漆沮(의여칠저)[1][2]
물속에는 물고기가 많기도 하네	潛有多魚(잠유다어)
전어도 저기 있고 유어도 있네	有鱣有鮪(유전유유)
피라미 자가사리 메기에 잉어까지	鰷鱨鰋鯉(조상언리)
이것들을 잡아다 제사 드리고	以享以祀(이향이사)
큰 복 내려주십사고 빌어보리라	以介景福(이개경복)

1 猗與 감탄사, 아아 2 漆沮 둘 다 강의 이름, 칠수와 저수

늦은 가을과 이른 봄에 물고기를 잡아 제사를 드리며 부른 노래로 전해진다.

온화함　雝(옹)

다가올 땐 온화한 모습을 해도	有來雝雝(유래옹옹)
사당에 다다를 땐 엄숙하여라	至止肅肅(지지숙숙)
제사를 돕는 이는 제후들이니	相維辟公(상유벽공)
천자는 근엄하게 있어야 하리	天子穆穆(천자목목)
큰 짐승을 제물로 올려놓고서	於薦廣牡(오천광모) [1-3]
이 몸을 도와서 제사 받드네	相予肆祀(상여사사) [4]
거룩하신 부왕의 혼령이시여	假哉皇考(가재황고)
이 아들을 편안하게 살펴주소서	綏予孝子(수여효자) [5]
밝고도 지혜로운 인품이셨고	宣哲維人(선철유인) [6]
문무를 겸비하신 왕이셨으니	文武維后(문무유후)
순조롭게 하늘로 올라가셔서	燕及皇天(연급황천)
후손들을 창성토록 인도하시고	克昌厥後(극창궐후)
우리를 장수토록 하여주시며	綏我眉壽(수아미수)
큰 복을 누리도록 내려주소서	介以繁祉(개이번지)
공이 많은 아버님께 제물 권하고	旣右烈考(기우열고) [7]
문덕 높은 어머님께 제물 올리네	亦右文母(역우문모)

1 於 감탄사, 아아 2 薦 올리다 3 廣 크다 4 肆 거침없이 하다 5 孝子 무왕 자신을 일컫는 말 6 宣 현명하다 7 右 侑와 같은 뜻, 제물을 잡숫도록 권하는 것

주자는 무왕이 문왕을 제사 지낼 때 부르던 노래라 했다.

처음 배알함 　　　　載見(재견)

처음으로 임금님을 배알하옵고	載見辟王(재견벽왕) 1 2
임금님의 법도를 구하옵니다	曰求厥章(왈구궐장)
용무늬 깃발이 펄럭거리고	龍旂陽陽(용기양양)
수레와 깃대 방울 소리 나는데	和鈴央央(화령앙앙) 3 4
가죽 줄 고삐에는 금장식 있어	鞗革有鶬(조혁유창) 5 6
아름답고 찬란하게 반짝입니다	休有烈光(휴유열광)
다 함께 무왕 묘에 알현을 하고	率見昭考(솔견소고) 7 8
제물을 바쳐서 제사 받들어	以孝以享(이효이향)
오래오래 장수토록 기원하오며	以介眉壽(이개미수)
길이길이 보전하길 다짐합니다	永言保之(영신보지)
크고도 많은 복을 내려주소서	思皇多祜(사황다호)
빛나고 교양 있는 제후들에게	烈文辟公(열문벽공) 9
많은 복을 주시고 평화 주소서	綏以多福(수이다복)
큰 복 내려 빛이 나게 하여 주소서	俾緝熙于純嘏(비즙희우순가) 10

1 載 비로소, 처음 2 辟王 천자 3 和 수레 앞턱 나무 앞쪽에 달린 방울 4 鈴 기 위에 달린 방울 5 鞗 고삐 6 鶬 금으로 장식한 모양 7 昭考 무왕을 가리킴 8 孝 제물을 바치는 것 9 辟公 제후 10 純嘏 큰복

「모시서毛詩序」에서는 제후들이 처음으로 무왕의 사당에 가서 배알할 때 부르던 노래라 했다.

손님 有客(유객)

손님께서 오셨네	有客有客(유객유객)
백마 타고 오셨네	亦白其馬(역백기마)
의젓하고 듬직하네	有萋有且(유처유저)[1][2]
일행들도 말쑥하네	敦琢其旅(조탁기려)[3]
오늘 하루 묵으소서	有客宿宿(유객숙숙)[4]
하루 더 묵으소서	有客信信(유객신신)[5]
말고삐를 건네주어	言授之縶(언수지집)[6]
말을 매게 하소서	以縶其馬(이집기마)
뒤를 따라 다니면서	薄言追之(박언추지)
편케 하여 드리리	左右綏之(좌지수지)
큰 덕 가진 분이오니	旣有淫威(기유음위)[7]
큰 복 내려지이다	降福孔夷(강복공이)[8]

1 萋 풀이 무성한 모양, 여기서는 손님의 의젓한 모양을 말한다 2 且 듬직한 모양 3 敦琢 옥을 쪼아낸 것처럼 아름다운 것, 敦는 옥을 가는 것이고 琢은 옥을 쪼는 것이다 4 宿 하루 묵는 것 5 信 이틀 묵는 것 6 縶 앞의 縶은 고삐를 말하고, 뒤의 縶은 말을 매는 것을 말한다 7 淫 크다 8 夷 크다

「모시서毛詩序」에서는 은나라의 현인인 미자微子가 주나라의 사당에 와서 알현할 때의 모습을 읊은 노래라 했다. 손님을 맞이하며 부르는 노래다.

무왕

武(무)

아아 위대한 무왕이시여
빛나는 그 공을 비길 데 없네
진실로 문덕 많은 문왕께오서
길을 열어 후손들을 인도하시니
뒤를 이은 무왕께서 이어받아서
은나라를 쳐서 이겨 포악 멈추고
마침내 당신의 공 이루시었네

於皇武王(오황무왕)
無競維烈(무경유열)
允文文王(윤문문왕)
克開厥後(극개궐후)
嗣武受之(사무수지)
勝殷遏劉(승은알류)[1]
耆定爾功(지정이공)[2]

1 劉 죽이다, 포악하다 2 耆 이루다

「모시서毛詩序」와 주자의 설에 의하면, 무왕이 은을 복속한 후 주공에게 태무라는 춤을 만들게 했는데, 이 시는 대무大武를 연주할 때 부른 노래라 한다.

민여소자지습閔予小子之什

「민여소자閔予小子」를 위시해서 11수의 시를 모아놓았다.

이 어린 아들을 어여삐 여기소서 閔予小子(민여소자)

이 어린 아들을 어여삐 여기소서	閔予小子(민여소자)
집안에 불행한 일 당하고 나서	遭家不造(조가부조)[1]
너무나 외롭고 괴롭습니다	嬛嬛在疚(경경재구)[2][3]
아아 생전에 아버님께선	於乎皇考(오호황고)
평생토록 효도를 다하시어서	永世克孝(영세극효)
잠시도 할아버님 잊지 못하고	念茲皇祖(염자황조)
뜰 앞에 계시는 듯 그리셨지요	陟降庭止(척강정지)[4]
이제 이 못난 어린 아들은	維予小子(유여소자)
아침부터 밤늦도록 마음을 다해	夙夜敬止(숙야경지)
아아 거룩하신 우리 부왕을	於乎皇王(오호황왕)
잊지 않고 그 업적 이어가리다	繼序思不忘(계서사불망)[5]

1不造 불행한 일 2嬛嬛 외로운 모양 3疚 마음 괴롭다 4陟降庭止 뜰 앞에 내려와 계시는 듯. 陟降은 오르락내리락하다. 여기서는 문왕이 뜰에 오르락내리락하시는 모습을 보는 듯 그리워했다는 것을 말한다 5序 緖 실마리, 업적

주자는 성왕이 탈상을 한 뒤 사당에 가서 읊은 것이라 했다.

두루두루 물어가며 訪落(방락)

두루두루 물어가며 시작을 해서	訪予落止(방여낙지)[1]
아버님의 밝은 덕을 따르려 해도	率時昭考(솔시소고)[2]
아아 아득히 멀기만 하니	於乎悠哉(오호유재)[3]
나는 아직 너무나도 미흡한 신세	朕未有艾(짐미유예)
내 힘 다해 앞으로 나아가지만	將予就之(장여취지)
조상 업적 잇기란 너무 힘들어	繼猶判渙(계유판환)
이제 이 못난 어린 아들은	維予小子(유여소자)
다난한 나랏일을 감당 못하니	未堪家多難(미감가다난)
천상천하 계시옵는 신령들께선	紹庭上下(소정상하)[4]
이 나라에 내려와서 살펴주시고	陟降厥家(척강궐가)
아아 거룩하신 부왕께서는	休矣皇考(휴의황고)
이 몸을 보전하게 하여 주소서	以保明其身(이보명기신)

1落 시작하다 2時 是와 통용 3判渙 떨어지고 흩어지는 것. 잘 안 된다는 말 4紹 잇다. 계속 내려와서 살펴달라는 뜻

성왕이 사당에 가서 조상에게 도움을 청하는 내용을 읊은 것으로 보인다.

공경하라

敬之(경지)

공경하시라 오로지 공경하시라	敬之敬之(경지경지)
하늘은 너무나도 밝으시나니	天維顯思(천유현사)
하늘의 명 받기란 쉽지 않은 법	命不易哉(명불이재)
위에만 계신다고 하지 마시라	無曰高高在上(무왈고고재상)
일이 있을 때마다 내려오셔서	陟降厥士(척강궐사)[1]
날마다 여기에서 살피시나니	日監在玆(일감재자)
여기 이 어리석고 못난 아들은	維予小子(유여소자)
총명하고 공경하지 못했지만은	不聰敬止(불총경지)
날로 나아가고 달로 이루어	日就月將(일취월장)
배워서 밝은 덕을 빛내오리다	學有緝熙于光明(학유즙희우광명)
그러니 이 일을 함께 도와서	佛時仔肩(불시자견)[2-4]
우리의 밝은 덕행 보여줍시다	示我顯德行(시아현덕행)

1士 事와 통용, 일 2佛 輔와 통용, 돕다 3時 是와 통용 4仔肩 일을 맡은 신하, 仔는 지는 것, 肩은 어깨에 매는 것. 따라서 仔肩은 지고 매는 것처럼 책임을 진다는 말이다

임금이 덕을 이루어 좋은 정치를 하겠다고 스스로 다짐하면서 신하들에게도 좋은 정치를 하자고 권유하는 내용을 읊은 것으로 보인다.

대비하는 마음 — 小毖(소비)

대비하는 마음	小毖(소비)
내가 지금 깨우치고 경계하는 건	予其懲(여기징)
후환에 대비하기 위함이라네	而毖後患(이비후환)[1]
내가 벌을 물리치지 아니하면은	莫予荓蜂(막여병봉)[2]
스스로 매운 침에 쏘이게 되지	自求辛螫(자구신석)[3]
처음엔 조그마한 저 뱁새들도	肇允彼桃蟲(조윤피도충)[4]
거대하게 날개 치는 봉황 되지만	拚飛維鳥(번비유조)
다난한 나랏일을 감당 못하는	未堪家多難(미감가다난)
나는 아직 여뀌 풀에 머무는 신세	予又集于蓼(여우집우료)[5]

1 毖 대비하다, 삼가다 2 荓 拼과 통용, 물리치다 3 螫 쏘다, 독 4 桃蟲 뱁새의 일종
5 蓼 여뀌, 식물의 이름

임금이 자신을 반성하며 경계하는 내용을 읊은 것으로 보인다.

풀을 베고 　　　載芟(재삼)

풀을 베고 나무를 뽑아내어서 　　　載芟載柞(재삼재책)[1][2]
갈고 나니 반지르르 밭이 되었네 　　　其耕澤澤(기경석석)
천만 사람 짝을 지어 밭갈이하러 　　　千耦其耘(천우기운)
진펄 길 두렁길로 나아돌 가네 　　　徂隰徂畛(조습조진)
주인어른 맏아들이 함께 와 있고 　　　侯主侯伯(후주후백)[3]
둘째와 여러 아들 함께 와 있네 　　　侯亞侯旅(후아후려)
품앗이꾼 일꾼들 모두 모여서 　　　侯彊侯以(후강후이)[4][5]
들에 내온 들 점심을 맛있게 먹네 　　　有嗿其饁(유탐기엽)[6][7]
음식을 이고 나온 예쁜 부인들 　　　思媚其婦(사미기부)[8]
고생하는 일꾼들을 위로해주네 　　　有依其士(유의기사)[9]
날이 선 보습을 제각기 들고 　　　有略其耜(유략기사)[10]
남쪽의 이랑부터 갈아나가네 　　　俶載南畝(숙재남묘)[11][12]
갖가지 곡식들의 씨를 뿌리니 　　　播厥百穀(파궐백곡)
씨앗들이 물 머금어 싹을 틔우고 　　　實函斯活(실함사활)[13]
넓은 땅에 빈틈없이 고루 나와서 　　　驛驛其達(역역기달)[14][15]
보기에도 탐스러운 새싹이 되네 　　　有厭其傑(유염기걸)[16][17]
가지런히 자라난 곡식의 싹들 　　　厭厭其苗(염염기묘)[18]
구석구석 빠짐없이 김매기하네 　　　綿綿其麃(면면기표)[19][20]
비로소 수확하여 곡식 거두어 　　　載穫濟濟(재확제제)[21]
알곡을 가려서 쌓아 올리니 　　　有實其積(유실기적)
억만에 이르는 곡식 가마니 　　　萬億及秭(만억급자)
정성껏 술을 빚고 단술을 담아 　　　爲酒爲醴(위주위례)

조상님 사당에 제사 올리고　烝畀祖妣(증비조비)
이로써 모든 예절 두루 갖추니　以洽百禮(이흡백례)
향기로운 내음이 번져가듯이　有飶其香(유필기향)[22][23]
온 나라에 빛이 되어 퍼져나가네　邦家之光(방가지광)
은은한 그 향기 멀리 퍼지니　有椒其馨(유초기향)[24][25]
무병장수 누리면서 편안하겠네　胡考之寧(호고지녕)[26]
여기 같은 풍년은 여기만이 아니고　匪且有且(비차유차)[27]
지금 같은 풍년은 지금만이 아니라　匪今斯今(비금사금)
예로부터 언제나 이러했느니　振古如茲(진고여자)

1 芟 풀을 베다 2 柞 나무를 뽑다 3 侯 어조사 4 彊 여력이 남아 품앗이하러 온 사람 5 以 품삯을 받고 일하는 사람 6 嗿 여럿이 먹는 소리 7 饁 들밥, 들에서 일하는 사람을 위해 내온 밥 8 思 어조사 9 依 돕다, 힘이 되다, 위로하다 10 略 날카롭다 11 俶 시작하다 12 載 일 13 函 수분을 머금다 14 驛驛 넓은 모양 15 達 빈틈없는 모양, 어느 곳에나 솟아나는 모양 16 厭 탐스러운 모양 17 傑 이삭이 자라나다 18 厭厭 가지런한 모양 19 緜緜 빈틈없이 구석구석 20 麃 김을 메다 21 濟濟 많은 모양 22 飶 향기롭다, 향기로운 냄새 23 香 향기가 멀리 퍼져나가다 24 椒 향기 25 馨 향기가 멀리까지 퍼져나가다 26 胡考 오래 사는 것, 무병장수 27 且 此와 같은 뜻

농사를 지으며 매년 풍년이 드는 즐거움을 노래한 것으로 보인다.

좋은 보습 良耜(양사)

날이 선 좋은 보습 장만을 해서	畟畟良耜(측측양사)[1]
양지바른 밭에서 일 시작하네	俶載南畝(숙재남묘)
여러 가지 곡식들의 씨를 뿌리니	播厥百穀(파궐백곡)
씨앗이 물 머금고 싹을 틔우네	實函斯活(실함사활)
저기서 다가오는 여인을 보니	或來瞻女(혹래첨녀)
네모난 대광주리 둥근 광주리	載筐及筥(재광급거)
기장밥 들 점심을 이고서 오네	其饟伊黍(기향이서)[2]
삿갓을 동여매어 머리에 쓰고	其笠伊糾(기립이교)
호미로 푹푹 파고 긁고 하면서	其鎛斯趙(기박사조)[3]
씀바귀며 여뀌 풀을 제거해가네	以薅荼蓼(이호도료)[4-6]
씀바귀며 여뀌 풀이 썩어버려야	荼蓼朽止(도료후지)
곡식들이 무럭무럭 자라게 되지	黍稷茂止(서직무지)
사각사각 낫질하여 거두어들여	穫之挃挃(확지질질)[7]
차곡차곡 보기 좋게 쌓아 올리니	積之栗栗(적지율률)[8]
우뚝한 그 높이가 성벽 같으며	其崇如墉(기숭여용)
나란한 그 모습이 빗살 같구나	其比如櫛(기비여즐)
집집마다 문을 열어 곡식 넣으니	以開百室(이개백실)
집집마다 곡식으로 가득 쌓이고	百室盈止(백실영지)
부인과 자녀들이 느긋해지네	婦子寧止(부자영지)
누렇고 입술 검은 황소 잡으니	殺時犉牡(살시순모)[9][10]
구부정한 그 뿔이 훌륭하구나	有捄其角(유구기각)[11]
옛날의 방식 이어 제사 지내며	以似以續(이사이속)

옛사람 살던 방식 이어나가세 續古之人(속고지인)

1 畟畟 보습의 날이 날카로운 모양 2 饟 들 점심 3 趙 땅을 파고 긁고 하는 것, 호미로 김매는 모양 4 薅 김매다 5 荼 씀바귀 6 蓼 여뀌 7 挃挃 벼 베는 소리, 사각사각 8 栗栗 많은 모양 9 時 是와 통용 10 犉 누렇고 입술 검은 소 11 捄 가늘고 긴 모양

추수를 감사하며 제사를 지낼 때 부르던 노래로 보인다.

제복 絲衣(사의)

제복을 깨끗이 차려입고서
머리에 단정하게 관을 쓰고서
마루에서 내려와 마당에 나가
제물인 양과 소를 살펴본 다음
큰 가마 작은 솥을 둘러보셨지
뿔로 만든 꾸부정한 술잔에다가
맛 좋고 부드러운 술을 따라서
마음을 가다듬어 권해 올리니
무병장수 아름다운 복을 받겠네

絲衣其紑 (사의기부) [1][2]
戴弁俅俅 (대변구구) [3]
自堂徂基 (자당조기)
自羊徂牛 (자양조우)
鼐鼎及鼒 (내정급자) [4][5]
兕觥其觩 (시굉기구) [6][7]
旨酒思柔 (지주사유)
不吳不敖 (불오불오) [8]
胡考之休 (호고지휴)

1 絲衣 제복 2 紑 옷이 희고 고운 모양 3 俅俅 단정한 모양 4 鼐 가마솥 5 鼒 옹달솥, 작은 솥 6 觥 술잔 7 觩 뿔이 굽은 모양 8 不吳不敖 떠들지도 놀지도 않고

주자는 제사를 지낸 다음 술을 마시며 부르던 노래라 했나.

작 酌

아아 아름다운 임금님의 군사들이여	於鑠王師[1]
이 어두운 시절에 힘을 길러서	遵養時晦
때가 오자 큰 빛을 발하였으니	時純熙矣
천하가 큰 도움을 받게 되었고	是用大介
우리들이 임금님의 은혜 입었네	我龍受之[2]
장엄토다 임금님의 거룩한 업적	蹻蹻王之造[3 4]
오로지 그 업적을 이어가는 건	載用有嗣
그대들 제후에게 달려 있으니	實維爾公
군사들을 진실하게 이끌지어다	允師[5]

1 鑠 아름답다 2 龍 크게, 확실하게 3 蹻蹻 장엄한 모양 4 造 업적, 공적 5 允 진실하게 이끌다

이 시는 〈대무大武〉라는 춤곡의 한 장이었던 것으로 보인다. 이 시의 내용에 '작酌'이라는 글자가 나오지 않는 것을 보고 주자는 아마 다음에 나오는 뢰賚·반般과 함께 악절의 이름이었을 것으로 추측했다.

환하게 나는 빛　　桓(환)

만방을 편안케 다스리시어	綏萬邦(수만방)
해마다 풍년이 들게 하셨네	婁豐年(누풍년)
부지런히 천명을 이어받아서	天命匪解(천명비해)[1]
환하게 빛이 나는 무왕이시여	桓桓武王(환환무왕)[2]
뛰어난 인재들을 거느리시고	保有厥士(보유궐사)
사방을 골고루 다스리시어	于以四方(우이사방)[3]
주나라의 기틀을 잡으셨으니	克定厥家(극정궐가)
아아 하늘에까지 밝게 알려져	於昭于天(오소우천)
은나라를 대신하는 빛이 되셨네	皇以間之(황이간지)[4][5]

1 解 懈와 통용, 게으르다 2 桓桓 환하게 빛나는 모양 3 于 어조사 4 皇 큰 빛 5 間 대신하다

무왕武王의 덕을 칭송한 시로 보인다.

은덕을 내려주심 賚(뢰)

문왕께서 천하 위해 애쓰셨는데	文王旣勤止(문왕기근지)
이 몸이 그 공적을 받자옵니다	我應受之(아응수지)
그 공적을 널리 펴고 풀어내어서	敷時繹思(부시역사)[1 2]
이 몸이 천하 안정 이루렵니다	我徂維求定(아조유구정)[3]
하늘에서 내리신 주나라 명을	時周之命(시주지명)[4]
길이길이 무궁토록 이으렵니다	於繹思(오역사)[5 6]

1時 是와 통용 2思 어조사 3徂 어조사 4時 是와 통용 5於 감탄사, 아 6思 어조사

주자는 문왕의 공을 칭송한 노래라 했다.

즐거움 般(반)

아아 찬란하게 빛나는 우리 주나라	於皇時周(오황시주)[1]
높은 산에 올라서 두루 살피니	陟其高山(척기고산)
높고 낮은 산들이 고루 이어져	墮山喬嶽(타산교악)[2 3]
한결같이 황하로 모여들었네	允猶翕河(윤유흡하)
하늘 아래 펼쳐 있는 넓은 땅들을	敷天之下(부천지하)
하나로 모아서 덕을 베푸니	裒時之對(부시지대)[4–6]
이것이 주나라의 저력이어라	時周之命(시주지명)[7]

1時 是와 통용 2墮山 낮은 산 3喬嶽 높은 산 4裒 모으다 5時 是와 통용 6對 대접하다, 베풀다 7周之命 주나라를 이끌고 가는 힘, 여기서는 '저력'이라 번역했다

주나라가 태평성대를 맞이했을 때의 즐거움을 노래한 것으로 보인다. 「모시서毛詩序」에서는 천자가 순수하며 산과 강에 제사 지낼 때 부른 노래라 했다.

노송魯頌

주나라 성왕은 주공의 맏아들 백금을 봉하여 노나라가 되었다. 노풍魯風이 없는 대신 이 노송魯頌이 풍風의 성격을 어느 정도 띠고 있는 것으로 볼 수 있다. 뿐만 아니라 체제가 아雅처럼 보이는 것도 있다.

경지습駉之什

「경 駉」을 위시하여 4수의 시를 모아놓은 것이다.

살지고 큰 수말들　駉(경)

살지고 큰 수말들 뛰놀고 있네　駉駉牡馬(경경모마)[1]
저 먼 들판에서 뛰놀고 있네　在坰之野(재경지야)[2]
살지고 큰 말들 갖가지 말들　薄言駉者(박언경자)[3]
샅 흰 검은 말 흰 털 섞인 누런 말　有驈有皇(유율유황)
검은 말 누런 말 어울려 있네　有驪有黃(유려유황)
이 말들로 수레 끄니 든든하구나　以車彭彭(이거방방)
생각함이 끝도 없이 깊으시어서　思無疆(사무강)[4]
말들조차 이렇게 훌륭하도다　思馬斯臧(사마사장)

살지고 큰 수말들 뛰놀고 있네　駉駉牡馬(경경모마)
저 먼 들판에서 뛰놀고 있네　在坰之野(재경지야)
살지고 큰 말들 갖가지 말들　薄言駉者(박언경자)
검푸른 흰 말과 누렇고 흰 말　有騅有駓(유추유비)
붉은 말 푸르고 검은 무늬 말　有騂有騏(유성유기)
이 말들로 수레 끄니 힘이 차구나　以車伾伾(이거비비)[5]
생각함이 끝도 없이 멀고 멀어서　思無期(사무기)
말들조차 이렇게 재주 있도다　思馬斯才(사마사재)

살지고 큰 수말들 뛰놀고 있네　駉駉牡馬(경경모마)
저 먼 들판에서 뛰놀고 있네　在坰之野(재경지야)
살지고 큰 말들 갖가지 말들　薄言駉者(박언경자)
갈기 검은 백마와 푸른 얼룩말　有驒有駱(유탄유락)

갈기 검은 적마와 갈기 흰 흑마	有騮有雒 (유류유락)
이 말들로 수레 끄니 줄기차구나	以車繹繹 (이거역역)[6]
생각함에 싫증냄이 하나도 없어	思無斁 (사무역)
말들조차 이렇게 힘이 솟누나	思馬斯作 (사마사작)
살지고 큰 수말들 뛰놀고 있네	駉駉牡馬 (경경모마)
저 먼 들판에서 뛰놀고 있네	在坰之野 (재경지야)
살지고 큰 말들 갖가지 말들	薄言駉者 (박언경자)
흰 털 섞인 흑마와 붉고 하얀 얼룩말	有駰有騢 (유인유하)
정강이 흰 말과 두 눈이 흰 말	有驔有魚 (유담유어)
이 말들로 수레 끄니 꿋꿋하구나	以車祛祛 (이거거거)[7]
생각함에 비뚤어짐 하나 없어서	思無邪 (사무사)
말들조차 이렇게 잘 달리도다	思馬斯徂 (사마사조)

1駉 말이 살지고 굳센 모양 2坰 들, 서울에서 멀리 떨어져 있는 곳 3薄言駉者 잠시 살지고 굳센 말들을 말할 것 같으면 4思 어조사 5伾伾 힘이 찬 모양 6繹繹 줄기차게 이어지는 모양 7祛祛 꿋꿋한 모양

명마가 수레를 끌고 가는 모양을 찬미한 것이다.

살지고 힘센 말　有駜(유필)

살지고 힘센 말 힘이 센 말들　有駜有駜(유필유필)[1]
살진 저 네 필의 황마를 타고　駜彼乘黃(필피승황)
아침부터 밤늦도록 공무를 보니　夙夜在公(숙야재공)
관청 일이 밝고 밝게 다스려지네　在公明明(재공명명)
날개 치며 날아가던 백로 떼들이　振振鷺(진진로)
날개 펴고 지상으로 내려앉았네　鷺于下(노우하)
북소리 둥둥둥 울려 퍼지자　鼓咽咽(고연연)
술에 취해 덩실덩실 춤들을 추네　醉言舞(취언무)
어허라 좋을시고 모두 즐기세　于胥樂兮(우서낙혜)[2]

살지고 힘센 말 힘이 센 말들　有駜有駜(유필유필)
살진 저 네 필의 수말을 타고　駜彼乘牡(필피승모)
아침부터 밤늦도록 공무를 본 뒤　夙夜在公(숙야재공)
관청에서 술 마시며 연회를 하네　在公飮酒(재공음주)
날개 치며 날아가던 백로 떼들이　振振鷺(진진로)
날개 펴고 천상으로 날아오르네　鷺于飛(노우비)
북소리 둥둥둥 울려 퍼지자　鼓咽咽(고연연)
술에 취해 일어나 돌아들 가네　醉言歸(취언귀)
어허라 좋을시고 모두 즐겁네　于胥樂兮(우서낙혜)

살지고 힘센 말 힘이 센 말들　有駜有駜(유필유필)
살진 저 네 필의 철총이 타고　駜彼乘駽(필피승현)[3]

아침부터 밤늦도록 공무를 본 뒤	숙 야 재 공 夙夜在公
관청에서 잔치하며 즐거워하네	재 공 재 연 在公載燕
지금부터 시작하여 줄곧 앞으로	자 금 이 시 自今以始
해마다 풍년들어 넉넉하리라	세 기 유 歲其有
군자들은 일정한 녹봉이 있어	군 자 유 곡 君子有穀
그것을 자손들에 물려주리니	이 손 자 詒孫子[4]
어허라 좋을시고 모두 즐겁네	우 서 낙 혜 于胥樂兮

1駜 살지고 힘이 센 모양 2胥 서로, 모두 3駽 철총이, 털빛이 검푸른 말 4詒 물려주다

주자는 잔치하고 술 마시며 임금을 기리고 풍년을 비는 노래라 했다. 공무원들이 공무를 충실히 끝낸 뒤 저녁 연회에 참석하여 부르는 노래로 보인다.

반궁에 흐르는 물 泮水(반수)

즐거워라 반궁에 흐르는 물 　 思樂泮水(사락반수) [1]
거기서 미나리를 캐어보세나 　 薄采其芹(박채기근)
노나라 임금님이 돌아오시네 　 魯侯戾止(노후여지)
다가오는 저기 저 깃발 보시게 　 言觀其旂(언관기기)
깃발들이 바람에 펄럭거리네 　 其旂茷茷(기기패패) [2]
방울 소리 딸랑딸랑 들리어오네 　 鸞聲噦噦(난성홰홰) [3]
젊은이 늙은이 구별이 없이 　 無小無大(무소무대)
모두가 임금님을 따르고 있네 　 從公于邁(종공우매)

즐거워라 반궁에 흐르는 물 　 思樂泮水(사락반수)
거기서 마름 풀을 캐어보세나 　 薄采其藻(박채기조)
노나라 임금님이 돌아오시네 　 魯侯戾止(노후여지)
임금님 타신 말 늠름하구나 　 其馬蹻蹻(기마교교) [4]
임금님 타신 말 늠름도 하고 　 其馬蹻蹻(기마교교)
그 울음소리도 요란하구나 　 其音昭昭(기음소소)
온화한 얼굴에다 웃음 띠며 　 載色載笑(재색재소)
화 내시는 일도 없이 교시하시네 　 匪怒伊教(비노이교) [5]

즐거워라 반수에 흐르는 물 　 思樂泮水(사락반수)
거기서 순나물을 캐어보세나 　 薄采其茆(박채기묘) [6]
노나라 임금님이 돌아오셨네 　 魯侯戾止(노후여지)
반수 가에 앉아서 술을 드시네 　 在泮飲酒(재반음주)

기름진 술 거나하게 마셨으니 既飮旨酒(기음지주)
그 덕으로 만수무강 누리시겠지 永錫難老(영석난로)
길게 난 저 길을 따라가셔서 順彼長道(순피장도)
오랑캐의 항복을 받으시겠지 屈此群醜(굴차군추) [7]

근엄하신 노나라의 임금님께선 穆穆魯侯(목목노후)
경건하게 그 덕을 밝히시어서 敬明其德(경명기덕)
거동을 신중하고 조심하시니 敬愼威儀(경신위의)
노나라 백성들의 모범이시네 維民之則(유민지칙)
진실로 문과 무를 갖추셨으니 允文允武(윤문윤무)
위대한 조상신이 임하시었네 昭假烈祖(소격열조)
효도하지 않은 적이 없으셨으니 靡有不孝(미유불효)
스스로 저런 복을 구하셨도다 自求伊祜(자구이호)

밝고 밝은 노나라의 임금님께선 明明魯侯(명명노후)
훌륭히도 그 덕을 밝히시어서 克明其德(극명기덕)
반수 가에 궁전을 지어 놓으니 既作泮宮(기작반궁) [8]
회수 가의 오랑캐가 굴복을 하네 淮夷攸服(회이유복)
씩씩하고 용맹한 참전 용사들 矯矯虎臣(교교호신) [9] [10]
반궁에서 베어온 귀를 바치고 在泮獻馘(재반헌괵) [11]
고요처럼 심문을 잘 하는 이가 淑問如皐陶(숙문여고요) [12] [13]
반궁에서 포로들을 잡아 바치네 在泮獻囚(재반헌수)

재주 있고 예의바른 많은 신하들	濟濟多士(제제다사)
타고난 본마음을 잘도 넓혀서	克廣德心(극광덕심)
굳세고 꿋꿋하게 정벌에 나서	桓桓于征(환환우정)
동남쪽 오랑캐를 물리쳤도다	狄彼東南(적피동남) 14
군사들의 사기가 충천하여	烝烝皇皇(증증황황)
떠들지도 아니하고 자랑도 않고	不吳不揚(불오불양)
공로를 다투는 일 하나도 없이	不告于訩(불고우흉) 15
반궁에 모여서 공을 아뢰네	在泮獻功(재반헌공)
뿔 장식한 활들은 구부정하고	角弓其觩(각궁기구)
묶어 놓은 화살 다발 많기도 하네	束矢其搜(속시기수) 16
병거들은 매우 크고 넓은데	戎車孔博(융거공박)
걷는 이, 말 모는 이 잘도 따르네	徒御無斁(도어무역)
회이들을 무찔러서 제압을 하니	旣克淮夷(기극회이)
순하고 양순해져 순종을 하네	孔淑不逆(공숙불역)
우리 님의 계책을 굳건히 지켜	式固爾猶(식고이유)
회수 가의 오랑캐를 다 평정했네	淮夷卒獲(회이졸획)
푸득푸득 날고 있는 저 올빼미가	翩彼飛鴞(편피비효)
반궁의 숲 속으로 내려앉아서	集于泮林(집우반림)
우리 집의 오디를 따먹고서는	食我桑黮(식아상심) 17
나에게 좋은 소식 들려주도다	懷我好音(회아호음)

잘못을 깨달은 저 회이들이 　憬彼淮夷(경피회이)[18]
스스로 찾아와 보물 바치니 　來獻其琛(내헌기침)[19]
커다란 거북에다 귀한 상아라 　元龜象齒(원구상치)
남쪽에서 나는 금도 많이 보냈네 　大賂南金(대뢰남금)

1 泮 泮宮 제후의 나라에서 운영하는 학교, 후대에는 대학의 형태로 되었다. 천자의 학교는 물이 사방으로 둘러쳐지게 한 데 비하여 반궁은 반만 둘러쳐지게 했다. 그래서 泮이란 글자를 쓰게 되었다. 2 茷茷 펄럭거리는 모양 3 噦噦 방울소리, 딸랑딸랑 4 蹻蹻 늠름한 모양 5 伊 어조사 6 茆 순채, 순나물 7 醜 나쁜 무리, 오랑캐 8 淮夷 동쪽에 사는 夷族들 중의 일부 9 矯矯 씩씩한 모양 10 虎臣 용맹한 신하 11 馘 죽은 적의 왼쪽 귀를 베어와 바치는 것 또는 그 왼쪽 귀 12 淑問 심문을 잘하다 13 皐陶 순 임금 때 감옥을 잘 다스렸던 신하 14 狄 물리치다 15 訩 송사하다, 공을 다투다 16 搜 많은 모양 17 黮 검다, 오디 18 憬 깨닫다, 깨우치다 19 琛 보물

반궁에서 잔치를 열고 임금의 덕을 칭송하는 노래로 여겨진다.

비궁　閟宮(비궁)

깨끗한 비궁은 맑고 고요해　閟宮有侐(비궁유혁)[1,2]
튼튼하고 빈틈없이 잘도 지었네　實實枚枚(실실매매)[3]
밝은 덕을 갖추신 강원이시여　赫赫姜嫄(혁혁강원)[4]
한결같은 모습으로 사신 분이라　其德不回(기덕불회)
오로지 하늘 뜻만 따르셨으니　上帝是依(상제시의)
재앙도 어려움도 하나 없었네　無災無害(무재무해)
달이 차자 제때에 뒤늦지 않고　彌月不遲(미월부지)
후직을 낳으셨네 시조 후직을　是生后稷(시생후직)
하느님이 온갖 복을 내려주셨네　降之百福(강지백복)
차기장 메기장 늦곡식 이른 곡식　黍稷重穋(서직중륙)[5,6]
일찍 심고 늦게 심는 콩하고 보리　稙穉菽麥(직치숙맥)[7]
하늘 아래 나라들에 널리 전하여　奄有下國(엄유하국)
백성에게 농사를 짓게 하시니　俾民稼穡(비민가색)
메기장 차기장이 있게 되었고　有稷有黍(유직유서)
벼도 있고 검은 기장도 있어　有稻有秬(유도유거)[8]
하늘 아래 모든 땅에 널리 퍼지니　奄有下土(엄유하토)
우 임금의 큰 업적을 이으셨도다　纘禹之緒(찬우지서)

거룩하신 후직에게 자손 있으니　后稷之孫(후직지손)
주나라의 태왕이 바로 그라네　實維大王(실유태왕)
기산의 남쪽에서 거주하심에　居岐之陽(거기지양)
상나라를 치는 일이 시작되었네　實始翦商(실시전상)

문왕과 무왕의 때에 이르러　至于文武(지우문무)
태왕께서 시작한 일 이어받아서　纘大王之緒(찬태왕지서)
하늘이 명하신 뜻 이루시는 일　致天之屆(치천지계)
목이라는 들에서 시작되었네　于牧之野(우목지야)
의심을 하지 말고 두려워 말라　無貳無虞(무이무우)[9]
하느님이 그대 위에 임하셨으니　上帝臨女(상제임녀)
상나라의 군사들을 무찌르시어　敦商之旅(퇴상지려)[10]
위대한 공업을 이루시었네　克咸厥功(극함궐공)[11]
성왕께서 숙부에게 분부하셨네　王曰叔父(왕왈숙부)
숙부여 당신의 장자를 세워　建爾元子(건이원자)
노나라의 제후로 책봉하리니　俾侯于魯(비후우로)
당신의 나라를 크게 열어서　大啓爾宇(대계이우)[12]
주나라의 울타리가 되게 하시라　爲周室輔(위주실보)

이리하여 노공에게 명령하시어　乃命魯公(내명노공)
동쪽 나라 임금으로 삼으시고서　俾侯于東(비후우동)
산과 강을 골고루 하사하시고　錫之山川(석지산천)
땅과 밭과 부용국을 내려주셨네　土田附庸(토전부용)
주공의 거룩한 자손으로서　周公之孫(주공지손)
장공의 아드님이 금상이셔라　莊公之子(장공지자)
용무늬 깃발 잡고 제사 이으니　龍旂承祀(용기승사)
여섯 줄의 말고삐가 출렁거리네　六轡耳耳(육비이이)[13]

봄가을로 조금도 게으름 없이	春秋匪解 (춘추비해)
한 치도 어김없이 제사 지내어	享祀不忒 (향사불특)
거룩하고 거룩하신 하느님에게	皇皇后帝 (황황후제)
위대한 할아버지 후직 님에게	皇祖后稷 (황조후직)
붉은 소를 잡아서 제물 바치니	享以騂犧 (향이성희)
흠향을 하시고 옳게 여기셔	是饗是宜 (시향시의)
복을 내려주셨네 이렇게 많이	降福旣多 (강복기다)
위대한 할아버지 주공께서도	周公皇祖 (주공황조)
잊지 않고 임금님께 복을 주시네	亦其福女 (역기복너) [14]
가을에 제사를 지내기 위해	秋而載嘗 (추이재상) [15]
여름부터 복형을 대어놓았네	夏而楅衡 (하이복형) [16]
흰 황소 붉은 황소 잘들 자랐고	白牡騂剛 (백모성강) [17]
짐승 모양 술잔도 갖추어졌네	犧尊將將 (사준장장) [18]
돼지고기 구운 것 산적 고깃국	毛炰胾羹 (모포자갱)
제기에 갖추갖추 올려져 있고	籩豆大房 (변두대방)
만무 춤 너울너울 무르익으니	萬舞洋洋 (만무양양) [19] [20]
후손에게 반드시 경사 있으리	孝孫有慶 (효손유경)
당신을 왕성하고 창성케 하고	俾爾熾而昌 (비이치이창)
당신을 오래 살고 착하게 하니	俾爾壽而臧 (비이수이장)
저 동쪽 나라를 보존하시어	保彼東方 (보피동방)
노나라를 영원토록 이어가시네	魯邦是常 (노방시상)

이지러지지 않고 안 무너지며　　不虧不崩(불휴불붕)
흔들리지 아니하고 튀지 않으며　　不震不騰(부진부등)
나라의 원로들과 서로 벗하니　　三壽作朋(삼수작붕) [21]
산같이 언덕같이 영원하리라　　如岡如陵(여강여릉)

천대를 헤아리는 노나라 전차　　公車千乘(공거천승)
붉은 실 매단 창에 녹색 실 활대　　朱英綠縢(주영녹등) [22] [23]
두 자루의 창에다 활 겹쳐 들고　　二矛重弓(이모중궁)
뒤따르는 보병들이 삼만 명인데　　公徒三萬(공도삼만)
자개 장식 투구에 붉은 실 달고　　貝冑朱綅(패주주침) [24]
수많은 보병들을 휘몰아치며　　烝徒增增(증도증증) [25]
서쪽 북쪽 오랑캐를 무찌르시어　　戎狄是膺(융적시응)
남쪽의 형과 서를 응징하시니　　荊舒是懲(형서시징)
우리에게 대들 자 아무도 없네　　則莫我敢承(즉막아감승) [26]
당신을 창성하고 왕성케 하며　　俾爾昌而熾(비이창이치)
당신을 장수케 하고 부자 만들어　　俾爾壽而富(비이수이부)
노랑머리 복어 무늬 생긴 분들과　　黃髮台背(황발태배)
누가 오래 살았나 견주게 하리　　壽胥與試(수서여시)
당신을 창성하고 크게 만들고　　俾爾昌而大(비이창이대)
당신을 오래도록 살게 만들어　　俾爾耆而艾(비이기이애)
천년만년 세월이 흐를 때까지　　萬有千歲(만유천세)
장수를 누리소서 아무 탈 없이　　眉壽無有害(미수무유해)

태산의 바위들이 우뚝 솟아서 泰山巖巖(태산암암)
노나라 어디서나 바라보이네 魯邦所詹(노방소첨)[27]
그리고 구산과 몽산이 있어 奄有龜蒙(엄유구몽)
대동 지방에서 군림하다가 遂荒大東(수황대동)[28]
바닷가 나라까지 다다랐으니 至于海邦(지우해방)
회이들이 다가와서 하나가 되고 淮夷來同(회이내동)
따르지 않는 나라 하나 없으니 莫不率從(막불솔종)
노나라 임금님의 공적이라네 魯侯之功(노후지공)

부산과 역산을 보유하시고 保有鳧繹(보유부역)
서 나라 땅까지 평정하시어 遂荒徐宅(수황서택)
바닷가 나라까지 이르시니 至于海邦(지우해방)
회이와 남만과 동쪽의 맥족 淮夷蠻貊(회이만맥)
저 남쪽에 살고 있는 오랑캐까지 及彼南夷(급피남이)
따르지 않는 나라 하나도 없고 莫不率從(막불솔종)
복종하지 않는 나라 하나도 없이 莫敢不諾(막감불낙)
노나라 임금님을 따르고 있네 魯侯是若(노후시약)

하늘이 임금님께 큰 복 주시니 天錫公純嘏(천석공순가)
노나라 보존하며 오래 사시고 眉壽保魯(미수보로)
상 땅과 허 땅을 차지하시어 居常與許(거상여허)
주공의 나라를 회복하셨네 復周公之宇(복주공지우)

노나라 임금님은 즐거우시네　　魯侯燕喜
참한 부인에다 장수하시는 어머님　　令妻壽母
대부들과 서사들도 훌륭하나니　　宜大夫庶士
나라를 길이길이 보전하시리　　邦國是有
많은 복을 두루두루 받으시어서　　旣多受祉
황발에도 어린아이 치아 가졌네　　黃髮兒齒

조래산에 자라난 소나무 베고　　徂來之松
신보산에 자라난 잣나무 베어　　新甫之柏
알맞게 잘라내고 잘 헤아려서　　是斷是度
치수를 재어가며 마름질하니　　是尋是尺
소나무 서까래는 크기도 하네　　松桷有舃[29][30]
궁전의 정침은 큼지막하고　　路寢孔碩[31]
새 사당의 모습은 산뜻하도다　　新廟奕奕[32]
해사가 지휘하여 지은 것이라　　奚斯所作
이처럼 길고 크게 지어진 것은　　孔曼且碩[33]
만백성이 잘 따랐기 때문이어라　　萬民是若[34]

1 閟宮 후직의 어머니 姜嫄의 사당 2 侐 고요하다 3 枚枚 짜임새 있게 잘 지어진 모습 4 姜嫄 후직의 어머니 5 重 늦곡식 6 穋 올 곡식 7 稙穉 일찍 심는 것과 늦게 심는 것 8 秬 찰기장, 검은 기장 9 虞 두려워하다, 걱정하다 10 敦 무찌르다 11 咸 다 이루다 12 宇 나라 13 耳耳 출렁거리다 14 女 너 15 嘗 가을에 지내는 제사 16 楅衡 소가 사람을 뜨지 못하도록 쇠뿔에 대는 가로 된 막대기, 불길함을 막기 위해 희생물로 쓰는 소의 뿔에 복형을 대는 것이다 17 剛 犅과 통용, 붉은 수소 18 犧尊 짐승 모양 술통 19 萬舞 춤의 이름 20 洋洋 너울너울 21 三壽 나이 많은 원로들, 三壽에는 상수·중수·하수가 있다. 上壽는 120세, 中壽는 100세, 下壽는 80세를 말한다. 22 朱英 붉은 물을 들인 실을 감아 창을 장식한 것 23 綠縢 활대에 녹색의 실을 감은 것 24 綅 실 25 增增 휘몰아치다 26 承 대들다 27 詹 瞻과 통용, 바라보다 28 荒 다스리다 29 桷 서까래 30 舃 크다 31 路寢 왕궁의 정침 32 奕奕 산뜻하다 33 曼 길다 34 若 順의 뜻, 따르다

희공이 노나라의 옛 땅을 회복한 일을 칭송하며 부른 노래로 여겨진다.

상송商頌

「모시서」에 의하면, 미자微子에서 대공戴公에 이르는 사이 예악이 파괴되었는데, 정고보正考父가 주나라의 태사大師로부터 상송商頌 12편篇을 얻었다고 했다. 지금 남아 있는 것은 5편뿐이다.

어찌 저리 멋있을까 那(나)

아아 어찌 저리 멋이 있는가 猗與那與(의여나여) [1,2]
큰북 땡땡이 늘어놓고서 置我鞉鼓(치아도고) [3]
둥둥 울리며 연주를 하니 奏鼓簡簡(주고간간) [4]
우리 조상들 기뻐하시네 衎我烈祖(간아열조) [5]
탕 손들이 조상신의 강림을 빌어 湯孫奏假(탕손주격) [6]
편안하게 우리 생각 이루려 하네 綏我思成(수아사성)
둥둥 소리 나는 큰북 땡땡이 鞉鼓淵淵(도고연연) [7]
삘리리삘리리 피리의 소리 嘒嘒管聲(혜혜관성)
어울려서 시원하게 울려 퍼지며 旣和且平(기화차평)
경을 치는 소리에 조화 이루니 依我磬聲(의아경성)
아아 빛나도다 탕 임금 후손 於赫湯孫(오혁탕손)
그 소리도 은은하게 들리어오네 穆穆厥聲(목목궐성)
종소리 북소리 울려 퍼지고 庸鼓有斁(용고유역) [8,9]
방패 들고 추는 춤도 산뜻하여라 萬舞有奕(만무유혁)
제사에 참여하러 오신 손들도 我有嘉客(아유가객)
모두들 적지 아니 기뻐하시네 亦不夷懌(역불이역) [10,11]
아득한 옛날부터 그 옛날부터 自古在昔(자고재석)
선민들이 만들어낸 법도 있어서 先民有作(선민유작)
조석으로 익히고 공경을 하여 溫恭朝夕(온공조석)
어느 하나 허튼 것이 없사옵니다 執事有恪(집사유각) [12]
신령이여 우리 제사 돌아보소서 顧予烝嘗(고여증상) [13]
탕 임금의 후손들이 받드옵니다 湯孫之將(탕손지장)

1 猗 아아! 2 那 어찌 3 鞉 鼗와 같은 자, 손에 들고 흔들도록 자루가 달린 작은 북, 땡땡이 4 簡簡 소리가 큰 모양, 둥둥둥 5 衎 즐기다, 기뻐하다 6 奏假 강림하도록 아뢰다, 강림을 빌다, 奏는 아뢰는 것이고, 假는 格으로 강림을 말한다. 7 淵淵 둥둥 8 庸 鏞과 통용, 종, 큰 종 9 斁 성한 모양 10 夷 온화하다 11 懌 기뻐하다 12 恪 삼가다 13 烝嘗 둘 다 제사 이름

탕 임금에게 제사 드릴 때 부르던 노래로 추측된다. 탕의 후손인 송나라의 양공襄公이 은나라를 부흥하려는 야망을 가지고 탕 임금에게 제사를 드리는 것이라고도 한다(『시경석의詩經釋義』).

공이 많은 조상　烈祖(열조)

아아 찬란하게 빛나는 조상이시여	嗟嗟烈祖(차차열조)
차례차례 빠짐없이 이 많은 복을	有秩斯祜(유질사호)[1]
거듭거듭 끊임없이 내려주시어	申錫無疆(신석무강)
지금 여기 임금님이 이었습니다	及爾斯所(급이사소)
맑게 거른 이 술을 올리옵나니	旣載淸酤(기재청고)
우리들의 뜻 이루게 하여 주소서	賚我思成(뇌아사성)
맛을 잘 낸 고깃국도 있사옵니다	亦有和羹(역유화갱)
정신 차려 조리를 했사옵니다	旣戒旣平(기계기평)[2]
말없이 신의 강림 빌었사옵고	鬷假無言(종격무언)[3]
다투는 이들도 없었습니다	時靡有爭(시미유쟁)
우리에게 긴 수명을 내려주시어	綏我眉壽(수아미수)
끝없이 오래 살게 하여 주소서	黃耇無疆(황구무강)[4]
가죽 굴통 무늬 멍에 수레를 타고	約軝錯衡(약기착형)[5–8]
여덟 개 방울 소리 딸랑거리며	八鸞鶬鶬(팔란창창)[9]
제후들도 이르러서 제사 받드니	以假以享(이격이형)
우리들이 받은 천명 넓고 큽니다	我受命溥將(아수명부장)
하늘에서 내려주신 복을 받아서	自天降康(자천강강)
올해도 풍년 들어 풍성하오니	豐年穰穰(풍년양양)
신령이여 강림하사 흠향하시고	來假來饗(내격내향)
끝없이 많은 복을 내려주소서	降福無疆(강복무강)
부디부디 우리 제사 돌아보소서	顧予烝嘗(고여증상)
탕 임금의 후손들이 받드옵니다	湯孫之將(탕손지장)

1酤 술 2平 조리가 잘 된 것 3鬷假 중용에는 奏假로 되어 있다, 강림하도록 아뢰는 것 또는 강림을 비는 것을 말한다 4黃耇 오래 살다 5約 가죽으로 수레 감속 막대를 묶는 것 6軧 수레 감속 막대 7錯 문채가 나는 것 8衡 수레 멍에 9鶬鶬 방울소리, 딸랑딸랑

탕 임금을 제사 지내는 노래로 보인다.

제비	玄鳥
하느님이 제비에게 명령하시어	天命玄鳥[1]
내려가 상의 선조 낳게 하시고	降而生商[2]
드넓은 은나라 땅에 살게 하셨네	宅殷土芒芒
옛날에 하느님이 탕 임금에게	古帝命武湯[3]
사방을 바로잡게 분부하시니	正域彼四方
바야흐로 제후에게 명령하시고	方命厥后
드디어 온 세상을 다스리셨네	奄有九有[4,5]
옛날의 상나라 임금님께선	商之先后
받으신 명령을 잘 받드시어	受命不殆
자손이신 무정에게 연결되었네	在武丁孫子
자손이신 무정 임금님 뜻을	武丁孫子
씩씩하신 후왕들이 이어받았네	武王靡不勝
용 기 꽂은 열 대의 수레 타시고	龍旂十乘
기장 밥 가지고 와 제사 받드네	大糦是承
임금님 계시는 경기 천 리는	邦畿千里[6]
백성들이 머물러 살 곳이로다	維民所止
이로부터 온 천하를 다스리시니	肇域彼四海[7]
천하의 사람들이 와서 이르네	四海來假
오는 모습 와글와글 많기도 하니	來假祁祁
나라 땅이 넓어졌네 황하에까지	景員維河[8,9]
은나라가 받은 천명 모두 바르니	殷受命咸宜
온갖 복을 고루고루 받게 되었네	百祿是何

1 玄鳥 제비. 高辛氏의 妃 簡狄은 제비 알을 삼키고 契을 낳았다. 契은 요 임금 때 司徒로서 공을 세워 商 땅에 봉함을 받았다. 2 商 商나라의 시조 契을 말한다. 3 武湯 씩씩한 탕 4 奄 드디어, 문득 5 九有 九域 모든 나라 6 邦畿 경기 지방 7 肇域 세상의 땅을 다스리기 시작하다 8 景員 큰 나라 땅 9 何 荷와 통용, 누리다

상나라의 제20대 임금인 무정武丁을 제사할 때 부른 노래로 추측된다. 무정武丁의 백부인 반경盤庚이 수도를 은殷으로 옮기고 국호를 은殷이라 고쳤다. 그 뒤 무정武丁이 나와 나라를 크게 중흥시켰다.

오래도록 나타남　長發(장발)

깊고도 밝아라 상나라의 덕　濬哲維商(준철유상)
오래도록 상서로움 나타내었네　長發其祥(장발기상)
홍수가 질펀하게 넘쳐흐를 때　洪水芒芒(홍수망망) [1]
우 임금이 세상을 다스리시어　禹敷下土方(우부하토방) [2]
바깥의 대국들을 정리하시니　外大國是疆(외대국시강) [3]
국토가 널리널리 펼쳐졌도다　幅隕既長(폭원기장) [4]
유융 씨의 따님이 과년하거늘　有娀方將(유융방장) [5] [6]
하느님이 아들 세워 상 만드셨네　帝立子生商(제입자생상) [7]

그윽하신 설 임금님 밝으시어서　玄王桓撥(현왕환발) [8] [9]
작은 나라 맡아도 잘 해내시고　受小國是達(애소국시달)
큰 나라를 맡아도 잘 해내셨네　受大國是達(수대국시달)
예를 지켜 어기는 일 없으셨고　率履不越(솔리불월)
백성 사정 살피시어 다스리셨네　遂視既發(수시기발)
그의 손자 상토도 공적이 빛나　相土烈烈(상토열렬) [10]
바다 밖의 나라들도 예모 갖췄네　海外有截(해외유절) [11]

하느님이 명하심은 어김이 없어　帝命不違(제명불위)
탕 임금에 이르러서 성취하셨네　至于湯齊(지우탕제) [12]
탕 임금이 때에 맞게 내려오셔서　湯降不遲(탕강부지)
성스럽고 경건함을 날로 더하여　聖敬日躋(성경일제) [13]
오래도록 신의 강림 빌고 비시며　昭假遲遲(소격지지)

하느님을 따르고 공경하시어　上帝是祇(상제시지)[14]
천명으로 천하의 모범 되셨네　帝命式于九圍(제명식우구위)[15]

작은 법 큰 법들을 받으시어서　受小球大球(수소구대구)[16]
아래 나라 사람들의 모범 되시고　爲下國綴旒(위하국철류)[17]
하늘의 큰 복을 받으시었네　何天之休(하천지휴)[18]
다투지도 아니하고 느긋하시며　不競不絿(불경불구)[19]
굳세지도 아니하고 꿋꿋하시어　不剛不柔(불강불유)
정사를 베푸심이 넉넉하시니　敷政優優(부정우우)
갖가지 복록들이 모여들었네　百祿是遒(백록시주)[20]

작은 법도 큰 법도를 받으시고서　受小共大共(수소공대공)[21]
아래 나라 사람들을 품어주시어　爲下國駿厖(위하국준방)[22]
하느님의 총애를 받으시었네　何天之龍(하천지총)[23]
용맹을 널리널리 떨치시어서　敷奏其勇(부주기용)
떨거나 동요하지 아니하시고　不震不動(부진부동)
놀라지도 두려워도 아니하시어　不戁不竦(불난불송)
갖가지 복록들을 차지하셨네　百祿是總(백록시총)

용맹하신 임금님이 깃발 세우고　武王載旆(무왕재패)
경건한 마음으로 도끼 드시니　有虔秉鉞(유건병월)
불길이 타오르듯 맹렬하시어　如火烈烈(여화열렬)

아무도 막을 자가 없었느니라	則莫我敢曷(즉막아감알) [24]
하나라를 따르던 세 나라들이	苞有三蘖(포유삼얼) [25] [26]
하나도 마음대로 못하게 되자	莫遂莫達(막수막달)
온 천하의 제후들이 예모 갖췄네	九有有截(구유유절)
위나라와 고나라를 치시고 나서	韋顧既伐(위고기벌)
곤오 치고 하나라 걸왕 치셨네	昆吾夏桀(곤오하걸)
옛날에 은나라의 중엽에 와서	昔在中葉(석재중엽)
두렵고 위태로운 일이 있거늘	有震且業(유진자업) [27]
신실한 천자이신 탕 임금에게	允也天子(윤야천자)
훌륭한 인재를 내려주시니	降于卿士(강우경사)
그가 실로 아형인 이윤이어라	實維阿衡(실유아형) [28]
탕 임금을 도와서 나라 건졌네	實左右商王(실좌우상왕) [29]

1 芒芒 넓은 모양 2 下土方 천하 3 外大國是疆 疆外大國이어야 할 것이나 도치되었다. 그래서 도치를 의미하는 是가 들어갔다. 바깥에 있는 큰 나라를 다스리다. 4 幅隕 국토 5 有娀 나라 이름, 契의 어머니 簡狄은 有娀氏의 딸이었으므로 여기서의 有娀은 簡狄을 가리킨다 6 將 신부로 맞아들이다 7 立子 아들을 세우다, 아들을 점지하다 8 玄王 契을 말함 9 桓撥 환하게 드러나다 10 相土 契의 손자 11 截 가지런하다, 정제되다, 예모를 갖추다 12 齊 濟와 통용, 이루다 13 躋 오르다 14 上帝是祇 祇上帝이어야 할 것이 도치되었다. 오직 상제를 공경한다는 뜻 15 九圍 천하 16 球 구슬. 구슬은 귀한 물건이고, 정치하는 데 귀한 것은 법이므로 여기서는 법을 말한다. 하늘에서 다스리는 법을 받음 17 綴旒 표본, 본보기 18 何 荷와 통용, 받다 19 絿 급박하다 20 遒 모이다 21 共 구슬, 여기서도 역시 법도를 의미한다 22 駿厖 하국들이 보호를 받음을 말한다. 厖은 『荀子』『大戴禮』 등에 모두 蒙으로 되어 있다. 따라서 크게 보호받는 것을 말한다. 23 龍 총애 24 曷 遏과 통용 25 苞 밑둥, 여기서는 夏나라를 지칭함 26 蘖 베고 난 밑둥에서 싹이 나는 것. 三蘖은 하나라를 따르던 세 나라. 즉, 韋·顧·昆吾를 말한다. 27 業 위태롭다 28 阿衡 벼슬 이름, 伊尹이 阿衡이었다 29 左右 佐佑와 통용, 보좌함

탕 임금을 제사 지내며 부른 노래로 추측된다.

은나라의 무력　殷武(은무)

재빠르고 날쌘 저 은나라 무력　撻彼殷武(달피은무) 1
떨치고 일어나 형초를 쳤네　奮伐荊楚(분벌형초)
그 험한 곳으로 깊이 들어가　罙入其阻(미입기조) 2
형나라의 군사들을 사로잡았네　裒荊之旅(부형지려) 3
그 나라를 절도 있게 다스렸으니　有截其所(유절기소)
탕 임금 자손의 공적이라네　湯孫之緒(탕손지서)

오로지 너희 나라 형초는　維女荊楚(유여형초)
바로 우리나라 남쪽에 있지　居國南鄉(거국남향)
그 옛날 탕 임금이 계실 때에는　昔有成湯(석유성탕)
저 서쪽 나라 저강에서도　自彼氐羌(자피저강)
조공을 아니 바친 적이 없었고　莫敢不來享(막감불래향) 4
천자로 아니 섬긴 적이 없었네　莫敢不來王(막감불래왕) 5
언제나 상나라만 따랐었는데　曰商是常(왈상시상) 6

하느님이 명하셨네 여러 제후에　天命多辟(천명다벽)
우 임금 치수한 땅에 도읍 정하고　設都于禹之績(설도우우지적)
해마다 조회하러 오게 하셨네　歲事來辟(세사내벽) 7
제후들을 꾸짖지 아니하시니　勿予禍適(물여화적) 8
제후들은 농사일에 힘을 쏟았네　稼穡匪解(가색비해) 9

천명으로 내려와 다스리시니　天命降監(천명강람)

하민들은 숙연하여 위엄 있었네 下民有嚴(하민유엄)
어긋나지 아니하고 안 넘치시며 不僭不濫(불참불람)[10]
게을리 하는 일이 없으셨네 不敢怠遑(불감태황)
제후의 나라들에 명령하셔서 命于下國(명우하국)
복 받을 일 만들라고 당부하셨네 封建厥福(봉건궐복)[11]

상나라의 도읍은 가지런하여 商邑翼翼(상읍익익)[12]
온 세상 나라들의 표준 되었네 四方之極(사방지극)
환하게 빛이 나네 고종의 명성 赫赫厥聲(혁혁궐성)[13]
충실하게 작용하네 고종의 신령 濯濯厥靈(탁탁궐령)[14]
오래도록 계시면서 평안스럽게 壽考且寧(수고차녕)
우리들 후생들을 도와주시네 以保我後生(이보아후생)

저기 저 경산에 올라가보니 陟彼景山(척피경산)
아름드리 소나무 잣나무 있네 松柏丸丸(송백환환)[15]
그것을 잘라서 옮기어 와서 是斷是遷(시단시천)
깎아내고 잘라내고 잘 다듬으니 方斲是虔(방착시건)[16]
소나무 서까래는 길게 뻗었고 松桷有梴(송각유천)[17] [18]
수많은 기둥들은 큼지막하니 旅楹有閑(여영유한)[19]
새로 지은 사당은 안락하도다 寢成孔安(침성공안)[20]

1 撻 날래다 2 冞 점점, 점점 들어가다 3 裒 사로잡다 4 享 드리다, 여기서는 '조공한다'는 뜻 5 來王 천자에게 오다 6 常 언제나 따르다 7 來辟 來王과 같은 뜻 8 適 謫과 통용, 꾸짖다 9 解 懈와 통용 10 僭 어긋나다 11 封 당부하다 12 翼翼 가지런하다 13 聲 성예, 명예, 高宗의 명예. 襄公의 명예로 보는 설도 있다. 14 厥靈 高宗의 신령, 襄公의 정령으로 보는 설도 있다. 15 丸丸 아름드리로 자라 있는 모양 16 虔 단정하다. 여기서는 '다듬다'의 뜻 17 桷 서까래 18 梴 길게 뻗음 19 閑 크다 20 寢 사당, 궁전이라는 설도 있다.

「모시서毛詩序」와 주자는 다 같이 은나라의 고종을 제사할 때 부르던 노래라 했다. 기타 송나라 양공襄公이 종묘를 새로 완공했을 때 조상을 칭송함과 동시에 완공을 축원하며 읊은 시라는 설도 있다. 타당성이 있어 보인다.

이기동

1951. 경북 청도 출생
1975. 성균관대학교 유학과 졸업
1979. 성균관대학교 대학원 동양철학과 졸업
1985. 일본 츠쿠바대학 대학원 철학 · 사상연구과 졸업
1985. 성균관대학교 동양철학과 조교수
1991. 성균관대학교 유학과 교수
2001. 성균관대학교 유학 · 동양학부 학부장
2003. 성균관대학교 동아시아학술원 유교문화연구소 소장
2014. 성균관대학교 대학원장
2017. 성균관대학교 명예교수

주요 저서 東アジアにおはる朱子學の地域的全開(東京 東洋書院刊)
『대학 · 중용강설』, 『논어강설』, 『맹자강설』, 『주역강설』, 『서경강설』,
『동양 삼국의 주자학』(성균관대학교 출판부) 등

시경강설

1판 1쇄 발행 2004년 6월 25일 1판 15쇄 발행 2020년 10월 30일

역해자 이기동 **펴낸이** 신동렬 **펴낸곳** 성균관대학교 출판부
등록 1975년 5월 21일 제1975-9호 **주소** 03063 서울특별시 종로구 성균관로 25-2
전화 02)760-1252~4 **팩스** 02)762-7452 **홈페이지** press.skku.edu

값 28,000원
ISBN 89-7986-561-9 04140
89-7986-524-4 (세트)